innenwelt verlag

Haftungsausschluss: Die im Buch veröffentlichten Ratschläge und Übungen wurden von Verfasser und Verlag mit größter Sorgfalt erarbeitet und geprüft. Eine Garantie und Haftung kann jedoch nicht übernommen werden. Die Durchführung der im Buch enthaltenen Übungen erfolgt in Selbstverantwortung.

FSC
www.fsc.org
MIX
Papier aus verantwortungsvollen Quellen
FSC® C083411

2. Auflage 2021
Umschlaggestaltung: Bunda S. Watermeier, www.watermeier.net
Covermotiv: Klaus Holitzka. www.holitzka.de
Lektorat: Anne Petersen

www.innenwelt-verlag.de

Druck: CPI Druck, Leck
Printed in Germany
ISBN 978-3-947508-42-6

Wilfried Nelles

Die Welt, in der wir leben

Das Bewusstsein und der Weg der Seele

edition▸neue psychologie

Für meine Enkeltochter

Ava

Dank

Dieses Buch hätte ich ohne die Menschen, die über drei Jahrzehnte hinweg meinen Rat und meine Unterstützung gesucht, mir ihre Nöte mitgeteilt, ihr Herz geöffnet und ihr Vertrauen geschenkt haben, nicht schreiben können. Ihnen gilt mein erster Dank.

Mein Sohn Malte hat mir in den fünf Jahren, die wir inzwischen zusammen arbeiten, viele Hinweise und Denkanstöße gegeben und in unseren Gesprächen über die Themen dieses Buches dazu beigetragen, dass meine Gedanken klarer wurden. Ganz besonders bedanke ich mich bei Dr. Karl Heinz Lenz und Anne Petersen, die die Rohfassung des Buches gelesen haben. Ihre fundierten Rückmeldungen haben mich veranlasst, nochmals genau zu schauen, was ich aus eigener Erfahrung sagen kann und was nicht, und dies entsprechend klar zu formulieren. Ich hoffe, das ist mir einigermaßen gelungen. Zuletzt bedanke ich mich ganz herzlich bei meiner Verlegerin Martina Werner, die mir in ihrem kleinen Verlag über viele Jahre den Raum - und mit der „edition neue psychologie" sogar einen besonderen Platz - gegeben hat, meine Bücher zu publizieren, ohne zu fragen, was es ihr finanziell bringt

INHALT

PROLOG

Februar 1979

Ich liege im warmen Sand am Strand von Koh Samui, einer kleinen, unbekannten Insel im Süden von Thailand. Heute morgen sind wir, meine Frau und ich, hier angekommen. Es ist meine erste richtig weite Reise, wir waren ein paar Tage in Bangkok, wo ein Studienkollege, mit dem ich gelegentlich in der Bibliothek ein paar Worte gewechselt hatte, seit kurzem das Südostasien-Büro des Deutschen Entwicklungsdienstes leitet. Ein gemeinsamer Freund und jetziger Mitarbeiter in dem von mir geleiteten Forschungsprojekt an der Uni Bonn hatte ihn kürzlich besucht, mir von Thailand vorgeschwärmt und die geheimnisvolle Magie Ost-Asiens, das mich seit meiner Jugend anzog, wieder geweckt. Ich hatte ihm eine Salami und Schwarzbrot mitgebracht, er nahm uns dafür mit auf seine erste Dienstreise zu deutschen Entwicklungsprojekten in Südthailand. Koh Samui war die letzte Station, er ist wieder auf dem Rückweg, wir bleiben noch eine Woche hier.

Hier begegnet mir mein Südseetraum. Palmen und tropische Bäume mit breiten Kronen, Sand und warmes Meer, ein paar Bambushütten am Strand, ein bisschen Zivilisation, gerade so viel, dass man mit einem der wenigen Pickups über Sandpisten vom Hafen hierher und wieder zurück fahren kann, eine kleine Theke mit Arbeitsplatte, Wasser, Gaskocher und einem „Kühlschrank", der mit Eisblöcken gefüllt ist, die täglich per Fähre vom Festland kommen, ein paar Holztische und Stühle unter einem Palmdach als „Restaurant", einfaches, aber gutes Essen und, ja, auch Bier, das mehr kostet als ein Abendessen, eine Toilette mit einem Wasserbottich und einer Kelle zum Spülen und eine Dusche im Freien hinter der Hütte, abends für kurze Zeit etwas Licht mit Strom von einem Generator. Ansonsten Stille.

Aus dem Meer erhebt sich riesengroß der Mond, es ist Vollmond. Die Kronen der Palmen bilden ein offenes Dach über mir, mein Körper verschmilzt mit der Erde. Nach dem Abendessen habe ich ein paar Züge von einem Joint geraucht – alle, die noch nicht einmal zehn Rucksacktouristen wie die Einheimischen, rauchen hier Gras. Ich bin zwar Nichtraucher und die zwei Mal, die ich zu Hause mit etwa zwanzig an einem Joint gezogen hatte, hatten mich nicht sonderlich beeindruckt, so dass ich kein Bedürfnis nach mehr hatte, aber hier schien es zur Stimmung zu passen und ich wollte nicht abseits stehen. Während mein Körper in der Erde versinkt, so dass ich mich ganz eins damit fühle, höre ich das leise, langsame und regelmäßige Schwappen des Meeres, das hier ganz ruhig ist und dessen leichtes Hinströmen über den Sand der Stille einen Rhythmus gibt: Schwapp – – – schwapp – – – schwapp. Ganz leicht, ganz langsam. Plötzlich sehe ich: Das ist es, das ist alles, das ist die Welt, das ist das Leben: Schwapp – – – schwapp – – – schwapp. Seit Abermillionen Jahren, Tag für Tag: Schwapp – – – schwapp – – – schwapp.

Für Momente bin ich eins damit, nur mein Geist, der dies wahrnimmt, ist noch da, aber auch er ganz still. Frieden, tiefster Frieden. Dann kommt langsam das Denken wieder: „… und unter dieser ewigen Bewegung, mitten in diesem ewig gleich gültigen Schwapp frisst ein Fisch den anderen, wird geboren, gekämpft und gestorben." Ich sehe, dass das dazu gehört, dass es kein Widerspruch ist, das Gefühl tiefen Friedens bleibt. Ich spüre wieder meinen Körper, weiß aber nicht, wo er aufhört und der Boden oder die Luft beginnt, und plötzlich bricht aus der Tiefe meines Bauches ein lautes Lachen heraus. Ich sehe mich in Deutschland in meinem Forschungsprojekt, sehe, wie wir uns streiten und spreizen in internen Diskussionen und auf Konferenzen, sehe, wie wichtig wir das alles nehmen, wie wir glauben, die Welt verändern oder wenigstens gestalten zu müssen, und kann nicht mehr vor Lachen: „Doktor Wilfried Nelles, Politikwissenschaftler" brüllt es aus mir heraus. Meine Frau, die zwanzig Meter hinter mir vor unserer Hütte sitzt, kommt und fragt, was los sei. „Alles okay", antworte ich, „ich habe nur die Wirklichkeit gesehen."

Alles okay und doch nichts mehr wie vorher. Viele Jahrzehnte später werde ich Leonhard Cohens Lied Anthem kennenlernen und oft in meinen Kursen zitieren (und gelegentlich singen): „There is a crack in ev'rything/that's how the light gets in". An jenem Abend ist ein Riss durch mein Leben gegangen und ein kleines Licht hereingekommen, das nicht mehr erloschen ist. Der Riss scheint mir dadurch entstanden zu sein, dass ich mich sowohl äußerlich (an einem tropischen Strand) als auch innerlich (infolge des Marijuana) an einem ganz anderen Ort als gewöhnlich befand, so dass ich plötzlich, nachdem ich für kurze Zeit in diesen fremden Welten versunken war, meine gewohnte Welt und das Leben darin von außen sehen konnte. Drei Jahre später war das Forschungsprojekt und mit ihm auch mein tiefes Anliegen, die Welt zu verändern und zu verbessern, beendet, und ich ahnte, dass auch meine Arbeit in der Wissenschaft nicht mehr von Dauer sein würde. In den Jahren danach wurde der Riss immer größer und das Licht etwas heller. Die spirituelle Suche, die Hinwendung zur Innenseite des Lebens, begann, zuerst ganz persönlich, dann auch beruflich.

40 Jahre danach, Oktober 2019

Wieder sitze ich am Wasser in Thailand, diesmal auf einem hölzernen Bootssteg am River Kwai unweit der Grenze zu Myanmar. Nach drei Wochen mit einer Reihe von Kursen in China entspanne ich mich hier in einem sehr schönen 4-Sterne-Dschungelresort, dessen Bungalows zwischen den Bäumen verschwinden. Hier gibt es nichts außer dem Fluss und dem Dschungel, großen Höhlen mit Fledermäusen, einem Mon-Dorf (die Mon sind heute eine kleine ethnische Minderheit, aber neben den Khmer sind sie die ältesten Bewohner Thailands) und dem „Hellfire Pass", wo die Engländer im Krieg gegen die Japaner gekämpft haben und der durch den Film „Die Brücke am Kwai" mit Alec Guinness berühmt geworden ist. Täglich kommen und gehen Touristen aus aller Welt, werden mit Langbooten zum Hotel gebracht, bleiben 1-2 Nächte, machen eine Tour und verschwinden wieder. Abgesehen davon ist Stille.

Das Wasser fließt ruhig flussabwärts. Ich schaue auf sein Fließen und denke: Alles geht den Bach hinunter, seit Millionen Jahren. Alles verändert sich, und alles bleibt. Ein Tag wie der andere. Hermann Hesses

„Siddharta“ kommt mir in den Sinn, wie er mit Vasudeva, dem alten Fährmann und Freund, am Fluss sitzt und plötzlich im Fließen des Flusses sein eigenes Leben und alle Gestaltungen des Lebens sieht, das Gebären, Lieben, Hassen, Sich anstrengen, Suchen und Sterben, und im leisen Klang des Fließens erkennt: „Alle Stimmen, alle Ziele, alles Sehnen, alle Leiden, alle Lust, alles Gute und Böse, alles zusammen war die Welt. Alles zusammen war der Fluss des Geschehens, war die Musik des Lebens.“ Ich sehe das stetige Fließen und denke: In der Natur ist alles gleich gültig, und auch alles gleichgültig gegenüber allem, was geschieht.

Am gegenüber liegenden Ufer, in der senkrechten, annähernd zweihundert Meter hohen Karstwand, die von großen Höhlen durchlöchert ist und wo auf kleinen Felsvorsprüngen hundert Meter hohe Bäume ihre Wurzeln in den löchrigen Fels bohren, beginnt eine Horde Affen durch die Baumkronen zu jagen. Das tun sie jeden Tag, wenn die Sonne hinter den Bergen verschwindet, genauso wie um Punkt sechs Uhr, beim Einbruch der Dämmerung, die Grillen ihr ohrenbetäubendes Konzert beginnen, und eine Stunde später, wenn es ganz dunkel ist, damit aufhören – seit Millionen von Jahren, Tag für Tag. Alles und jeder ist in Bewegung, aber niemand „tut“ etwas, alles bewegt sich und wird bewegt nach den Gesetzen der Natur. Und zwischendrin rennt der Mensch umher und denkt, er und sein Leben (und sogar sein Denken) seien wichtig und er müsste alles be-greifen und dann im Griff haben.

I. MENSCH, WELT UND BEWUSSTSEIN

Meine Welt und deine Welt

Wir leben alle in einer anderen Welt, jeder in seiner eigenen, und keine dieser Welten ist die Wirklichkeit. Wir streiten uns deswegen über das, was richtig ist, was man tun muss oder auf gar keinen Fall tun darf oder was die „Wahrheit" ist, weil jeder die Welt und das Leben anders sieht und meint, seine Sicht sei die richtige. Wenn vier Leute in einem Raum vor jeweils einer der vier Wände sitzen und den Raum sehen, sehen sie jeweils etwas anderes. Ihre Erfahrung des Raumes ist verschieden, die Wand, die der eine von vorne sieht, sehen die anderen von der Seite oder (die Wand hinter ihnen) gar nicht, und der ganze Raum fühlt sich anders an, je nachdem, in welcher Ecke man sitzt. Keine Sicht ist falsch, aber jede ist unvollständig.

Jeder schaut aus einer anderen Perspektive, von einem anderen Standort aus, und jeder sieht nur das, was man von diesem Standort aus sehen kann. Das ist, das Wort ist sehr genau, seine „Ansicht". In den meisten Fällen, vor allem dann, wenn es um Dinge geht, die uns wichtig sind, halten wir diese Ansicht aber für mehr als nur eine Ansicht, wir halten sie für das Richtige, wenn schon nicht für die Wirklichkeit oder die Wahrheit. Sofern man bescheiden ist und weiß oder zugibt, dass die jeweilige Sicht vom jeweiligen Standort und der von diesem bestimmten Perspektive abhängt, wird man die eigene Ansicht nicht über die Ansichten der anderen stellen, sondern deren Ansichten aufnehmen und der eigenen hinzufügen und so sein Bild der Welt wie auch von sich selbst erweitern.

Um zu sehen, was das für Ihr Bild der Welt und der Menschen um Sie herum bedeutet, können Sie folgenden kleinen Test machen: Wenn Sie Geschwister haben, dann lassen Sie jeden Ihre Eltern beschreiben – wie war (ist) Ihre Mutter, wie der Vater, welche Stärken, welche Schwächen hatten sie, wie war ihre Beziehung untereinander, wie haben sie die Kinder behandelt, usw. Sie werden feststellen, dass jedes Kind andere Eltern hat. Jedes hat auch eine andere Familie, obwohl es tatsächlich immer dieselbe Familie ist. Dennoch besteht in den meisten Fällen jeder darauf, dass sein Bild das richtige ist, dass seine Beurteilung der Eltern stimmt, und dass seine Kindheit tatsächlich so war, wie er dies empfindet.

Dasselbe können Sie mit Ihrem Lebenspartner oder Kollegen bei der Arbeit oder mit Freunden machen: Jeder sieht den anderen anders. Das gilt nicht nur für das allgemeine Bild, das man sich von ihm macht, sondern auch für die Beschreibung faktischer Ereignisse, also Dinge und Prozesse, die scheinbar objektiv sind. Sie alle haben zwei Seiten: die faktische Wirklichkeit und die, die im Blick des Betrachters erscheint.

Ich kenne meine Frau jetzt fast fünfzig Jahre, und fünfundvierzig leben wir zusammen; selbst wenn wir uns über Ereignisse unterhalten, die wir gemeinsam erlebt haben, weichen unsere Erinnerungen und unsere Geschichten oft erheblich voneinander ab, manchmal bis zum Gegenteil. Dies gilt erst recht für die Beschreibung und Beurteilung anderer Menschen. Wir schaffen es inzwischen meistens, darüber nicht in Streit zu geraten, sondern die Perspektive des anderen als dessen Sicht der Dinge zu nehmen und gelten zu lassen[1]. Das ist sehr wohltuend und bereichernd, es war aber viele Jahre lang erst dann möglich, wenn wir uns zuvor – manchmal sogar sehr heftig – gestritten hatten, vor allem, wenn eine dritte Person dabei war. Oft hat sich dann jeder in seine Welt zurückgezogen und sich unverstanden gefühlt. Nur die Liebe konnte es überbrücken, wobei das Nicht-Verstehen blieb. Die Welten sind und werden nie deckungsgleich. Vor allem für mich, der den tiefen Traum hatte, dass man sich doch über die Wahrheit einigen können müsste[2], war es sehr schmerzhaft, das zu erkennen.

Das ist aber nicht nur zwischen verschiedenen Menschen so, sondern auch bei ein und demselben Menschen. Unsere Welt (unsere Sicht auf die Welt und uns selbst) ändert sich fortwährend, meistens allmählich und kaum wahrnehmbar, manchmal aber auch plötzlich und gewaltig. Ich hatte als Kind ein ganz anderes Bild meiner Eltern als mit zwanzig, und mit sechzig noch einmal ein ganz anderes. Auch ein ganz anderes Bild der Welt, sowohl der faktischen Welt als auch ganz andere Vorstellungen, was gut und wichtig und richtig ist. Und auch ein anderes Bild von mir selbst, wer ich bin, was ich kann, was ich will. Wenn man diese Bilder malen oder fotografieren oder als Film darstellen würde, bekäme man völlig verschiedene Welten zu sehen. Ich habe anderes geglaubt,

1. und alle folgenden Anmerkungen finden Sie ab Seite 342.

anderes für richtig oder gut oder falsch oder böse oder schön oder hässlich oder wichtig oder unverzichtbar oder egal oder möglich oder unmöglich oder wahr gehalten. Mein Bild der Menschen um mich herum oder der Zeit und ihrer Ereignisse wandelt sich fortwährend, und zwar nicht nur, weil sich die Welt dauernd ändert, sondern auch, weil ich mich dauernd ändere. Dasselbe gilt für mein Selbstbild.

Keines dieser Bilder ist *per se* falsch, aber auch keines richtig in einem objektiven Sinne. Sie sind immer sowohl-als-auch. Ein Kind kann kein anderes Bild von der Welt haben als ein kindliches Bild, und daher ist sein Bild für das Kind richtig. Es ist aber auch beschränkt, und wenn man sein Leben lang daran festhält, bleibt man geistig ein Kind. Zum Beispiel ist es für ein Kind wichtig, dass jemand für es sorgt. Daher ist das Leben gut, wenn dies der Fall ist, und es ist schlecht oder gar furchtbar, wenn das nicht der Fall ist und es allein gelassen und auf sich gestellt ist. Für einen Erwachsenen ist es genau umgekehrt. Wenn er an dem kindlichen Bedürfnis festhält, dass jemand für ihn sorgen muss, ist er innerlich ein Kind. Das heißt, was für ein Kind richtig und gut ist, ist es für einen Erwachsenen und auch einen Jugendlichen keineswegs. Ein Jugendlicher sieht sich selbst und die Welt durch die Brille der Jugend; das, was die Jugend von ihm verlangt – etwa das Elternhaus zu verlassen (sich von dessen Vorgaben zu „befreien") und sich einen eigenen Platz im Leben zu suchen –, bestimmt seine Perspektive und damit sein Bild der Welt und auch sein Gefühl und seine Urteile über richtig und falsch. Ein Erwachsener, der eine eigene Familie gründet und für seine Kinder sorgen muss, hat wieder einen anderen Standort und wird wieder eine andere Lebenssicht entwickeln. Mit jeder dieser Lebensstufen treten wir in eine andere Welt ein. Man kann sich, wie gesagt, darüber verständigen, indem man die jeweils andere Perspektive anerkennt und nicht für falsch erklärt. Im Falle der Lebensstufen Kindheit, Jugend und Erwachsensein geht es aber, anders als bei dem oben erwähnten Raumbeispiel, um ein Wachstum und eine Entwicklung. Jede neue Stufe umfasst mehr und ist höher und weiter als die vorherige. Wenn es sich um ein wirkliches Wachstum handelt, umfasst und beinhaltet die höhere (spätere) Stufe die vorangegangenen, also: die Jugend beinhaltet und umfasst die Kindheit, und das Erwachsensein beinhaltet und umfasst beide. Jede Lebensstufe geht aus der vorherigen hervor. Es ist eine

Weiter- und eine Höherentwicklung – aber nur dann, wenn das Vorherige aufgenommen und nicht abgewehrt wird.

Die kindliche Sicht der Welt – die Welt der Märchen, der Zauberer, der Zugehörigkeit zu den Eltern und zur Familie (allgemein: zu etwas Größerem, das einen trägt und schützt und versorgt), etc. – ist für ein Kind vollkommen richtig und damit auch „wahr". Sie darf Kindern deshalb auch – etwa durch das, was man heute „Aufklärung" nennt oder durch die Zumutung von Eigenverantwortung oder der „freien Wahl und Entscheidung" – nicht genommen werden. In der Jugend zerbricht diese Welt in tausend Scherben, und das muss so sein. Wenn man wirklich erwachsen sein will, muss man diese Scherben wieder einsammeln und schauen, welches neue Bild daraus entstehen will. Es wird ein vollkommen anderes sein als das, welches man sich in der Jugend erträumt hat.

Erwachsen wird man, wenn man die Kindheit und die Jugend in sich aufnimmt, und zwar genau so, wie sie waren – ohne Urteil, selbst ohne den Wunsch, daran etwas ändern zu wollen oder es anders gehabt haben zu wollen. Mit jedem großen Schritt in die Welt hinein: der Geburt, der Pubertät, dem Erwachsensein, den verschiedenen Stufen des Alters bis in den Tod, ändert sich unsere Welt nicht nur, sondern sie wird auch weiter und größer. Wenn wir dem im Bewusstsein folgen, weitet sich auch unser Geist und wird größer und umfassender. Das bedeutet auch: Ein Älterer kann einen Jüngeren verstehen, ein Jüngerer aber nicht einen Älteren, weil er dessen Erfahrungen noch nicht gemacht hat oder, um im Bild zu bleiben, dessen Welt noch nicht betreten hat. Daraus lassen sich wichtige Einsichten sowohl für die Beziehung der Generationen untereinander als auch und vor allem für das innere Wachstum eines jeden Menschen ableiten, die ich in diesem Buch darlegen werde.

Die verschiedenen Weltbilder oder Ansichten der Welt betreffen nicht nur Einzelne, sondern auch Kulturen, und zwar in zweierlei Hinsicht. Einmal sind die Kulturen – und mit ihnen die Menschen, die ihnen angehören – in mannigfacher Weise verschieden. Die Chinesen zum Beispiel denken grundsätzlich in Bildern, weil ihre Schrift eine Bilderschrift ist; das abstrakte Denken ist ihnen fremd und nicht so leicht zugänglich wie Europäern. Aus demselben Grund ist das Kopieren für sie nichts Schlechtes, denn sie lernen ihre Schrift nicht durch das Zusammensetzen von 26 Buchstaben, die in sich nichts bedeuten, sondern nur durch das Kopieren und Verstehen von mehreren tausend Zeichen, die jeweils ein ganzheitliches Bild darstellen. Aufgrund der tiefen Bedeutung von Yin und Yang, die als komplementäre Polaritäten und nicht als Gegensätze verstanden werden, denken sie (ebenso wie Japaner und Koreaner) auch nicht ideologisch und nicht, wie wir Westler, in sich ausschließenden Gegensätzen, in schwarz und weiß beziehungsweise entweder-oder. In China und Japan ist alles sowohl als auch. Das bestimmt auch ganz stark ihr Bild von Fortschritt und ihren Umgang mit der Vergangenheit. In ähnlicher Weise bildet jede Kultur eine eigene Welt, die die jeweilige Sicht der Menschen auf das Leben bestimmt, so dass man sagen kann, wir leben in verschiedenen Welten. Auch beim besten Willen macht dies die Verständigung sehr schwierig, und sie ist nur in dem Maße möglich, in dem man die jeweilige Weltsicht als der eigenen gleich gültig akzeptiert.

Ich erwähne das nur der Vollständigkeit halber, es ist nicht mein Thema. Mir geht es eher um die zweite Ebene der Unterschiedlichkeit der Kulturen, nämlich die des unterschiedlichen Entwicklungsniveaus. Denn ähnlich wie Kindheit, Jugend und Erwachsensein beim einzelnen Menschen entwickelt sich auch das Bewusstsein der Menschheit insgesamt in Stufen, die aufeinander folgen und die höher und umfassender sind als die vorherige. Ein Europäer hat nicht nur deshalb eine andere Weltsicht als ein Araber, weil er einen christlichen Hintergrund hat und jener einen muslimischen, sondern auch, weil Europa (und auch das Christentum) eine Entwicklung durchgemacht hat, die den muslimischen Ländern (und anderen auch) noch bevorsteht. Das gilt für die gesamte Globalisierungsthematik: Hier stoßen Moderne und Tradition aufeinander und müssen in eine neue Balance gebracht werden. Allerdings erleben wir dabei dasselbe, was ich bereits für die individuelle Ebene angedeutet habe: Der Westen glaubt, seine Perspektive auf die Welt, insbesondere sein Weg der Modernisierung und seine Interpretation der Moderne, sei die einzig richtige. Damit wird er scheitern. Das ist, jenseits aller ökonomischen und politischen Differenzen (etwa Demokratie und Menschenrechte) und Machtspiele, der große Konflikt mit China (das selbstbewusst und stark genug ist, sich die westliche Perspektive nicht aufzwingen zu lassen), während es bei den Konflikten im vorderen Orient eher um den Kampf zwischen Moderne und Tradition/Religion geht. Auch die Migranten werden einsehen müssen, dass sie nicht in einer Welt Zuflucht finden können, die sie innerlich ablehnen.

Bewusstsein

Für die jeweilige Perspektive, aus der wir die Welt sehen und die damit unser Bild der Welt, unsere Empfindungen, Meinungen und Bewertungen und zuletzt auch unser Handeln bestimmt, benutze ich den Begriff des Bewusstseins. Unter „Bewusstsein" verstehe ich die Art und Weise, wie wir die Welt und uns selbst sehen und wahrnehmen, die Perspektive, aus der wir auf das Leben schauen und es daher erleben. „Bewusstsein" bezeichnet zugleich unseren inneren Ort in der Welt als auch die Art und Weise, wie die Welt in uns präsent ist. Welt und Bewusstsein sind in diesem Sinne keine verschiedenen Dinge[3].

Dieses Bewusstsein ist zeit- und kulturbedingt, im Allgemeinen wie beim einzelnen Menschen. Als Kind sehen wir die Welt ganz anders als in der Jugend, und für erwachsene Menschen sieht sie wieder anders aus. Und weil sie anders aussieht, ist sie auch anders; die kindliche Wirklichkeit ist eine ganz andere als die eines Erwachsenen – und beide Wirklichkeiten sind wahr. Für die Menschen des Mittelalters sah sie ganz anders aus als für uns Heutige, daher waren deren Probleme und auch die Lösungen dafür ganz andere; für eine arabische Frau sieht sie vollkommen anders aus als für eine westeuropäische, und für einen Eingeborenen im Regenwald Südamerikas sieht sie anders aus als für einen Weißen. Nochmals: Es ist nicht so, dass unsere Wirklichkeit, unsere Sicht der Welt wahrer wäre als die eines unzivilisierten Indios im Amazonasgebiet oder unserer Vorfahren im Mittelalter. Wir mögen zwar mehr wissen und sehen die Welt anders, tatsächlich leben wir aber nur in einem anderen Mythos, in dem andere Wahrheiten gelten als damals.

Ich beziehe das einmal auf die menschliche Seele und ihre Krankheiten. Psychische Probleme oder Krankheiten gab es vor der Moderne nicht. Es konnte sie nicht geben, weil es das Konzept der Psyche noch nicht gab. Das heißt nicht, dass es die Symptome nicht gab, aber sie wurden ganz anders gedeutet und demgemäß auch anders behandelt. Ein

Ureinwohner in der afrikanische Savanne oder im Regenwald kannte (und kennt noch heute) keine psychischen Probleme, er wurde aber vielleicht von Dämonen heimgesucht. Das, was heute „Schizophrenie" heißt, war damals eine Besetzung durch einen bösen Geist oder eine Verirrung der Seele, die sich aus dem Seelenraum der Gruppe gelöst hatte und haltlos umherirrte. Bei Völkern, die noch nicht vom Christentum erobert waren, kämpften die Schamanen mit Dämonen und versuchten, diesen die Seele des Kranken wieder zu entreißen und sie wieder in die Gemeinschaft zu holen. Wenn das gelang, war er geheilt. Dann kamen die Christen mit dem Kreuz, mit dem sie den Teufel bannten. Wenn im Mittelalter jemand Symptome hatte, die wir heute als Psychose bezeichnen, dann war er vom Teufel besessen, daher war die Teufelsaustreibung die angemessene Therapie.

Wir bezeichnen das heute als Aberglauben und denken, unsere Sicht wäre die richtige. Das halte ich für überheblich und falsch. Diese Behandlungen waren genauso erfolgreich oder auch erfolglos wie die heutigen Behandlungen von Schizophrenen, abgesehen davon, dass man heute die Symptome mit Chemie betäubt und damit die gesamte Persönlichkeit nachhaltig verändert und/oder die Kranken einsperrt. Von wirklicher Heilung kann keine Rede sein – von Ausnahmefällen abgesehen. Die hat es aber auch früher schon gegeben. Das heißt aber nicht, dass man wieder zu den alten Methoden zurück sollte oder auch nur könnte. Moderne Menschen kann man nicht in die Gruppenseele integrieren, weil sie diese längst und für immer verlassen haben. Wenn sie sich von Schamanen behandeln lassen oder alte schamanische Rituale abhalten, bei denen mit Trommeln und Gesängen (oder Drogen wie Ayahuasca) die Geister der Ahnen oder der Natur gerufen werden, dann wird das sie nicht zu sich selbst führen. Was für Eingeborene eine Heimkehr ist, ist für Westler eine Reise in eine andere Welt, von der man vielleicht verändert zurückkommt. Es kann einem sicher neue und tiefgreifende Erfahrungen bringen, aber seine Welt ist das nicht und wird es auch nicht. Ähnliches gilt für die Reise zum Guru nach Indien und auch für diejenige Praxis des Familienstellens, die glaubt, mit der Versöhnung mit den Ahnen und der Rückkehr in die Familienseele (Gruppenseele) so gut wie sämtliche psychischen Leiden heilen zu können.

Tatsächlich ist das jeweilige Bewusstsein die Ursache für alles, was uns als psychisches Problem oder psychosomatisches Leiden beschäftigt. Je nach Bewusstheitsstufe und/oder Kultur ist das, was für den einen ein Problem ist, für den anderen überhaupt keins, weil es als völlig normal gilt. Das gilt auch für Traumata. Ein „Primitiver", der sich den Skalp oder irgendein Körperteil eines von ihm getöteten Feindes als Amulett oder Trophäe umhängt, ist stolz darauf, und seine Seele nimmt dabei keinen Schaden – ein moderner Westler könnte das nicht mehr tun, ohne seelisch zu verelenden; und in einer Kultur, in der die Blutrache gilt, ist man eher traumatisiert, wenn man einen Mord an seinem Bruder *nicht* mit einem Mord vergilt, als wenn man den Mörder tötet. Was für einen modernen Europäer ein Trauma ist, ist für einen Afrikaner oder Afghanen noch lange keins. Wenn wir zum Beispiel alle Flüchtlinge als mehr oder weniger traumatisiert ansehen, so ist das eine ganz und gar europäische Sicht, die wenig mit der psychischen Wirklichkeit der Betroffenen zu tun hat. Allgemein gesprochen sind Dinge, die für den einen ein Anlass größter Sorge oder schweren Kummers sind, für jemanden mit einem anderen Bewusstsein kein Problem.

Mensch sein heißt bewusst sein – oder: Die Frage nach dem Sinn

Unser Bewusstsein ist das, was uns von einem Tier unterscheidet, das, was das Menschsein ausmacht. Deshalb verehren wir auch Menschen, die ein ganz hohes oder weites Bewusstsein erlangt haben, etwas Jesus oder Buddha oder Laotse und viele andere, die keine Religion gestiftet haben. Viele von ihnen waren ganz einfache Menschen ohne hohe Bildung, aber ihr Bewusstsein war mit allem eins. Viele, die ganze heutige spirituelle Szene, möchten auch dorthin oder zumindest ein möglichst hohes Bewusstsein erlangen, aber die wenigsten darunter sehen, dass unser Bewusstsein auch unser größtes Problem ist und dass ein „höheres Bewusstsein" (und Bewusstheit überhaupt) zunächst einmal auch mehr Schmerz bedeutet, denn mit steigender Bewusstheit sterben alle Vorstellungen, die wir über das Leben haben, und mit der Entstehung des menschlichen Bewusstseins ist die Einheit mit der Natur (der

Garten Eden) in uns gestorben und der Mensch als Wesen, das der Natur *gegenüber* steht (und nicht mehr *in* ihr ist), geboren worden. Adam und Eva mussten es schmerzlich erfahren: Weil ihnen die Einheit des Paradieses zu langweilig wurde und sie auf die Einflüsterung der Schlange hörten, vom Baum der Erkenntnis zu kosten, wurden sie sich ihrer selbst bewusst, sahen, dass sie nackt waren, und waren aus der Einheit herausgefallen. Es bedurfte dazu nicht Gottes Strafe, die Erkenntnis selbst, das Bewusstwerden ihrer selbst brachte dies automatisch mit sich. Im Moment der Selbst-Bewusstwerdung *ist* der Mensch aus dem Paradies (der Einheit mit der Natur) herausgefallen. Fortan muss er sein Leben der Natur – in deren Einheit er vorher aufgehoben war, die aber von nun an sein Gegenüber ist – abringen. Seitdem fragt sich der Mensch, wer er ist und welchen Sinn sein Leben hat.

Menschen sind Wesen, die um sich selbst wissen, die wissen, dass sie leben und dass sie sterben. Kein Tier weiß das. Deshalb haben Tiere keine Religion oder Philosophie, sie fragen nicht nach dem Sinn ihrer Existenz. Sie existieren einfach. Menschen haben Bewusstsein, sie sind sich ihrer selbst, ihrer Umgebung, ihrer Herkunft, ihrer Geschichte, ihres Handelns, ihres Lebens, ihres Sterbens und in diesem Sinne der Zukunft bewusst. Wenn sie einen anderen Menschen oder ein Tier töten, dann wissen sie, dass sie töten. Tiere töten ohne zu wissen, dass sie töten, es ist einfach Teil ihrer Existenz. Ein Raubtier ist ein Raubtier, aber es weiß nicht, was ein Raubtier ist und kommt auch nicht auf die Idee, dass daran etwas falsch sein könnte. Der Mensch ist auch ein Raubtier, aber für uns ist das ein Problem, zumindest dann, wenn es uns bewusst wird. Ein Tier lebt einfach in und mit seiner Natur, Menschen haben und brauchen Kultur. Das bedeutet allerdings nicht, dass wir unserer Natur enthoben seien. Sie ist nach wie vor in uns, auch wenn wir geistig nicht mehr in ihr beheimatet sind. Wir sind nach wie vor biologische Wesen, keine Kultur und keine Technik kann dies ändern. Sollte sich das ändern, sollte es gelingen, das Biologische im Menschen zu überwinden, wären diese Wesen keine Menschen mehr.

Dass wir Wesen mit Bewusstsein sind, dass wir uns unserer Existenz, unserer Handlungen und der Tatsache unseres Sterbens bewusst sind, ist nicht nur ein großer Vorteil und ein evolutionärer Sprung gegenüber Tieren, sondern zugleich unser größtes Problem. Ein Tier hat weder

Schuldgefühle noch Ziele, die es glaubt verwirklichen zu müssen. Ein Tier fragt nicht nach dem Sinn seines Handelns und der Bedeutung seines Lebens, wir müssen dies. Der Mensch braucht einen Referenzrahmen, etwas, in dem sein Leben, sein Handeln und vor allem sein Tod einen Sinn machen, etwas, in das wir eingebunden sind. Ein Tier ist eingebunden in seine Natur, wir sind aus der Natur ausgebrochen. Die Natur ist sozusagen das Paradies, der selige Urzustand. Mit dem Biss in den Apfel der Erkenntnis, mit dem Erkennen, dass „ich bin", ist dieser Urzustand, das rein natürliche Leben, zu Ende. Damit taucht ganz automatisch die Frage auf: Wer oder was bin ich? Warum bin ich? Wozu? Wozu leben, wozu sterben? Wozu dies tun, wozu jenes? All dies ist nicht mehr fraglos wie bei einem reinen Naturwesen. Aus diesen Fragen ist das entstanden, was wir im weitesten Sinne Kultur nennen.

Das Ende der großen Erzählungen

An deren Anfang steht die Religion, zunächst in der Form des Mythos. Der Mythos ist eine Erzählung, eine Erzählung über den Ursprung, über die Herkunft des Menschen, über seine Ahnen und über den Sinn seines Daseins. Diese Erzählung ersetzt die Natur, er ersetzt das fraglose Existieren und gibt der menschlichen Existenz damit wieder einen Ort. Er lebt zwar immer noch in engster Symbiose mit der Natur, aber er *ist* nicht mehr (nur) Natur. Nach dem Verlust der Heimat in der Natur hat er eine neue Heimat, nämlich den Mythos. Die Natur, die Erde ist zwar noch seine „Mutter", aber er lebt nicht mehr *in* der Mutter, sondern hat sie schon als Gegenüber.

Es spielt zunächst keine Rolle, ob der Mythos in einem faktischen Sinne wahr ist. Dies wird erst dann zum Problem, wenn der Mensch Erfahrungen macht, die dem Mythos widersprechen. Wenn viele oder bedeutsame Einzelne diese Erfahrung machen, wird er durch einen anderen, weiter gefassten Mythos ersetzt. Der nächste große Schritt, die nächste Stufe ist dann der Schritt vom Mythos zur Religion. Sie gibt uns eine neue Heimat, in der Erfahrungen aufgehoben sind, die der Mythos nicht mehr fassen konnte. Aber mit der Zeit – genauer gesagt: mit den Entdeckungen, die den Naturwissenschaften vorausgingen und vollends dann mit deren Erkenntnissen – ist auch der Rahmen der Religion zu eng geworden. Auch sie gibt dem Menschen keine Heimat mehr.

In den Anfängen der Aufklärung hat man dann geglaubt und gehofft, in der Vernunft und der Wissenschaft eine neue Heimat zu finden, also einen noch weiteren Rahmen, der dem menschlichen Dasein wieder einen Sinn, eine Einbindung in etwas Größeres gibt. Diese Hoffnung ist mit dem Eintritt in die Moderne (um 1900) bereits verloren gegangen, denn die Wissenschaft und die Vernunft, die die Religion abgelöst haben, können keinen Sinn erzeugen, können uns nicht sagen, wie wir leben sollen und auch nichts über die Wahrheit sagen. Es gibt keine zwei Philosophen, die einer Meinung sind und die Welt gleich sehen. Wenn man unterstellt, dass sie alle hervorragend denken können und den Gebrauch der Vernunft beherrschen, bedeutet das, dass man mit Denken der Wahrheit nicht näherkommt, sonst müssten die großen Philosophen alle übereinstimmen[4].

In den mit der Vernunft und der Wissenschaft begründeten und mit kalter Rationalität geplanten und durchgeführten Massenmorden der Nationalsozialisten und den Todeslagern und kaltblütigen Gräueltaten der Kommunisten im Namen des „Fortschritts“ und der „Befreiung der Menschheit vom Joch der Sklaverei“ ist die Hoffnung auf die Erlösung durch die Vernunft dann endgültig vernichtet worden. Wir haben sie aber noch nicht beerdigt, wir wollen den Tod der Vernunft noch nicht wahrhaben. Wir klammern uns daran, weil dahinter die absolute Wüste der Sinnlosigkeit lauert. In dieser Wüste kann der Mensch nicht leben. Alle ideologischen Kämpfe heute sind nichts als verzweifelte Versuche, dieser Wüste zu entrinnen und eine neue Heimat zu finden – anders gesagt: eine neue Erzählung, die für moderne Menschen Sinn macht, die in der Lage ist, ihre Erfahrungen zu integrieren und ihrem Leben damit eine Mitte und eine Richtung zu geben. Das gilt auch für die spirituelle Suche. Letztlich ist sie eine Suche nach Heimat.

Die Sinnfrage und die Psychologie

In dieser Orientierungslosigkeit wenden sch die Menschen heute – abgesehen davon, dass sie alle möglichen Mythen wieder ausgraben oder neu erfinden und Zuflucht bei fremdartigen Religionen oder, ganz modern, quasi natürlichen „Identitäten“ suchen – vor allem an die Psychologie und Psychotherapie. Sie suchen dort zwar nicht unbedingt die große Erzählung, aber doch zumindest eine kurz- oder mittelfristige Orientierung, kleine Erzählungen sozusagen, die den vielfältigen Problemen des Alltags bis hin zu Krankheiten einen sinnstiftenden Rahmen geben, zumindest für eine gewisse Weile. Sie stellen, mal explizit, mal mehr implizit, Fragen wie die folgenden:

Warum leide ich, woher kommen meine Probleme, wie kann ich sie überwinden? Wie kann ich besser, glücklicher, erfolgreicher werden, mein Leben besser in den Griff bekommen, eine bessere Beziehung haben? Mit meiner Familie, meinen Eltern wie meinen Kindern besser klarkommen? Wie meinen Stress reduzieren oder mich vor Krankheiten schützen? Kann ich das überhaupt? Was bedeutet meine Krankheit, meine Behinderung, mein Unfall? Was will mir der Tod meines Mannes oder meiner Frau oder meines Kindes sagen?

Zwar ist das oft rein technisch gemeint (der Therapeut soll das Problem wegmachen), aber dahinter schwingen, wenn man genau hinhört, die großen Fragen mit. Manchen sind sie bewusst, manchen nicht oder nur halb, aber sie sind immer mit dabei: Wer oder was bin ich? Wozu existiere ich? Was hat das alles für einen Sinn? In zigtausenden von Workshops und Beratungszimmern suchen Millionen Menschen nach Antworten – noch in meiner Kindheit und Jugend in den 1950er und 60er Jahren wäre dies undenkbar gewesen. Obwohl die Generation meiner Eltern und deren Familien zwei schreckliche Kriege zu verarbeiten hatte, kam kaum jemand auf die Idee, die Wochenenden in psychologischen Seminaren zu verbringen, und zum Psychotherapeuten ging auch so gut wie niemand, der nicht ernsthaft psychisch krank war, also an einer Schizophrenie oder schweren Depression litt und vom Arzt mehr oder weniger in eine „Anstalt“ gezwungen wurde. Heute sind nicht nur die Praxen der ärztlichen und psychologischen Kassentherapeuten hoffnungslos überfüllt, sondern Menschen aus allen Schichten, vom Manager oder der Ärztin bis zum Handwerker und zur Bauersfrau, vom Millionär bis zum Harz IV-Empfänger, suchen Rat, Hilfe und Lebenssinn in Workshops aller Couleur, und nicht wenige darunter lassen sich selbst zum psychologischen Lebensberater ausbilden, weil die Nachfrage danach rasant steigt. Wenn ich sage, die großen Fragen schwingen dahinter mit, dann heißt das auch, dass sich die Psychologie diesen Fragen stellen muss, wenn sie das, was die Zeit an sie heranträgt, beantworten will. Tut sie dies nicht, wird sie ihrer Ver-Antwortung nicht gerecht, denn sie antwortet dem Leben nicht. Viele der Menschen, die zu uns kommen, suchen nämlich im Grunde nach einer neuen großen Erzählung, einer Erzählung, die ihnen eine Richtung für ihr Leben weist, indem sie dem, was ihnen widerfährt, einen sinnhaften Rahmen gibt.

Die Theologie kann diese Antwort nicht mehr geben, die Philosophie auch nicht, denn die Vernunft ist genauso tot wie Gott. Was bleibt, ist die Psychologie. Allerdings keine „wissenschaftliche" Psychologie, keine, die dem Vorbild der Naturwissenschaft nacheifert, denn Wissenschaft kann keine Sinnfragen beantworten.

Eine neue Erzählung? Über dieses Buch

Wie kann aber eine solche neue Erzählung aussehen in einer Zeit, in der nicht nur Gott tot ist, sondern auch die Vernunft? Wie kann sie aussehen, ohne zur Ideologie zu verkommen? Wie kann eine Psychologie und Therapie aussehen, die den Menschen eine Antwort auf die Frage nach dem Sinn gibt? Kann sie das überhaupt? Worauf kann sie gründen in einer Welt, in der es, wie Nietzsche sagt, „kein oben und kein unten" mehr gibt, keinen archimedischen Punkt, von dem aus sich eine Ordnung oder wenigstens eine Richtung ableiten ließe? Im Außen, also oben (im Transzendenten) oder unten (im Physisch-Materiellen oder in der Geschichte, wo Marx und Engels ihn zu finden geglaubt haben), lässt sich dieser Punkt nicht mehr finden. Wenn es noch einen Ort geben kann, der uns eine gewisse Orientierung gibt, kann er nur innen sein. In uns selbst, in jedem einzelnen selbst.

Alles, was wir tun können, scheint mir zu sein, den Menschen einen Weg zu zeigen, wie sie sich selbst und ihre eigenen Antworten finden können und ihnen den Übergang zu sich selbst zu ermöglichen – wobei niemand im Vorhinein sagen oder wissen kann, was dieses „Selbst" ist. Dieser Weg ergibt sich aus dem Leben selbst und zeigt sich, wenn man sich dem Leben und seinen Stationen zuwendet und sie sorgfältig beobachtet.

Ich möchte Sie mit diesem Buch zu einer Reise durch das menschliche Leben und das den einzelnen Lebensabschnitten entsprechende Bewusstsein einladen und zeigen, wie sich unser Bewusstsein Stufe für Stufe entwickelt, verändert und weitet. Dabei entsteht so etwas wie eine Landkarte, die nicht nur unseren biologischen Lebensweg nachzeichnet, sondern auch beschreibt, wie unser Bewusstsein sich mit den Stationen dieses Weges verändert oder – dies gilt vor allem für die zweite Lebenshälfte – verändern kann, wenn wir uns ganz auf dieses Leben einlassen. Der Weg führt, ganz kurz gesagt, zunächst (bis zum Ende der Jugend) ins Leben und in die Welt hinaus und dann (mit dem Eintreten ins Erwachsensein) wieder ins Leben – in unsere jeweilige Lebenswirklichkeit, in das, was sich in uns verwirklichen will – hinein. Wenn wir dem folgen, landen wir bei uns selbst.

Wenn etwas sich ent-wickelt, dann bedeutet das, dass es bereits existiert – nur noch eingewickelt, noch nicht ausgewickelt. Wenn ein Mensch sich entwickelt, bedeutet dies entsprechend, dass er als genau dieser Mensch bereits existiert – er muss nur noch ausgewickelt werden oder eben: sich ent-wickeln. Dies kann aber keine Bewegung zu etwas anderem oder jemand anderem sein, zu irgendeinem Ziel, das man sich selbst setzt oder sich vorsetzen lässt, sondern nur eine Bewegung zu sich selbst, zu dem, was man – in eingewickelter Form – bereits von Anfang an ist. Mir scheint, dass dies der dem Leben innewohnende, aus ihm selbst herauskommende Sinn ist: sich zu ent-falten und zu ent-wickeln zu dem, was man im Innersten bereits ist, also zu sich selbst, ähnlich wie eine Blume ihre Erfüllung (ihren inneren Sinn) darin findet, dass sie aus dem Samen, in dem sie anfangs eingeschlossen ist, herauswächst, sich ent-faltet und als die Blume erblüht, die sie immer schon war. Dasselbe gilt für das Bewusstsein: auch das Bewusstsein strebt aus sich heraus danach, sich zu dem zu ent-falten, was es bereits ist, zu seinem innersten Wesen, zu sich selbst.

Wir werden, so gut dies geht, in die Anfänge unseres Bewusstseins zurückgehen, und zwar beim einzelnen Menschen wie auch in die Anfänge der Menschheitsgeschichte, und uns von dort – beim Einzelmenschen bis zum Ende des Lebens, beim allgemeinen, kollektiven Bewusstsein bis heute –, vorwärtsbewegen. Damit folgen wir der Bewegung des Lebens selbst, denn die geht immer und ausschließlich vorwärts[5].

Dem Leben folgen heißt auch, dass ich die Entwicklung eines Menschenlebens von der Empfängnis bis zum Tod, die Räume, die wir dabei durchschreiten, die Bedingungen und Grenzen, die uns das Leben jeweils auferlegt, die Erfahrungen, die wir dabei machen, und die neuen Räume und Möglichkeiten, die sich mit jeder Lebensstufe auftun, im einzelnen beschreibe und als Grundlage dafür nehme, wie sich das Bewusstsein in diesem Prozess entwickelt und verändert. Diese Beschreibung bildet auch den Rahmen für die Frage, aus welcher Perspektive und mit welchen Methoden psychologische Beratung und Therapie in den jeweiligen Lebensstufen schauen und arbeiten sollten, um die Menschen auf dem Weg zu sich selbst zu unterstützen.

Dass meine Erzählung eine psychologische Geschichte ist, bedeutet nicht, dass ich mich nur mit der Psyche des einzelnen Menschen befasse. Das wäre eine viel zu enge Sicht. Wir sind immer Teil der menschlichen Seele oder des allgemeinen Bewusstseins, selbst wenn wir als Einsiedler leben. Und wir fühlen und handeln auch immer aus unserem jeweiligen Bewusstsein heraus, auch als Psychologen und Therapeuten. Deshalb scheint es mir unabdingbar, dass wir uns dieses Bewusstseins, des Standortes, von dem aus wir schauen und unsere so genannten „Lösungen“ nehmen, bewusst werden. Das gilt gleichermaßen für die persönliche Ebene wie die des allgemeinen Bewusstseins, in das wir eingebettet sind. Also betrachte ich immer beide Seiten: das Innenleben des Einzelnen und dessen Entwicklung und das Innenleben der Menschheit und deren Entwicklung. Beides greift immer ineinander, und beides gemeinsam macht das aus, was ich mit „Seele“ bezeichne: die Innenseite des Lebens.

Ich orientiere mich dabei nicht an theoretischen Annahmen oder philosophischen Positionen über das Bewusstsein, sondern an den beobachtbaren Prozessen des Lebens selbst. Mich an den beobachtbaren Prozessen orientieren heißt: Ich beschreibe und teile meine Wahrnehmung, und zwar so, dass jeder dem folgen kann. Ich tue dies in Form einer Erzählung – ich erzähle eine Geschichte. Eine Geschichte, die zwar auf dem heutigen Wissensstand, soweit er mir zugänglich und bekannt ist, basiert, aber keinen Anspruch auf Objektivität erhebt. Denn Objektivität ist nicht mehr möglich. Alle Geschichten, alle Theorien, alle Erzählungen sind subjektiv. Ihre allgemeine Gültigkeit beruht darauf, dass man sie mit den eigenen Erfahrungen vergleichen und dabei sehen kann, ob sie diese ebenfalls umfassen, oder darauf, dass man sich auf die Erfahrungen und Beobachtungen, die in der Geschichte erzählt werden, oder auf die Vorschläge, die ich zur Überprüfung mache, einlässt und sie als wahr empfindet.

Im vorliegenden Buch sind das die Beobachtungen, die ich

- erstens bei mir selbst gemacht habe, wozu all meine Lebenserfahrungen gehören; deshalb berichte ich dort, wo es mir angebracht erscheint, auch über diese persönlichen Erfahrungen, damit meine Schlussfolgerungen nachvollziehbar sind und der Leser angeregt wird, sich an seine eigenen Erfahrungen zu erinnern;

- zweitens die Beobachtungen, die ich bei vielen tausend Klienten und hunderten Schülern gemacht habe, also in meiner Arbeit mit allen Arten von psychischen Problemen, psychosomatischen Krankheiten, mit der Bewältigung von Schicksalsschlägen und gewöhnlichen Alltagsproblemen und einer Vielzahl von seelischen Themen;

- drittens das, was ich bei und mit den Menschen um mich herum, in der Familie und bei Freunden, insbesondere bei meinen eigenen und anderen Kindern, gesehen und erfahren habe, und

- viertens alles, was ich gelesen und studiert habe – etwa Karl Marx und die Kritische Theorie (hier vor allem Herbert Marcuse und Jürgen Habermas); das große Werk von Ken Wilber und das ebenso große und für mich noch tiefere von Wolfgang Giegerich (der mir auch C. G. Jung nahe gebracht hat) über Bewusstsein und Psychologie; die Arbeit von und mit Bert Hellinger, in die ich zehn Jahre lang vollkommen eingetaucht bin; vor allem aber Osho, dem ich mit Mitte dreißig begegnet bin und in dessen Geist ich mich seitdem zu Hause fühle, und ergänzend dazu die aus demselben Geist kommenden und inhaltlich identischen, aber ganz anders formulierten Lehren von Sri Nisardagatta und Ramesh S. Balsekar, um die wichtigsten und prägendsten zu nennen. Aus der Literatur schließlich waren für mich zwei Bücher von Hermann Hesse am bedeutsamsten – nicht, weil sie besser als alle anderen wären, sondern weil ich in ihren Protagonisten mir selbst begegnet bin: Narziss und Goldmund sowie Siddhartha.

Sehr wichtig war für mich auch, dass ich seit 2004 jedes Jahr zwei Mal für mehrere Wochen in China bin und dort Kurse mit inzwischen mehreren tausend Menschen geleitet habe. Nirgendwo haben mir die Menschen so offen ihr Herz ausgeschüttet wie in China. Ich verstehe China zwar noch immer nicht, aber ich habe nicht nur einen ganz anderen Einblick in die chinesische Kultur, die Gesellschaft und vor allem einen anderen Blick auf die Menschen bekommen, als es die Berichte in den deutschen Medien vermitteln[6]; vor allem hat mir die Arbeit dort es ermöglicht, auf unsere eigene Kultur von außen und mit einem inneren Abstand zu schauen, der mir sonst nicht möglich gewesen wäre, und dabei Dinge zu sehen, die ich sonst nicht wahrgenommen hätte – zum Beispiel unsere ideologische Verbissenheit, die Chinesen vollkommen abgeht, unser Schwarz-Weiß- und Entweder-oder-Denken, die Überheblichkeit, die wir Lehrern und Älteren gegenüber an den Tag legen, oder unser lieb- und respektloser Umgang mit alten Menschen. Das alles (und viel mehr) konnte ich erst sehen, als ich aus der Ferne auf unsere Kultur schaute. Das gilt auch für meine zwanzigjährige Arbeit in Mittel-Ost-Europa, namentlich in Tschechien, der Slowakei und Ungarn. Hier ist der kulturelle Abstand zwar viel geringer, aber auch in diesen Ländern habe ich einen anderen Blick auf die Menschen dort und ihre Denk- und Lebensweise wie auch auf meine eigene Welt bekommen.

DIE STUFEN DES MENSCHLICHEN LEBENS UND DES BEWUSSTSEINS

Ich beginne meine Reise mit einer Art Landkarte, die sich mir vor gut zwölf Jahren (2007) bei einer langen Autofahrt plötzlich wie aus dem Nichts gezeigt hat. Für mich hatte sie zunächst die Bedeutung, dass sich viele Erfahrungen aus meiner Arbeit wie aus meinem persönlichen Leben plötzlich ordneten und einen Platz fanden und ich darin eine in sich schlüssige Bewegung des Lebens sehen konnte. Als ich das dann formuliert habe, erweiterte sich das Bild immer mehr, und ich sah ein Modell entstehen, das die Bewegung des menschlichen Lebens und insbesondere des Bewusstseins in ganz allgemeiner Form abbildet, vom einzelnen menschlichen Leben über soziale und kulturelle Prozesse bis hin zur Entwicklung und Veränderung ökonomischer und politischer Institutionen.

Ich habe dieses Modell der „Lebens- und Bewusstseinsstufen" dann in dem Buch „Das Leben hat keinen Rückwärtsgang" (Nelles 2009) in einem ersten Entwurf vorgestellt. Es beschreibt die biologisch-lebensgeschichtliche und, analog dazu, die geistige (spirituelle) Entwicklung des Einzelnen wie des menschlichen Bewusstseins insgesamt. Es ist eine innere Landkarte, die es uns ermöglicht, einen Überblick über unser Leben zu bekommen, zu sehen, wo wir gerade stehen und auch unser Bewusstsein quasi von außen zu sehen. Daraus ist dann drei Jahre später (2011) der „Lebensintegrationsprozess" (LIP) als praktisches therapeutisches Verfahren entstanden (Nelles 2012 und Nelles/Geßner 2014). Dieser neue methodische Ansatz kombiniert die Theorie der Lebens- und Bewusstseinsstufen mit der von Bert Hellinger entwickelten Aufstellungsmethode[7] und ermöglicht es, seinen (früheren und heutigen) Standort im Leben zu sehen und auch sein inneres Wesen – das, was einem von Beginn an mitgegeben wurde und sich in einem entfalten will – deutlicher wahrzunehmen. Es ist so etwas wie ein Spiegel der Seele, in dem man die Innenseite seines Lebens sehen kann.

Im Folgenden gebe ich zunächst einen gerafften Überblick über die Lebens- und Bewusstseinsstufen, um dann Stufe für Stufe zu untersuchen, wie sich unser Leben und unser Bewusstsein in ständiger Wechselwirkung miteinander entwickeln oder bekämpfen und was Psychologie und Therapie dazu beitragen können, sich dieser Bewegung gewahr zu werden und dabei innerlich zu wachsen. Daraus ergibt sich ein klareres Verständnis der kindlichen und der jugendlichen Welt und der Bewusstseinsinhalte, die wir aus diesen Welten mit ins erwachsene Leben nehmen und die uns dort zumindest zum Teil weiterhin bestimmen und oft auch leiden lassen. Wir sind zwar einerseits erwachsen, fühlen und verhalten uns aber oft wie Kinder oder Jugendliche, was früher oder später zu Problemen, nicht selten auch zu massiven Störungen und Krankheiten führt, wobei diese Störungen und Krankheiten von mir als Versuch der Seele gedeutet werden, die Betroffenen darauf hinzuweisen, dass es an der Zeit ist, das Kindliche hinter sich zu lassen. Aus meiner Sicht sind sie der „Riss" in der jeweiligen Biografie, durch den, wie Cohen singt, „das Licht nach drinnen" kommen kann.

Mein Schwerpunkt liegt dabei einmal darauf, das moderne Bewusstsein, also die Welt, in der wir in Europa (überwiegend) leben, von außen zu betrachten und dadurch die Mythen, in denen sich unser zeitgenössisches Bewusstsein aufhält, zu erkennen, und zweitens auf der Frage, wie eine Welt aussieht, die die Kindheit wie die Jugend in sich aufgenommen hat und darüber hinausgewachsen ist. Ich nenne diese Welt „Das erwachsene Bewusstsein" oder das „Selbst-Bewusstsein". Erst wenn man diese Welt in seiner inneren, geistigen Haltung betreten hat, ist man ganz im Leben – in seinem eigenen Leben – angekommen. Vorher lebt man mehr oder weniger das Leben seiner Herkunftsfamilie oder den jugendlichen Gegenentwurf dazu, der aber nichts Eigenes ist, sondern nur die Verneinung des Alten. Der Schritt dorthin ist unsere zweite Geburt – die erste ist die Geburt als körperlich eigenständiger Mensch, die zweite die Geburt als auch geistig eigenständiger Mensch.

Bei der Besprechung dieser vierten Stufe, des erwachsenen „Selbst-Bewusstseins", gehe ich auch ausführlich auf den Lebensintegrationsprozess ein, der das Herz meiner praktischen Arbeit ist. Ich habe ihn soeben ein „praktisches therapeutisches Verfahren" genannt, aber das trifft es nur teilweise. Neben der therapeutischen hat der LIP noch zwei weitere Dimensionen, nämlich eine initiatorische und eine spirituelle. Er unterstützt den einzelnen dabei, sein Erwachsensein zu erkennen und einen stabilen Kontakt zu seinem inneren Selbst zu entwickeln und ist in diesem Sinne so etwas wie eine Initiation ins eigene Selbst. Dabei betrachten wir das gesamte Leben immer als das Wirken einer spirituellen Kraft, die man Bewusstsein, Geist oder Seele oder vielleicht auch Liebe nennen kann, die sich aber letztlich unserem Begreifen entzieht. Wir sind, wie alles Leben, ein *Ausdruck* dieser Kraft, sie hat in uns eine einmalige und vorübergehende Gestalt angenommen. Da sie größer ist als wir, bleibt sie uns unbegreiflich; zugleich ist dieses Größere das, in dem wir letztlich geborgen sind.

Auch dies kann man im Lebensintegrationsprozess ganzheitlich (mental, emotional und körperlich) wahrnehmen und in sich aufnehmen. Das ist die spirituelle Dimension.

Vom Mutterleib zum Grab: Der Weg des Leibes

Und weil es Höhe braucht,
braucht es Stufen und Widerspruch
der Stufen und Steigenden.
Steigen will das Leben und steigend sich überwinden.

Friedrich Nietzsche, Also sprach Zarathustra

Schauen wir zuerst auf den normalen Ablauf eines menschlichen Lebens. Er umfasst sieben Stufen:

1. Die Zeit im Mutterleib, der Embryo oder das ungeborene Kind.
2. Die Kindheit
3. Die Jugend
4. Der erwachsene Mensch
5. Der ältere Mensch (bei Frauen ab der Menopause, bei Männern entsprechend)
6. Der alte Mensch (modern: Rentner)
7. Der Tod.

Diese Lebensstufen sind klar unterschieden. Es sind „Stufen", weil wir jedes Mal auf eine höhere und weitere Ebene steigen, eine Ebene, die mehr umfasst als das Vorherige und uns weiter schauen lässt. Jeder Übergang führt uns in eine andere, weitere und offenere Dimension des Lebens. In der Zeit dazwischen entwickeln wir uns zwar auch (das Leben ist fortwährende Bewegung und Entwicklung, es steht zu keinem Moment still), aber diese Entwicklung ist horizontal, auf derselben Ebene, während der Übergang in eine neue Stufe vertikal ist. Die horizontale Entwicklung bereitet uns nach und nach auf die nächste Stufe vor, indem wir körperlich wie geistig die Fähigkeiten entwickeln, die wir brauchen, um in die nächste Stufe eintreten zu können. Es beginnt dann etwas vollkommen Neues, bis dahin Unbekanntes. Ich beginne mit der biologischen Entwicklung.

1. Mit der Zeugung und Empfängnis beginnt das menschliche Leben, dessen erste Phase sich in der symbiotischen Einheit mit dem mütterlichen Organismus vollzieht, in den wir eingeschlossen und dem wir ausgeliefert sind.
   Im Mutterleib entwickeln sich unsere körperlichen Organe, bis sie soweit fertig sind, dass sie allein funktionieren können. Sobald dies der Fall ist, müssen wir den Mutterleib verlassen.

2. Mit der Geburt treten wir in eine vorher vollkommen unbekannte, gänzlich neue Welt ein. An die Stelle des Mutterleibes tritt die Familie, die uns umfängt und umfasst, der wir fest angehören und die für unser Überleben sorgt.
   In der Kindheit entwickeln wir die geistigen (mentalen) Fähigkeiten, die wir brauchen, um uns später allein in der Welt orientieren zu können. Zugleich reift körperlich unsere Sexualität heran, mit deren Ausreifung die Kindheit endet.

3. Mit der Pubertät endet die Kindheit, von einem Tag zum anderen. In dem Moment, wo bei einem Mädchen die Monatsblutung einsetzt, ist es kein Kind mehr. Beim Jungen ist es ähnlich, wenn auch der Einschnitt körperlich nicht so massiv empfunden wird. Das ist übrigens auch bei den späteren Übergängen und Stufen so, Frauen

sind ihrer biologischen Natur anders ausgesetzt als Männer. In der Jugend entwickelt sich unser Körper zur vollen Männlichkeit oder Weiblichkeit und unser Geist bereitet sich darauf vor, die volle Verantwortung für unser eigenes Leben zu übernehmen. Dabei treibt uns die Sexualität aus der Familie hinaus und dem Anderen, Fremden zu, damit sich unsere Gene mit anderen mischen können und das Leben sich reproduzieren kann. Jetzt müssen wir die Voraussetzungen dafür schaffen, dass wir auf eigenen Füßen stehen, uns selbst versorgen und ohne die Eltern leben können. In alten Zeiten und Kulturen war dies nur eine kurze Übergangsphase, die durch Initiationsriten begleitet und abgeschlossen wurde. Warum dies heute, in der modernen Gesellschaft, anders ist und die Jugend quasi nie endet, sondern zum Lebensstil geworden ist, erkläre ich später.

Hier ist der Gipfel unserer körperlichen Entwicklung erreicht. Im Folgenden entwickelt sich der Körper allmählich zurück, und an die Stelle der körperlichen tritt die (weniger sichtbare und subtilere) geistige Entwicklung, sofern man bereit ist, dieser Bewegung auch innerlich zu folgen und sich nicht an der Jugend festklammert.

4. Im Erwachsensein folgen wir dem in uns angelegten und nun ausgereiften Sexualtrieb und zeugen oder empfangen dabei natürlicherweise Kinder. Damit tragen wir bei zum Überleben der Gattung Mensch. Dazu müssen wir die alte Familie verlassen und uns in eine neue hineinbegeben[8]. Dabei übernehmen wir nicht nur Verantwortung für uns selbst, sondern auch für unsere Kinder (Familie). Somit wandelt sich das Leben vom Nehmen (das bis in die Jugend hinein vorherrscht) zum Geben. Da wir Menschen und somit keine reinen Naturwesen mehr sind, kann man sich dieser Bewegung der Natur auch entziehen und kinderlos bleiben. Für manche ist dies auch ein Schicksal, da sie unfruchtbar sind. Das Bedürfnis zu geben bleibt aber. Ohne zu geben verkümmert man innerlich.

5. Mit der Menopause endet die Fruchtbarkeit der Frau (und, wenn eine Frau ihre Kinder in jungen Jahren geboren hat, auch die Notwendigkeit, für die eigenen Kinder zu sorgen). Bei Männern ist dies anders, sie bleiben prinzipiell zeugungsfähig bis zum Tod und durchlaufen (biologisch und auch psychisch) nicht die gleichen inneren Veränderungen wie eine Frau. Sie müssen sich aber nicht mehr, wie junge Männer, durch Leistung beweisen und verlieren ihre körperliche Dominanz gegenüber anderen Männern. Jetzt beginnt das Alter. Damit entsteht der Raum, sich wieder auf sich selbst zu besinnen und in eine geistige Dimension des Lebens einzutreten. In alten Kulturen ist das die Zeit der „weisen Alten".

6. Mit dem Eintritt ins Rentenalter (das eine moderne Form dieser Lebensstufe ist, früher hatte sie andere Formen) endet die Zeit, in der wir produktiv zum Überleben der Gemeinschaft beitragen. Wir sind jetzt alt und werden versorgt, sei es von den Kindern oder irgendeiner gesellschaftlichen Institution. Sofern wir noch einen Beitrag leisten, kann dies nur ein geistiger sein.

7. Dann kommt der Tod, mit dem das Leben in einem menschlichen Körper endet. Das ist alles, was wir über den Tod sicher wissen. Was dieses Ende genau bedeutet, wissen wir nicht.

Soweit unsere Entwicklung, wie sie in einem natürlichen Lebensablauf vorgezeichnet ist. Sie enthält drei Elemente, auf die ich später detailliert eingehen werde, die ich aber hier bereits kurz erwähnen möchte, weil sie für das Folgende sehr wichtig sind:

> Erstens:
> Diese Entwicklung ist vollkommen unabhängig von unserem Wollen. Wir können uns ihr grundsätzlich nicht entziehen, wir sind ihr unterworfen. In ihr vollzieht sich unser Leben, und zwar ganz von selbst. Es ist kein Machen, sondern ein Geschehen, wir sind nicht die Urheber, sondern das Resultat dieses Geschehens. Daher sind wir auch nicht die Subjekte unseres Lebens. Das Subjekt ist das Leben selbst.

Zweitens:
Der Eintritt in eine neue Stufe setzt den Abschied von der bis dahin gelebten Stufe voraus. Das heißt: Das Leben besteht aus Trennungen. Um ins Neue einzutreten, müssen wir uns vom Alten, vom Vorherigen, trennen. Oder, genauer gesagt (da wir dies nicht „machen“): Wir werden davon getrennt. Das Leben macht das ganz von allein.

Drittens:
Mit dem Eintreten ins Erwachsensein (Stufe 4) beginnt etwas grundlegend Neues: Das Leben geht vom Nehmen ins Geben. Bisher haben wir (hauptsächlich von den Eltern) genommen, jetzt sind wir selbst Eltern, geben das Leben weiter und sorgen für andere. Das Austreten aus dem Raum der Herkunftsfamilie ist zugleich das Eintreten in das Leben selbst im Sinne eines Beitrags für das Ganze. In den späteren Stufen geht dieser Beitrag vom Physischen ins Geistige über.

Von der Symbiose zur Einheit: Der Weg des Geistes

Dieser biologischen Entwicklung entspricht unsere geistig-seelische Entwicklung, und zwar beim Einzelmenschen wie bei der gesamten Menschheit. Beides geht miteinander einher. Anders als die biologische kann die geistig-seelische Entwicklung aber auf jeder Stufe stecken bleiben. Bei den meisten Menschen wächst sie nicht über die jugendliche (Ich-Bewusstsein) oder gar die kindliche Stufe (Gruppenbewusstsein) hinaus. Daher ist das Folgende ab der Stufe 4 nur eine Skizze der *potenziellen* geistigen Entwicklung, die nur wenige Menschen tatsächlich realisieren. Ich beginne wieder im Mutterleib.

1. Der organischen Einheit oder, genauer, Vereintheit von Mutter und Kind entspricht im Bewusstsein des ungeborenen Kindes das *symbiotische Bewusstsein.* Der Embryo hat sehr klare Empfindungen, aber er kann nicht zwischen sich und der Mutter unterscheiden. Beide erscheinen ihm als Eins.
   In dieser Lebensphase entwickelt sich das *Spüren,* die Wahrnehmung mit den Körpersinnen – riechen, schmecken, tasten, hören, etc. Das

ungeborene Kind nimmt seine Umwelt mit seinen Sinnen, dem körperlichen Spüren, wahr, und zwar mit seinem ganzen Körper. Alle Wahrnehmung ist Körperwahrnehmung, alles Selbstgefühl Körpergefühl – es *ist* sein Körper. Das bedeutet, das alles, was ein Kind im Mutterleib (und auch noch im ersten Lebensjahr) spürt, in seinen ganzen Körper eingeht und dort auch gespeichert wird. Entsprechend sitzt die Erinnerung an diese Zeit und diese Erfahrungen in unserem Körper, in unseren Zellen (und nicht etwa in unserem kognitiven Gedächtnis).

In der Entwicklung der Menschheitsgeschichte entspricht dem die natürliche, gänzlich unbewusste symbiotische Einheit mit der Natur, wie sie in den Mythen aller Völker erzählt wird und die Frühzeit der Menschheit bestimmte.

2. Der (lebensnotwendigen) Zugehörigkeit des Kindes zur Familie (allgemeiner gesagt: zu einer Gruppe, die für es sorgt und in der es sich geborgen weiß) entspricht das *Gruppenbewusstsein.* Es gibt zwar ein Selbstgefühl, aber dieses steht hinter dem der Zugehörigkeit zur Familie zurück. Das Kind hat sein Selbst (seine Identität) noch nicht bei sich, sondern primär in der Familie. Hier entwickelt sich das *Fühlen,* das nun das sinnliche Spüren ergänzt (nicht: ersetzt). Kinder nehmen ihre Umwelt und auch sich selbst – zusätzlich zum Spüren – über das Fühlen wahr. Ihre Gefühle sind ihr wichtigster Orientierungssinn – Kinder *sind* ihr Gefühl.

Kollektiv bedeutet das Gruppenbewusstsein, dass der einzelne zwar ein Bewusstsein seiner Existenz als eigenes, von der Natur getrenntes Wesen hat, sich aber immer als Teil der Gruppe (der Familie oder Sippe, des Stammes, des Volkes, der Nation) sieht und empfindet, und wo die Gruppe grundsätzlich über dem Einzelnen steht. Die jeweilige Gruppe, der ein Einzelner angehört, bestimmt sein Bild der Welt und von sich selbst und auch im großen und ganzen sein Leben.

3. Der Jugend entspricht das *Ich-Bewusstsein,* das sich jetzt vor das Gruppenbewusstsein schiebt. Damit treten Ich- oder Selbstverwirk-

lichung auf die Agenda, entsprechend der tatsächlichen Anforderung an den Jugendlichen, sich aus der Anleitung durch die Eltern zu lösen und seinen eigenen Weg ins Leben zu finden.
Jetzt übernimmt das Denken die Führung, jedenfalls „offiziell". Was man spürt und was man fühlt, wird jetzt vom Denken überprüft, es muss sich vor dem Denken rechtfertigen. Damit entstehen im Innern (und auch oft im Äußeren) Konflikte, wenn man etwas anderes fühlt als das, was „rational" ist.

Dem entspricht das *moderne Bewusstsein*, in dem sich alles um den Einzelnen dreht, wo das Ganze für den Einzelnen da ist und man glaubt, dass einem das Leben gehöre und man ein „Recht auf Leben" habe. Jetzt hat, zum ersten Mal in der Menschheitsgeschichte, das jeweils einzelne Leben (das „Individuum") einen größeren Wert als das der Gruppe.

4. Dem Erwachsensein entspricht (oder entspräche) das *Selbst-Bewusstsein.* Ich füge den Konjunktiv (entspräche) hinzu, weil ein wirklich erwachsenes Selbst-Bewusstsein empirisch (noch) die Ausnahme ist. Selbst-Bewusstsein heißt, sowohl das Wir als auch das Ich zu lassen und ganz bei sich selbst anzukommen. Kollektiv ist das Bewusstsein noch nicht auf dieser Stufe angekommen.

Im Selbst-Bewusstsein entwickelt sich die *geistige Wahrnehmung.* Dies ist nicht dasselbe wie denken, das Wahrnehmen nimmt auch das Denken wahr, ebenso wie das Spüren und das Fühlen. Ein anderer Begriff dafür wäre das „geistige Schauen". Man könnte es auch „geistiges Spüren" nennen analog zum sinnlichen Spüren in der ersten Lebensstufe. Tatsächlich ist es genau dies: die Transformation des Spürens vom Physischen ins Geistige.

5. Aus der vollständigen Hingabe an diese Lebensbewegung, die sich durch den jeweiligen Menschen (wie durch jedes andere Lebewesen) manifestiert, entsteht ein Erkennen des „Lebensrufes" oder des inneren, geistigen Potenzials, dessen, was das Leben einem mitgegeben hat, auf dass es sich in einem und durch einen entfalte – der geistige Beitrag zum Leben (im Unterschied zur körperlichen Reproduktion

auf der Stufe 4). Dies nenne ich das *Geist-Bewusstsein.* Die Befreiung von der physischen Reproduktion und der Kindererziehung (Frauen) und der physischen Leistungserzielung (Männer) gibt uns den Raum und ruft uns dazu auf, in diesen geistigen Raum einzutreten. Man sieht seinen Platz im Leben und kommt in Einklang damit.

Hier verdichtet sich die Wahrnehmung, sie wird zum geistigen Sehen („Vision") und führt zum kreativen Ausdruck, dessen Quelle nicht mehr das Ich ist. Vielleicht ist dies der höchste Ausdruck von Persönlichkeit im Sinne der antiken Bedeutung des Wortes Person. Person bezeichnet ursprünglich die Stimme, die durch die Maske der Schauspieler im antiken Theater hindurch tönte (per-sona, von *per* = durch und *sonare* = klingen, tönen).

6. Mit dem Eintreten in die letzte Lebensstufe (vor dem Tod) wird das Leben fast vollständig, es fehlt nur noch der letzte Schritt in den Tod hinein. Geistig bedeutet dies, zu realisieren, dass jedes Leben so, wie es ist, in sich vollständig ist, und dass das Leben insgesamt vollständig ist[9]. Alles ist, wie es ist, und kann nicht anders sein. Wenn das Bewusstsein diese Stufe erreicht, ist das keine Theorie mehr, sondern klare und erkannte Wirklichkeit, unmittelbares und unbezweifelbares Wissen.

Damit tritt das Bewusstsein wieder in die Einheit ein, die aber eine ganz andere als die anfängliche Einheit mit der Mutter ist. Es ist jetzt die Einheit mit der Welt, wie sie ist, und mit sich selbst, wie man ist, und diese Einheit ist bewusst. Hier haben wir das wirkliche *Einheitsbewusstsein.*

7. Wie der Tod das Verschwinden des Körpers ist, ist der letzte Schritt das Verschwinden des Geistes im Sinne eines Bewusstseins von Eigenheit oder Besonderheit oder Individualität oder Selbstgefühl. Das Bewusstsein kehrt zu sich selbst (zu *dem* Bewusstsein) zurück und löst sich auf im Ganzen. Ich bezeichne dies als *„All-Bewusstsein"*.

Die Lebens- und Bewusstseinstufen im Überblick und als Lebenskreis

Die folgenden Tabellen und Schaubilder zeigen die Lebens- und Bewusstseinsstufen noch einmal auf einen Blick. Danach untersuche ich sie dann im einzelnen.

Schaubild 1

1. Stufe	Zeit im Mutterleib	Symbiotisches Einheitsbewusstsein
2. Stufe	Kindheit	Gruppen- bzw. Wir-Bewusstein
3. Stufe	Jugend	Ich-Bewusstsein
4. Stufe	Erwachsensein	Selbst-Bewusstsein
5. Stufe	Frühes Alter	Geist-Bewusstsein
6. Stufe	Alter	Wissendes Einheitsbewusstsein
7. Stufe	Tod / Erleuchtung	All-Bewusstsein

Die Bewusstseinsstufen und ihre Verbindung zur Welt

Schaubild 2

1	Fötus	Symbiotisches Einheitsbewusstsein	spüren
2	Kindheit	Gruppen- bzw. Wir-Bewusstein	fühlen
3	Jugendlicher	Ich-Bewusstsein	denken
4	Erwachsensein	Selbst-Bewusstsein	wahrnehmen
5	Frühes Alter	Geist-Bewusstsein	sehen
6	Alter Mensch	Wissendes Einheitsbewusstsein	wissen

Der Eintritt in eine neue Lebensstufe ist immer so etwas wie eine neue Geburt, ein Verlassen des Alten und ein Eintreten in etwas Neues, wobei der Übergang immer durch ein enges Tor, eine Art Nadelöhr, führt. In der ersten Lebenshälfte ist das vor allem ein körperlicher Vorgang, in der zweiten steht das Geistige im Vordergrund.

Die Lebens- und Bewusstseinstufen

In der Form des Lebenskreises, mit der wir im LIP arbeiten, stellt sich dies wie folgt dar:

Schaubild 3

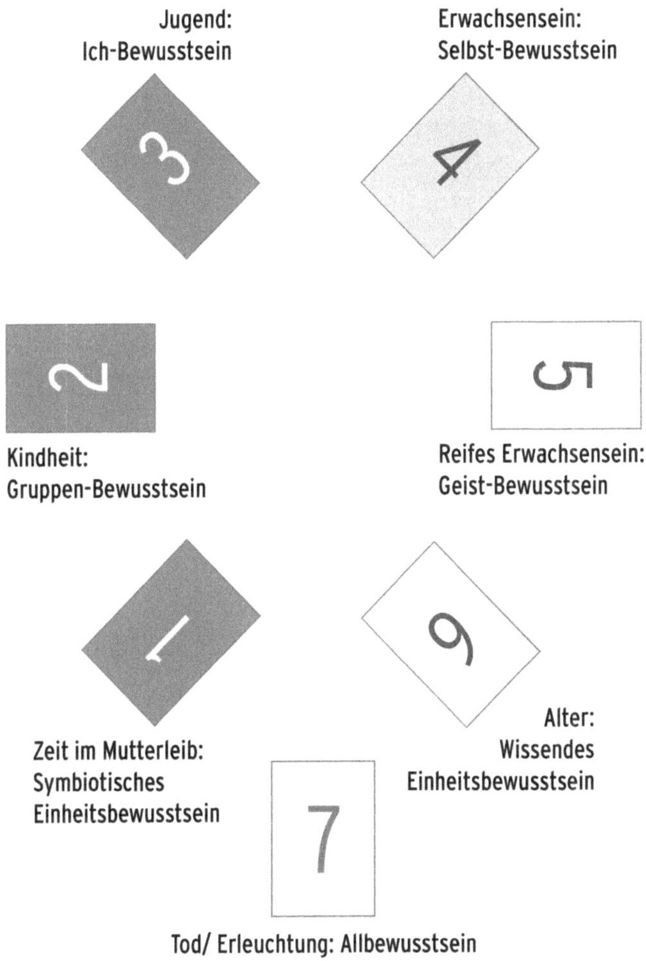

II. DER WEG HINAUS INS LEBEN

Stufe 1: Die Mutter als Erde, die Erde als Mutter – Das symbiotische Einheitsbewusstsein

Die Welt des ungeborenen Kindes

Am Anfang sind wir noch ganz eingewickelt. Nichts deutet von außen betrachtet darauf hin, dass aus der Vereinigung der Samen- und der Eizelle ein Mensch mit Kopf, Rumpf und Gliedmaßen, mit Augen und Ohren, Mund und Nase, mit einem ganz eigenen, nie dagewesenen Gesicht, einem ebenso eigenen und unverwechselbaren Geist und all den unglaublich komplexen inneren Organen wachsen könnte. Tatsächlich jedoch ist dies alles schon vorhanden, der ganze Mensch, der ich heute bin, war schon vollständig in dem befruchteten Ei vorhanden. Er war nur noch eingewickelt, noch nicht ausgewickelt oder entwickelt. Es war vorhanden als Potenzial, wobei Potenzial aber nicht so etwas wie eine von vielen Möglichkeiten meint, sondern etwas, das alles enthält, was je sein kann.

Bevor Sie an dieser Stelle weiterlesen, halten Sie bitte kurz an und machen sich dies klar: Sie waren von Anbeginn an der Mensch, der Sie heute sind. Sie haben zwar, und auch dies vom Moment der Empfängnis an, fortwährend, in jeder Sekunde Ihres Lebens, Erfahrungen gemacht, die Sie geprägt und auch mit geformt haben und die Ihr Bild von sich selbst und auch von der Welt geprägt haben, aber außer diesen Erfahrungen ist nichts dazugekommen, was damals nicht schon da gewesen wäre. Und: Niemand hat Sie entworfen, niemand hat Sie geplant, niemand hat Sie gemacht – nicht Ihre Eltern, nicht Sie selbst, nicht ein höheres Wesen. Sie sind, was Sie immer schon waren, und Sie waren immer schon, was Sie sind.

Die erste Stufe des menschlichen Lebens ist das Heranwachsen des Kindes im Mutterleib. Es beginnt mit der Zeugung-Empfängnis oder spätestens mit der Einnistung der befruchteten Eizelle im Uterus. Tast-, Geruchs-, Geschmacks- und Gehörsinn entwickeln sich schon im ersten Drittel der Schwangerschaft und sind mit 12 – 14 Wochen voll ausgebildet. Bereits in dieser Zeit reagiert der Embryo auf Reize, er meidet Unangenehmes und wendet sich angenehmen Reizen zu. Wie sieht seine Welt aus, wie erlebt er sie? Genaues wissen wir nicht, denn niemand erinnert sich daran. Obwohl – das ist nicht ganz korrekt: Es gibt eine Erinnerung, nur ist sie uns nicht bewusst, weil sie nicht in unserem kognitiven Gedächtnis ist. Das ist um diese Zeit noch nicht ausgebildet. Die Erinnerung daran sitzt in unserem Körper, wahrscheinlich in jeder einzelnen Zelle. Wir sind verkörpertes Bewusstsein, die Erfahrungen aus dieser ersten Lebensstufe gehen direkt in unseren Körper ein. Und wir sind von vorne herein menschliches Bewusstsein. Es ist vollkommen ausgeschlossen, dass aus uns ein Pferd oder ein Affe wird. Das heißt, dass nicht nur unser Körper und seine spätere Form, sondern auch unser Geist und unsere Seele[10], die Möglichkeit der Selbsterkenntnis, des Selbst-Bewusstseins und des Welt-Bewusstseins, bereits in uns angelegt ist und sich vom ersten Tag unserer Existenz an zu entwickeln beginnt.

Mittels moderner Techniken können wir inzwischen ein bisschen in die Welt, in der das Kind heranwächst (in den Uterus) hineinschauen und zum Beispiel sehen, wie ein Embryo langsam eine Form annimmt, wie etwas, was später sein Herz sein wird, pulsiert, wie sich Kopf, Rumpf und Gliedmaßen nach und nach deutlicher herausbilden und sich bewegen, und einiges mehr. Wir können aber nicht in das werdende Kind hineinschauen, wir sehen es immer nur von außen. Daher wissen wir so gut wie nichts darüber, wie sich dieses Leben im Mutterleib für das Kind selbst anfühlt. Jede Technik vermittelt uns nur Bilder von seiner Außenwelt, aber keine von seiner Innenwelt, davon, wie das werdende oder das frisch geborene Kind selbst seine Welt wahrnimmt.

Im letzten Drittel der Schwangerschaft haben Mütter, die eine gute Körperwahrnehmung haben, manchmal ein Gefühl dafür, wie es dem Kind in ihnen geht. Ich erinnere mich, dass ich zu Beginn meiner Arbeit als Familienaufsteller einmal eine Schwangere im Kurs hatte, die wenige Wochen vor der Entbindung stand. Sie war unsicher, ob sie sich und vor allem dem Kind die oft sehr emotionalen Prozesse bei einer Familienaufstellung zumuten könnte. Ich habe ihr gesagt, sie soll darauf achten, wie sich das Kind in ihrem Bauch verhält. Das hat sie getan, und sie berichtete, es sei so ruhig gewesen wie sonst selten – ruhig, nicht bewegungslos. Für die Mutter fühlte es sich an, als sei das Kind mit den

Bewegungen bei den Aufstellungen mitgeschwungen, dabei aber ganz entspannt gewesen, was sich dann auf sie übertragen hätte. Es kann natürlich auch umgekehrt gewesen sein, dass die Mutter entspannt war, oder beides hat ineinander gewirkt.

Wie die Welt des Kindes wirklich aussieht, wissen wir jedoch nicht. Wir können es nur vermuten. Sicherlich gibt es dort aber kein „richtig" und „falsch" oder „gut" und „schlecht" (im Sinne einer Bewertung). Wir wissen zwar heute, dass es für die Entwicklung gesunder Organe schädlich (also nach unseren Maßstäben „schlecht") ist, wenn eine Schwangere viel raucht oder trinkt, aber das Kind in ihr kennt nur das, was ist. Es gibt nichts anderes, es gibt keine Alternative. Es gibt auch keinen Alkohol oder Nikotin, es ist alles einfach so, wie es ist. Es gibt auch keine Mutter und kein Ich oder Selbst. Es gibt nur frageloses Dasein. Aber kein totes oder stumpfes Dasein, sondern ein waches, sinnliches, bewegtes und wachsendes. Der Embryo spürt nämlich, ob etwas angenehm ist oder nicht, vielleicht auch, ob ihm das, was er von der Mutter bekommt, gut tut oder nicht.

Gibt es Bewusstsein? Sicherlich, denn es gibt im späteren Leben keinen Moment, wo von außen so etwas wie ein Bewusstsein in den Menschen hineinfahren würde, also muss es schon vorhanden sein – ähnlich wie das Herz und die Lunge und die Beine schon vorhanden sind, bevor sie als Herz, Lunge oder Beine sichtbar sind und bevor sie ihre spätere Aufgabe übernehmen. Die Zellen „wissen" auch, dass sie menschliche und keine tierischen Zellen sind und zu welchem Körperteil sie sich zu entwickeln haben, ohne dass wir wissen, woher sie dies wissen[11]. Dieses Bewusstsein ist aber noch kein bewusstes Sein, es ist sich seiner selbst und auch seiner Umgebung nicht bewusst. Das Bewusstsein seiner selbst entsteht erst nach der Geburt, und auch dann nur ganz langsam. Der Prozess der Bewusstwerdung endet auch nicht beim Kind, auch nicht in der Jugend und beim Erwachsenen. Er endet erst, wenn das Bewusstsein alle persönlichen Welten durchschritten hat und ganz bei sich selbst angekommen ist. In meinem Modell ist das die letzte Stufe, die Erleuchtung oder der Tod des individuellen Bewusstseins.

Symbiose

Für das entstehende Kind ist die Mutter nicht verschieden von ihm, es existiert in Einheit mit ihr und kann ohne sie nicht existieren. Das Charakteristische dieser Phase ist die körperliche Symbiose mit der Mutter. Das unterscheidet diese Lebensstufe von allen anderen. Das ungeborene Kind ist ganz in den mütterlichen Organismus eingelassen, es hat an ihm teil und ist in ihn verwoben, ohne jedoch ein fester Bestandteil davon zu sein. Deshalb schreibe ich „Symbiose“ (Zusammenleben) und nicht „Einheit“. Vonseiten des Kindes wird es jedoch wie eine Einheit wahrgenommen. Das heißt: der körperlichen Symbiose entspricht auch eine Symbiose im Bewusstsein des Kindes. Daher bezeichne ich die erste Stufe unseres Bewusstseins als „symbiotisches Einheitsbewusstsein“. Das Kind kann zwar wahrnehmen, aber es kann nicht zwischen sich und seiner Umgebung, also der Mutter oder, wenn es mit einem anderen Embryo zusammen aufwächst, zwischen sich und diesem anderen Wesen, unterscheiden.

Wenn beispielsweise neben ihm ein Zwilling heranwächst, nimmt er diesen wie einen Teil von sich selbst wahr[12]. Deshalb wird der Tod eines Zwillings im Mutterleib wie das Sterben eines Teils von sich selbst erfahren, so dass das überlebende Kind sich später oft nicht als vollständig empfindet oder das Gefühl hat, nicht ganz da zu sein oder nicht sein eigenes Leben zu leben. Daraus kann sich unter anderem auch das Gefühl speisen, im falschen Körper zu sein, etwa das falsche Geschlecht zu haben. Das ist manchmal nichts anderes als eine Verwechslung (Identifikation) mit einem verstorbenen andersgeschlechtlichen Zwilling. Auch bei Zwillingen, die beide leben, sehe ich in meiner Arbeit immer wieder, dass es den Betreffenden überaus schwer fällt, sich als vollständige und ganze Individuen (denen nichts fehlt) zu sehen und nicht nur als einen Teil von Zweien.

Die Symbiose gilt für die gesamte Zeit vor der Geburt, deshalb bezeichne ich diese Lebensphase als *eine* Stufe, obwohl es innerhalb dieser Stufe gewaltige Unterschiede und große Veränderungen gibt. Von der embryonalen Stammzelle bis zum gebärfähigen Kind ist es eine ungeheuer differenzierte Entwicklung mit tiefen Veränderungen. Haben wir es anfangs mit einem winzigen Punkt zu tun, der in sich nicht differenziert ist, so steht am Ende dieser Stufe ein voll ausgebildeter, lebensfähiger Mensch. Auf keiner späteren Entwicklungsstufe wächst der Mensch auch nur annähernd so intensiv und umfassend und durchläuft so viele und so tief greifende Veränderungen. Eines jedoch gilt für die gesamte Zeit des Kindes im Mutterleib und qualifiziert sie damit als eine in sich geschlossene, von den anderen klar unterscheidbare Stufe: die Symbiose mit dem Organismus der Mutter und das vollkommene Ausgeliefertsein daran.

Vollkommenes Ausgeliefertsein heißt: das Kind kann ohne die Mutter nicht überleben. Da der kindliche Körper noch unfertig ist, seine lebenswichtigen Organe noch nicht so weit entwickelt sind, dass sie allein funktionieren, übernimmt dies der Organismus der Mutter, und zwar natürlicherweise genau so lange, bis die Organe fertig entwickelt sind. Wenn dies der Fall ist, ist die Zeit im Mutterleib zu Ende.

Spüren – Wahrnehmung durch die Sinne und den Körper

In der ersten Lebensstufe entwickeln wir das Spüren, wir sind spürende, das heißt mit den Sinnen wahrnehmende Lebewesen. Das ist für mich die erste Stufe des Bewusstseins oder die erste Weise, wie wir die Welt wahrnehmen und uns in ihr orientieren: sinnliche Wahrnehmung. Das ungeborene Kind denkt und fühlt nicht (im emotionalen Sinne), sondern es spürt. Es schwingt körperlich mit der Mutter mit und spürt zugleich deren Schwingungen. Dieses Spüren ist im wahrsten Sinne des Wortes sehr eindrücklich, es drückt sich in unseren Körper ein. Anfangs ist der Embryo ja nur ein Verbund von Zellen, die sich nach und nach differenzieren und zu Gliedmaßen, Organen etc. werden. Alle Erfahrungen, die ein Embryo macht, macht er daher mit seinem ganzen Körper, und seine Sinnesorgane lassen ihn spüren, was ihm guttut und was nicht. Man kann per Ultraschall beobachten, dass ein Fötus auf Reize wie Schall, Geruch und Geschmack (sicher auch auf die erwähnten Gifte Nikotin und Alkohol) reagiert, dass er das eine mag und das andere nicht, und dass er das, was ihm nicht gefällt, zu vermeiden versucht. Es gibt sogar Beobachtungen, die nahelegen, dass Föten die Nadel bei einer Fruchtwasseruntersuchung als Bedrohung erleben und sich entweder verkriechen oder die Nadel wegzustoßen versuchen (Bourquin/Cortes 2016).

Der Fötus weiß zwar nichts, aber er spürt alles: Ich stelle mir vor, dass er die Schwingungen der Welt, in der und von der er lebt, so ähnlich spürt, wie ein Eingeborener im Regenwald die Schwingung der Natur um ihn herum spürt und mit seinen Sinnen wahrnimmt, wann Gefahr droht und wann nicht. In meinen Aufstellungen beobachte ich zum Beispiel immer wieder, dass das ungeborene Kind spürt (und in diesem Sinne „weiß"), wenn es von der Mutter abgelehnt wurde oder es sogar einen Abtreibungsversuch gegeben hat. Was es davon aufgenommen hat, ist das Gefühl des Nicht-gewollt-Seins oder der Bedrohung seines Lebens, und sein Körper hat dieses Gefühl gespeichert und auch die damalige Reaktion darauf. Diese Reaktion – etwa, dass er sich so wenig wie möglich bewegt und nur so viel von der Mutter genommen hat, wie er unbedingt zum Überleben brauchte – hat nämlich sein Leben gerettet. Deshalb wird sie später habituell und ein scheinbar natürlicher Bestandteil seiner Lebensweise, obwohl sie tatsächlich nur ein erlerntes Verhalten ist, das einmal sehr hilfreich war.

Kürzlich war eine Frau in einem Seminar, die mir auffiel, weil sie so grimmig dreinschaute, dass ich mich zwingen musste, nicht wegzuschauen. Es fühlte sich an, als wenn sie jederzeit auf dem Sprung wäre, einen physisch zu attackieren. Dazu passte dann auch, dass sie beim Sprechen die Fäuste ballte. Da ich meinem Impuls wegzuschauen nicht nachgegeben habe, sondern sie offen und interessiert angeschaut habe, als sie eine Frage stellte, sah ich plötzlich, dass sie sehr weiche und sanfte Augen hatte. Als sie merkte, dass ich weder Angst vor ihr hatte noch mich ihr kämpfend gegenüberstellte, sondern sie nur offen anblickte, kam das Sanfte immer deutlicher zum Vorschein, was sie allerdings gehörig irritierte, als sie es bemerkte. Bei der Arbeit mit ihr wurde dann klar, was hinter ihrer ständigen Kampfbereitschaft steckte: Ihre Mutter hatte vergeblich versucht, sie abzutreiben, so dass sie sich ständig bedroht fühlte und in der tief verinnerlichten Überzeugung lebte, dass sie jederzeit auf der Hut und bereit sein müsste, um ihr Leben zu kämpfen.

Damit machte sie sich natürlich keine Freunde und stand ziemlich allein im Leben. Die Erfahrung, die sie schon im Mutterleib gemacht hatte – dass sie nicht gewollt und nicht gemocht und sogar bedroht ist –, bekam durch ihr eigenes automatisches Verhalten, ihr ständiges Misstrauen und ihre für alle sichtbare Kampfbereitschaft immer wieder neue Nahrung und verfestigte sich so immer mehr. Der Satz, den ich in solchen Fällen die Betroffenen zu ihrem inneren Kind sagen lasse, lautet: „Das *Leben* hat dich gewollt" (oder: „Gott hat dich gewollt"). Wenn dieser Satz, der ja die Wahrheit ist – wenn er nicht wahr wäre, wäre sie tot –, tief in sie eindringt, kann die alte Angst mitsamt den entsprechenden Verhaltensmustern mit der Zeit verschwinden. Denn was zählen schon die Wünsche der Eltern gegen das Leben? Das Leben hat sich in jedem Lebewesen vergegenständlicht, und zwar genau so, wie es ist.

Der Fötus weiß aber nicht, was Abtreibung ist, er weiß ja noch nicht einmal, dass er in der Mutter ist. Das heißt, dieses Wissen ist kein kognitives Wissen, es ist ein Körperwissen. Genau genommen müsste man sagen „sein Körper weiß es", anstatt „er" weiß es. Sein Körper folgt diesem „Wissen" ganz automatisch, und später gilt das auch für die Gefühle dieses Menschen. Er lernt dann gar nicht richtig zu fühlen, sondern seine gesamte Gefühlswelt besteht nur aus diesem Grundgefühl des Bedrohtseins. Erst mit der (ganzheitlichen) Erkenntnis, dass die Bedrohung vorbei ist, kann sich solch ein Mensch auf das Risiko eines emotionalen Kontaktes einlassen und nach und nach auch das wirkliche Fühlen lernen. Genauso weiß ein Mensch in seinem Körper, ob die Mutter während der Schwangerschaft gut für ihn gesorgt, ihn als Belastung empfunden oder gar abgelehnt hat, ob sie krank war oder einen Unfall hatte, wie die Geburt verlaufen ist und ob die Mutter danach bei ihm war und er nah bei ihr oder nicht. Da dieses Wissen nicht im kognitiven, sondern im Körpergedächtnis gespeichert ist, kann es durch kognitive Methoden nicht erreicht werden.

Ich bringe dazu noch zwei Beispiele, die zeigen, dass ein Kind seine Eltern von Anfang an kennt und dass es in seinem Körper ein Wissen trägt, das weit über das kognitive Wissen hinausgeht und sich im späteren Leben in manchmal sehr rätselhaften Symptomen ausdrücken kann. Zugleich zeigen sie die Bedeutung, die die biologischen Eltern für ein Kind haben. Es sind keine Einzelfälle, ich hatte viele ähnliche Geschichten.

Das vertauschte Kind

Vor vielleicht fünfzehn Jahren hatte ich eine Klientin im Alter von circa 40 Jahren, die eine Fortbildung in Familienstellen bei mir machte. Eigentlich war sie nur am Rande am Fachlichen interessiert, es ging ihr primär darum, eine gewisse Ordnung in ihr Leben zu bringen. Dort herrschte nämlich nur Chaos – alles, was sie anpackte, ging schief, im Privaten wie im Beruflichen. Sie war auffallend blass mit tiefen Schatten unter den Augen, ohne dass sie einen unsoliden Lebenswandel führte, vor allem aber war sie ständig verwirrt, obwohl sie einen klugen Verstand hatte. Alles geriet ihr durcheinander. Die Familienaufstellungen, die ich mit ihr machte, spiegelten dies genau wider: Nichts ergab einen Sinn, es herrschte nur Durcheinander. Nachdem ich das im Laufe eines Jahres zwei oder drei mal gesehen hatte, entfuhr mir bei einer weiteren Aufstellung der Satz: „Hier stimmt etwas grundsätzlich nicht, hier ist etwas gelogen."

Die Frau war nicht überrascht und fühlte sich auch nicht als Lügnerin hingestellt. Vielmehr begann sie zu weinen und sagte etwas wie: „Ich verstehe, was du meinst, aber ich weiß nicht, was es ist." Sie war verzweifelt. Am Abend, als sich die Gruppe verabschiedete, durchfuhr es mich plötzlich wie ein Blitz: Sie ist ein vertauschtes Kind! Ich habe das aber nicht mehr gesagt, ich wollte sie nicht mit einer solchen Botschaft nach Hause gehen lassen. Am nächsten Morgen habe ich sie dann zu mir gebeten und zunächst einen Test gemacht: Ich habe aus dem Kreis der Teilnehmer vier Frauen ausgewählt und ihnen, ohne es laut zu sagen, im Stillen und für mich allein die Rollen von zwei Müttern und deren neugeborenen Kindern zugeteilt. Dann habe ich die Stellvertreterin, der ich innerlich die Rolle meiner Klientin zugewiesen hatte, neben ihre offizielle Mutter gestellt, und das andere Mutter-Kind-Paar zwei Meter seitlich von den beiden. Wie gesagt: niemand wusste, um was es ging und wer wen repräsentierte. Ich habe dann den Stellvertretern gesagt, sie sollten der Bewegung ihres Körpers folgen. Schon nach ganz kurzer Zeit tauschten die Kinder die Plätze und stellten sich zu der jeweils anderen (der richtigen) Mutter. Ich habe noch etwas gewartet, bis alle sagten: „So fühlt es sich richtig an."

Ich habe die Frauen dann aus den Rollen entlassen und wieder auf ihre Plätze geschickt. Um ganz sicher zu gehen, habe ich die Klientin noch gefragt: „Wo bist du geboren, zu Hause oder im Krankenhaus?" Als sie antwortete: „im Krankenhaus", habe ich dann gesagt: „Dann weiß ich, was die Lüge ist: Du bist ein vertauschtes Kind!"

Ich hatte Entsetzen oder so etwas erwartet, aber sie antwortete ganz ruhig: „Das habe ich schon oft vermutet. Ich habe sogar schon im Krankenhaus nach dem Geburtsbericht gefragt, aber die hatten die Unterlagen nicht mehr." Anstatt entsetzt war sie erleichtert. Endlich hatte sich ihr Gefühl bestätigt. Ich habe ihr zwar gesagt, dass das kein Beweis sei, aber den brauchte sie nicht mehr. Für sie ging es nur darum, endlich ihrem Gefühl trauen zu können und sich selbst nicht mehr für verrückt halten zu müssen. Die weitere Arbeit mit ihr war dann recht einfach. Wir haben die Geschichte so gelassen, wie sie war, ohne nach den richtigen Eltern zu forschen und damit noch mehr Chaos anzurichten. Sie hatte ja nichts gegen die Eltern und konnte sie jetzt gut nehmen als die Eltern, die das Leben ihr zugewiesen hatte. Das gelang so gut, dass sie sehr bald innerlich wie äußerlich einen stabilen Platz im Leben fand[13].

Das Kuckuckskind

In ähnlicher Weise kennt ein Kind auch seinen Vater. Einer unserer Ausbildungsteilnehmer konnte sich, als er vor zwei Jahren erstmals einen Kurs bei mir besuchte, kaum noch bewegen. Seine Wirbelsäule war steif wie ein Brett, und sitzen konnte er nur kurze Zeit, dann wurden die Rückenschmerzen unerträglich. Alle Untersuchungen, vom MRT bis zu Osteopathie, zeigten eine hervorragende Wirbelsäule ohne Schäden. Medizinisch war das Ganze völlig rätselhaft. Interessanterweise ist der Mann selbst Arzt, sogar Anästhesist, also unter anderem Facharzt für Schmerztherapie, aber seinen eigenen Schmerzen war er hilflos ausgeliefert. Die einzige „Therapie" schien darin zu bestehen, sich nicht zu bewegen.

Der Schlüssel zur Lösung des Rätsels (und der Lähmung) liegt in seiner Herkunftsgeschichte: Er ist, wie er sagte, ein „Kuckuckskind". Er liebt seinen Vater (der nicht sein leiblicher Vater ist) sehr, aber als er einmal gehört hatte, dass der Vater eigentlich unfruchtbar sei und es dann bei ihm merkwürdigerweise doch „geklappt" hätte, hatte sich ein Verdacht eingeschlichen, dem er mit über vierzig endlich nachgegangen war: Er hatte sich ein Haar seines „Vaters" genommen und heimlich einen Gentest machen lassen, mit dem Ergebnis, dass der Mann nicht sein Vater sein konnte. Daraufhin hat er seine Mutter gefragt: „Sag mir bitte, wer mein Vater ist." Die Mutter war nicht überrascht, sondern eher erleichtert, sie hatte auf diesen Moment gewartet[14] und hat es ihm sofort gesagt, allerdings mit dem Zusatz: „Du musst mir versprechen, dass Du das nie Deinem Vater sagst, sonst springe ich von der Brücke."

Sie erzählte ihm dazu, dass sie sich beide sehr ein Kind gewünscht hätten, und weil der Mann unfruchtbar war, sei sie auf die Idee gekommen, mit einem anderen Mann, den sie sympathisch fand, zu schlafen; als sie die Schwangerschaft bemerkte, habe sie ihrem Mann gesagt, anscheinend sei er doch nicht ganz unfruchtbar oder es sei ein Wunder passiert, und er habe es geglaubt.

Jetzt saß der Sohn in der Falle: Er konnte sich nicht bewegen, ohne alles zu zerstören. Das manifestierte sich in der Erstarrung seiner Wirbelsäule beziehungsweise in seinen Schmerzen, wenn er sich bewegte. Zugleich drängten die Schmerzen und Einschränkungen, die er dadurch erlitt (er konnte lange Zeit nicht arbeiten), danach, aus dieser kindlichen Loyalität auszubrechen. Sein Körper spiegelte einerseits seine Gefangenschaft und zwang ihn zugleich, daraus auszubrechen, wenn er nicht ewig leiden und sein eigenes Leben zerstören wollte. Inzwischen kann er sich – allein dadurch, dass er mit mir und auch in der Gruppe darüber gesprochen hat und das Geheimnis damit halb gelüftet ist – wieder viel besser bewegen und wieder arbeiten, aber eine leichte Steifheit ist noch da und die Schmerzen sind auch nicht ganz weg.

Die Frage ist: Sagt er ganz ja zu sich oder nicht? Kognitiv ist die Antwort klar, aber solche Fragen kann man nicht mit dem Kopf entscheiden. Sie geht weit über das Thema der körperlichen Lähmung hinaus – diese ist nur das vorläufige Endresultat einer langen Geschichte. Unbewusst wusste er schon immer, dass er Teil eines Geheimnisses ist, auch schon als Kind. Seine ganze Erscheinung, sein Gesichtsausdruck wie seine Art sich zu bewegen, drückt etwas Heimlich-Verschwörerisches aus, ein „Ich weiß etwas, was du nicht weißt", es ist Teil seiner „Identität". Dadurch, dass mir dies aufgefallen ist (ich habe ihm gesagt: „Ich sehe deine Probleme und nehme sie ernst, und zugleich glaube ich dir gar nichts. Du spielst hier ein Spiel, innerlich weißt Du genau, worum es geht"), sind wir überhaupt erst auf das „Kuckuckskind" und den Zusammenhang mit der Wirbelsäulenversteifung gekommen. Als ich dies sagte, ist er nicht etwa böse auf mich geworden, sondern sehr ernst, und dann ist er mit der Kuckuckskind-Geschichte herausgerückt.

Er weiß, dass er das Geheimnis verraten und seinem Vater die Wahrheit sagen muss, aber was sind die Folgen? Kann er sie tragen? Wenn er zu seiner Mutter sagt: „Dann musst Du eben springen", wird ihm dies nichts bringen. Wenn sie es tatsächlich tut oder wenn, was für ihn noch schlimmer wäre, sein Vater in sich zusammenbrechen würde – könnte er damit leben und glücklich sein?

Die Antwort muss von innen kommen, aus der Liebe zu sich selbst heraus und der tiefen (und sehr schmerzhaften!) Einsicht, dass er seine Eltern nicht schützen und retten kann. Die innere Haltung müsste in etwa sein: „Mama, wenn Du springst, respektiere ich das. Es wird mir sehr weh tun, aber es ist Dein Leben, und ich mische mich da nicht mehr ein." Oder, zu seinem Vater: „Papa, ich kann und will Dir die Wahrheit nicht ersparen. Wahrscheinlich weißt Du sie sowieso. Aber ich muss es Dir trotzdem sagen, und ich wünsche mir von Herzen, dass Du damit klarkommst."

Solche Sätze und die Haltung dahinter kann man sich nicht zurechtlegen, sie müssen wachsen. Ich kann damit nur die Richtung andeuten, jeder muss das am Ende alleine finden. Wenn er ganz offen ist, werden die Worte von selbst zu ihm kommen. Diese Bewegung entsteht, wenn man die Liebe des inneren Kindes zu seinen Eltern sieht. Diese Liebe zwingt das Kind dazu, bei dem elterlichen Spiel mitzumachen und so zu tun, als ob es nichts wüsste[15]. Genauso, wie das vertauschte Kind (im anderen Beispiel) weiß, dass seine Mutter nicht seine Mutter ist, weiß auch dieser Junge, dass sein Vater nicht sein Vater ist. Dieses heimliche Wissen ist sogar Teil seines Körperausdrucks geworden. Aber es ist kein kognitives Wissen, es ist das sinnlich-körperliche Wissen, das ich als Spüren bezeichne. Der Verstand braucht den Gentest, um zu glauben, was der Körper längst schon weiß.

Es gibt aber etwas, was der Körper nicht weiß: dass die Zeit, wo dieses Wissen gefährlich war, vorbei ist; dass er nicht mehr auf Gedeih und Verderb von den Eltern abhängig ist und daher das Spiel nicht mehr mitmachen muss. Nur die Seele weiß das, und sie bringt es durch die körperlichen Symptome zum Ausdruck. Dennoch kann der Mann jetzt nicht einfach „loslassen", denn die kindliche Liebe wirkt auch noch im Erwachsenen. Der Abschied davon gelingt nicht über Nacht. Erst wenn man erkannt hat, dass die Kindheit und mit ihr auch die Abhängigkeit, die die kindliche Liebe prägt, vorbei ist, kann auch die Liebe langsam erwachsen werden. Dann kann sie bleiben, ohne die Eltern oder ihre Beziehung retten zu müssen. Sie liebt dann die Eltern, wie sie sind, und lässt ihnen ihr Leben und ihr Schicksal, wie es ist. Dieses Erkennen muss aber den ganzen Menschen umfassen, also über das Kognitive hinaus auch gefühlt werden. Von dort aus wandert es dann mit der Zeit auch in den Körper. Wenn sich solche Erfahrungen im Körper noch nicht zu sehr verfestigt haben, kann sich dieser dann vielleicht ebenfalls verändern.

Kurz vor der Drucklegung dieses Buches erhalte ich folgende E-Mail von ihm:

Lieber Wilfried,

also bin ich am Samstag, trotz Corona, zu meinen Eltern gefahren und habe reinen Tisch gemacht; und es war erstaunlich undramatisch.

Ich habe das Gespräch sehr bewusst mit dem Satz begonnen: „Ich bin ein Mann" (der keine langen Vorreden macht). Mein Vater konnte im Gespräch emotional ganz gut mitgehen, er war kein bisschen überrascht, er war erleichtert, ihm war wichtig, dass alles so bleibt, wie es ist.

Ich habe ihm gesagt, dass er immer mein Papa war, es ist und auch bleibt. Und ich habe mich bei ihm bedankt für alles, was er für mich getan hat.

Was wirklich interessant war: als ich angefangen habe zu sprechen, habe ich gemerkt, dass meine Mutter hart wie Stein wurde und total angepisst war im Angesicht dessen, was kommen würde. Und ich habe kurz gedacht: meine Mutter muss doch auch erleichtert sein oder irgendwie begrüßen, was ich gerade mache … Dann ist mir das Märchen vom wilden Mann eingefallen, das du in Nettersheim erzählt hast und mir war sofort klar: meine Mutter wird mir den goldenen Schlüssel niemals geben, den muss ich mir nehmen und zwar auch gegen ihren Willen. Und das habe ich dann genau in dieser Haltung gemacht.

Ich habe mich für mich entschieden.

Ich bin der Zerstörer.

Und ich bin damit vom Spielbrett gesprungen und stelle mich nun nicht mehr schützend vor den einen oder die andere oder versuche ihnen etwas abzunehmen.

Nun können die beiden mal miteinander reden oder es bleiben lassen.

... In mir ist etwas ruhig geworden, hat sich entspannt.

Meine Antwort:

Du bist nicht der Zerstörer, Du bist der Bejaher, Du hast „ja" zu Dir selbst gesagt. Alles, was dadurch zerstört wird, sind Illusionen. Ganz rund wird die Sache, wenn Du jetzt noch siehst, dass Du Deiner Mutter und ihrem Verhalten Dein Leben verdankst und ihr das dann auch sagst, etwa: „Für mich war alles gut so, wie Du es gemacht hast."

Wie „fühlt" ein ungeborenes Kind?

In Aufstellungen, bei den Stellvertretern, die auf der Position 1 im LIP stehen, kann man einen Einblick in die Welt des Kindes vor und um seine Geburt herum bekommen, weil sich die Stellvertreter so weit wie möglich auf ihre körperlichen Empfindungen einlassen. Sie drücken dann das Körperwissen des Kindes mit ihrem Körper aus, und ein geübter Aufstellungsleiter kann diese Körperäußerungen sehen und dechiffrieren. Manchmal tauchen dabei belastende Dinge und Prozesse wie die in den Beispielen beschriebenen auf, manchmal zeigt sich aber auch das innere Wissen des Kindes um das, was als Potenzial in ihm steckt und sich durch sein Leben entwickeln will.

James Hillman hat dazu ein theoretisches Konzept entwickelt, das er als „Eicheltheorie" bezeichnet[16]. Ebenso, wie eine Eichel ein Inbild des gesamten späteren Baumes (eben das Bild einer Eiche und nicht das einer Tanne oder Buche) in sich trägt, und wie alles, was diesen Baum ausmacht, bereits von Anfang an in der Eichel vorhanden und eingeschlossen ist, auf dass es sich später, wenn sie aufgeht, zu dem einzigartigen Baum entwickelt, der in nuce bereits (in der Eichel) existiert, trägt auch der Mensch, so Hillman, seine Bestimmung vor allen äußeren Einflüssen bereits in sich. Er meint damit nicht nur die äußere, sondern auch die innere Gestalt, die sich durch das gelebte Leben eines Menschen verwirklichen will[17].

Mit dem Wort „Bestimmung" bin ich allerdings vorsichtig, denn in welcher Weise sich dieses Potenzial entfalten wird, scheint mir gänzlich offen zu sein – ähnlich wie in einer Eichel zwar die gesamte spätere Eiche enthalten und in ihrer potenziellen Gestalt vorgezeichnet ist, aber keineswegs eingeschrieben ist, ob aus der Eichel je ein ausgewachsener Baum wird, ob ein Wildschwein die Eichel oder ein Reh die junge Pflanze frisst, wie die Umweltbedingungen das Wachstum dieses Baumes beeinflussen und wie dieser dann tatsächlich aussieht.

Die Beobachtungen, die ich und meine Mitarbeiter und Kollegen seit acht Jahren in mehreren tausend LIP-Aufstellungen[18] gemacht haben, stützen dies und legen den Schluss nahe, dass wir bereits vor der Geburt ein implizites Wissen darüber haben, was und wer wir sein können, was das Potenzial ist, das in uns angelegt ist. Bevor ich mit dem Lebensintegrationsprozess gearbeitet habe, hätte ich dies nicht für möglich gehalten. Ich war völlig überrascht, als sich dies in den ersten LIP-Aufstellungen zeigte. Ich gehe bei der Darstellung des LIP (Stufe 4, ab Seite 231) ausführlich darauf ein. Wie gesagt: dies ist ein implizites Wissen, es ist dem Fötus nicht bewusst, wie ihm seine gesamte persönliche Existenz nicht bewusst ist. Wenn es dem Menschen aber später bewusst wird, erkennt er es als etwas, das er „irgendwie schon immer wusste". Er „weiß" oder kennt es deshalb, weil es von Anfang an in ihm verkörpert ist. Es ist etwa so, wie wenn man zum ersten Mal sein Gesicht in einem Spiegel sieht – man sieht und erkennt sich, man sieht den, der man schon immer war und von innen her, ohne das Gesicht zu sehen, immer schon gekannt hat, von außen. Es ist unbezweifelbar man selbst, und deshalb ist es zugleich ein tiefes Glückserleben wie eine Art Schock – es ist unausweichlich.

Dazu gibt es eine schöne Parabel aus dem Osten:

Ein Löwe hat Hunger und nähert sich einer Herde Schafe. Als er nach einem geeigneten Mahl Ausschau hält, traut er seinen Augen nicht: Mitten unter den Schafen ist ein junger Löwe und frisst Gras wie ein Schaf. Er schüttelt sich kurz, dann jagt er los und packt sich den Löwen. Der zittert um sein Leben.

Der Alte schleppt ihn zu einem nahegelegenen Teich, packt ihn am Nacken und hält seinen Kopf über das Wasser. Da sieht der junge Löwe im Spiegel des Wassers sein wahres Gesicht, und ein lautes Löwengebrüll bricht aus ihm heraus.

Wenn solche Dinge sich im therapeutischen Gespräch, in einer Aufstellung oder durch andere therapeutische Prozesse zeigen, müssen wir aber beachten, dass das, was ein Klient dazu sagt und empfindet oder was ein Stellvertreter in einer Aufstellung über die „Gefühle" eines ungeborenen Kindes oder eines Säuglings äußert, Empfindungen sind, die in die Sprache von Erwachsenen übersetzt sind. Wenn er also von Liebe spricht, ist das nicht das, was ein Fötus oder ein Säugling tatsächlich so fühlt. Liebe ist für den Säugling eher ein Zustand, aber kein emotionales Gefühl, der Zustand der innigen Verbundenheit und des Mitschwingens mit der Mutter. Und wenn ein Stellvertreter sagt, dass das ungeborene Kind etwas weiß, dann ist das ein anderes Wissen als das, was Erwachsene üblicherweise darunter verstehen. Der Fötus *ist* dann dieses Wissen – oder die Liebe oder die Lebensfreude, die Kraft oder die Sensibilität, die Sinnlichkeit oder die Verspieltheit.

Ist er auch die Angst? Die Scham? Die Schuld? Auch das sind Gefühle, die Stellvertreter auf der Position der ersten Lebensstufe zeigen und äußern. Scham und Schuld begegnen mir zum Beispiel ganz häufig bei Menschen, deren Mütter sehr jung und ungewollt schwanger geworden sind, sofern dies in einer Zeit oder einer Kultur geschah, in der voreheliche Beziehungen verurteilt werden. Dann überträgt sich das Scham- oder Schuldgefühl der Mutter oft auf das Kind. Dasselbe gilt, wenn eine Mutter Angst vor der Geburt hat oder sich – etwa in Kriegs- oder anderen Notzeiten – um das Überleben der Familie sorgt, oder wenn sie vom Vater des Kindes verlassen wird oder das Kind gewaltsam gezeugt wurde, oder, oder. Das, was die werdende Mutter über längere Zeit oder sehr stark belastet, übernimmt und empfindet ein Kind oft als „eigenes Gefühl".

Mir scheint, wir haben es mit zwei verschiedenen Kategorien von „Gefühlen" zu tun: erstens mit so etwas wie Wesenseigenschaften, etwas, das dem jeweiligen Menschen eigen ist wie die Farbe seiner Augen und von Anfang an zu ihm gehört und auch ein Leben lang bleibt, und zweitens mit Gefühlen und Eigenschaften, die erworben sind, wie etwa Angst, Scham oder Schuld. Sie mögen sich anfühlen, als ob sie zu einem gehörten, sind aber tatsächlich nur „aufgesetzt" oder angeeignet aufgrund von Erfahrungen, die der Betreffende entweder selbst in der Frühphase seines Lebens gemacht hat oder die er von der Mutter übernommen hat. Das heißt zwar nicht, dass man sie einfach loswerden (überwinden, „transzendieren") könnte, das kann man ganz und gar nicht. Aber es sind keine Wesenseigenschaften, sondern erworbene und gelernte Empfindungen und verinnerlichte Reaktionsmuster, die in den Hintergrund treten und sich schließlich auch ganz auflösen können, wenn man sie sieht. Ich betone: wenn man sie *sieht*, nicht wenn man sie wegmachen will. Dann verfestigen sie sich. Darauf gehe ich später ein.

Zum Thema des übernommenen Schuld- und Schamgefühls möchte ich noch ein kleines Beispiel aus einem Kurs in Spanien anfügen. Eine junge, intelligente Frau mit einer versteckt-erotischen Ausstrahlung wirkt seltsam leblos, zugleich sehe ich in ihren Augen eine tiefe Sehnsucht nach Leben. Während sie im LIP ihrem ungeborenen Kind (Stufe 1) gegenübersteht, aber keinen Kontakt aufnehmen kann (was bedeutet, dass sie nicht in Kontakt mit ihrem inneren Wesen, mit ihrer ursprünglichen Kraft und Lebendigkeit ist), frage ich sie nach ihrer Sexualität („Wie stehst Du zu Deiner Sexualität?“), und sie antwortet: „Nicht gut, die mag ich nicht.“ Ich sehe aber eine starke sexuelle Energie und Sehnsucht in ihr und sage ihr das, aber sie kann nichts damit anfangen. Nachdem einige weitere Versuche, den Kontakt mit ihrem kindlichen Wesen zu ermöglichen, gescheitert sind, unterbreche ich den Prozess mit den Worten: „Ich kann hier nichts machen. Wir müssen warten.“ Danach weint sie, aus Verzweiflung, weil sie wieder einmal nicht weiterkommt. Das kennt sie schon lange. Ich bleibe dabei, dass ich nichts machen kann.

Am nächsten Morgen frage ich sie, wie es ihr geht, und sie antwortet, dass sie eine schlaflose Nacht hatte, in der sie viel an ihre Mutter gedacht hat. Auf meine Nachfrage hin erzählt sie, die Mutter sei mit 16 Jahren mit ihr schwanger gewesen und deswegen von ihrer gesamten Umgebung (es war in Spanien auf dem Lande kurz nach der Zeit der Franco-Diktatur, wo noch eine sehr konservative Moral herrschte) moralisch verurteilt worden. Ich sage: „Dann war sie also in den Augen der anderen eine Hure. Verstehst Du jetzt, wieso du Deine Sexualität nicht magst und mit diesem ungeborenen Kind nichts zu tun haben willst? Das sind die Gefühle deiner Mutter, das ist das, was in ihr ständig präsent war, während sie mit Dir schwanger war. Sich ihrer Sexualität zu überlassen hat für sie ganz konkret bedeutet, verachtet zu werden. Und Du hast das aufgesaugt wie ein Schwamm, aber in Wirklichkeit bist Du genau so eine heiße Frau, wie es Deine Mutter war. Das ist Dein Zwiespalt:

Du darfst nicht so sein, wie Du bist, und der Ausweg, den Du bisher lebst, ist, Dich nicht zu spüren und Deine Sexualität zu verurteilen."

Ihr fiel ein Stein vom Herzen, und ihr blasses Gesicht bekam plötzlich Farbe. Später habe ich von ihrem therapeutischen Lehrer die Mitteilung bekommen, dass es ihr wesentlich besser gehe und er den Eindruck habe, dass sich der Knoten, an dem er lange vergeblich mit ihr gearbeitet hatte, endlich gelöst habe.

Ich verfolge das jetzt nicht weiter, wir kommen später noch dazu, wie Integration und Heilung geschehen. Hier soll es nur illustrieren, wie nachdrücklich sich das, was die Mutter während einer Schwangerschaft bewegt, im Kind einprägen kann. Das gilt nicht nur für „negative", sondern auch für alle positiven Empfindungen. Da diese Zeit aber völlig im Dunkeln liegt, sind diese Empfindungen unserem Bewusstsein nicht zugänglich, und das rationale Ich verurteilt diese irrationalen Dinge mit der Folge, dass man entweder innerlich gespalten ist oder abgeschnitten von seinen Gefühlen und tiefen Empfindungen.

Das Mitschwingen mit der Mutter ist für das werdende Kind die natürliche Weise, seine Lebensgrundlagen zu sichern. Es geht automatisch mit dem mit, was es in der Umgebung, in die es eingelassen ist, empfindet. Wenn die Mutter hungert, wird es weniger Nahrung aufnehmen, wenn sie krank, gestresst und belastet ist, wird es sich klein machen und wenig bewegen, um sie nicht noch mehr zu belasten und damit seine eigene Lebensgrundlage zu gefährden.

Thomas Geßner formuliert es wie folgt: „Jedes Ungeborene im Mutterleib trifft seine Eltern dort an, wo sie sich innerlich aufhalten. Es erreicht die Mutter unmittelbar über die körperliche Resonanz. Den Vater erreicht es mittelbar über die Resonanz zwischen den Elternteilen.[19]"

Unser Ursprung ist das Leben selbst

In unserer Sprache haben wir die Begriffe „Muttererde" oder „Mutterboden". Sie bezeichnen die fruchtbare Erde, in der ein Samen aufgeht und wächst. In genau diesem Sinne ist die menschliche Mutter die Erde des Menschenkindes. In diese „Erde", in den weiblichen Schoß, wird das befruchtete Ei hineingelegt (bzw. es lässt sich von selbst dort nieder – der Fachbegriff lautet „Nidation", Einnistung) und wächst dann, genau wie ein pflanzliches Samenkorn, im Schutz der Erde heran, bis es stark genug ist, aus ihr herauszukommen und sich dem Licht der Sonne, dem Regen und dem Wind auszusetzen. Die Erde, die Mutter, ist aber nur der Boden, in dem wir wachsen. Diese Erde formt uns, zusammen mit den mütterlichen Genen und denen des Vaters. Es geht hier aber nicht um unsere Gene, es geht um die Seele und um unser geistiges Potenzial, das ich auch das „Inbild" nenne. Auch das wächst in der Mutter. Dieses Inbild, das in diese Erde hineingelegt wird und das wir – oft unter vielem, was sich an äußeren Einflüssen darübergelegt hat, verborgen – manchmal erahnen, stammt aber nicht von den Eltern. Es stammt von „Gott". Es ist der Same Gottes in uns. Wem das Wort Gott nicht gefällt, kann auch sagen „vom Leben selbst", vom „Bewusstsein" oder vom „Geist", aber mir scheint „Gott" immer noch das stärkste Wort. Wie auch immer: An jeder menschlichen Zeugung sind drei beteiligt: der Vater, die Mutter und das Dritte.

Khalil Gibran hat dies in poetischen Worten beschrieben:

> *Eure Kinder sind nicht eure Kinder, sie sind die Söhne*
> *und Töchter der Sehnsucht des Lebens nach sich selbst.*
> *Ihre Seelen wohnen in dem Haus von morgen,*
> *das ihr nicht betreten könnt,*
> *noch nicht einmal in euren Träumen.*[20]

Wir sind von Anfang an, vom Zeitpunkt der Vereinigung der väterlichen Samenzelle mit der mütterlichen Eizelle an, vollständig. Alles, was wir sind, alles, was wir je sein können, ist vollständig vorhanden, wenn auch noch ganz eingekapselt und undifferenziert. Mit anderen Worten: Wir sind uns vorgegeben, wir stehen weder unseren Eltern und deren Wünschen und Erwartungen (etwa ob es ein Wunschkind ist oder ein Junge oder ein Mädchen sein soll) noch uns selbst, unseren eigenen (natürlich erst viel später auftauchenden) Wünschen und Erwartungen, zur Verfügung. Das bedeutet auch: Die (weit verbreitete) Vorstellung, man sollte anders sein, als man ist, man sei nicht richtig, ist vollkommen nichtig und illusorisch.

Was ich oben zur Geburt gesagt habe, gilt auch für die Zeugung und die Empfängnis, also für unsere Entstehung: auch sie ist reines Geschehen, vollkommen unpersönlich und ohne jede Freiheit. Es ist nicht so, dass jemand dich geplant oder entworfen oder gemacht hätte. Auch dies kann angesichts unserer modernen Lebenshaltung und unserer Ideen über und Erwartungen an uns selbst, an unsere Eltern wie auch an unsere Kinder, nicht genug betont werden: Niemand hat uns geplant, entworfen und gemacht! Es ist auch niemand verantwortlich für das, was wir sind, vor allem niemand „schuld". Wir *sind* einfach, das ist alles. Wir sind zwar nicht *nur* biologische Wesen, aber wir existieren nur als biologische Wesen, und ein Blick auf den biologischen Zeugungsvorgang vermag dieses gänzlich unpersönliche, ungeplante Geschehen, das uns hervorbringt, eindrucksvoll zu illustrieren.

Ein Mann entlässt bei einer Ejakulation etwa 250 Millionen (!) Spermien[21]. Da macht sich, bildlich gesprochen, die halbe Bevölkerung Europas auf, um in einem einzigen Ei zu landen, und einer gewinnt. Unter dem Mikroskop sieht man ein riesiges, stoisch in sich ruhendes Ei und drum herum ein Gewimmel von Millionen winzigen Spermien, die ruhelos umherschwirren und darauf warten, dass die Eizelle mal kurz die Tür aufmacht und einen dieser Winzlinge reinlässt.[22]

In den meisten Fällen kommt es aber mit *einem* Geschlechtsakt nicht zur Empfängnis, es braucht dazu viele. Auch ohne Empfängnisverhütung sind also nicht etwa Millionen, sondern Milliarden Spermien im Laufe eines normalen Ehelebens unterwegs, um einige wenige Kinder zu zeugen. Aber selbst wenn es nur tausend wären: Wer wählt da, wer bestimmt da, welches Spermium auf welches Ei trifft und sich damit vereint? Niemand! Unsere Eltern sind nicht unser Ursprung, unser Ursprung ist das Leben selbst.

Die Eltern sind alternativlos

Die Mutter ist der Ort, in dem sich dieses aus sich selbst heraus entstandene Leben niederlässt, nachdem es im Moment der Vereinigung der väterlichen und mütterlichen Zelle seine Form angenommen hat. Diese Form (aber eben nicht unsere Essenz!) besteht aus einer einmaligen Kombination der mütterlichen und väterlichen Gene, und zwar zu jeweils 50 Prozent. In diesem (dem physischen) Sinne sind wir unsere Eltern, und zwar ausschließlich unsere biologischen Eltern. Auch hier: keine Wahl, keine Alternative. Die (durchaus verbreitete) Vorstellung etwa, man hätte die falschen Eltern (oder, auch das ist eine moderne Idee, man könne sich seine Eltern selbst wählen), ist vollkommen abwegig. Es gibt keine anderen Eltern als die beiden Menschen, die uns gezeugt haben. Punkt.[23] Und: Mit anderen Eltern wäre ich jemand anders. Also kann „ich“, der Mensch, der ich bin, absolut keine anderen Eltern haben.

Den Menschen, der ich bin, gibt es nur, weil ich genau diese Eltern habe. Der Wunsch nach anderen („besseren“) Eltern ist nicht nur illusorisch, er verneint auch die eigene Existenz, er will sich selbst nicht so haben, wie man ist. Damit ist er der Vater aller Selbstentzweiung. Das gilt für beide Eltern, auch den Vater. Wer immer der Vater war oder ist, wie immer die Zeugung vor sich gegangen ist: wir sind (genetisch) zu 50 Prozent unser Vater. Und weiter: Es gibt mich nur, weil ich zu jenem bestimmten Zeitpunkt gezeugt und an jenem bestimmten Ort zu jener bestimmten Zeit auf jene bestimmte Weise geboren bin. Das alles ist einfach nur geschehen, ohne bestimmten Grund, ohne dass irgendjemandes Absichten, Wünsche und Pläne eine Rolle gespielt hätten.

Die Mutter als Erde des Menschen

Der Vorgang der Einbettung dieser ursprünglichen Form des Lebens (des Embryos) in der Mutter zeigt deren vorrangige Bedeutung für unsere weitere Entwicklung, denn sie ist nun unser Nährboden und unsere Welt. Die in sich vollständige, aber noch gänzlich verschlossene Form des Kindes wird sich dort, in der Mutter, über etwa neun Monate hin aus- und entwickeln und gemäß der in ihr enthaltenen Anlagen und der Bedingungen, die ihre Umwelt (also die Mutter) bereitstellt, sowie der Einflüsse, die auf die Mutter selbst einwirken und die sie – wiederum ganz unabhängig von ihrem Wollen – an den Embryo weitergibt, wachsen.

Wir haben also *drei* Faktoren, die in der Entwicklung des Kindes bereits im Mutterleib zusammenkommen:

- erstens die Erbanlagen; dazu gehören auch die Familiengeschichten der Eltern;

- zweitens die von der Mutter ausgehenden und von außen auf sie einwirkenden Umweltbedingungen;

- und schließlich und als Wichtigstes das Dritte, unsere geistige Essenz, das, was wir wirklich sind und tief im Innern als unser Eigenes empfinden. Dieses Dritte ist das, was Menschen, die sich als (spirituelle) Sucher empfinden, aber auch jene, die auf andere Weise nach dem Sinn ihres Lebens fragen, tatsächlich suchen. Es ist das, was unsere tiefste Sehnsucht ausmacht.

Solange das Kind in der Mutter ist, ist diese die ganze und einzige Welt des Kindes, sie atmet für das Kind, isst und trinkt für das Kind, sie ist im wahrsten Sinne des Wortes dessen Ein und Alles. Wenn im Schlager die Einheit mit der Geliebten besungen wir – „Du bist die Welt für mich", *„You're my world, you're ev'ry night and day, You're my world you're ev'ry pray I pray"* – dann geht es tatsächlich um die verlorene Einheit mit der Mutter. Die schönsten und in der Interpretation einzigartigen Liebeslieder von Elvis Presley besingen tatsächlich seine Liebe zu seiner Mutter – und vielleicht, ganz unbewusst, die Sehnsucht nach seinem tot geborenen Zwillingsbruder; Ähnliches gilt für John Lennon, der seine Mutter früh verloren hat. Wer die Verschmelzung mit dem Geliebten als Partnerschaftsideal hat oder meint, seinen Seelenpartner suchen und finden zu müssen, träumt in Wahrheit von der Symbiose mit der Mutter. Dasselbe gilt für jene, die die Einheit mit der Natur suchen. Diese Einheit ist mit der Geburt des Menschen, mit der Entstehung des menschlichen Bewusstseins, vorbei, unwiederbringlich. *Die Geburt (Entstehung) des Menschen ist die Trennung von der Natur, wir sind nur deshalb Menschen, weil wir der Natur entrissen, weil wir keine bloßen Naturwesen mehr sind.* Ich greife das im nächsten Kapitel wieder auf.

Das Kind wächst und entwickelt sich in der Einheit, Mutter und Kind sind noch nicht zwei. Man kann auch sagen: Zwischen Mutter und Kind herrscht keine Beziehung und Kommunikation, sondern die ursprüngliche Kommunion. Vielleicht ist das das Urbild der *Heiligen Kommunion* der Katholiken, nur dass es sich bei der Kommunion mit der Mutter um die ursprüngliche, natürliche Kommunion, bei der mit Jesus Christus um die geistige Kommunion, die Vereinigung mit dem Geist (Gott) handelt. Erst mit der Geburt ändert sich dieser Zustand, erst jetzt hat das Kind einen eigenen, unabhängigen Kreislauf, ist von der Mutter getrennt und kann, zunächst ganz undeutlich und ganz allmählich, beginnen, diese von außen wahrzunehmen und damit auch sich selbst als etwas Eigenes zu empfinden.

Geburt – Die erste Trennung

Mit der Geburt ist die Einheit vorbei, Mutter und Kind werden getrennt. Körperlich ist das der Beginn der zweiten Lebensstufe, der Kindheit. Im Lebensintegrationsprozess sehen wir jedoch, dass die zur Geburt gehörenden seelischen Prozesse regelmäßig in der ersten Bewusstseinsstufe auftauchen. Zwischen dem körperlichen Leben und dem entsprechenden Bewusstsein gibt es eine zeitliche Differenz, die neue Lebenswelt tritt erst ganz allmählich ins Bewusstsein des Kindes. Psychisch besteht die Einheit mit der Mutter noch eine gewisse Zeit lang fort. Erich Neumann sieht sogar das gesamte erste Lebensjahr als eine „nachgeburtliche Embryonalzeit“, die dem Menschen (im Gegensatz zu anderen Säugetieren) eigen ist[24]. Deshalb behandle ich das Thema sowohl bei der Stufe 1 als auch später, wenn ich über die Kindheit schreibe. Hier geht es mir mehr um den *Vorgang* der Geburt und darum, wie dieser sich im Bewusstsein niederschlägt, später mehr darum, wie das Kind nach der Geburt in die neue Welt hineinwächst.

Die psychologische Sicht ändert nichts daran, dass die faktische Trennung mit der Geburt bereits erfolgt ist, auch wenn das Bewusstsein (die Seele) des Kindes dies noch nicht realisiert hat. Es hat sich nämlich etwas ganz Entscheidendes verändert: Es kann ohne die Mutter überleben. Vor der Geburt ist dies anders, wenn die Mutter stirbt, stirbt auch das Kind.

Die faktische Symbiose endet mit der Geburt. Und damit „stirbt" auch der Embryo (oder der Fötus) als ein Wesen, das in seiner gesamten Existenz in ein anderes Wesen (die Mutter) eingelassen ist und (ausschließlich) von diesem lebt, und das Kind als eigenständiges Wesen entsteht.

Die Geburt tritt ein, wenn der menschliche Körper sich so weit entwickelt hat, dass er eigenständig funktionieren kann. Sie tritt nicht ein (wenigstens nicht auf natürlichem Wege), wenn die Mutter oder das Kind das will! Hier zeigt sich dasselbe, was ich bereits über die Empfängnis gesagt habe: Unsere Geburt (unser Leben) ist nicht ein Ergebnis eines Wollens oder einer Entscheidung, sondern etwas, was vollkommen unabhängig von unserem Wollen geschieht, wenn die Zeit dazu gekommen ist. Die Zeit für unsere körperliche Geburt – und damit auch die Zeit für die körperliche Trennung von der Mutter – ist dann gekommen, wenn die körperlichen Organe ausgereift sind und allein funktionieren können. Wenn wir dem nicht folgen, sterben wir. Die Geburt ist reine Notwendigkeit, reines Geschehen, vollkommen unpersönlich und ohne jede Freiheit. Zugleich jedoch führt uns die Unterwerfung unter diese Notwendigkeit in die Freiheit unserer eigenen, von der Mutter losgelösten Existenz, in unser eigenes Leben.

Wir begegnen hier einer Tatsache, über die sich Philosophen von Anbeginn der Philosophie bis heute den Kopf zerbrechen: die gegenseitige Bedingtheit von Notwendigkeit und Freiheit. Die Geburt zeigt, dass es ganz einfach ist: Freiheit und Notwendigkeit sind keine Gegensätze, die sich ausschließen. Die heute herrschende Vorstellung, Freiheit müsse man sich erkämpfen (was im politischen Raum wohl stimmen mag), ist falsch. Der Kampf um Unabhängigkeit ist keine Freiheit, sondern bezeugt geradezu die Unfreiheit. Nur wer nicht frei ist, muss um Freiheit kämpfen. Wer wirklich frei ist, braucht nicht darum zu kämpfen. Die Geburt zeigt: Freiheit bekommt man geschenkt, wenn man sich der Notwendigkeit hingibt. Sie ist die natürliche Folge des Mitgehens mit den Gesetzmäßigkeiten des Lebens. Wir werden dies bei der Besprechung der Stufe 4 vertiefen.

Die Geburt ist ein vollständiger Weltenwechsel[25], ein Übertritt in eine ganz neue, andersartige Welt. In der Welt, die die Mutter war, der Welt des Embryo, war es absolut dunkel, alles war nah, alles unmittelbar tastbar und sensorisch wahrnehmbar, alles gleichbleibend warm, man war ganz umhüllt und ganz von allein versorgt. Reines Dasein. Diese Welt verlassen wir mit der Geburt. Die Welt, in die wir dann hineinfallen, ist das genaue Gegenteil: hell und licht, mal kalt, mal warm, voller ganz verschiedener Geräusche und Gerüche, weit, ungeschützt, offen und ohne Grenzen. Im Grunde ist das Geboren werden zugleich ein Sterben – das Kind muss, wie der alte Mensch beim Sterben, seine alte Welt, alles, was es kennt und was ihm vertraut ist, verlassen, ohne die geringste Ahnung zu haben, dass hinter dem Tunnel, in den es hineingepresst wird, nach dieser ungeheuren Anstrengung und dem Kampf hindurchzukommen, nach der Trennung von allem, was bis dahin sein Leben war, eine neue, ganz und gar andere Welt auf es wartet[26]. Es kämpft zwar um sein Leben, aber nicht, weil es in diese neue Welt hinein will, sondern weil hinter ihm der Tod ist und es schlicht seinem Überlebenstrieb folgt. Wahrscheinlich gibt es zwar ein implizites Wissen darum, dass es geboren werden muss, dass es hinaus muss in ein Irgendwo, aber das kann nur ein implizites, unbewusstes Wissen sein, ein natürlicher Instinkt, der uns einfach treibt und dem wir blind folgen.

Das Bewusstsein bekommt diesen Vorgang, diesen Weltenwechsel, zunächst einmal nicht mit. Das Kind weiß weder etwas von Geburt noch von Tod – zum Glück, denn wenn es es wüsste, würde es sich wohl, ähnlich wie der erwachsene Mensch vor seinem Sterben, entsetzlich davor fürchten und mit Macht dagegen ankämpfen. Da es aber noch reines Naturwesen ohne ein Bewusstsein seiner selbst ist, geht es, so gut es geht und entsprechend seinem ererbten Temperament, mit dieser gewaltigen Naturbewegung mit, und viele kämpfen einen heroischen Kampf ums Überleben.

Danach findet es sich plötzlich in einer ganz anderen Welt wieder – wobei es, wie gesagt, ungefähr ein Jahr dauert, bis der Weltenwechsel im Bewusstsein des Kindes angekommen ist. Nicht selten, nämlich bei sehr schweren, traumatischen Geburten, geschieht dieses Ankommen in der neuen Welt nur partiell. Wir sprechen dann von einem Geburtstrauma, was bedeutet, dass der betreffende Mensch nicht ganz realisiert hat, dass der Geburtsvorgang und der Kampf ums Überleben vorbei sind und er tatsächlich lebt. Er weiß es später zwar kognitiv, aber er kann es nicht fühlen und seine Lebendigkeit nicht spüren, seine Gefühle und oft auch Teile seines Körpers sind wie eingefroren[27].

Äußerlich sind solche Menschen in der Regel dünn bis hager, haben eine feste und, vor allem im Brust- und Bauchbereich, angespannte Muskulatur und sind oft sehr zäh und leistungsfähig – sie haben ja eine lebensgefährliche Situation überlebt, und wenn es dabei nicht zu schweren körperlichen Schäden gekommen ist, hat der Körper daraus eine Kraft gewonnen, die Menschen mit einer leichten Geburt nicht haben. Das ist die andere Seite eines Traumas, es verleiht oft eine besondere Kraft. Aber das Sinnliche und Emotionale ist Menschen mit einer solchen Primärerfahrung meist nicht geheuer, und viele kennen es gar nicht. Die Tatsache des Lebendigseins ist im sensorischen Bereich ihres Bewusstseins nicht angekommen, denn dieser ist unter dem Stress der Geburt „abgeschaltet" gewesen. Manche leben wie Automaten und funktionieren meist sehr gut, sind sich selbst aber fremd. Man hat seine Geburt – und damit sein Überleben, sein Ankommen in einem eigenen Körper mit eigenen Gefühlen – im wörtlichen Sinne nicht er-innert, nicht nach innen, in sein volles Bewusstsein, genommen[28]. Im Lebensintegrationsprozess zeigen sich solche perinatalen Traumata sehr deutlich, und sie lassen sich recht einfach lösen. Für die Betroffenen fühlt sich dies immer so an, als ob erst jetzt die Geburt vollendet und sie im Leben angekommen wären.

Susanne ist eine ebenso schöne und wie kluge und sensible junge Frau. Heute ist sie Anfang vierzig, als sie zum ersten Mal zu mir kam, war sie etwa dreißig. Damals bekam sie immer Entzündungen an der Scheide, wenn sie Geschlechtsverkehr hatte. Sie hatte einen Freund, den sie mochte und der sensibel mit ihr umging, aber die Entzündungen kamen immer wieder, obwohl sie auch den Sex mit ihm mochte. Anfangs habe ich versucht zu schauen, ob es einen Hinweis gibt, womit das Symptom zusammenhängt, aber nichts gefunden, was Sinn machte. Dann haben wir mit dem LIP gearbeitet. Es war zu Beginn ziemlich schwierig, wir sind nie über die Geburt hinaus gelangt. Sie war aber so fasziniert von der Arbeit, dass sie immer wieder kam und unsere erste Ausbildung absolvierte, obwohl zu dieser Zeit ihr gesamtes Leben auseinanderbrach. Neben der Beziehung funktionierte auch ihre Arbeit (sie war Physiotherapeutin) nicht mehr. Schließlich erzählte sie mir ihre Geburtsgeschichte: Sie wurde mit sieben Monaten per Kaiserschnitt aus der Mutter herausgeholt, weil diese einen lebensgefährlichen Tumor hatte und operiert werden musste. Susanne kam in den Brutkasten und ist ihrer Mutter erst mit drei Monaten wieder begegnet. Jetzt war klar, warum der Prozess im LIP immer bei der Geburt steckenblieb – das Kind war innerlich noch nicht bereit für das Leben. Ebenso war die erwachsene Susanne innerlich noch nicht bereit für das Leben, obwohl sie äußerlich alles hatte, was sie für ein gutes Leben brauchte.

Allmählich – sie brauchte für alles viel Zeit und ich habe ganz vorsichtig mit ihr gearbeitet – konnte sie sich sowohl im LIP als auch im tatsächlichen Leben ans ganze Leben herantasten und schließlich auch ganz hineingehen. Sie zog in eine andere Stadt, ging beruflich in eine neue Richtung und hat heute eine leitende Position im naturheilkundlichen Bereich. Über das Symptom, dass sie einst zu mir geführt hatte, haben wir zuletzt nie mehr gesprochen – ich nehme an, es hat sich erledigt.

Vieles, was sich im späteren Leben als belastendes Muster, Verhaltensstörung, psychisches Problem oder auch als scheinbar rein körperliche Krankheit äußert, hat in Ereignissen vor, während und kurz nach der Geburt seinen Ursprung. Dies gilt besonders für Krankheiten und „Störungen“, die in der Jugend – besonders nach dem Ende der Pubertät, also etwa mit 16-18 Jahren – auftreten, denn die Jugend ist, wie wir später sehen werden, eine zweite Geburt, der Übergang von der Geborgenheit in der Familie in die Offenheit der Welt. Damit treten alle Themen, die sich rund um die Geburt für uns gestellt haben und dort nicht integriert und ins Bewusstsein aufgenommen werden konnten, wieder hervor, und nicht selten führt dies zu rätselhaften Krankheiten, etwa zu Essstörungen oder autoaggressiven Verhaltensweisen. Deshalb frage ich immer nach der Geburt, wenn mir Eltern von solchen Symptomen bei ihren pubertierenden Kindern berichten oder ältere Jugendliche selbst damit zu mir kommen, und nicht selten werde ich da auch fündig.

Die „Einheit" mit der Natur – Das symbiotische Bewusstsein

Die Anfänge liegen im Dunkeln, in der Dunkelheit des Mutterleibes. Der Mutterleib war die Erde, die Natur, in die noch kein Licht fiel. Die Abwesenheit von Licht war die Abwesenheit von Bewusstsein. Der Mensch existierte, aber er wusste noch nicht, dass er existierte. Er war schon, aber er wusste es noch nicht. Er wusste es so wenig wie ein Embryo oder ein Tier es weiß. Er und seine Welt waren eins. Er bewegte sich in ihr, konnte sie riechen und schmecken und hören und sehen, aber er wusste nicht, dass das, was er wahrnahm, seine Umwelt, seine Welt war, die Welt, in der er lebte, und er wusste auch noch nicht, dass er ein Mensch war. Oder war er noch gar kein Mensch?

Mythos und Wirklichkeit

Die in der frühen Kindheit der Menschheit entstandenen Mythen nennen diese Zeit die „Traumzeit“ oder den „Garten Eden“ oder das „Paradies“. Es war die Zeit vor der Zeit, die Zeit vor der Geburt des Menschen, die Zeit, als er noch nicht um sich wusste und damit als Mensch noch nicht geboren war oder, wie der Säugling, geistig noch ganz in der ursprünglichen Einheit mit der Natur lebte. Das ist die ursprüngliche Harmonie, von der uns die Geschichte vom Paradies erzählt, der paradiesische Urzustand.

Das Paradiesische ist die Dunkelheit, das Nicht-Wissen, die Einheit und die Geborgenheit im Schoß der Erde. Dies darf man aber nicht mit unseren Vorstellungen von Geborgenheit und Harmonie verwechseln. Denn diese Geborgenheit und Einheit bedeutete gleichzeitig das totale Ausgeliefertsein an die Erde und die Natur, eben so, wie auch ein wildes Tier der Natur, der umgebenden wie seiner eigenen, vollkommen ausgeliefert ist. Und auch so, wie ein Embryo seiner Umgebung, der Mutter, vollkommen ausgeliefert ist. Und wie der Embryo die Mutter nicht kennt, obwohl sie sein Ein und Alles ist, kennt auch der paradiesische Mensch die Welt, die Erde und die Natur, nicht, die zugleich sein Ein und Alles ist. In der Frühphase der Menschheit gibt es, wie beim ungeborenen Kind und beim Säugling, kein persönliches Bewusstsein, kein Gefühl eines Subjektes, das einer objektiven, von ihm getrennten Umwelt gegenübersteht. Der Urmensch lebt in Verschmelzung mit seiner Umwelt und der Gruppe, zu der er gehört. Ebenso wie der Fötus die Mutter nimmt er die Welt und die Gruppe um sich herum nicht als etwas anderes, von ihm klar Geschiedenes, wahr, und ohne sie ist er verloren und nicht lebensfähig.

Es gibt weder ein Ich noch eine Gruppe, beides ist im Bewusstsein eins, und es gibt auch keine Welt oder gar Um-Welt als etwas Getrenntes und Eigenes. Selbst zu sagen, der einzelne empfinde sich als Teil des Ganzen, wäre unzutreffend, da diese Aussage eine Unterscheidung zwischen dem Ganzen und seinen Teilen voraussetzt, die in dieser Stufe, ähnlich wie beim Fötus oder Säugling, noch nicht gegeben ist. Das Bewusstsein ist das einer Einheit, die von der Zweiheit noch nichts weiß. Dies gilt, über die „Geburt“ des Menschen hinaus, für alle frühen menschlichen Kulturen. Die Natur war göttlich, alles war beseelt, in allem zeigte sich ein Gott, und die Erde war die Mutter, mit der man in symbiotischer Einheit existierte. Selbst das Bild „Mutter“ für die Erde existiert in den Uranfängen noch nicht, denn es setzt schon die Trennung und den Verlust der Einheit und ein vages Gefühl von Zweiheit voraus.

Über die erste Stufe, um die es hier zunächst geht, wissen wir naturgemäß kaum etwas, ebenso wie wir keine bewusste Erinnerung an unsere Zeit im Mutterleib und die ersten zwei Lebensjahre haben. Was wir kennen, sind die überlieferten, in eine uns heute verständliche Sprache übertragenen Mythen verschiedener Völker, in denen diese ihren Ursprung (den Anfang der Menschheit, also quasi ihre Abstammung und ihre Geburt) imaginiert haben, die daraus entstandenen mythologischen Religionen und Rituale, deren Frühzeit man mit der Säuglingszeit vergleichen kann, sowie verschiedene Artefakte wie (Höhlen-) Zeichnungen, Statuen, sakrale Bauten oder geschnitzte Gebrauchsgegenstände, die zugleich sakralen Charakter hatten. Mit dem Auf kommen und den immer umfangreicheren Funden der Archäologie und zunehmend feineren Analysemethoden, besonders aber der Entdeckung zeitgenössischer Volksstämme, die abseits jeglicher Zivilisation noch in einer urzeitlich- mythologischen Welt leben, haben wir erst seit ganz kurzer Zeit begonnen, einige partielle Einblicke in diese hunderttausende von Jahren dauernde Frühzeit der Menschheit zu bekommen.

Seit Sigmund Freud vor etwa hundert Jahren das Unbewusste und dessen überragende Bedeutung für das menschliche Handeln entdeckt hat, fasziniert dies auch die Psychologie, soweit sie sich in der Nachfolge von Freud und, vor allen, Carl Gustav Jung sieht, haben wir es hier doch mit dem Unbewussten der Menschheit zu tun, aus dem sich die menschliche Seele erbaut hat und aus dem sich daher vielleicht wichtige Einsichten für das heutige Bewusstsein gewinnen lassen. So faszinierend und inspirierend manche daraus abgeleiteten Theorien sein mögen, so spekulativ erscheinen sie mir doch auch. Die überlieferten Mythen geben, zusammen mit anthropologischen Forschungen und archäologischen Funden, sicher eine Fülle von Hinweisen und partiellen Einblicken in diese Welt, aber deren Deutung ist ebenso vielfältig wie letztlich beliebig, und das liegt in der Natur der Sache.

Kürzlich habe ich im Internet eine Serie von Filmen entdeckt, die ein Chronist seit den 1950er Jahren über das gesellschaftliche Leben in meinem Heimatdorf gemacht hat. Das war in meiner Kindheit und Jugend, ich habe die Zeit bewusst erlebt, und es ist ein sehr überschaubares und kleines Dorf mit damals etwa tausend Einwohnern. Als ich mir die Filme anschaute, habe ich manches gesehen, das ich vergessen hatte, auch einige wenige Dinge, von denen ich gar nichts wusste, aber ich habe auch vieles vermisst, was mir in Erinnerung ist und für die damalige Zeit charakteristisch und damit zu deren vollem Verständnis wichtig erschien. Kurz gesagt: Die Filme geben nichts anderes wider als den Aspekt der Wirklichkeit, den dieser Chronist gesehen hat und der ihm aus irgendwelchen Gründen wichtig war (und auch davon nur den Bruchteil, den er mit der Kamera festgehalten hat, wenn er dazu Zeit hatte). Davon aufs Ganze, auf das Leben dieses Dorfes und das Bewusstsein seiner Bewohner zu schließen, würde völlig an der Wirklichkeit dieser Zeit vorbeigehen.

Genau das wird aber wahrscheinlich geschehen, wenn jemand in einigen hundert oder tausend Jahren diese Filme entdeckt, von größeren historischen Zeiträumen, wo die Menschen eine ganz andere Sprache sprechen (wenn sie überhaupt noch über Sprache kommunizieren) ganz zu schweigen. Er mag, wenn er gewissenhaft forscht, noch ein paar andere Quellen entdecken und das Mosaik ein bisschen erweitern, aber das Bewusstsein und die Wirklichkeit der 1950er und 1960er Jahre in Marmagen wird er nicht beschreiben. Wenn ich der Chronist gewesen wäre und diese Filme gemacht hätte, wäre etwas ganz anderes dabei herausgekommen, und wenn ich heute eine alternative Chronik aus meiner Erinnerung schreiben würde, käme wieder etwas anderes heraus, weil auch meine Erinnerung nur eine nachträgliche Rekonstruktion meiner tatsächlichen Jugend und natürlich auch, sofern sie dem tatsächlichen Geschehen entspräche, nur meine Sicht dieser Zeit wäre. Kurz gesagt: Aus den überlieferten Mythologien können wir herauslesen, was wir wollen, und unsere Deutungen sagen mehr über uns selbst als über die Wirklichkeit einer verschwundenen Zeit.

Ebenso wie dieser Dorfchronist erzählt uns der Mythos, soweit er überliefert und in Bildern, Statuen und anderen Gegenständen festgehalten ist, etwas über sich selbst und gibt uns einen sehr ausschnitthaften Blick auf etwas längst Vergangenes, das als Geschichte – und „Geschichte" meint hier: als Erzählung – weiter wirkt und gewissermaßen lebendig bleibt. Darin liegt ihre Wirklichkeit. Man sollte sich aber hüten, daraus abzuleiten, was nun die tatsächliche (faktische) Wirklichkeit jener Zeit war.

Alles, was wir haben, sind Geschichten, die aus verschiedenen Perspektiven erzählt und aus wiederum anderen Perspektiven überliefert wurden und aus wiederum anderen Perspektiven heute gedeutet werden. Das gilt nicht nur für das mythologische Zeitalter, sondern für alles, was wir als „unsere Geschichte" verstehen und erinnern, sei es das, was uns in Büchern über die Vergangenheit erzählt und in der Schule beigebracht wird, oder sei es das, was wir als unsere persönliche Geschichte (z. B. unsere Kindheit) im Gedächtnis haben.

Die Vertreibung aus dem Paradies

Das bedeutet beileibe nicht, dass diese Geschichten nichtig wären. Ganz im Gegenteil. Erstens erzählen sie, wie ausschnitthaft auch immer, etwas Wahres, wenn auch nie die ganze Wahrheit. Was mein Dorfchronist gefilmt hat, ist ja tatsächlich geschehen. Zweitens, und dies ist noch wichtiger, wirken sie, wie gesagt, als Geschichten heute fort und bestimmen damit unser Bild der Vergangenheit, und dieses Bild wirkt in uns. Es tut dies auch dann, wenn wir im wörtlichen Sinne längst nicht mehr daran glauben. Der jüdisch-christliche Mythos des Garten Eden, in dem alle Lebewesen in paradiesischer Harmonie miteinander leben, ist nicht nur ein religiöses Märchen, an das merkwürdigerweise die Christen (sowie Juden und Muslime) glauben, sondern er beschreibt eine innere Sehnsucht vieler Menschen, die sich durch die Utopien der Moderne bis hin zur Friedensbewegung und „grünen" Weltbildern zieht. Die Vorstellung des Garten Eden als eine Art ewiges Sommerpicknick, wo Mensch und Tier (vom Reh bis zum Löwen) in einer vollkommenen Natur bei schönstem Wetter in vollkommener Harmonie beisammen sind, ist auch heute noch der Traum vieler Menschen – so sollte das Leben eigentlich sein (wobei niemand danach fragt, wovon der Löwe denn nun lebt, wenn er die Antilope nicht frisst).

Die andere Seite des biblischen Mythos ist die der Vertreibung aus dem Paradies. Der Mensch wird bestraft, weil er ungehorsam gegenüber Gott ist und zu viel wissen will, und muss sich nun seine Nahrung, die ihm bis dahin quasi in den Mund fiel, selbst suchen und sein Leben fortan „im Schweiße seines Angesichts" erarbeiten und verdienen. Hier ist die Parallele zur menschlichen Geburt, mit der das automatische Versorgtsein endet und die Mühen des Lebens anfangen, unverkennbar. Die große menschliche Perspektive ist daher die Rückkehr ins Paradies, und diese Perspektive ist, wie gesagt, bei weitem nicht nur ein Traum der Christenheit, sondern durchzieht die meisten abendländischen Utopien bis hin zum Kommunismus, modernen politischen Konzepten wie dem eines „bedingungslosen Grundeinkommens" und der modernen Idee der „Freizeit". Im alltäglichen Leben finden sich Anklänge davon in vielen Werbebildern und -botschaften, etwa im Konzept des *All-Inclusive*-Urlaubs, wo man weder etwas tun noch bezahlen muss, sondern den ganzen Tag rumliegt und sich bedienen lässt.

Daneben gibt uns die Geschichte der Vertreibung aus dem Paradies noch einen anderen Impuls, der unseren Alltag vor allem in der modernen Zeit durchherrscht: den Auftrag, sich die Erde untertan zu machen. Hier unterscheidet sich das Christentum (gemeinsam mit dem Judentum) fundamental von allen anderen Religionen. Sein Kampf um die Herrschaft über die Erde ist das genaue Gegenteil der Ehrfurcht vor der Mutter Erde. Er hat uns dahin geführt, wo wir heute stehen, und er beherrscht den abendländlichen Menschen durch und durch, und zwar völlig unabhängig davon, ob er sich als Christ versteht oder nicht[29].

Geschichte (history) und Geschichten (stories)

Was ich über die allgemeine Geschichte gesagt habe, gilt ebenso für unsere persönliche Geschichte und unserer Erinnerung daran: Sie sagt nichts (oder bestenfalls sehr ausschnitthaft etwas) über unsere tatsächliche Geschichte, über das, was wirklich geschehen ist (history), aber sie repräsentiert die Geschichten (stories), die in uns bis heute lebendig sind und daher bis heute in uns wirken. Alles, was wir erinnern, sind Geschichten, die wir uns über unser Leben erzählen. Es ist keinesfalls unsere „wahre" Geschichte. Es kann sich an vielen Punkten mit der faktischen Wirklichkeit überschneiden, aber es enthält immer auch die Perspektive, den Blickwinkel, aus der wir diese Wirklichkeit erlebt haben. Es ist *unser Erleben* der Wirklichkeit. Noch präziser: Es ist das, was wir von unserem damaligen Erleben gespeichert haben und heute noch erinnern.

Ein Mann fühlt sich sehr ausgebrannt und erschöpft. Er ist ein erfolgreicher Coach und könnte es sich eigentlich leicht machen, aber das gelingt ihm nicht. Das Gefühl, sich immer anstrengen zu müssen, begleitet ihn sein ganzes Leben. Vor einiger Zeit hatte er eine schwere Herzoperation, von der er sich aber gut erholt hat. Er berichtet, dass er schon am Anfang seines Lebens nur knapp am Tod vorbeigeschrammt sei. Zunächst ist er schon im siebten Monat geboren, und dann hat er nach zwei Wochen Keuchhusten bekommen. In der LIP-Aufstellung fällt mir als erstes auf, dass er als Stellvertreter für das ungeborene Kind den kräftigsten Mann aus dem Kurs ausgewählt hat. Es ist oft recht signifikant, wen jemand für sich auswählt, unbewusst wählen die Leute nach Ähnlichkeit aus. Dieser Mann steht dann auch sehr fest dort und sagt, er fühle sich kräftig und gut. Was ihm fehle sei nur, dass dies auch gesehen werde.

In der Geschichte, die mir der Klient vorher präsentiert hatte, erschien er jedoch als schwaches Kind. Ich frage ihn: „Warst Du im Brutkasten?" Er: „Nein." Ich: „Und mit dem Keuchhusten, musstest Du da ins Krankenhaus?" „Nein." Ich: „Dann könnte man also annehmen, dass Du ein ziemlich starker Bursche warst." Der Mann lächelt, das gefällt ihm. Ich sage: „Ein Sieben-Monats-Kind kommt meist in den Brutkasten, es sei denn, die Ärzte halten es für stark genug, so zu überleben. Dann bekommt es nach zwei Wochen auch noch Keuchhusten, das ist in dem Alter lebensgefährlich, aber auch damit bist Du nicht ins Krankenhaus gekommen. Und Du hast das alles überlebt. Du scheinst mir wirklich ein starker Kerl zu sein." Der Stellvertreter auf der Position eins grinst und steht noch fester als vorher: „Stimmt!"

Hier sehen wir, wie man aus derselben Geschichte zwei ganz verschiedene Geschichten machen kann: die eines immer gefährdeten

Kindes, das sich dann ein Leben lang anstrengt, um zu überleben, und die eines starken Jungen, der um seine Kraft weiß und daher auch potenziell bedrohliche Dinge gelassen an sich heranlassen kann. Bei diesem Mann war es so, dass er subjektiv, in seinem Selbstbild, der ersten Geschichte folgte, während er objektiv im Leben erfolgreich war und mit immerhin 70 Jahren noch voll arbeitete.

Der LIP zeigt ihm eine neue Perspektive für sein Selbstbild, eine andere Geschichte. Wenn er sie ganz aufnimmt, kann er dem Leben gelassener begegnen, ohne dass sich an der faktischen Geschichte etwas ändert. Dass die faktische Geschichte und das, was wir daraus machen, zwei verschiedene Paar Schuhe sind, gilt über unser bewusstes Erinnern hinaus auch für die Erinnerungen, die in unserem Körpergedächtnis gespeichert und uns kognitiv nicht zugänglich sind.

Das Körpergedächtnis ist zwar insofern hundert Prozent genau, als es genau das enthält, was unser Körper erlebt hat, aber es weiß zum Beispiel nicht, ob dies ein eigenes Erleben ist oder etwas, was wir – aufgrund der Symbiose mit ihr – von der Mutter aufgenommen haben. Im geschilderten Fall könnte es so sein, dass sich in dem Mann das (unbewusste) Wissen um die eigene Kraft mit der Angst der Mutter, ob das Kind überlebt, und ihren Anstrengungen, es am Leben zu halten, vermischt hat; diese Anstrengungen hat er dann übernommen und als etwas Eigenes beibehalten. Das heißt, dass unsere Erinnerungen, auch die im Körper gespeicherten unbewussten Erinnerungen, unsere *seelische* Wirklichkeit repräsentieren, die aber nicht mit der *faktischen* Wirklichkeit (über die wir überhaupt nichts mehr sagen können!) verwechselt werden darf.

Diese seelische Wirklichkeit ist das Gebiet der Psychologie und Therapie, und sie (und nur sie) kann sich ändern, und zwar deshalb, weil sie „nur“ aus Geschichten besteht. „Nur“ in Anführungszeichen, weil sie zugleich als die Geschichte, die wir uns fortwährend über uns selbst erzählen oder die in unserem Körper und seinen Zellen aufbewahrt ist, höchste Wirkkraft hat.

Unsere Geschichte besteht aus nichts anderem als unseren Geschichten. Das heißt aber nicht, dass *wir* sie ändern können; *sie selbst* kann sich ändern, wenn wir erkennen, dass das, was diese seelische Wirklichkeit bestimmt, nur Geschichten sind. Dann können wir sie vergessen, und dann sind sie vorbei und man ist frei. Das, was faktisch geschehen ist,

ist schlicht und einfach geschehen, also vorbei und zählt nicht mehr. Das gilt für jeden einzelnen wie auch für das, was man als kollektive Geschichte bezeichnet. Das, was tatsächlich geschehen ist, ist lediglich das Garn, aus dem wir unsere Geschichte(n) weben. Insofern hat das mythologische Zeitalter nie aufgehört, wir stricken immer noch an unseren Mythen. Das Wichtigste an der Beschäftigung mit dem Mythos scheint mir zu sein, dass wir sehen, dass jede Bewusstseinsstufe ihre eigenen Mythen hervorbringt, ohne dass sie von denen, die sich im jeweiligen Mythos aufhalten, als Mythen erkannt werden. Das gilt auch und gerade für unser heutiges Zeitalter, das sich für aufgeklärt, wissenschaftlich und damit quasi mythenfrei hält. Genau darin, im Glauben an seine Rationalität, liegt jedoch sein Grundmythos, und unser Alltag ist von modernen Mythen durchzogen. Darüber mehr bei der Besprechung der Stufe 3, des modernen Bewusstseins.

Zusammenfassung

Abschließend fasse ich noch einmal einige wesentliche Punkte zur ersten Lebensstufe zusammen und verbinde dies mit einigen praktischen Hinweisen.

- Wir wissen nicht, woher das Leben kommt und wohin es geht. Ebenso wenig wissen wir, wie menschliches Bewusstsein entstanden ist. Das bedeutet: Das Leben ist ein Mysterium. Im Tiefsten wissen wir nichts. Dieses Nichtwissen ist unser Grund. Wer sich in der Wirklichkeit einrichtet, muss sich mit dem Nichtwissen, dem Grundlosen und Bodenlosen, anfreunden.

- Das Leben selbst ist unser Ursprung, die Eltern (Mann und Frau gemeinsam) sind lediglich das Tor, durch das das Leben sich manifestiert und erhält. Die Eltern sind dem Kind gegeben, wie sie sind, und das Kind ist den Eltern gegeben, wie es ist. Das wichtigste dabei ist, dass das Leben ja zu dir gesagt hat und immer noch sagt – wäre es anders, würdest du nicht leben. Also ist es das Klügste und Beste, auch zum Leben – zu genau dem Leben, das du bist – ja zu sagen. Ob deine Eltern auch ja gesagt haben, ist zwar im kindlichen Gefühl sehr wichtig, in der erwachsenen Sicht jedoch sekundär. Zumindest die Mutter hat schlussendlich ja zu dir gesagt, denn sie hat dich – was auch immer sie dabei gedacht oder gefühlt haben mag – geboren.

- Wenn man genau hinschaut, muss man sehen und anerkennen, dass wir keinerlei Einfluss darauf haben, wer oder was wir sind. Das heißt, wir können uns und unser Leben nicht selbst, nach unseren eigenen Vorstellungen, entwerfen, bestimmen und machen. Alles, was geschieht in unserem Leben, alles, was wir sind oder werden, ist uns geschickt, ist Schicksal. „Selbstbestimmung“ ist Illusion. Das ist einerseits eine erschreckende Tatsache, insbesondere für moderne Menschen, andererseits aber, wenn man sich ganz darauf einlässt, etwas zutiefst Erleichterndes. Du bist, wer du bist, und kannst und musst nicht anders sein oder werden. Das ist Entspannung.

. Die Zeit im Mutterleib und die Geburt haben uns zutiefst geprägt. Auch dies können und müssen wir nicht ändern. Wer es versucht, kämpft gegen sich selbst. Wer es lässt, wird gelassen. Man mag seine „Macken“ oder Schwächen haben und behalten, aber die fallen dann weniger ins Gewicht.

. Es ist aber nicht so, dass man aus seiner Geschichte ableiten könnte, welche Probleme jemand im Leben bekommt. Jeder geht anders damit um. Man kann nicht sagen: Wer im Brutkasten war oder per Kaiserschnitt geboren ist, wird dieses oder jenes Problem haben. Das Wichtigste wird bei solchen Geschichten meist vergessen: Du lebst! Und wir leben so lange, wie das Leben uns will.

. Wer das sieht, wird auch sehen, dass er sich nicht sorgen muss. Der Satz von Jesus über die Vögel, die nicht sähen und nicht ernten und singend jeden Tag begrüßen, drückt dies aus. Man kann seine Sorgen und Ängste aber nicht vertreiben. Wenn sie da sind, behandeln Sie sie wie alte Gefährten, nehmen Sie sie an der Hand und lassen sie bei Ihnen sein. Gehen Sie mit der Angst in den Keller (oder ins Flugzeug), laden Sie sie ein – dann wird sie weniger, vielleicht vergessen Sie sie sogar.

. Und vergessen Sie dabei nicht: Wir wurden gezeugt und geboren, weil wir da sein sollen; wir leben, weil wir leben – und zwar so lange, wie das Leben von sich aus dauert. Kontrolle ist Stress und Kontrolle ist Unsinn.

. Das Spüren, die Wahrnehmung mit den Sinnen, ist unsere primäre Verbindung zur Welt, zu unserem Körper und zu unserer Lebendigkeit. Bei vielen ist sie verschüttet oder vergessen. Man kann und sollte das beleben. Daraus speist sich unsere elementarste Lebensfreude. Also: Anstatt zu essen und zu trinken, was der Zeitgeist oder Gesundheitsberater (das sind meistens kranke Leute; schauen Sie mal darauf, wie viel Lebensfreude diese Menschen ausstrahlen) einem sagen, essen und trinken Sie, was Ihnen schmeckt. Bewegen Sie sich so, wie es Ihnen passt und Sie Lust haben. Für einen ist langsam richtig, für andere schnell, für einige ist wenig gut, für andere viel. Dasselbe gilt für alle anderen sinnlichen Vergnügungen: schauen und tun Sie, was Sie mögen. Wenn der Körper etwas davon nicht mag oder verträgt, wird er es Ihnen mitteilen. Dann können Sie Ihrem Körper folgen.

· Die Zeit der Einheit und der Verschmelzung ist vorbei. Einheit kann man nur dann wirklich erfahren, wenn man Zweiheit kennt. Das gilt es zu sehen und zu akzeptieren, vor allem in Beziehungen. Zweiheit (auch Zweisamkeit) setzt Getrenntheit voraus. Lieben können wir nur das Andere und den Anderen. Für die Liebe braucht man Abstand. Und für die Lust erst recht.

Stufe 2: Die Kindheit – Das Gruppenbewusstsein

Die Welt des Kindes

Der Weltenwechsel

Wie sieht die Welt des Kindes aus? Wie ist sie objektiv beschaffen, und wie sieht und erlebt sie ein Kind? Was ist seine Perspektive, sein Standort, von dem aus es schaut? Wie wird sein Blick beeinflusst – durch das, was es aus der Zeit vor der Geburt und dem Erleben bei der Geburt schon mitbringt, durch die Position, die es in dieser neuen Welt einnimmt, und schließlich und nicht zuletzt durch die Menschen, bei denen es aufwächst und durch die Art und Weise, wie sie ihm die Welt zeigen und erklären und was sie ihm über es selbst sagen, und durch die Art, wie sie selbst leben und handeln? Und was macht diese kindliche Welt, was macht das, was ein Kind in dieser Welt erlebt und in sich aufnimmt, mit dem Menschen, zu dem es später wird, mit dem Erwachsenen? Wie beeinflusst unsere kindliche Welt (unser „inneres Kind“) unser weiteres Leben?

Um die Welt des Kindes zu verstehen, gehe ich noch einmal zurück zur Geburt. Ich habe sie ja vorhin als Weltenwechsel bezeichnet. Wie tiefgreifend dieser Wechsel ist, können wir uns wohl gar nicht vorstellen. Es kommt nicht von ungefähr, dass der Mensch ein ganzes Jahr braucht, um auf eigenen Beinen zu stehen, während dies bei allen anderen Säugetieren (biologisch sind wir ja Säugetiere) schon nach einigen Stunden der Fall ist. Man kann dies natürlich rein physiologisch damit erklären, dass der menschliche Körper noch nicht so weit entwickelt ist, wie das bei Tieren der Fall ist. Aber warum ist das so? Mir scheint noch etwas anderes dahinter zu stecken, nämlich das menschliche Bewusstsein.

Ein Tier betritt die neue Welt nur mit seinem Körper, ein Mensch betritt sie auch mit seinem Bewusstsein. Es ist nicht nur – ich meine: nicht einmal in erster Linie – der Körper, der sich darin zurechtfinden muss, sondern auch und vor allem das Bewusstsein. Wir sind nicht, wie ein Tier, mit dem Instinkt mit der Mutter und dann auch mit der Welt verbunden, sondern wir müssen diese ganze neue Welt, angefangen bei der Mutter, in unser Bewusstsein nehmen. Der Weltenwechsel muss in unserem Bewusstsein ankommen und von diesem verarbeitet werden, wir müssen nicht nur physisch, sondern auch und vor allem seelisch und geistig in die neue Welt hineinwachsen. Das geht nicht von heute auf morgen, dazu braucht es Zeit.

Mit der Geburt tritt der Mensch in sein eigenes körperliches Leben ein, abhängig zwar, aber losgelöst, verbunden, aber nicht mehr verschmolzen. Was vorher das Umgebende war, in das man ganz eingelassen war, ist nun ein Anderes, ein Gegenüber, das getrennt von einem existiert und von dem man selbst getrennt ist. Nach wie vor ist die Mutter die ganze Welt, aber ich bin nicht mehr Teil von ihr. Anstelle der Symbiose tritt die Bindung. Wir sind jetzt zwei, und wir können uns aufeinander beziehen. Das Kind beginnt nun, die Mutter von außen zu entdecken, mit den Händen, dem Mund, der Nase und allen anderen Sinnen. Diese Sinne signalisieren ihm ganz genau, ob der Mensch, der es im Arm hält, seine Mutter ist oder nicht. Und schon nach kurzer Zeit beginnt es auch, ihre Gefühle wahrzunehmen und damit selbst sein Fühlen zu entwickeln – etwa wenn die Mutter lächelt und liebevoll mit ihm redet oder brabbelt (sie mag mich, ich bin willkommen) oder wenn sie im Gegenteil gestresst, genervt oder gar zornig ist (sie mag mich nicht, ich bin schlecht, ich bin eine Last, …). Die Mutter und später der Vater dienen dem Kind als Spiegel, um sein eigenes Menschsein zu entdecken und seine eigenen Gefühle zu entwickeln.

Bis zum Erkennen der Mutter als eigene Person dauert es noch eine Weile – und bis zum Erkennen von sich selbst als Person ebenfalls –, aber das Kind muss sich bemerkbar machen, Bedürfnisse äußern und auf vielfältige Weise Kontakt aufnehmen. Die Zeit, wo für alles gesorgt war, ist vorbei, und zwar unwiderruflich. Die neue Freiheit verlangt von dem Kind, dass es anfängt, seine Bedürfnisse auszudrücken, und sie birgt das Risiko, dass dies nicht gehört oder nicht richtig verstanden oder bewusst ignoriert wird. Dabei ist es vollkommen abhängig, denn es kann sich weder selbst versorgen noch gar von sich aus in dieser vollkommen fremden Welt orientieren. Dazu braucht es jemanden, und zwar zuallererst die Mutter.

Die Mutter kann zwar, anders als vor der Geburt, physisch und geistig von einer anderen Person ersetzt werden, aber nicht emotional. Die frühkindliche Seele empfindet jede längere Trennung von der Mutter als Todesbedrohung. Nur die ständige Präsenz der Mutter gibt dem Säugling die Sicherheit, die er braucht, um sich entspannt in die Offenheit der neuen Welt einzulassen. Je unsicherer der Kontakt zur Mutter ist, umso unsicherer kommt ihm die Welt vor (die Mutter ist ja seine Welt), und umso angespannter und ängstlicher wird er ihr – jetzt und später, oft sein ganzes Leben lang – begegnen. Diese Anspannung manifestiert sich auch im Körper. Wilhelm Reich hat sie den „Charakterpanzer" genannt, eine chronische Verfestigung unserer Muskulatur, die aus einer lang andauernden Spannung resultiert, in die sich das Kind einst eingemauert hat, um sich zu schützen.

Zu dem, was die Abwesenheit der Mutter mit einem Kind machen kann, eine kleine Geschichte von einem alten Freund: In den sechziger Jahren des vergangenen Jahrhunderts gab seine erschöpfte Mutter ihn – er war zehn Monate alt – in eine Wochenkrippe und fuhr mit ihrem Mann in Urlaub. In der DDR war das üblich, die Kinder wurden professionell versorgt. Als sie ihren Jungen nach zwei Wochen wieder abholte, war sie entsetzt: er war nur noch ein apathisches Bündel. Der Arzt, zu dem sie ihn brachte, diagnostizierte eine schwere Ernährungsstörung mit Durchfall, Erbrechen und akuter Lebensgefahr und wollte das Kind ins Krankenhaus einweisen. Die Mutter aber spürte: Mein Kind braucht nichts dringender als mich, und sagte zum Arzt: „Sagen Sie mir einfach, was ich tun muss." Dreißiggrammweise fütterte sie ihr Kind wieder auf, mit selbstgemachtem Möhrenbrei. Das Kind überlebte.

Jedes Kind reagiert anders auf eine solche Situation, aber jedes nimmt davon etwas mit in sein späteres Leben. Was, kann man nicht vorhersagen. Aus dem Kind von damals ist ein stattlicher, immer fröhlicher und humorvoller Mann geworden, der sehr gerne und mit großem Genuss isst. Als er eine Zeitlang mit sehr wenig Geld auskommen musste, sagte er, wenn ich ihn fragte, ob er klarkommt, immer: „Es ist noch genug da, um satt zu werden." Er hat viele außerordentlich schwierige Situationen gut überstanden hat und ist daran gewachsen, hatte aber immer ein sehr ambivalentes Verhältnis zu Frauen. Er liebt sie und fühlte sich für die meiste Zeit seines Lebens zugleich unsicher mit ihnen, suchte ihre Nähe und hatte zugleich eine tiefe Angst vor zu viel Nähe.

Freiheit und Abhängigkeit

Nach der Geburt wird das Ineinandersein von Mutter und Kind abgelöst durch Beziehung, die Kommunion durch Kommunikation, und dies bedeutet Freiheit *und* Abhängigkeit, beides zugleich. Beide bilden gemeinsam ein Ganzes, eine Einheit, die das vorherige Ausgeliefertsein ablöst. Sie sind keine Gegensätze, sondern die beiden Pole einer Ganzheit. Die Geburt schenkt uns die körperliche Freiheit, insofern wir jetzt physisch ohne die Mutter existieren können, ihr Essen nicht mehr zugleich unser Essen ist und ihr Tod nicht mehr zugleich unser Tod; zugleich sind wir abhängig, weil wir nicht allein existieren können und uns jetzt bemerkbar machen müssen, wenn wir etwas brauchen oder wollen, und weil wir uns nicht nur irgendwie verständlich machen müssen, sondern, was noch viel wichtiger ist, auch verstanden werden müssen. Letzteres können wir aber nicht wirklich beeinflussen – wir können zwar schreien (und später sprechen), aber ob uns der andere (am Anfang die Mutter) versteht oder nicht, liegt nicht in unserer Hand.

Das Kind muss nun eine „Doppelstrategie" entwickeln. Einerseits muss es, wie schon vor der Geburt, weiterhin alles daransetzen, seine Lebensgrundlage, die Mutter, zu erhalten; andererseits muss es nun aber auch für sich selbst sorgen, da ihm die Nahrung nicht mehr von selbst zufließt. Das Einfachste und Natürlichste ist, dass es schreit. Das brauchte es im Mutterleib nicht, und es konnte es auch nicht. Hier sehen wir zum ersten Mal die Ambivalenz der Freiheit. Es ist frei vom mütterlichen Organismus, es ist nicht mehr auf Gedeih und Verderb mit der Mutter vereint, und damit entsteht zugleich die (vorher nicht existierende) Notwendigkeit, seine Bedürfnisse zu äußern. Zunächst kann es nur schreien oder weinen, später wird es mehr und mehr die Sprache benutzen, wobei es das Schreien und Weinen aber immer noch als zusätzliche Möglichkeit in petto hat. Je nachdem, wie erfolgreich es vorher damit war, wird es diese Möglichkeit auch benutzen, wenn reden nicht hilft – zumindest die gesamte Kindheit hindurch, oft aber ein Leben lang. Wenn es seine Umgebung aber als unfreundlich oder fragil erlebt, wird es sich eher anpassen, klein machen und nur das Minimum einfordern, um der Mutter nicht zur Last zu fallen, denn das würde ja bedeuten, dass es sein Leben riskiert.

Hier macht ein Mensch Erfahrungen und entwickelt Verhaltensmuster, die sich sehr tief in seine Psyche eingraben, zu Automatismen werden, die er gar nicht bemerkt, und die uns auch im Erwachsenenalter noch entsprechend fühlen und handeln lassen[30]. Und auch dies ist den meisten Erwachsenen nicht bewusst. Sie meinen, das sei ihre Natur, dabei sind es nur automatische Gefühlsreflexe und erlernte Verhaltensweisen, die einst wichtig und mehr oder weniger erfolgreich waren. Sie dienten damals unserem Überleben, und unbewusst fühlen und handeln wir so, als ob sie dies ein Leben lang tun würden.

Wir sind aber nicht nur physisch abhängig, sondern auch geistig, denn ein Kind kann sich auch dann, wenn sein Körper gelernt hat, sich allein zu bewegen und allein zu essen, nicht allein in der Welt aufhalten und bewegen. Wir müssen auch geistig erst noch lernen, uns in die Welt hinein zu bewegen. Damit dies gelingt, müssen wir die Welt in uns aufnehmen, und das können wir nicht von allein. Dazu brauchen wir andere Menschen als Spiegel oder, allgemeiner gesprochen, als Resonanzkörper. Die Resonanz funktioniert umso besser, je ähnlicher andere mit uns sind. Am ähnlichsten sind dem Kind seine Eltern. In ihnen kann es sich selbst am besten gespiegelt sehen.

Vater und Mutter – Die biologischen Eltern und ihre Bedeutung

Warum braucht das Kind die Mutter, warum ist sie so wichtig? Nicht zur Versorgung, das kann auch jemand anders übernehmen. Es braucht sie, weil sie alles ist, was es kennt, alles, was von seiner vorherigen Welt noch da ist. Es braucht sie, um in der neuen Welt anzukommen und Vertrauen dahinein zu entwickeln, dass es auch in dieser unermesslichen Welt geborgen sein und sich damit entspannen kann. Ohne die Mutter ist das kaum möglich, denn nur in ihrer Gegenwart, im Hören ihrer Stimme, in der Wahrnehmung ihres Geruchs und im Fühlen ihres

Körpers kommen die alte und die neue Welt zusammen. In der Mutter hat es überlebt, in der Regel ziemlich gut. Daher steht sie für Sicherheit und Versorgt sein. Nur im unmittelbaren, sinnlichen Kontakt mit ihr weiß das Kind, dass jemand da ist, der für es sorgt. Nur in diesem Wissen, im Spüren des mütterlichen Organismus, den es kennt, kann es sich entspannen. Ohne sie, ohne die direkte und sinnliche Erfahrung ihrer Nähe, wird es in ständiger Spannung, in einem ständigen inneren Überlebensstress bleiben. Sie ist die Brücke, sie war vorher da und ist jetzt noch (oder wieder) da, es kennt sie, kennt ihren Geruch, ihre Stimme, ihren Herzschlag, ihre Haut, und damit ist es nicht *mutterseelenallein* in der Welt.

Keine noch so liebende und wohlmeinende Person kann dies ersetzen, außer vielleicht ein wenig der Vater. Da es ihm genetisch eng verwandt ist, gibt es eine natürliche Resonanz zwischen dem Kind und seinem Vater, denn dem Organismus des Kindes ist der Vater nicht fremd, auch wenn es ihn vor der Geburt nicht mit seinen Sinnen wahrgenommen hat. Wenn er jedoch während der Schwangerschaft nah bei seiner Frau war, hat das Kind ihn gehört und kennt vage seine Stimme, und wenn die Eltern sich geliebt haben, hat es ihn und seine Verbindung mit der Mutter gespürt, vor allem – und dies dürfte sehr wichtig für die allerersten Eindrücke von Sexualität und damit auch für seine spätere Haltung dazu sein – die Art und Weise, wie er seine Frau sexuell berührt hat und, was wahrscheinlich noch wichtiger ist, wie sie dies aufgenommen hat. Das Kind hat dies ja unmittelbar körperlich mitbekommen, und zwar sowohl die Schwingung des Vaters als auch – über die hormonelle Verbindung sicherlich noch deutlich mehr – die der Mutter. Dazu gibt es zwar naturgemäß keine sicheren Erkenntnisse, aber nach allem, was ich über andere Einflüsse aus der vorgeburtlichen Zeit gesehen habe, gehe ich davon aus, dass die Haltung eines Menschen zu Männern und zum Männlichen ebenso wie zur eigenen Sexualität in dieser Zeit eine wesentliche Prägung erfährt. Dies gilt für Frauen und Männer gleichermaßen.

Am Anfang der Kindheit ist die Mutter immer noch die ganze Welt des Kindes. Auch wenn es schon draußen ist, dauert die seelische Symbiose noch an. Wenn die Mutter bei oder in den ersten Jahren nach der Geburt stirbt, stirbt das Kind zwar nicht mehr körperlich, aber innerlich, seelisch stirbt auch etwas in dem Kind. Es nimmt sie nämlich anfangs noch ganz und später fast noch ganz als einen Teil von sich selbst wahr. Ich erinnere mich an eine Frau, die darunter litt, dass sie ihre Kinder nicht lieben konnte. Das war jedenfalls ihr Gefühl – natürlich liebte sie die Kinder, sonst hätte sie nicht gelitten, aber sie konnte es nicht fühlen und den Kindern auch nicht zeigen. Der Hintergrund war, dass ihre Mutter bei ihrer Geburt gestorben war. Damit war auch die Fähigkeit des Kindes (der jetzigen Mutter) zu lieben gestorben – oder sagen wir genauer: wie gestorben, sie war eingefroren. Dies kann sich erst lösen, wenn das Kind als Erwachsene(r) erkennt, dass es schon bei der Geburt ein ganzer und eigenständiger Mensch war und nicht ein Teil der Mutter und sie nicht ein Teil von ihm.

Ähnliches gilt, wenn der Vater nicht da ist, wenn er anonym ist (wie bei einer Befruchtung durch fremde Samenspender) oder verschwiegen wird oder wenn er sich einfach nicht um das Kind kümmert und die Frau damit allein lässt. Dann fehlt dem Kind etwas. Genetisch ist es ja zur Hälfte sein Vater; wenn dieser Mensch im Außen nicht da ist, findet das Kind für etwas, was in ihm ist, im Außen keine Resonanz. Keine Resonanz heißt: Es kommt nichts zurück, es gibt für das, was in ihm ist, für die väterliche Hälfte, keinen Widerhall. Ersatzväter können diese Resonanz nicht herstellen, sie kann nicht gemacht werden. Dieses „Mir fehlt etwas, ich bin nicht ganz" wird es ebenfalls so lange begleiten, bis es erkennt, dass es schon immer vollständig war. Ich habe das bei meiner Mutter erlebt, deren Vater kurz nach ihrer Zeugung tödlich verunglückt ist. Das Kind in ihr hat sich immer unvollständig gefühlt, denn es „hatte keinen Papa".

Exkurs 1: Familienaufstellung

Der verschwiegene oder „falsche" (untergeschobene) Vater taucht oft in Familienaufstellungen auf. Statistisch ist es so, dass in Europa etwa zehn Prozent der offiziellen Väter nicht die wirklichen Väter sind. In Ländern, in denen die Sitten lockerer sind, dürften dies noch mehr sein. Wenn sich dies in einer Aufstellung zeigt, ist das zwar kein Beweis, aber wenn die Betroffenen es als Hinweis nehmen und der Sache nachgehen, finden sie es oft bestätigt. Die meisten sind auch nicht überrascht, wenn so etwas auftaucht, sondern fühlen sich in einem Gefühl bestärkt, dass sie immer schon hatten. Es gibt dafür aber keine tragfähige Erklärung – weder dafür, dass die Betroffenen das „irgendwie“ wissen oder fühlen, noch dafür, dass die Stellvertreter in einer Aufstellung dies spüren können.

Mir scheint, dass wir es in beiden Fällen mit Resonanzphänomenen zu tun haben. Dieses Thema ist bisher kaum erforscht. Neben der bereits erwähnten Theorie der „morphischen Resonanz“ von Rupert Sheldrake, der sich dabei auf biologische Beobachtungen bei Pflanzen und Tieren stützt (Sheldrake ist Biologe), hat in jüngster Zeit der Soziologe Hartmut Rosa mit einer Resonanztheorie über unsere Weltbeziehung von sich reden gemacht.[31] Die Beobachtungen in Aufstellungen passen zu diesen Theorien. Sie geben dem Magischen, was der Aufstellungsarbeit oft anhaftet, eine recht nüchterne Grundlage. Dass ein Kind innerlich spürt (wenn auch nur in Form eines irritierenden Gefühls, dass da „etwas nicht stimmt“), dass sein Vater nicht sein Vater oder – wie bei vertauschten Kindern – seine Mutter nicht die Mutter ist, macht im Lichte der Resonanztheorie unmittelbar Sinn. Es findet nämlich für seine genetische Ausstattung im Außen keinen Widerhall, keine Resonanz, es erkennt sich in dem genetisch fremden Mann und der fremden Frau nicht wider.

In diesem Lichte lässt sich dann auch die Vertretung oder „Identifizierung“, die sich in Familienaufstellungen zeigt, besser und anders erklären. Sie besteht u.a. darin, dass zum Beispiel bei einer Frau, die ihren Vater nicht kennt, der erste Sohn (im Fall meiner Mutter war ich das) den fehlenden Vater „vertritt“ (so die von Hellinger eingeführte Terminologie). Resonanztheoretisch ist dies unvermeidbar und keineswegs, wie es bei Hellinger und den ihm darin folgenden Aufstellern gesehen wird, eine „Anmaßung“ des Kindes. Die Mutter findet einfach in dem Sohn, der ja mit ihrem Vater ein Viertel seiner Gene teilt, eine Resonanz für etwas, was ihr immer gefehlt hat. Dieser Resonanz kann sich der Sohn nicht entziehen und die Mutter auch nicht, man kann sie höchstens später, als Erwachsener, durchschauen. Eine solche Sichtweise hätte einmal den Vorteil, dass sie den moralischen Touch, der in dem Wort „Anmaßung“ steckt, wegnimmt; zum zweiten ist sie viel sachlicher als die Idee einer geheimnisvollen „Identifizierung“ des Enkels mit einem Großvater, den er nie gekannt hat, mit dem er aber angeblich tief in Liebe verbunden sein soll.

Auch die Erfahrung, von der Adoptiveltern, die auch eigene Kinder haben, immer wieder berichten, dass sich die Beziehung zu dem genetisch fremden Kind grundsätzlich anders anfühlt als die zum eigenen Kind, ohne dass man diese Kinder weniger liebt, würde in dem Resonanzphänomen eine Erklärung finden. Umgekehrt gilt ja dasselbe, auch Adoptivkinder fühlen die Fremdheit zu den Adoptiveltern, ganz unabhängig von der Frage der Liebe.

Vor vielen Jahren hatte ich einmal eine Familienaufstellung, die auf ein Geheimnis oder etwas Verdrängtes bei einem sechzigjährigen Mann verwies. Der Mann selbst war nicht anwesend, seine Partnerin hatte sich ihre Beziehung zu ihm anschauen wollen. In der Aufstellung schaute sein Stellvertreter immer auf einen bestimmten Punkt. Die Frau erzählte dann, er sei einmal verheiratet gewesen und habe aus dieser Ehe ein Kind. Als ich die Ex-Frau und das Kind dazustellte, schauten alle drei auf diesen Punkt. Ich habe dann nicht weitergeforscht, da der Mann selbst nicht anwesend war. Ein Jahr später habe ich erfahren, worauf alle drei geschaut hatten: Er hatte noch ein Kind. Das erste Kind mit dieser Frau hatten die beiden schon vor der Geburt zur Adoption freigegeben, keiner von beiden hatte es zu Gesicht bekommen. Genau um die Zeit der Aufstellung hatte dieses Kind, eine Frau von jetzt 33 Jahren, ihre Adoptiveltern in Amerika gefragt, ob sie wirklich ihre Eltern seien. Nachdem sie die Wahrheit erfahren hat, hat sie nach ihren richtigen Eltern geforscht und den Vater – er war Amerikaner, lebte aber seit langem in Europa – drei Monate später in Deutschland ausfindig gemacht. Die Tochter war übrigens genauso alt wie seine jetzige Freundin, die er heiraten wollte.

Einer meiner besten Freunde ist zeugungsunfähig und hat drei Kinder adoptiert. Zwei davon waren anonyme Adoptionen, das heißt, mein Freund und seine Frau wussten nichts über die Eltern der Kinder, und die Kinder natürlich auch nicht. Mit Vollendung des 18. Lebensjahres hatten die Kinder aber das Recht zu erfahren, wer ihre leiblichen Eltern sind. Der jüngste Sohn hat davon Gebrauch gemacht und dann mit seinem Vater, einem Afrikaner, der in Deutschland lebt, Kontakt aufgenommen. Der Junge boxte gerne und sehr gut (was seinem Adoptivvater, einem Psychologieprofessor, völlig abging), er war mit sechzehn sogar westdeutscher Jugendmeister. Als er seinen leiblichen Vater (im

Beisein meines Freundes) zum ersten Mal traf und diesem erzählte, dass er boxt, sind die beiden sich in die Arme gefallen. Der Vater war auch Boxer gewesen. So erkannten sie sich. Seitdem sind sie, wie mein Freund mir erzählte, „ein Herz und eine Seele" (ohne dass dies der Beziehung zu den Adoptiveltern etwas wegnimmt, ganz im Gegenteil). Das ist Resonanz.

Exkurs: Moderne Zeiten

Das moderne Bewusstsein nimmt diese Dinge nicht mehr ernst, es stellt die Wünsche von Erwachsenen in den Vordergrund und fragt kaum nach, was man damit den Kindern antut. Die Fortpflanzungsmedizin mag für einige Erwachsene ein Segen sein, auch für das ein oder andere Kind, das in einer ansonsten normalen Familie mit Hilfe künstlicher Befruchtung ins Leben kommt. So, wie sie heute oft benutzt und weithin propagiert wird, nämlich als Befriedigung der Kinderwünsche von Erwachsenen und ohne Rücksicht darauf, ob das Kind seinem genetischen Vater (oder, im Falle von Leihmutterschaft, der Frau, in der es aufgewachsen ist) je begegnet, und ohne zu fragen, was es für ein Kind bedeuten mag, in einer ihm genetisch fremden Umgebung aufzuwachsen, halte ich sie jedoch für mehr als problematisch. In der Medizin ist zwar die Genetik eines der wichtigsten Forschungsfelder und bei Krankheiten wird regelmäßig nachgeforscht, ob sie genetisch bedingt sein könnten; wenn es aber um Verhaltensthemen, Intelligenz oder generell Eltern-Kind-Beziehungen geht, gilt jeder Verweis auf genetische Einflüsse als „biologistisch", dem dann – das ist jetzt ein Begriff von mir, er wird so nicht verwendet – ein Soziologismus als die einzig wahre Weltanschauung entgegengesetzt wird. Soziologismus heißt: Alles gilt als sozial bedingt.

Ich kann mir nicht vorstellen, dass ein Mensch, der erfährt, dass er oder sie von einem Mann abstammt, der seinen Samen an eine Samenbank oder – wie es bei der Befruchtung von Frauen in lesbischen Partnerschaften weithin üblich ist – an eine Bestellerin aus dem Internet verkauft hat (es gibt Männer, die damit einen richtigen Nebenerwerb betreiben) oder einer Bekannten, mit der er ansonsten wenig zu tun hat, auf deren Wunsch hin geliefert hat – ich kann mir nicht vorstellen, dass ein auf diese Weise entstandenes Kind eine gute Beziehung zu

Männern oder, wenn es ein Junge ist, zum Männlichen in sich selbst entwickeln kann. Kann er dazu ja sagen? Kann er überhaupt zu seinem Leben ja sagen? Und welche Verwirrung Leihmutterschaft in einem Kind hervorruft und was sie für dessen spätere Beziehung zu Frauen (zum Weiblichen), vor allem aber zu sich selbst bedeutet, wird man wohl erst in zwanzig Jahren sehen – wenn denn überhaupt jemand darüber berichtet. Es gibt hier und da Berichte, dass ein größerer Teil dieser Kinder später den Vater sucht, andere sagen, es sei ihnen egal, aber das kann auch eine Schutzbehauptung sein, damit man den Schmerz nicht fühlt. Im Allgemeinen berichten die Medien lieber über die Sensation, wenn es mal wieder gelungen ist, der Natur ein Schnippchen zu schlagen. Auch dazu ein Beispiel.

Am 3. April 2019 lese ich in der Zeitung (welt.de) einen Artikel über eine 61-jährige Frau aus Nebraska, Amerika, die ihrem homosexuellen Sohn dessen größten Wunsch erfüllt hat: Sie hat ihm, ihrem eigenen Sohn, ein Kind geboren. Wie? Sie hat sich als Leihmutter zur Verfügung gestellt. Dazu gibt es zwei Fotos mit der glücklichen Familie, der Leihmutter-Oma mit (Enkel-)Kind, ihrem Sohn (dem Samenspender, also biologischen Vater) und dessen Ehemann (in Nebraska ist die Schwulenehe gesetzlich möglich), dessen Schwester die Eier zur Verfügung gestellt hat, von denen eines nach erfolgreicher Befruchtung *in vitro* der Mutter des Samenspenders eingepflanzt wurde. Die biologische Mutter des Kindes fehlt auf den Bildern, von ihr ist auch im weiteren Verlauf des Artikels nicht mehr die Rede, sie ist ja nur die Eispenderin. Aus der systemischen Sicht des Familienstellens heißt das: Die tatsächliche (biologische) Mutter des Kindes ist ausgeschlossen. Das liegt aber in der Logik der Sache, denn der Triumph, über den hier berichtet wird und den sich der Artikel zu Eigen macht, liegt ja genau darin, dass hier der menschliche Wille die Natur (Biologie) überwunden hat. Daher kann man (aus dieser Sicht) die biologische Mutter einfach vergessen.

Jetzt hat das Kind also zwei Mütter, von denen eine zugleich auch noch seine Oma ist, und zwei Väter, nämlich den tatsächlichen Vater und dessen Ehemann. Der hat zwar eigentlich mit der Vaterschaft nichts zu tun, aber da er rechtlich der Ehemann des Kindervaters ist, will er auch der Vater von dessen Kind sein. Er hat aber, wie in dem Artikel beklagt wird, nach der geltenden Gesetzeslage keine Vaterrechte, es sei denn, er würde das Kind adoptieren. Dann hätte es zwei „richtige" Väter, wobei einer von ihnen (oder beide?) zugleich auch irgendwie noch Mutter ist oder sein will, denn die beiden weiblichen Mütter (die Eispenderin und die Leihmutter) leben ja nicht mit dem Kind zusammen, sie sind nur die Lieferantinnen. Selbstverständlich spricht das homosexuelle Paar – und der Artikel folgt ihm darin – aber von „unserem" (gemeinsamen) Kind. Der Partner des leiblichen Vaters, der, wenn das mit der Adoption klappt, ebenfalls sein Vater sein wird und sich jetzt schon so sieht, ist aber zugleich der Onkel des Kindes, da seine Schwester die leibliche Mutter ist.

Der Artikel macht aus dem Ganzen eine Art Weihnachtsgeschichte – bis auf den Wermutstropfen, dass der Partner des Vaters (noch) keine Vaterrechte hat, ist alles wunderbar – alle sind glücklich, man hat die Natur überlistet und jeder bekommt, was er sich wünscht. Eine Frage wird allerdings nicht gestellt: Wie mag es dem Kind mit alldem ergehen? Im Moment ist ihm das alles natürlich egal, es weiß ja von nichts. Aber später, als älteres Kind, als Jugendliche oder als erwachsene Frau (es ist ein Mädchen)? Wir werden es natürlich nie erfahren, man kann nur spekulieren. Kennt es sich da noch aus, wer wer ist? Wer seine Mutter ist? Hat es überhaupt eine? Oder gar zwei oder drei? Es wächst ja mit zwei Vätern auf. Ist einer der Väter zugleich auch seine Mutter? Oder ist die Oma seine Mutter? Hätte das nicht etwas Inzestuöses? Immerhin „macht" der Sohn mit seiner Mutter ein Kind, wenn auch über den Umweg einer anderen Frau. Oder ist es doch die Schwester seines anderen Vaters, des Onkels des Kindes? Immerhin hat es deren Gene. Kann man da nicht verrückt werden? Ich fürchte, das ist für das Kind die wahrscheinlichste Prognose.

Ich hatte einen ähnlichen Fall in meiner Praxis. Da ging es um zwei lesbische Frauen, die den Einfall hatten, das Ei der einen mit dem Sperma eines schwulen Bekannten befruchten zu lassen und es der anderen einzusetzen, die das Kind dann ausgetragen hat. Auf diese Weise wäre es, so dachten sie, tatsächlich ihrer beider Kind und sie wären beide Mütter. Die Folge war jedoch, dass sie völlig zerstritten waren. Deshalb waren sie auch in meinem Kurs. Auf meine Frage, wer von ihnen denn nun die Mutter sei, zeigte die Leihmutter auf die Eispenderin und diese auf die Leihmutter (die eine große Wut auf die Eispenderin hatte, von der die Idee für diese Konstruktion stammte). Das Kind (ich habe es gesehen, es war etwa zwei Jahre alt) wirkte völlig verloren. Ich habe den beiden keine Lösung ihrer Beziehungsprobleme aufzeigen können, ich habe nur gesagt, was ich von den ganzen Sache halte, nämlich: „Was ihr gemacht habt, ist verrückt. Jetzt müsst ihr mit den Folgen klar kommen.“ Ich habe das freundlich und ohne Vorwurf gesagt, als einfache Feststellung. Ich weiß nämlich, dass ich selbst schon viele verrückte Dinge in meinem Leben gemacht und noch viel mehr gedacht habe. Das haben sie verstanden (es waren Chinesinnen, die sind ganz unideologisch und machen aus solchen Dingen keine Weltanschauung), und irgendwie scheint es geholfen zu haben, denn sie haben sich ein halbes bzw. ein Jahr später – jede für sich – ganz tief bei mir bedankt und mir ebenso wertvolle wie persönliche Geschenke gemacht.

Ich zweifle nicht daran, dass die beiden Frauen ebenso wie die Männer in Amerika das Kind lieben und alles tun werden, was sie für richtig halten, damit es sich gut entwickelt, aber ich habe mehr als große Zweifel, dass dies ausreicht, um ihm eine auch nur halbwegs stabile Identität zu ermöglichen. Damit diese Kinder wie andere Menschen fühlen und lieben und sich selbst annehmen können, müssten schon sehr viele glückliche Umstände hinzukommen. Ich würde den Eltern empfehlen, jetzt schon für die spätere Psychotherapie der Kinder zu sparen (ohne dass ich wüsste, wie Therapie diesen Kindern helfen kann).

Bindung

Wenn das Kind beginnt, die Mutter und später den Vater zu erkennen, entsteht eine Bindung zu ihnen. In einer normalen Eltern-Kind-Beziehung merkt es dann, dass es ihm gut geht und es in Sicherheit ist, wenn die Eltern da sind. Diese beiden Menschen, zuvorderst die Mutter, sind die Garanten dafür, dass es leben kann. Sein Körper wusste das auch vorher schon, aber jetzt kommt dies erst ins Gefühl und in der späteren Kindheit dann auch ins kognitive Gedächtnis. Es kommt ins Gefühl, weil (und insofern) es mit all seinen Sinnen erfährt, dass die Eltern es mögen, dass sie es wollen (und natürlich auch, wenn sie es nicht oder nur eingeschränkt wollen). Es fühlt es an der Art, wie sie es anschauen, es halten, mit ihm sprechen, es füttern und waschen und versorgen, und auch daran, wie sie später seine Bedürfnisäußerungen und die Art und Weise, wie es sich ausdrückt, aufnehmen und beantworten. An all dem erkennt es, ob die Eltern es wollen, ob sein Leben, sein Dasein wie sein Sosein, gewollt und erwünscht ist. Wenn es das fühlt, fühlt es sich geliebt, und wenn es sich geliebt fühlt, ist es in Sicherheit.

Bindung ist einerseits eine objektive, ganz unpersönliche Lebenstatsache und zugleich etwas zutiefst Persönliches. Auf die objektive Seite gehe ich später ein. Für ein Kind ist sie persönlich, denn es erfährt sich als abhängig von den Personen, bei denen es geboren wird und aufwächst. Diesen Menschen ist es ausgeliefert, ohne sie kann es nicht überleben. Wenn es merkt, dass es bei ihnen sicher aufgehoben ist und ihnen vertrauen kann, entsteht Bindung, und mit der Bindung kommt die Liebe. Eine gute Bindung wird von einem Kind als Liebe gefühlt, und wenn es Liebe fühlt, entsteht automatisch eine Bindung. Dies gilt nicht nur für die Eltern, sondern für jede Person, bei der es Liebe fühlt. Bei den Eltern ist die Bindung allerdings anders. Sie sind für das Kind wichtiger als alle anderen, und weil sie für sein Leben aus der Sicht des Kindes unverzichtbar erscheinen (und es tatsächlich auch *sind*, denn ohne sie würde es nicht existieren), geht es innerlich mit allem mit, was sie bewegt und was ihnen zustößt. Denn es weiß: Mein Leben ist mit dem Leben meiner Eltern zutiefst verknüpft. Im kindlichen Gefühl heißt das: Ihr Leben ist mein Leben und mein Leben ist ihr Leben.

Faktisch stimmt das nicht mehr, faktisch gehört dieser Satz zum ungeborenen Kind, denn dort ist es wirklich so: Wenn die Mutter stirbt, stirbt auch das Kind. Hier sehen wir, wie wir die Erfahrungen aus einer Lebensstufe in die nächste Stufe mitnehmen. Da ein kleines Kind noch nicht weiß, dass es ohne die Mutter überleben kann, bleibt dieses Gefühl aus dem Mutterleib. Vor allem ist es aber so, dass es die Sicherheit, dass sich immer jemand um es kümmert, wenn es das braucht, nur dann erfährt, wenn es sich ganz angenommen fühlt, was nichts anderes heißt als: wenn es sich geliebt fühlt. Das gilt auch für ältere Kinder. Sie können zwar körperlich überleben und wissen das auch, aber sie sind seelisch ganz verloren, wenn die Eltern nicht da sind und sich nicht liebevoll um sie kümmern.

Meine Frau hat mehrere Jahre in einem Kinderheim gearbeitet. Dort lebten Kinder und Jugendliche aus schwierigen sozialen Verhältnissen, mit denen die Eltern entweder nicht mehr klarkamen oder die ihnen von den Jugendämtern weggenommen worden waren. Manche verbrachten die Wochenenden gelegentlich zu Hause. Wenn sie wieder im Heim waren, waren sie meist aggressiv gegenüber den Erziehern. Sie hatten sich vorher gefreut, nach Hause zu fahren, und waren wieder einmal enttäuscht worden. Sie wendeten diese Enttäuschung aber nicht gegen ihre Eltern, die sich nicht um sie kümmerten, sondern gegen die Erzieher. Sie wollten und konnten ihre Hoffnung, zu Hause doch ein bisschen Liebe zu erfahren, nicht aufgeben. Im Heim hatten sie jede Freiheit und alle Möglichkeiten der Freizeitgestaltung – sie hatten Spielgefährten oder Kumpel, konnten alle Arten von Sport machen, aber auch mit anderen oder alleine malen oder musizieren, es gab für alle Aktivitäten, die sich ein Kind sonst vielleicht nur erträumen kann, genügend Platz und die entsprechenden Einrichtungen, sie konnten in der Natur sein, konnten reiten oder Tiere pflegen –, aber das alles hätten sie gerne aufgegeben für ein liebevolles Zuhause mit ihren Eltern. All das konnte die elterliche Liebe nicht ersetzen, und zwar nicht nur subjektiv, im Gefühl dieser Kinder, sondern auch objektiv, in ihrer tatsächlichen Entwicklung.

Das Bedürfnis nach Freiheit (im Sinne von Ungebundenheit) existiert für ein Kind nicht. Es versucht zwar ständig, seinen Freiheitsraum auszutesten und will so viel wie möglich allein machen, aber es will nicht frei sein wie ein Jugendlicher. Ein Kind braucht Geborgenheit, und die erfährt es in einer von Liebe getragenen Bindung. Dann ist es auch frei, ohne dass Freiheit für es eine Bedeutung hätte. Das Bedürfnis nach Freiheit – oder besser: nach Befreiung – kommt bei einem Kind allenfalls dann auf, wenn es keine Liebe bekommt. Dann will es vielleicht von den Eltern weg oder wünscht sich andere Eltern. In Wirklichkeit will es aber noch nicht einmal dies, es will nur die Liebe der Eltern.

Trennung und Bindung

Die Bindung ist die Antwort auf die Trennung von der Mutter, sie ersetzt das automatische Versorgtsein und das körperliche Mitschwingen mit ihr. Dieses wird nun ergänzt und nach und nach auch ersetzt durch ein emotionales Mitschwingen. Daher kann man Bindung auch als emotionales Mitschwingen mit anderen Menschen bezeichnen. Das gilt auch im späteren Leben: Im emotionalen Mitschwingen mit anderen entsteht Bindung, und Bindung äußert sich im Mitschwingen.

Bindung setzt Trennung voraus. Ohne Trennung ist Einheit, binden können sich aber nur zwei. Die Bindung oder das innere Bedürfnis nach Bindung entsteht – logisch und tatsächlich – erst nach der Trennung. Die Geburt ist die Urerfahrung der Trennung, und um das, was nach dieser Trennung kommt, gut zu überstehen, bedarf es der Bindung. Eine gelungene Bindung ersetzt die vorgeburtliche Symbiose und dient somit zugleich, paradoxerweise, der Lösung von der Mutter, indem sie die Trennung erträglich macht. Die Bindung gibt dem Kind das Gefühl, auf seinem Weg in die Weite und Offenheit des eigenen Lebens (der Welt) in Sicherheit oder geborgen zu sein. Es kann sich dann fallen lassen und ganz entspannt Kind sein.

Damit unterstützt die Bindung den Weg in ein eigenes Leben, oder anders ausgedrückt: die Freiheit. Auch hier zeigt sich wieder, dass die Auffassung, Bindung und Freiheit seien Gegensätze, man müsse sich Freiheit gegen die Bindung erkämpfen, weil diese jene einenge oder gar unmöglich mache, der Sache nicht gerecht wird. Im Gegenteil: Ohne Bindung ist wirkliche Freiheit fast nicht möglich, weil sie viel zu gefährlich und bedrohlich erscheint.

Erst die Sicherheit einer gelungenen Bindung ermöglicht es uns, die Welt (die Freiheit) spielerisch zu erkunden und uns schrittweise zu lösen. Wenn die Bindung unsicher ist (war), kann die (notwendige) Trennung seelisch nicht oder nur unzureichend gelingen. Bindungsgestörte Menschen betonen zwar oft die Freiheit oder kämpfen dauernd dafür, aber in Wirklichkeit sind sie einsam, und wirkliche Freiheit ist ihnen fremd. Ohne die Fähigkeit und Bereitschaft zur Bindung kann niemand frei sein. Und umgekehrt: Tiefe Bindungen kann ich nur eingehen, wenn und insoweit ich mich innerlich frei fühle.

Dieser Vorgang – Trennung-Bindung – zieht sich durch das gesamte menschliche Leben. Die Geburt ist quasi das Grundmodell dafür, zumindest eine äußerst aussagekräftige Metapher. Um in sein eigenes Leben einzutreten, muss man das Alte verlassen, sich von ihm trennen.

Ob es einem dort gefallen hat, ob es einem dort gutging oder nicht, spielt keine Rolle. Wer den Mutterleib nicht verlässt, wer sich der Trennung verweigert, stirbt. Das Neue kann nur entstehen, wenn das Alte zurückgelassen wird. Eine neue Stufe des Lebens kann ich nur betreten, wenn ich die alte verlasse. Genau wie bei einer Treppe: Wenn ich die Stufe, auf der ich stehe, nicht verlasse, kann ich die nächste nicht betreten. Wenn ich sie aber betrete, entsteht wieder eine neue Bindung.

Der Preis für das eigenständige Leben ist die Trennung von der Mutter und damit auch von der unmittelbaren Versorgung durch sie, der Gewinn ist das eigene Leben in Freiheit. Ich rede hier zunächst nur von der körperlichen, biologischen Ebene. Dies ist der Logos (das Gesetz) des Bios (des Lebens) – Bio-logie. Derselbe Logos, dasselbe Gesetz gilt aber auch für die Seele, und damit für die Psycho-logie, denn Körper, Geist und Seele sind keine verschiedenen Entitäten, also nichts, was für sich selbst existiert, sondern nur verschiedene Aspekte oder Gesichter oder Ausdrucksformen ein und desselben Ganzen – nämlich dessen, was wir „unser Leben" oder auch „Mensch" nennen. Wer die alten seelischen Räume nicht verlässt, stirbt – zwar nicht physisch, aber seelisch. Genauer gesagt: Er wächst nicht weiter.

Ich schreibe nur deshalb so ausführlich über die körperlichen (biologischen, auch sozialen) Prozesse, weil wir das Körperliche sehen können. Seele und Geist hingegen können wir nicht direkt beobachten, da sie keine Form haben. Die inneren Lebens- und Wachstumsvorgänge sind jedoch dieselben. Im biologischen Lebenslauf können wir sehen: Um geboren zu werden, müssen wir den Mutterleib verlassen und körperlich von der Mutter getrennt werden; um erwachsen zu werden, müssen wir zunächst die Kindheit und dann auch die Jugend verlassen. Letztere ist eigentlich nur ein Übergang, eine zweite Geburt, genauer gesagt: unsere seelische Geburt. Darauf gehe ich später ausführlich ein.

Hier geht es mir zunächst nur darum, am Bild und Beispiel der Geburt die Bedeutung von Trennung oder, um mit Hermann Hesse zu sprechen, von „Abschied und Neubeginne"[32] zu verdeutlichen. Ohne die Trennung und das Zurücklassen des Alten gibt es nichts Neues, gibt es auch kein Wachstum. Das gilt für das innere, seelische oder „spirituelle" Wachstum genauso wie für das äußere, körperliche Wachstum. Um jedoch im Neuen zu landen, um dort wirklich anzukommen, müssen wir uns wieder einlassen und binden. Wenn das Kind keine innere Bindung zur Mutter und später auch zum Vater aufbauen kann, ist es vollkommen verloren. In seiner grundlegenden Abhängigkeit braucht das menschliche Kind ein Gefühl von Sicherheit. Es muss das sichere Gefühl haben, dass die Eltern es wollen. Diese Sicherheit fühlt es, wenn es die konkrete Erfahrung macht, dass die Eltern da sind, wenn es sie braucht, und zwar (fast) immer, und wenn es sich geliebt fühlt.

Die Kindheit ist somit durch zwei Elemente geprägt, die einerseits gegenläufig sind, sich andererseits jedoch auch bedingen: die schrittweise Verselbständigung des Kindes und Lösung von der Mutter und den Aufbau und die Pflege einer Bindung, die diese Lösung begleitet. In der Familie wird die Trennung von der Mutter begleitet und damit auch gestützt durch die im Laufe des ersten Lebensjahres entstehende Bindung an den Vater. Sie vermittelt ein Gefühl von zusätzlicher Sicherheit, das die Abhängigkeit von der Mutter mildert.

Der Vater ist ebenfalls eine Brücke: während die Mutter eine Brücke zum Davor (zur Existenz im Mutterleib) ist, ist er die Brücke zum Danach, zur weiten Welt und, für kleine Mädchen, die Brücke zum anderen Geschlecht. Für sie repräsentiert er zugleich das Fremde und Unbekannte als auch, aufgrund der genetischen Ähnlichkeit und seiner Beziehung zur Mutter, das Nahe. Dadurch können kleine Mädchen das Fremde aushalten und sich darauf einlassen. Für Söhne repräsentiert er das Eigene (die Spiegelung ihrer Männlichkeit) sowie auch etwas Bedrohliches, insofern er sie potenziell von der Mutter trennt. Ich folge jedoch nicht der Freud'schen Theorie des Ödipuskomplexes, die den Vater nur als Konkurrenten um die Liebe zur Mutter sieht. Das ist er zwar auch, aber genau dadurch und durch die Spiegelung des Männlichen ermöglicht er auch die Lösung von der Mutter. Auch hier: die Bindung an den Vater führt in eine neue, tiefe emotionale Abhängigkeit und vergrößert zugleich den Freiheitsraum des Kindes.

Zugehörigkeit und Zuwendung sind wesentliche Voraussetzungen für eine gesunde Entwicklung, indem sie dem Kind innere und äußere Sicherheit bieten, bis es ganz auf eigenen Beinen stehen kann. Kinder sind zwar objektiv abhängig von den Eltern, aber in einer einigermaßen intakten Familie empfinden sie keine Abhängigkeit, sondern Geborgenheit. Unabhängigkeit kann ein Kind nicht ertragen, denn das würde bedeuten, dass es schon wie ein Erwachsener leben müsste. Damit stirbt das Kindliche, dann hat es keine Kindheit.

Kindliche Liebe

Jedes Kind liebt seine Eltern. Es liebt sie auch dann, wenn es sie zu hassen glaubt. Der Hass ist nichts anderes als enttäuschte Liebe. Wenn es weder Liebe noch Hass oder Ähnliches fühlt, heißt das nicht, dass keine Liebe da wäre, sondern nur, dass das Kind (oder der spätere Erwachsene) nicht fühlen kann oder nicht fühlen will. Die kindliche Liebe ist unabhängig vom Verhalten der Eltern. Deren Verhalten bestimmt zwar, ob das Kind fühlen lernt und somit auch seine Liebe (oder die Wut oder den Hass) zu den Eltern fühlt, aber es hat keine Auswirkungen auf die Liebe selbst, die aus der kindlichen Seele kommt. Sie ist zunächst die ganz natürliche Resonanz (das Mitschwingen) mit der Mutter und in der zweiten Stufe dann die Antwort auf die Zuwendung (oder, im negativen Fall, Abwendung) der Eltern. Auch dies ist ein natürlicher Vorgang, durch den das Kind (genauer müsste man sagen: das Leben, das sich im Kind manifestiert hat) sicherzustellen versucht, dass ihm die Eltern nah und zugewandt bleiben. Denn wenn es sie verliert, ist sein Leben bedroht. Die Liebe der Eltern ist die beste Lebensversicherung für das Kind, und die Prämie, die es dafür zahlt, ist seine eigene Liebe, die bis zur Selbstverleugnung gehen kann. Mit dieser Liebe kauft es sich sozusagen die Liebe der Eltern.

Das ist keine bewusste, gar kalkulierte Handlung und kein Handel nach dem Motto: „Ich gebe dir meine Liebe und du sorgst für mich". Ich habe es so formuliert, um die romantischen Vorstellungen, die wir über die kindliche Liebe haben, ein wenig zu entkräften. Die kindliche Liebe ist einfach ein natürlicher Vorgang, mit dem das Leben sich erhalten will. Leben und Liebe sind hier im Grunde dasselbe. Überhaupt hat Liebe mit Romantik wenig zu tun. Die romantische Liebe ist ein jugendlicher Traum. Die kindliche Liebe ist ebenfalls ein Traum, jedenfalls zum Teil. In ihr ist nämlich die Illusion enthalten, sich mit seiner Liebe die Eltern erhalten, ja sogar sie glücklich machen zu können. Innerlich „weiß" ein Kind: *Wenn die Mama lacht und froh ist, ist alles gut;*

dann bin ich in Sicherheit. Wenn sie hingegen traurig oder krank oder wütend auf mich ist, dann ist sie mir nicht mehr sicher; und wenn sie mir nicht mehr sicher ist, ist möglicherweise mein Leben in Gefahr. Also muss ich alles mir Mögliche tun, damit es ihr gut geht. Wenn es Mama gut geht, geht es mir auch gut. Das ist in einfachen Worten der innere Vorgang bei der kindlichen Liebe.

Was kann ein Kind tun? Es kann lieb sein – der Mutter keinen Ärger machen, der kranken oder gestressten Mutter nicht zur Last fallen und Ähnliches. Auf diese Weise hat es schon im Mutterleib überlebt. Dort war die Anpassung körperlich, jetzt ist sie hauptsächlich emotional. Das bedeutet nicht, dass jedes Kind sich immer anpasst. Damit würde es seine eigenen Lebensimpulse übergehen, und das kann es nicht. Es heißt, dass es in einem Konflikt zwischen zwei inneren Bewegungen und Bedürfnissen ist: dem Bedürfnis, es selbst zu sein und sich entsprechend seiner Natur zu behaupten und zu entfalten, und dem Bedürfnis, seine Lebensgrundlagen, in erster Linie die Mutter, nicht zu verlieren. Ersteres verlangt Durchsetzung (das, was die Eltern dann als „Eigensinn" bezeichnen), das zweite Anpassung. Zwischen diesen beiden Polen bewegt sich das Kind – und nicht nur das Kind, sondern das menschliche Leben generell. James Hillman hat dies folgendermaßen ausgedrückt: „Es (ein Kind, W.N.) versucht, zwei Leben gleichzeitig zu führen, das, *mit dem* es geboren, und jenes der Leute und Orte, *bei denen* es geboren wurde."[33]

Das heißt:

1. Ein Kind kommt mit etwas ganz Eigenem zur Welt, etwas, das nichts mit seinen Eltern, deren Erziehung und den sonstigen Einflüssen seiner Umwelt zu tun hat – das Leben, *mit dem* es geboren wird, das, was es von Anbeginn an in sich trägt, ohne dass man es von außen sehen könnte.
2. Mit diesem seinem Eigenen – seinem Wesen, seinem Inbild oder seiner „Inneren Vision"[34] – fällt es in seine Familie, in seine Zeit, in seine Kultur, in das soziale Milieu, wo es dann aufwächst und das es nachhaltig beeinflusst. Da es das Eigene unbewusst spürt, unbewusst um es weiß, stehen diese beiden „Leben" immer im Konflikt miteinander. Es kann aber sein eigenes Wesen in der Familie nur

begrenzt oder manchmal auch gar nicht ausdrücken und leben, denn in seiner vollkommenen Abhängigkeit muss es sich den Erwartungen anpassen, die an es herangetragen werden. Dies kann so weit gehen, dass es sich diese ganz zu Eigen macht.

Man darf aber nicht hingehen und die zweite Ebene, also das Leben „der Leute und Orte, bei denen man geboren wurde", als falsch oder schlecht anzusehen. Es ist einfach so, dass sich das Leben immer zwischen diesen Polen bewegt. Wir brauchen einen Ort zum Leben, und dieser Ort verlangt immer Anpassung. Dasselbe gilt für andere Menschen: Wir müssen uns bei jeder Begegnung anpassen, genauer gesagt: Wir müssen immer zwischen Anpassung an den anderen, an den jeweiligen Ort oder die jeweilige Situation, und „ich selbst sein" balancieren.

Vom Kind werden beide Pole als Liebe gefühlt, wobei die eine Liebe – die Liebe zu sich selbst und seinem Wesen – von vielen Eltern als schlecht bezeichnet wird oder gar verboten ist, während die „abhängige Liebe"[35], also die Liebe, die sich der Umgebung anpasst, als die „gute" gilt. Dann ist das Kind „lieb" oder ein „liebes Kind", sonst ist es störrisch oder frech oder ein „eigensinniges Kind". Mit diesen Botschaften aus dem Raum der Erwachsenen – zunächst der Eltern, dann auch anderer Erzieher und Lehrer – erhält der Impuls des Kindes, sich durch Wohlverhalten seine Lebensgrundlagen zu sichern, von außen nochmals eine zusätzliche Verstärkung.[36]

Die kindliche Liebe ist aber nicht auf das Kind beschränkt, sie lebt auch im Erwachsenen noch fort. Ganz allgemein und kurz gesagt: Wer sich um andere sorgt und für andere aufopfert, folgt der kindlichen Liebe; wer seine Lebensimpulse kontrolliert oder gar nicht mehr fühlt, folgt ihr ebenfalls; wer glaubt, mit Liebe (mit guten Taten) die Welt retten oder verbessern zu können, ist in der kindlichen Liebesillusion gefangen. Er steckt in dem kindlichen Glauben: Wenn ich lieb und gut bin, geht es auch der Mama (der Familie) gut und Mama und Papa vertragen sich wieder; und wenn sie es nicht tun, dann bin ich schuld, bin ich nicht gut oder nicht lieb genug, habe ich versagt. Bezogen auf die Welt heißt dieser Satz: Wenn ich gut bin und das Richtige tue, wird auch die Welt gut (es gibt Frieden statt Krieg und der Klimawandel hört auf). Bezogen auf das eigene Leben heißt er zum Beispiel: Wenn ich gesund lebe, werde ich nicht krank; umgekehrt: Wer krank wird, hat etwas falsch gemacht (sagen Sie das einmal einem Kind, das Krebs hat!).

Wenn man diese kindliche Liebe, die Bereitschaft, ja sogar den innersten Wunsch, sich für die Eltern zu opfern, bei sich selbst sieht und fühlt, ist man ihr zum ersten Mal entwachsen. Dann kann man auch das Kind in sich zurücklassen und mit ihm alles, was dieses Kind erlebt und erlitten hat. Damit beginnt das Erwachsensein. Damit dies etwas deutlicher wird, erzähle ich eine persönliche Geschichte.

Mama, für dich tue ich alles

Einige Jahre, nachdem ich mit meiner Familie wieder in mein Elternhaus gezogen war, in dem auch meine Mutter noch in einer eigenen Wohnung lebte, bekam meine Mutter unerträgliche Gesichtsschmerzen, die als „Trigeminus-Neuralgie" diagnostiziert wurden. Der Trigeminus ist ein Gesichtsnerv, der sich vom Gehirn seitlich bis zum Kiefer zieht. Über mehrere Jahre hatte meine Mutter nicht nur einen starken Dauerschmerz, sondern manchmal über längere Zeit täglich so heftige Schmerzattacken, dass sie kaum kauen und schlucken und manchmal nicht einmal mehr sprechen konnte. Alle ärztlichen Behandlungen vermochten den Schmerz allenfalls vorübergehend zu dämpfen. Wenn die Attacken ganz schlimm waren, war ich der einzige Mensch, der ihr zeitweise etwas helfen konnte, indem ich sie durch den Schmerz hindurch begleitete. Ich habe sie dazu angehalten, ganz in den Schmerz hinein zu gehen und das zu tun, was ihr schier unmöglich erschien, also schlucken oder kauen oder sprechen. Dabei löste er sich dann auf dem Höhepunkt plötzlich so weit auf, dass sie zum Beispiel essen und trinken konnte. Von außen sah das aber sehr hart oder gar grausam aus, und niemand anders brachte die innere Kraft auf, das meiner Mutter zuzumuten. Auch ihre Hausärztin schaute mir einmal nur staunend zu. Im Grunde habe ich das bei ihr angewendet, was ich in meiner frühen Arbeit mit neo-reichianischer Körper- und Atemtherapie gelernt hatte. Ich bewundere heute noch die Kraft, die meine Mutter dabei aufbrachte, und staune über das Vertrauen, mit dem sie meinen Anweisungen folgte.

Ich war aber nicht ständig zu Hause, und alle anderen (einschließlich der Hausärztin, die sie einmal in der Woche besuchte), waren damit vollkommen überfordert. Vor allem meine Frau litt sehr darunter, und mit der Zeit begann auch unsere Beziehung darunter zu leiden. Als ich einmal von einem mehrtägigen Seminar nach Hause kam, während dessen meine Mutter wieder ganz heftige Attacken gehabt hatte, meinte meine Frau, das könne sie nicht mehr länger aushalten. Ich war ziemlich verzweifelt und habe Bert Hellinger angerufen, mit dem ich damals eine recht enge geistige Verbindung hatte, ohne dass wir viel persönlichen Kontakt hatten. Ich habe ihm die Situation geschildert und um seinen Rat gebeten. „Ach, das ist ganz einfach", sagte er, „sag einfach innerlich zu Deiner Mutter: ‚Mama, für dich tue ich alles, selbst wenn es mich das Leben kostet'." Zuerst war ich perplex, dann kam innerlich der Satz: „Solch ein Unsinn, nie werde ich meine Familie für meine Mutter opfern." Anstatt das auszusprechen, habe ich aber nur „danke" gesagt und aufgelegt. Dann merkte ich, dass irgendetwas mich getroffen hatte, und plötzlich war alles klar: Hellinger hatte recht – und ich ebenfalls. Mein Gedanke, dass ich meine Familie nicht für meine Mutter opfern würde, stimmte ebenso wie Hellingers Satz. Mein Gedanke kam aus meinem erwachsenen Ich, meinem erwachsenen Bewusstsein, Hellinger hatte das ausgesprochen, was mein inneres Kind oder das kindliche Bewusstsein in mir fühlte – und das war das tiefere Gefühl, während das andere eher ein Gedanke war. Sobald ich mich auf seinen Satz einließ (anstatt ihn rational abzuwehren), mich sozusagen in den Satz hinein bewegte oder von ihm bewegen ließ, kamen Bilder und Gefühle aus meiner frühen Kindheit hoch, und es war vollkommen klar: Wann immer meine Mutter traurig war oder ihr etwas zu fehlen schien, hätte ich alles in der Welt dafür gegeben, sie wieder glücklich und froh zu machen. Und dann kam die zweite, zutiefst erschütternde Erkenntnis: Meine Liebe konnte sie nicht retten. Daraus ist mir eine allgemeine Erkenntnis erwachsen, die wesentliche Teile meines Lebens und vor allem meine Arbeit grundlegend verändert hat: *Liebe ist in Bezug auf den anderen vollkommen ohnmächtig*, sie kann niemanden retten und niemanden glücklich machen außer den Liebenden selbst.

Das war heftig, und zugleich wurde mir alles vollkommen klar, meine ganze Beziehung zu meiner Mutter ebenso wie mein tiefer Wunsch als junger Mensch, die Welt und später die Menschen zu retten oder wenigstens zu verbessern, das Schwanken zwischen Ohnmacht und Wut, der Rückzug in die Rationalität und ganz konkret auch mein Umgang mit der Krankheit meiner Mutter. Der änderte sich von diesem Moment an ganz von selbst: Hatte ich bis dahin alles versucht, den richtigen Arzt oder Therapeuten und die richtige Behandlung für sie zu suchen und sie durch ganz Deutschland gefahren und dabei immer geglaubt, ich wüsste besser als sie, welche Behandlung gut ist und welche nicht, so habe ich sie von da an sich selbst überlassen. Nicht in dem Sinne, dass sie mir egal gewesen wäre, sondern in dem, dass ich mich ganz zurückgenommen und ihre Krankheit und deren Heilung oder Nicht-Heilung innerlich ganz in ihre Hände gegeben habe.

Äußerlich hingegen habe ich, soweit es mir möglich war, das getan, worum sie mich bat – aber nur das. Dies war für uns beide die Heilung und der Beginn einer neuen Art von Beziehung. Wenige Wochen später hat meine Mutter von selbst einen Arzt gefunden, der ihr den richtigen Tipp gab. Es war der Arzt aus unserem Dorf, zu dem sie gegangen war, weil ihre Hausärztin in Urlaub war. Es gab eine neuartige, noch wenig bekannte Methode, den Nerv durch Laserstrahlen so zu behandeln, dass die Schmerzen aufhörten. Und unser Zusammenleben in einem Haus gestaltete sich immer leichter, bis sie schließlich mit 84 Jahren friedlich eingeschlafen und nicht mehr aufgewacht ist.

Vom Spüren zum Fühlen

Kinder nehmen die Welt über das Spüren – also die sinnliche Wahrnehmung, die sie bereits im Mutterleib entwickelt haben – und über das Fühlen wahr. Das Fühlen – etwa der Stimmungen der Mutter – ergänzt das Spüren. Ich kann an einem Blick oder an der Modulation einer Stimme erkennen, ob jemand mir freundlich oder feindlich gesinnt ist, und dieses Erkennen geht nicht über den Verstand, sondern über das Gefühl. Ich habe es in meinen frühesten Kontakten mit meiner Mutter gelernt. Das Denken hingegen spielt für das Kind kaum eine Rolle. Man kann das an Kindern sehen, die zur Schule gehen: sie interessieren sich überhaupt nicht dafür, wie klug und gebildet die Lehrerin ist, was sie studiert hat und wie viel sie weiß. Das einzige, was für sie zählt, ist, ob die Lehrerin nett ist und dem Kind zeigt, dass sie es mag.

Das Fühlen lernt ein Kind über den Kontakt mit erwachsenen Menschen, an erster Stelle bei der Mutter. Die sinnlichen Eindrücke, die es bisher hatte und die ihm zur Orientierung dienten, werden jetzt erlebt und erkannt als Äußerungen der Mutter. Da ist nicht nur Wärme oder guter/schlechter Geruch oder Weichheit/Grobheit oder eine liebevolle oder genervte Stimme, sondern das alles hat eine Quelle, und diese Quelle hat, da sich die Augen des Kindes jetzt allmählich an das Licht gewöhnen und es zu sehen beginnt, auch ein eindeutiges Gesicht: das der Mutter. Und das bedeutet: Die Empfindungen werden persönlich! Das reine Spüren war (und bleibt immer) unpersönlich, das Fühlen ist durch und durch persönlich. Was das für unser Leben bedeutet, kann kaum überschätzt werden.

Daher sind unsere Gefühle im Normalfall persönlich, sie werden von Personen hervorgerufen und richten sich auch auf Personen. Wenn wir Gefühle haben wie unspezifische Wut, diffuse Ängste oder Ähnliches, dann resultieren diese meist aus der prä- oder perinatalen Lebensphase; sie sind eher diffuse Grundbefindlichkeiten als richtige Gefühle. Sie werden meistens auch nicht durch anwesende Personen, also im direkten Kontakt, gefühlt, sondern sie folgen einem Gedanken, etwa: Dies oder jenes könnte morgen passieren, mein Mann könnte mich verlassen oder eine andere haben, mein Kind könnte sich verletzen, ich könnte mich im Urlaub verlieben, wir werden bestimmt einen wunderbaren (oder schrecklichen) Urlaub haben, und ähnliche Dinge. Das sind nichts als bloße Gedanken, sie haben nichts mit der jeweiligen Wirklichkeit zu tun, aber sie können jederzeit heftigste Gefühle auslösen. Das Fühlen des Kindes ist etwas anderes, es dient ihm als Orientierung in seiner tatsächlichen Lebenswirklichkeit, und es ist immer mit dem Jetzt verbunden.

Dass das Fühlen sich im Kontakt mit der Mutter entwickelt, kann man auch an Menschen beobachten, denen dieser Kontakt nicht möglich war. Wer im ersten Lebensjahr längere Zeit oder dauerhaft von der Mutter getrennt war, kann meist nicht oder nur sehr eingeschränkt fühlen. Er hat es einfach nie gelernt. Er kann es zwar auch später noch lernen, aber dazu gehört sehr viel Mut, denn mit dem Fühlen kommt auch der Schmerz der Trennung von der Mutter wieder hoch. Und da sich diese Trennung damals wie Sterben anfühlte und sich nur durch das automatische Abschalten, die Abtötung der normalen Gefühlsimpulse, überleben ließ, muss der Erwachsene, der dies als Säugling erlebt hat, dieser Todesangst ins Auge schauen, wenn er das Fühlen lernen will.

Die Familie als geistig-emotionaler Mutterleib

Für die emotionale und geistige Entwicklung des Kindes hat die Familie die gleiche Bedeutung und Funktion, wie sie der Mutterleib für seine körperliche Entwicklung hatte. Deshalb bezeichne ich die Familie auch als „geistig-emotionalen Mutterleib". Wie der physische Mutterleib das werdende Kind nährt, umhüllt und schützt, nährt, umhüllt und schützt die Familie das Kind nicht nur im körperlichen, sondern auch und vor allem im geistig-seelischen Bereich. Wie der physische Mutterleib für die Organe, die noch nicht ent-wickelt sind und daher noch nicht ihre spätere Funktion im Körper übernehmen können, deren Aufgaben erledigt, so tut dies die Familie für das Kind im Geistigen. Denn Kinder sind geistig-emotional noch im Werden, und für vieles, was das Leben mit sich bringt, haben sie noch kein (geistiges) „Organ", das dies aufnehmen, verarbeiten und eine angemessene Antwort bereitstellen könnte.

Körperlich ist das Kind, abgesehen von der Ausreifung der Sexualität, nicht mehr im Werden, sondern nur noch am Wachsen. Dazu braucht es nur genügend Nahrung, die ihm die Eltern oder andere Erwachsene zur Verfügung stellen. Aber geistig kann es vieles noch gar nicht verstehen und daher auch nicht eigenständig damit umgehen. Das betrifft nicht nur seine Denkfähigkeit, also die Entwicklung des Gehirns und des Verstandes – das sind keine geistigen, sondern körperliche Prozesse, die dem normalen körperlichen Wachstum unterliegen. Es geht hier um das geistige Leben, um das, was wir im weitesten Sinne Kultur nennen, etwa um die Sprache und die Bedeutung von Wörtern und um Sinn.

Wir kommen nach der Geburt in eine Kultur hinein, die alle Menschen miteinander teilen, an der alle teilhaben, die aber außerhalb von ihnen existiert – die „menschliche Gemeinschaft". In jeder Kultur gibt es Regeln und Bedeutungen, die alle Mitglieder dieser Kultur teilen, die sie als Kind verinnerlichen und die ihnen dann so selbstverständlich sind, als wären sie uns von Natur aus mitgegeben. Das sind sie aber nicht. Bedeutung und Sinn existieren außerhalb des Einzelnen in einem kulturellen Raum, an dem wir Anteil haben, der aber nichts Materielles, nichts Greifbares ist. „Ideen, Gedanken, Interpretationen, Bedeutungen, Fantasien, Werte kann man nicht sehen und anfassen. Sie sind nichts Ontologisches. Sie sind nur Luft."[37] Es ist aber genau dieser Raum, diese Luft, die das Leben zu einem menschlichen Leben macht, die uns mit anderen Menschen verbindet und unserem Leben innerlich Bedeutung verleiht. Giegerich nennt diesen Raum „die Seele". Sie umfasst und beinhaltet alles, was unser inneres Leben, das spezifisch Menschliche, ausmacht. Sie ist die Innenseite des Lebens, unsere geistig-kulturelle Welt.

Um in diese Welt hineinzuwachsen oder, von der anderen Seite aus betrachtet, sie in sich aufzunehmen und damit Teil der menschlichen Gemeinschaft allgemein und der jeweiligen besonderen Kultur zu werden, brauchen wir den Austausch mit anderen Menschen. Die Sprache und ihre Bedeutung etwa sind einem Kind nicht angeboren, es muss sie lernen, und dies geschieht nicht von selbst. Die *Fähigkeit* zum Sprechen, und zwar sowohl die sehr komplexe motorische Fähigkeit als auch das geistige Vermögen dazu, sind allerdings in einem Menschenkind (anders als in einem Primaten) vorhanden. Die Sprache und auch die Erfassung ihrer Bedeutung kommt nicht von außen in das Kind hinein wie in einen leeren Raum, sondern es ist ein Prozess von Resonanz und Spiegelung – sonst könnte man auch einem Affen das Sprechen beibringen. Dieses Potenzial würde aber ohne Kontakt mit menschlichen Erwachsenen brachliegen und nicht aktualisiert werden. Ohne sie würde ein Kind nicht sprechen lernen und auch keine nonverbalen Bedeutungen erfassen. Anders gesagt: Es würde zwar ein Mensch sein, aber dies würde ihm nicht bewusst werden, und es würde wie ein Tier leben.

Ein Kind lernt das vor allem bei seinen Eltern, angefangen bei der Mutter. Es lernt es zunächst durch Beobachtung und Nachahmung. An der Mimik und Gestik der Mutter, am Ton ihrer Stimme oder am Ausdruck ihres Gesichts bekommt es die ersten Rückmeldungen und nimmt schon viele Bedeutungen in sich auf, bevor es selbst sprechen kann.

Auch die Sprache lernt das Kind zunächst durch Beobachtung und Nachahmung. Erst später, wenn das Kind schon rudimentär sprechen kann, werden Bedeutungen direkt über die Sprache vermittelt. Es ist ein sehr bedeutsames Phänomen, dass wir mit der Sprache recht einfach lügen können, aber nicht mit unserer Mimik. Deshalb können Tiere – ebenso wie kleine Kinder – nicht lügen. Lügen ist ein Produkt des Verstandes und seiner Äußerung in der Sprache, auch der so genannten Vernunft, von der man heute meint, sie sei der Gipfel menschlicher Kultur. Tatsächlich haben wir uns mit dem Verstand in der Lüge eingerichtet. Die Körpersprache verrät den Lügner in der Regel. Das gilt auch für den ebenso häufigen Fall, dass wir uns selbst mit unserem Denken belügen. In der psychologischen Beratung ist es deshalb angezeigt, mehr auf die Mimik als auf das zu achten, was der Klient einem sagt. Der Körper kann nicht lügen, der Verstand – und damit auch die Sprache – sehr wohl. Deshalb verwirrt es Kinder, wenn Erwachsene anders reden als sie sich verhalten. Sie spüren und fühlen sehr genau, was jemand wirklich denkt und fühlt, und wenn seine Worte dann etwas anderes sagen, trauen sie den Erwachsenen nicht mehr oder werden verwirrt. Wenn sie ein starkes Selbstgefühl haben und von den Eltern darin unterstützt werden, wird eher ersteres der Fall sein, ansonsten eher das zweite. Deshalb funktioniert auch Erziehung nicht beziehungsweise nur dann, wenn die Erzieher das leben, was sie predigen. Das Kind lernt am Vorbild und an dessen Sein, das es spürt und fühlt.

Da ein Kind geistig noch in das Leben hineinwachsen muss und vieles noch nicht verstehen kann, wendet es sich natürlicherweise an seine Eltern, wenn es Probleme oder Fragen hat, die sein kindliches Verständnis übersteigen. Sie sagen ihm, was richtig und was falsch ist, gut und schlecht, was es tun oder lassen soll, was es darf und was nicht, was bestimmte Dinge oder Ereignisse bedeuten, und so weiter. Sie müssen dies tun, denn sonst wären Kinder vollkommen überfordert und würden kaum überleben. Erst nach und nach wird das Kind eigene Antworten und Lösungen finden, aber was die Eltern sagen und tun, steht immer darüber und ist der Hauptmaßstab, an dem es sich orientiert.

Das heißt auch: Wir sind (als Kinder) geistig noch nicht bei uns selbst, wir sind geistig noch nicht geboren. Unser geistiges Sein (unser Bewusstsein) ist – zu einem mehr oder weniger großen Anteil (je nach Alter und Entwicklungsstand) – noch bei den Eltern, noch in der Familie. Ich drücke es mal bildlich aus: Nicht nur der Leib, sondern auch das Bewusstsein des Kindes „wohnt" noch bei den Eltern. Dort, in der Familie, in der Gruppe, zu der das Kind gehört, ist sein Bewusstsein zu Hause. Das Kind hat Anteil daran, aber was immer es an eigenem Bewusstsein entwickelt, ist überlagert vom Bewusstsein dieser Gruppe und darin eingebunden. Das kindliche Bewusstsein ist ein Gruppenbewusstsein, und das Gruppenbewusstsein ist immer ein kindliches, unausgereiftes Bewusstsein.

Die Gruppe – Die Heimat des kindlichen Bewusstsein

Die Gruppe als Heimat

Wie das Kind die Familie braucht, brauchte der Mensch über viele Jahrtausende die Gruppe, und wie das Bewusstsein der Familie, die Werte und Normen, die dort herrschen, das eigene Bewusstsein des Kindes überlagert und zugleich formt und es die Weise, wie seine Familie lebt und wie sie auf die anderen außerhalb der Familie schaut, für normal und selbstverständlich hält und sich darin aufgehoben fühlt, so fühlte sich auch der Mensch in der längsten Zeit seiner Geschichte in der Gruppe, zu der er gehörte, zu Hause. Er brauchte die Gruppe, sie war sein Schutz und seine Heimat im Äußeren wie auch im Inneren. Dies gilt bis in die Gegenwart hinein. Erst in der jüngsten Vergangenheit ist das Gruppenbewusstsein dabei, sich aufzulösen, und auch dies nur teilweise.

Die Gruppe war für die Erwachsenen das, was für ein Kind die Familie ist: Sie gibt Schutz und Sicherheit in einer gefährlichen Umwelt, in der man als Einzelner kaum überleben kann, sie sagt einem, was gut und schlecht, richtig und falsch ist und stellt ein Bild der Welt zur Verfügung, in dem das Leben des Einzelnen einen Sinn hat und dauerhaft, sogar über den Tod hinaus, aufgehoben ist. In den frühen Phasen des Gruppenbewusstseins brauchte sie dies noch nicht einmal zu vermitteln – wie ein Kind in seine Familie hineinwächst und alles, was dort gilt, einfach in sich aufsaugt, nahm auch der einzelne Mensch die Weltsicht seiner Gruppe einfach in sich auf. Sie war schlicht selbstverständlich – so lange, bis sie von außen in Frage gestellt wurde. Erst als der Austausch zwischen verschiedenen Gruppen so intensiv wurde, dass der eine oder andere anfing, dies oder jenes in Frage zu stellen, musste man dazu übergehen, die Werte und die Weltsicht der Gruppe zu vermitteln, also die Menschen zu erziehen.

Die Gruppe war zunächst die Sippe, dann der Stamm, dann – viel, viel später – die Nation. Das Weltbild (der Mythos, die Religion) war anfangs allen gemeinsam und vollkommen selbstverständlich. Wie die Welt beschaffen war und was die Stellung des Menschen darin ist, wie die Gruppe (die Gemeinschaft) beschaffen war und was die Stellung des Einzelnen darin ist, stand fraglos fest und wurde von allen geteilt. Erst im letzten Stadium des Gruppenbewusstseins gehen Nation und Religion verschiedene Wege. Damit beginnt schon die Auflösung.

In der Regel war und ist das Gruppenbewusstsein ein hierarchisches Bewusstsein, das mehr oder weniger der Familie nachgebildet ist: oben die Eltern, unten die Kinder, und zwar in der Reihenfolge ihres Alters. In der Gruppe sind oben der Priester und der Häuptling, allgemeiner gesprochen der weltliche Führer (Vater), der für die äußere Sicherheit zuständig ist, und der geistige Führer (Mutter)[39], der für die innere Sicherheit, den guten Kontakt zu den Göttern, zuständig ist. Die Gruppe (das Ganze) hat dabei immer Vorrang vor dem Einzelnen. Jeder Einzelne hat sich ihr jederzeit unterzuordnen und bereit zu sein, für sie zu sterben.[40] Das Eigene oder Persönliche – von Individualität kann hier noch keine Rede sein – steht hinter der Gruppe zurück, anfänglich wird es noch nicht einmal empfunden, d.h. es gibt im frühen Gruppenbewusstsein noch kein Eigenes. Das Selbst des Menschen ist noch nicht in seinem Körper oder seinem individuellen Geist, sondern im Körper und Geist der Gruppe, der Sippe oder des Stammes. Dort ist sein wirkliches Zuhause, dort wohnt seine Seele. Deshalb werden bei schamanischen Ritualen die Geister der Ahnen angerufen, deshalb müssen nach Möglichkeit die Mitglieder der Sippe dabei sein. Der Kranke muss wieder in die Gruppenseele aufgenommen werden. Heilung und Integration heißt hier nicht, mit *sich* in Einklang kommen oder, modern ausgedrückt, sein autonomes Selbst entwickeln, sondern das exakte Gegenteil: wieder zum Ganzen der Gruppe gehören, wieder integraler Bestandteil der Gruppenseele sein.

Am deutlichsten zeigt sich das im kultischen Menschenopfer früher Stammeskulturen. Hier gehört das Leben noch ganz den Göttern, und der einzelne gehört dem Stamm. Was aus heutiger Sicht grausam aussieht, ist in diesen Kulturen und auch im Bewusstsein ihrer Angehörigen ganz selbstverständlich, und die Opferung ist eine heilige Handlung (das lateinische Wort für Opferung, „sacrificium", heißt wörtlich „heilige Handlung"), die anzuzweifeln oder als falsch zu empfinden niemandem in den Sinn käme, auch nicht dem (vermeintlichen) Opfer. Das Opfer ist auch kein „Opfer" im heutigen Sinne von jemandem, dem (gegen seinen Willen) etwas Böses angetan wird, sondern ein Auserwählter.

Ich schweife einmal kurz ab zu einer zeitgenössischen Therapieform, nämlich dem Familienstellen: Wenn Bert Hellinger in seiner frühen Arbeit mit Inzestopfern die Frau, die als Kind vom Vater missbraucht wurde, zur Mutter und manchmal auch zum Vater sagen ließ: „Mama / Papa, für dich habe ich es gerne getan", dann schließt er sich an diesen Aspekt des Gruppenbewusstseins an. Viele haben solche Sätze empört, weil sie darin eine Demütigung des Opfers sehen und theoretisch einen Rückfall hinter die Moderne, etwas Archaisches und Inhumanes. Darum geht es aber überhaupt nicht. Hellinger spricht hier etwas aus, was jenseits des bewussten Wollens ist, man könnte sagen: eine Aktivität der Seele, die dem tiefen Bedürfnis folgt, die Familie zu erhalten, indem sich ein einzelner opfert. Er beschreibt damit nur einen Vorgang, der (ganz unbewusst) in der kindlichen Seele stattfindet, und zwar völlig wertfrei.

Damit verbindet er das erwachsene Opfer mit seinem kindlichen Anteil, seiner kindlichen Liebe, die sich die Eltern erhalten will und zu diesem Zweck bereit ist, alles zu geben und sich selbst nötigenfalls auch zu opfern (siehe oben „Mama, für dich tue ich alles"). Tatsächlich erhebt er mit diesem Satz den Vorgang zu einem *Sacrificium*, zu einer quasi heiligen Handlung im Dienste der Familie, und damit kommt das Opfer, anstatt sich nur als benutztes Sexualobjekt zu sehen, zu einer inneren Würde und Größe.

Hellinger selbst hat diese Verbindung zum archaischen Menschenopfer aber nicht hergestellt, sie war ihm wohl auch nicht bewusst. Seine Begründung für sein Vorgehen lautete: *Man muss schauen, wo die Liebe des Kindes hinfließt. Wenn man dies dann ausdrückt, geschieht eine Heilung in der Seele.* Ich kann aus vielen Fallgeschichten bestätigen, dass dieses Vorgehen, wenn es mit dem nötigen Feingefühl praktiziert wird, sehr heilsame Wirkungen hat, die es den Betroffenen ermöglicht, den Missbrauch ganz hinter sich zu lassen. Aber mir geht es hier nicht um Anweisungen zum Umgang mit sexuellem Kindesmissbrauch, dazu ist das Thema zu komplex[41], mir fällt einfach nur die Analogie von Hellingers Vorgehen mit diesen alten Riten auf. Auch jenseits des Missbrauchsthemas durchzieht das Thema der „freiwilligen“ Opferung des Kindes für den Zusammenhalt der Familie oder für das vermeintliche Glück der Eltern Hellingers Arbeit und das Familienstellen wie ein roter Faden.[42] Wenn einem diese Opferbereitschaft bewusst wird, trifft einen dies wie ein Schlag.

Man wird mit einem Mal aus der kindlichen Haltung herausgeschleudert; man sieht plötzlich, wie sich das Leben des Kindes immer wieder darum dreht, sich die Eltern zu erhalten und alles dafür zu tun, dass es ihnen gut geht und sie zusammenbleiben. Das ist die kindliche Liebe – aber es ist, so selbstlos es aussieht und so selbstlos es auch vom Kind gefühlt wird, keine selbstlose Liebe, sondern darin drückt sich zugleich der Wille des Lebens aus, sich die Bedingungen für das Überleben zu erhalten. Die Eltern, die Familie, der Stamm, die Gruppe sind nämlich die Bedingung dafür, dass das Kind (oder der Mensch allgemein im Frühstadium des menschlichen Gruppenbewusstseins) überleben kann.

Auch der Mensch generell kann, egal auf welcher Bewusstseinsstufe er sein mag, äußerlich nicht allein überleben, aber innerlich schon. Wer innerlich ganz bei sich ist, braucht die anderen nicht, damit es ihm innerlich gut geht. Er braucht sie in seinem äußeren Leben, wo ohne die anderen überhaupt nichts geht – und zwar heute, in der Moderne, mehr als je zuvor –, aber nicht in seinem inneren Leben, nicht für seine Seele. Das weiß das Kind aber noch nicht, und das weiß auch der kindliche Mensch im Gruppenbewusstsein, also die kindliche Seele, noch nicht. Auch das moderne Bewusstsein (der Jugendliche) weiß es noch nicht – die Sucht nach Kontakt und Austausch über fast jede Belanglosigkeit auf Facebook, Twitter, Whatsapp und Co. liefert ein beredtes Beispiel.

Tatsächlich hat sich die Sache sogar umgekehrt. Der steinzeitliche Jäger konnte sich sein Werkzeug, seine Waffen, seine Kleidung und seine Behausung zur Not auch selbst herstellen, ebenso wie er allein für seine Nahrung sorgen konnte. Äußerlich war er mehr oder weniger autark. Er brauchte die anderen aber unabdingbar für seine Seele. Denn dort, in der Sippe, der Horde oder im Stamm, war seine Seele zu Hause.

Dort und nur dort war er geborgen, war er ganz, war er eins mit sich. Der moderne Mensch hingegen kann im Äußeren gar nichts mehr allein, er ist in allem vollkommen abhängig von den Leistungen und den Produkten anderer. Ob Nahrung, Kleidung oder Behausung – nichts können wir mehr selbst herstellen. Unabhängigkeit im Äußeren gibt es einfach nicht mehr. Mehr noch: Dem alten Germanen konnte es vollkommen egal sein, ob die Griechen mit den Persern Krieg führen. Selbst wenn er wundersamer Weise davon gehört hätte, hätte es ihn und sein Leben nicht im Geringsten berührt. Heute aber ist für unser äußeres Leben fast nichts mehr ohne Belang, was auf der Welt geschieht, und sei es im entferntesten Winkel.

Anders das innere, das seelische Leben: Seelisch können wir, sofern wir aus dem Jugendbewusstsein herausgewachsen und erwachsen sind, ohne weiteres allein sein. Wir können es nicht nur, wir müssen es sogar, denn dieses innere Alleinsein ist unsere Wirklichkeit. Wir haben unser Sein, unsere innere Heimat, nicht mehr in der Gruppe – entweder wir haben es bei uns selbst, oder wir haben es gar nicht. Ob wir es uns eingestehen oder nicht: wir sind allein, und genau das macht unsere Freiheit aus. Natürlich ist dies eine innere Freiheit, äußere Freiheit (Autonomie, Selbstbestimmung) ist vollkommen illusorisch. Wenn in Deutschland im Winter eine Woche der Strom oder alle Computer ausfallen würden, wären wir ärmer als vor tausend Jahren, und wenn es Trump oder Putin in den Fingern juckt und sie am roten Knopf rumspielen, ist alles dahin.

Deshalb sind auch all die Gemeinschaftsexperimente, die es seit den 1970er Jahren überall in der westlichen Welt gibt, samt und sonders gescheitert. Im Äußeren bleibt die angestrebte Autarkie eine Illusion (auch wenn man den Strom selbst mit Solarenergie erzeugt, braucht man dazu hochtechnologische Geräte, die man nicht selbst herstellen kann, von den politischen Abhängigkeiten ganz zu schweigen), und im Innern gibt es keine gemeinsame Seele, an der alle teilhaben, sondern nur eine Idee, die man für eine gewisse Zeit mehr oder weniger teilt. Während die Gruppenseele dem Einzelnen vorgegeben war und man einfach von Natur aus dazugehörte (so wie man zu seiner Familie einfach dazugehört), ist die Gemeinschaftsidee etwas selbst Konstruiertes, man muss sie immer mit den Ideen der Einzelnen in Übereinstimmung bringen, und die Ideen verändern sich auch ständig. Damit ist sowohl die Gruppe als auch der Einzelne überfordert. Früher oder später zerbricht dies. Der Vorrang der Gruppe vor dem Einzelnen zieht sich durch die gesamte Stufe 2. Selbst das Menschenopfer ist noch nicht ausgestorben, es hat nur andere Formen angenommen. Das aktuellste Beispiel dafür sind die muslimischen Selbstmordattentäter. Innerhalb ihrer Gruppe und ihres eigenen Bewusstseins gelten sie, so verrückt uns dies vorkommen mag, als Helden, wenn nicht sogar als Heilige. Und die hochverehrten christlichen Märtyrer haben zwar größtenteils keine anderen Menschen mit in ihren Opfertod gerissen[43], aber ihre Heiligsprechung verdanken sie hauptsächlich der Opferung ihres eigenen Lebens, ebenso wie die profanen Opfer von Kriegen nachträglich einen Heldenstatus zugesprochen bekommen, weil sie ihr Leben für die Gruppe gegeben haben.

Im Gruppenbewusstsein gehört der Mensch noch nicht sich selbst, sondern der Gruppe, ebenso wie das Kind noch nicht sich selbst gehört, sondern der Familie oder seinen Eltern. Es ist „das Kind von" und bleibt dies im Gruppenbewusstsein sein ganzes Leben lang. Deshalb können die Eltern oder kann die gesamte Gruppe ein Leben lang über das Kind /den Einzelnen entscheiden – z.B. wen man heiratet oder dass man, ungeachtet seiner eigenen Haltung dazu, Soldat wird und in den Krieg ziehen muss. Wie das Kind sein Selbst noch nicht bei sich, sondern in der Familie hat, hat das Bewusstsein sein Selbst nicht im Einzelmenschen, sondern in der Gruppe. So etwas wie Individualität gibt es nicht nur faktisch nicht, sondern es ist noch nicht einmal vorstellbar, da es im Bewusstsein noch keinen Raum dafür gibt. Selbst und Gruppe sind nichts Entgegengesetztes, sondern die Gruppe *ist* das Selbst. Der von uns heute gefühlte Gegensatz entsteht erst mit dem Herandämmern des Ich-Bewusstseins der Moderne.

Ende der neunziger Jahre saß ich in der Mittagspause eines Seminars einmal allein auf einer Wiese unter einem Baum. Etwa zwanzig Meter von mir entfernt saß eine afghanische Familie, etwa zehn Leute. Sie schauten immer wieder zu mir herüber, und nach einer Weile stand ein Mann auf, kam zu mir und lud mich ein, mich zu ihnen zu setzen. Ich habe mich bedankt und versucht, ihm zu verstehen zu geben, dass ich lieber allein bin. Nachdem er noch zweimal nachgefragt hat, hat er das akzeptiert, aber verstanden hat er es nicht.

Bei unseren Seminaren in China sehen wir immer wieder, dass die

Seminarteilnehmer sich mit anderen ein Zimmer teilen, manchmal zu zweit, aber auch zu mehreren. Sie tun das nicht, weil es billiger ist, Geld haben die meisten mehr als genug. Sie tun es, weil sie sich dann wohler fühlen. Zwar ist China in vielerlei Hinsicht sehr modern, aber auch sehr viel anders als der Westen, und das Gruppenbewusstsein ist (noch) sehr stark. Als wir einmal zwischen einer Konferenz und den nächsten Kursen fünf Tage frei hatten, habe ich mit meinem Freund und Kollegen Ruedi Eggerschwiler eine kleine Reise unternommen. Wir hatten zwei Zimmer in einem sehr schönen Guesthouse in einem ländlichen Gebiet reserviert. Beim Einchecken hat uns die junge Frau, die gut englisch sprach und sehr modern war, zwei Mal gefragt, ob wir denn wirklich sicher seien, dass wir *zwei* Zimmer wollen, jeder eines für sich allein. Sie meinte, bei der Buchung sei ein Irrtum passiert und bot uns an, das zu ändern. Dass wir es tatsächlich so wollten, konnte sie nicht verstehen.

Religion

Im Geistigen ist das Gruppenbewusstsein das Zeitalter der Religion. Die Religion im modernen Sinne ersetzt den Mythos. *Religio* heißt „Rückbindung“, das Wort ist zusammengesetzt aus *re* – zurück und *ligare* – binden. Was wird da zurückgebunden? Die menschliche Existenz an ihren Ursprung. Dieser Ursprung ist in der Stufe 1 und der frühen Stufe 2 die Natur, die als vollkommen beseelt und göttlich erfahren und behandelt wird. Die religiöse Form ist der Mythos und die ihm entsprechende rituelle Praxis, mit deren Hilfe die Menschen sich immer wieder erinnern, dass sie den Göttern gehören und in ihnen geborgen sind, und zwar auch und gerade dann, wenn sie als Einzelne sterben.

Der Mythos wird dann allmählich verdrängt durch die heute noch herrschenden Religionen, wobei der Osten und der Westen sehr verschiedene Wege gegangen sind. Während im Westen der Monotheismus jüdischen Ursprungs mit seinen beiden verfeindeten Kindern Christentum und Islam herrscht, kennen die östlichen Religionen Hinduismus, Jainismus, Buddhismus, Taoismus und Konfuzianismus (und alle anderen kleinen Religionen) keinen Gott; während der westliche Monotheismus die ihm vorangegangenen mythologischen Religionen mit ihren unzähligen Naturgöttern als „Heidentum“ und „Götzendienst“ denunziert und gnadenlos verfolgt und ausgemerzt hat, haben die östlichen Religionen die alten Götter einfach in sich aufgenommen, so dass das einfache Volk ihnen immer noch ungestraft opfert und sie anbetet, während der Brahmane oder der Zenschüler sich in der Versenkung ins Nichts übt, ohne dass dies im Osten als unvereinbarer Gegensatz gesehen wird; während der Westen klare Regeln, Gebote und dogmatische Lehren, die geglaubt werden müssen, hervorgebracht hat und damit glaubt, eine allgemeingültige Morallehre begründen zu können, die sich heute in der Lehre von den Menschenrechten ausdrückt, kennt der Osten (mit Ausnahme des Konfuzianismus[44]) all dies nicht. Es ließen sich noch viele große Unterschiede aufzählen, die alle wichtig sind, um auch das heutige Denken und Fühlen in den jeweiligen Kulturen zu verstehen, aber das ist nicht unser Thema.

Allgemein gesprochen stiftet die Religion (ebenso wie der Mythos) für den Menschen Sinn und Geborgenheit, indem sie ihm einen Platz im Ganzen, in einer den einzelnen übergreifenden Ordnung gibt. Sie gibt ihm auch eine Richtschnur für sein Handeln, für das, was richtig ist und was falsch, wobei letzteres, wie gesagt, mehr dogmatisch (Westen) oder mehr pragmatisch (Osten) sein kann. Dies entspricht dem, was die Eltern für ein Kind tun und tun müssen: ihm einen Platz geben in einer das Kind umfassenden Ordnung (der Familie), auf dass es sich sicher und geborgen fühlt, und ihm eine Richtschnur für richtiges und falsches Handeln geben, damit es lernt, sich in der Welt außerhalb der Familie zu bewegen und zu orientieren. Sinnstiftung und Orientierung kommen dabei von oben, in der Familie von den Eltern, in der Religion von Gott und seinen menschlichen Helfern, den Priestern, die ihrerseits herauszufinden versuchen (durch innere Versenkung, Kontemplation und Gebet), was „Gottes Wille“ ist, um diesen dann zu verkünden und den „Kindern Gottes“[45] als Gebot aufzuerlegen. Der Gläubige hat zu folgen und zu gehorchen, sonst wird er bestraft. Die Höchststrafe ist der Ausschluss aus der Gemeinschaft der Gläubigen, der Ausschluss aus der Gemeinschaft Gottes, auch „Hölle“ oder „Ewige Verdammnis“ genannt. Das Verhältnis der Gläubigen zu Gott und der Kirche ist das von Kindern zu ihren Eltern und der Familie, und hier wie dort ist der Ausschluss aus der Gemeinschaft die schlimmste Strafe.

Wie das Kind zu seinen Eltern aufschaut und sich an sie wendet, um Antworten oder um Hilfe bittet, wenn es etwas wissen will oder sich von etwas überfordert oder bedroht fühlt, blickte der Mensch Jahrtausende lang zu Gott (den Göttern) auf, bat um Hilfe, suchte Trost und Antworten auf Fragen, so er denn welche hatte. Dies kam aber eher selten vor, normalerweise hatte er einfach keine Fragen. Das Leben war so, wie es war, und sein Platz war der, der ihm qua Herkunft oder, dies aber eher in Ausnahmefällen, per Anordnung von oben bestimmt war.

Es wäre allerdings falsch, dies alles als ein Arrangement von irgendwelchen Herrschenden zu sehen, um das Volk zu beherrschen und klein zu halten, auch wenn es soziologisch zutreffend ist, dass die Religion den Herrschenden nützt und diese dies auch weidlich auszunützen verstanden und immer noch verstehen. Von der sozialen Funktion der Religion lässt sich nicht auf ihre Entstehung und innere Bedeutung für die menschliche Seele schließen.[46]

Die Religion ist keine menschliche Erfindung, sie folgt keinem menschlichen Plan. Sie ist die menschliche *Antwort*, genauer gesagt: die *Antwort der Seele* auf die Tatsache, dass der Mensch das einzige Lebewesen ist, das sich seiner selbst bewusst ist oder sein kann. Wie das Kind die Bindung braucht, um sich geborgen zu fühlen, im Schutz dieser Geborgenheit heranwachsen, sich geistig entwickeln und ganz Mensch werden zu können, so brauchte der Frühmensch die Rückbindung (*religio*) an die Natur. Das ist die Grundlage und die innerste Bedeutung der Religion. Sie ist das, was den Menschen mit seinem Ursprung verbindet. In dieser Verbindung ist er geborgen, ohne sie ist er verloren.

Dies gilt zunächst für die prähistorische (embryonale) und die kindliche Stufe der Menschheitsgeschichte. Wie beim Einzelmenschen umfasst sie einen weiten Entwicklungsweg, der große Unterschiede aufweist, aber doch in sich ein Ganzes und eine Einheit bildet, die sie von anderen Stufen klar unterscheidet. Beim Kind ist es die riesige Spanne zwischen dem Säugling, der noch nicht allein essen oder trinken, sich aufrichten, geschweige denn laufen oder gar sprechen und auch kaum zwischen sich und seiner Umwelt unterscheiden kann, und dem oder der etwa Vierzehnjährigen, über den oder die die Geschlechtsreife hereingebrochen ist und der/die beginnt, sich als Mann oder Frau zu fühlen und von der Familie abzuwenden.

Dennoch: Trotz aller Unterschiede fühlen sich und gelten das zweijährige und das zwölfjährige Kind gleichermaßen als Kind. Das Gemeinsame ist: Beide sind noch nicht in ihr eigenes Leben entlassen, sie brauchen den Schutz einer Familie oder einer an deren Stelle tretenden Gruppe, die sich um sie kümmert.

Das Gleiche gilt für das Bewusstsein der Stufe 2: Es ist auf die Gruppe angewiesen, es sucht seine Sicherheit in Zugehörigkeit und Bindung an eine Gruppe. Beim Bewusstsein reicht die Spanne zwischen dem Angehörigen einer Stammeskultur, der sich noch nicht als eigene Person wahrnimmt, sondern als Glied einer Gruppe, das stirbt, wenn es von der Gruppe getrennt wird, bis zu einem traditionellen Bewusstsein, wie es noch heute in vielen Teilen der Welt herrscht – und zwar nicht nur in rückständigen Kulturen abgeschnittener Regionen, auch nicht nur im religiösen Fundamentalismus, sondern auch in weiten Bereichen des Alltagsbewusstseins moderner Gesellschaften. Der Corpsgeist in institutionellen Gruppen wie dem Militär und der Polizei beruht bis auf den heutigen Tag darauf, ebenso wie das „Solidarität" genannte Gruppenbewusstsein in allen aus der Arbeiterbewegung hervorgegangenen Gruppen oder die Fankultur in Fußballvereinen. In all diesen Fällen zählt der Einzelne nur so viel und so lange, wie er der Gruppe dient. Wer sich nicht anpasst, wird gemobbt, schickaniert und in manchen Fällen (in Verbrechergangs, der Mafia oder terroristischen Gruppen) auch umgebracht. Der Gruppenausschluss ist ihm in jedem Fall sicher, und das ist auch heute noch für manche fast so (oder gar genauso) schlimm wie sterben. Es lassen sich unzählige Beispiele dafür finden, dass das Wir-Bewusstsein auch heute noch in vielen Bereichen die persönliche Autonomie und das Ich-Bewusstsein überlagert.

Mit der massenhaften Einwanderung von Menschen nach Europa, die noch im Gruppenbewusstsein zu Hause sind, werden wir plötzlich wieder täglich damit konfrontiert. Die Probleme, die darin liegen, würden auch ohne den islamistischen Terrorismus und auch jenseits der Gegensätze von abendländisch-christlicher und morgenländisch-muslimischer Kultur bestehen, auch wenn dieser Gegensatz sie wesentlich verschärft. Damit brechen auch die innergesellschaftlichen und innereuropäischen Unterschiede zwischen Menschen und Ländern auf, die noch mehr im Gruppenbewusstsein zu Hause sind – die Landbevölkerung und ökonomisch unterprivilegierte Schichten in reichen und „fortschrittlichen" Ländern, also all die, die von der modernen Elite in den Medien als „rechts" und anfällig für „Populismus" gebrandmarkt werden, und denen, die für die Modernität stehen und diese den anderen beibringen wollen. Auf internationaler Ebene verläuft der Graben in Europa hauptsächlich zwischen den westlichen und den östlichen Ländern.

Zugehörigkeit

Im Gruppenbewusstsein dominiert das Gefühl der Zugehörigkeit. Sie ist für den einzelnen die Lebensversicherung. Ohne Gruppe ist er genauso verloren wie ein Kind ohne Familie. Im Persönlichen ist es die Zugehörigkeit zur Herkunftsfamilie, in der Gesellschaft die Zugehörigkeit zu einer bestimmten Schicht oder Klasse, im Kulturellen die zu einer bestimmten Kultur mit ihren Sitten und einer gemeinsamen Sprache, im Geistigen die zu einer bestimmten Religion, im Politischen die Zugehörigkeit zu einem Volk, einem Land oder einem Staat. Der Nationalismus als politische Haltung gehört zum Gruppenbewusstsein, der Patriotismus ebenso, er ist nur eine etwas mildere Form.

Bei vielen eingeborenen Völkern ist der Ausschluss aus der Stammesgemeinschaft schlimmer als der Tod, und selbst in einer so fortschrittlichen Kultur wie dem antiken Griechenland war die Verbannung die höchste und schrecklichste Strafe. Wer für die Gruppe lebt und stirbt, gehört weiterhin dazu, bleibt Teil des Ganzen und lebt damit im Totenreich, im Reich und im Geist der Ahnen, quasi weiter. Wer jedoch ausgeschlossen wird, hat weder im Leben noch im Tod einen Platz in der Gruppe und ist für immer verloren.

Das Bewusstsein der Stufe 2 ist grundsätzlich im Wir zu Hause, es leitet von dort seine Prioritäten und sein Handeln ab. Es gibt zwar – je entwickelter das jeweilige Stadium der Stufe 2 ist, umso mehr – ein Ich-Gefühl; dieses ist aber immer eingebunden in ein Wir, in eine Gruppe und deren Werte. Was ein Ich denkt, wie es fühlt und wie es handelt, ist immer durch das Wir bestimmt oder zumindest stark geprägt. Das Handeln gründet auf Tradition (so haben meine Vorfahren auch gelebt/

gedacht/geglaubt/gehandelt; das war schon immer so; das macht man so), auf Pflicht, Ehre und Moral (das muss man; das ist meine Pflicht/Verantwortung; dem kann ich mich nicht entziehen; das gehört sich so) und, damit eng verbunden, dem Gewissen.

Ehre, Pflicht und Moral und damit auch das Gewissen beziehen sich immer auf die eigene Gruppe, besonders die Familie. Zinedine Zidane, ein Franzose algerischer Herkunft, war zwischen 2000 und 2010 der weltbeste Fußballer und auch ein recht reflektierter und eher ruhiger junger Mann. Dass er von seinen Gegenspielern hart attackiert, festgehalten und auch oft getreten wurde, steckte er weg. Im Finale der Weltmeisterschaft 2006 hatte sein italienischer Gegenspieler Materazzi aber eine bessere Idee, wie er auszuschalten wäre: Nachdem er ihn, wie es oft geschah, gefoult und am Trikot festgehalten hatte, sagte Zidane: „Du kannst mein Trikot nach dem Spiel haben" und drehte sich um. Darauf rief ihm Materazzi hinterher: „Ich nehme lieber Deine Schwester, die Nutte." Das war zu viel: Zidane, der sonst immer beherrscht war, ging wie ein Stier auf ihn los und rammte ihm den Kopf gegen die Brust. Dafür flog er dann vom Platz und Italien wurde Weltmeister.

Das Gewissen ist keine individuelle Instanz, sondern die innere Verbindung mit der eigenen Gruppe, in erster Linie der eigenen Herkunftsfamilie.[47] Es hat nichts mit universellen Werten zu tun, sondern ist ganz partikular. Es ist an die Gruppe gebunden, aus der man stammt und zu der man gehört. Die alten Mafiagruppen („Familien") werden hauptsächlich durch das Gewissen zusammengehalten und erst in zweiter Linie durch Gewalt. In einer Kopfjägerkultur hat niemand ein schlechtes Gewissen, wenn ein Eindringling von außen geköpft, gehäutet, gegrillt oder gekocht und dann vielleicht auch noch gegessen wird. Die Sklavenhändler hatten auch kein schlechtes Gewissen, weil die Schwarzen keine Christenmenschen und damit für sie keine richtigen Menschen waren. Dass wir das heute anders sehen, ist ein Fortschritt, aber nichts, was sich ein einzelner als Verdienst anrechnen könnte. Wir sind nicht besser als unsere Vorfahren, wir folgen nur anderen Loyalitäten. Wer sich heute darüber erhebt und das anklagt, sollte zunächst einmal schauen, wo ihn sein eigenes Gewissen bindet, wo seine blinden Flecken sind und welchen Gruppennormen er folgt.

Das Gewissen bindet einen an die eigene Gruppe und trennt von den anderen. Im guten oder schlechten Gewissen machen sich die in unserer jeweiligen Familie (Kultur) wirkenden Werte geltend. Sobald wir etwas tun, was diesen Werten widerspricht, meldet sich unser schlechtes Gewissen. Das Gewissen fungiert als eine Art Orientierungsmaßstab, ein Kompass, der einem sagt, ob er noch Teil der Gruppe ist (dazugehört) oder seine Zugehörigkeit riskiert. Wenn Kinder „ungehorsam“ sind oder etwas tun, von dem sie wissen, dass die Eltern es nicht gutheißen, fühlen sie sich innerlich schuldig und haben ein schlechtes Gewissen. Wenn ein Kind die Zugehörigkeit zur Familie riskiert, riskiert es damit zugleich sein Leben. Dasselbe gilt in einer Stammeskultur für die Stammesmitglieder. Insofern ist ein schlechtes Gewissen eine Art Stoppsignal. Wenn ich als kleines Kind etwas „verbrochen“ hatte, musste ich, nachdem meine Mutter mich bestraft hatte, sagen: „Ich bin wieder brav“. Das war sozusagen das Codewort, um wieder ganz dazuzugehören.

Wenn man der Kindheit entwächst, kommt etwas anderes hinzu: die Erkenntnis, dass nicht alles, was die Eltern sagen und tun, richtig ist. Damit tauchen zunächst die Möglichkeit und später ein innerer Druck auf, der eigenen Erkenntnis zu folgen, nötigenfalls auch gegen die Eltern. Manchmal verbindet sich dies noch mit der Ahnung, dass man einem eigenen, neuen und anderen Lebensweg folgen muss. Es entsteht ein Gewissenskonflikt. Dieser Konflikt kann nur gelöst werden, indem man seinen Eltern und seiner Kindheit in Dankbarkeit zustimmt und zugleich bereit ist, allein zu sein und nicht mehr dazuzugehören. Er wird aber nicht gelöst, wenn man glaubt, man sei etwas Besseres als diejenigen, die noch in der Gruppe bleiben. Man kann das Gruppenbewusstsein nicht abschaffen, man kann nur seine Begrenztheit (seine Kindlichkeit) erkennen, es aufnehmen und darüber hinaus wachsen. Dann gehört man immer noch dazu, aber es bestimmt das Leben nicht mehr.

Gruppenbewusstsein und Egoismus

Dass der Mensch auf der zweiten Bewusstseinsstufe aus dem Wir heraus fühlt und handelt, bedeutet nicht, dass es dort keinen Egoismus gäbe. Im Gegenteil: Da das Ich nicht richtig entwickelt ist und daher auch das Du (das Ich im anderen) nicht gesehen wird, ist der Egoismus sogar größer und gröber, bis zur Rücksichtslosigkeit. Er versteckt sich hinter einer kindlichen Verantwortungslosigkeit. Als die Truppen des Kaisers im 1. Weltkrieg begeistert gen Frankreich zogen, um es den Franzosen „mal so richtig zu zeigen", ist ihnen kaum in den Sinn gekommen, welches Leid sie damit anrichten; dass die Franzosen Menschen sind wie sie selbst, mit Frauen und Kindern und Müttern, erscheint dabei noch kaum im Bewusstsein. Es ist ähnlich wie bei kleinen Kindern: Ihre eigenen Wünsche gehen ihnen über alles, sie sind egoistisch und nehmen keine Rücksicht auf die anderen Kinder. Es kommt ihnen gar nicht in den Sinn, da sie die anderen nicht als eigene Ichs mit den gleichen Wünschen und Schmerzen sehen wie sich selbst. Die kindliche Welt dreht sich um sich selbst, und die anderen haben dafür zu sorgen, dass es einem gut geht.

Kinder sind also durchaus egoistisch, auch wenn ihr Ego noch nicht voll ausgebildet und das eigene Ich noch im Wir der Familie eingebunden ist. Das ist übrigens gut so: Kinder müssen egoistisch sein, darin drückt sich nämlich nichts anderes aus als der Wille des Lebens, zu überleben. Weil das kindliche Ich noch nicht für sich allein steht, kann es sich ganz selbstverständlich breitmachen. Erst wenn sich Ich und Ich jeweils allein und auf gleicher Augenhöhe gegenüberstehen, kann man den anderen als anderes Ich sehen, kann man erkennen, dass andere einem gleich sind, obwohl sie verschieden sind.

Dazu muss sich das Ich jedoch aus dem Wir gelöst haben und allein in der Welt stehen, umgeben von lauter anderen Ichs. Dann wird das eigene Ich durch die anderen Ichs begrenzt. Dies geschieht auf natürliche Weise, ohne das jemand mir Grenzen setzt, denn jedes Ich ist für das andere Ich die Grenze, sobald man die ganze Verantwortung für sich und sein Handeln übernimmt. Dieses Bewusstsein entsteht aber erst auf der Stufe 4, wenn wir (nicht nur körperlich, sondern geistig) erwachsen geworden sind. Auf der Stufe 3, also im heutigen modernen Bewusstsein, ist es lediglich ein Anspruch.

Stufe 3: Die Jugend – Das Ich-Bewusstsein und die Moderne

Wer die Jugend und die Jugendlichen liebt
und sie Ernst nimmt, widerspricht ihnen.

Was ist Jugend?

Was ist Jugend? Zunächst einmal ist das, was wir heute darunter verstehen, historisch ein ganz neues Phänomen, nämlich ein Phänomen der Moderne. Es ist kein Zufall, dass es zu Beginn des 20. Jahrhunderts die erste „Jugendbewegung" gab, denn vorher gab es noch keine Jugend und auch keine Jugendlichen. Es gab junge Menschen, aber das waren entweder noch Kinder oder schon junge Erwachsene. Wenn man sich Bilder mit jungen Menschen aus dem 19. Jahrhundert betrachtet, dann findet man keine Jugendlichen. Ein Achtzehnjähriger sieht – in seinem ganzen Auftreten, in Kleidung, Gestik und Mimik – aus wie ein Erwachsener. Wer aus der Kindheit herauswuchs, musste und wollte so schnell wie möglich erwachsen werden, zu den Erwachsenen dazugehören. Ein Jugendlicher zu sein hätte bedeutet, ein Nichts zu sein und nirgendwo dazuzugehören.

Das war nicht nur im 19. Jahrhundert so, so ist es seit Jahrtausenden: Es gab keine Jugend. Es gab nur eine mehr oder weniger kurze Zeit des Übergangs von der Kindheit in die Welt der Erwachsenen, der in allen alten Kulturen durch Initiationsrituale begleitet und ermöglicht wurde. Vor der Initiation war man Kind, danach war man erwachsen. Erst mit dem Aufkommen der Moderne hat sich die Jugend als eine eigene Lebensstufe etabliert, sie hat sich selbst als solche gesetzt. Mehr noch: Sie hat das gesamte nachkindliche Leben usurpiert, alles ist Jugend geworden und hat sich dem Anspruch und dem Geist der Jugend untergeordnet. Der Spruch der 1968er-Bewegung „Trau keinem über 30" markiert den Durchbruch dieses modernen Geistes im gesellschaftlichen Bewusstsein, und die mediale Aufmerksamkeit, die den „Fast-noch-Kindern" der neuen Klimabewegung zuteil wird, zeigt die

Umkehrung der alten Verhältnisse im zeitgenössischen Bewusstsein ganz deutlich. Dass die Jugend an die Stelle der Initiation getreten und damit zu einem eigenen, länger dauernden Lebensabschnitt geworden ist, ist eine unvermeidbare Begleiterscheinung des Entstehens einer offenen, sich ständig wandelnden Gesellschaft. Eine Initiation alter Art kann es da nicht mehr geben – ich führe das gleich näher aus. Damit sind der einzelne Jugendliche und die Jugend insgesamt einer Herausforderung und Belastung ausgesetzt, die sie kaum tragen können. Es bedeutet nämlich, dass der Jugendliche jetzt selbst und ganz allein den Übergang von der Kindheit ins Erwachsensein bewerkstelligen muss. Die Folge ist, dass dieser Übergang nicht mehr stattfindet – alles ist Jugend geworden, und die Jugend endet nicht mehr. Das ist der tiefere Grund, warum wir nicht mehr zur Ruhe kommen (denn die Jugend ist Aufbruch und damit auch Unruhe) und den Kontakt zur Erde, zur Wirklichkeit, verloren haben – und zwar sowohl den Kontakt zur tatsächlichen Erde (zur Natur) als auch zu unserer inneren Verbindung mit unserer „Erde", unserer inneren Wirklichkeit.

Mit der Moderne ist das menschliche Bewusstsein insgesamt in das Stadium der Jugend eingetreten, was umgekehrt bedeutet: Das moderne Bewusstsein ist ein Jugendbewusstsein. Anstatt dass der Jugendliche durch die Alten ins erwachsene Leben eingeführt (initiiert) und damit auf eine höhere Stufe gehoben wird, wird das erwachsene Leben (und inzwischen sogar das Alter) ins Jugendliche herabgezogen. Dass, wie es Jahrtausende lang der Fall war, die „Alten" den Jungen sagen, was ihr Platz im Leben ist, ist heute nicht einmal mehr vorstellbar. Sowohl die inneren (psychischen) Probleme, mit denen wir heute massenhaft konfrontiert sind, als auch viele gesellschaftliche Probleme haben in dieser Entwicklung ihre tiefere Ursache. Wenn wir die Jugend nicht verstehen und nicht sehen, dass das herrschende Bewusstsein ein Jugendbewusstsein ist, und keinen Weg finden, es in ein erwachsenes Bewusstsein hinüber zu tragen, dürfte es unmöglich sein, diese Probleme zu lösen. Ich versuche dies im Folgenden darzulegen, indem ich zunächst die Jugend als Lebensphase des einzelnen Menschen beschreibe und dann die analoge Entwicklung im menschlichen Bewusstsein, wobei letzteres nur in ganz groben Zügen möglich ist.

Der junge Mensch und seine Welt

Die Pubertät

Erinnern Sie sich noch, wie Sie sich mit vierzehn gefühlt haben? Oder, wenn Sie eine Frau sind, mit elf, zwölf oder dreizehn? An Ihre erste Menstruation, als da plötzlich Blut in der Hose war? Oder, bei den Männern, als die sexuellen Gefühle plötzlich so übermächtig wurden, dass Sie vielleicht jeden Tag masturbieren mussten? Erinnern Sie sich, was das mit Ihnen gemacht hat – nicht, wie das Gefühl dabei war, sondern was es generell mit ihren Gefühlen, Ihrem Selbstbild gemacht und wie es Ihre Beziehung zur Welt verändert hat? Wie Ihre Stimme sich veränderte, Ihre Gliedmaßen? Wie Sie Ihre Lautstärke und Ihre Bewegungen nicht mehr richtig kontrollieren und koordinieren konnten? Wie sich Träume und Gedanken mit Körpergefühlen verbündeten, die Sie so vorher nie empfunden hatten? Erinnern Sie sich noch, wie sich die Welt veränderte damals? Wie Sie, vielleicht offen, vielleicht auch heimlich, vielleicht sehr bewusst, vielleicht auch ganz unbewusst, von den Eltern wegrückten? Ihren eigenen Raum haben wollten, wo Sie doch kurz vorher noch das Zusammensein mit Eltern oder Geschwistern vorzogen?

Mit der Pubertät wird alles anders. Mit dem ersten Blut oder Samenerguss wissen wir, dass etwas Neues über uns hereingebrochen ist, ohne dass wir dieses Neue auch nur ansatzweise erfassen könnten. Manche mögen viel darüber gehört oder gelesen haben, zumal heute, in Zeiten des Internet und der grenzenlosen Information. Aber Information ist kein Wissen, Information allein ist nichts. Sie erzeugt allenfalls Bilder, die für einen selbst nie ganz stimmen, aber einen dennoch in vielfacher Weise bestimmen. Alles, was wir wissen, ist, dass etwas Neues beginnt und etwas Gewohntes zu Ende geht.

Die Pubertät markiert den Übergang in die Jugend, und die Jugend selbst ist ein Übergang ins Erwachsensein. Sie ist weder-noch, man ist kein Kind mehr, aber auch noch kein Erwachsener. Man gehört noch wie ein Kind zur Familie, ist abhängig wie ein Kind (vor allem heute, wo man bis zum 18. Lebensjahr oder länger zur Schule gehen muss), hat keine eigenen Rechte und Pflichten, keine eigene materielle Basis und, wenn man es genau nimmt, auch nicht die nötige Reife und den wirklichen Wunsch, sich allzu weit von der familiären Versorgung zu entfernen. Der Jugendliche ist auf der Suche, auf der Suche nach dem, was er ist, nach dem, was er werden oder sein soll, auf der Suche nach sich selbst. Das ist die Charakteristik von Jugend, und es ist, wie wir später sehen werden, auch das Wesen des modernen Bewusstseins und unserer Zeit.

Die Jugend als Suche

Der Jugendliche lebt zwischen dem Rausch der Freiheit, der eng verbunden ist mit dem erwachten sexuellen Trieb, und seiner realen Abhängigkeit. Deshalb, um diese Abhängigkeit nicht so fühlen zu müssen und stattdessen im Gefühl der Freiheit zu schwelgen, sind auch Rauschmittel für Jugendliche so attraktiv. Und die Tatsache, dass (wenn wir den Alkohol mit dazu nehmen) fast die gesamte Gesellschaft (zumindest in der Freizeit) dem Rausch verfallen ist, wirft zumindest ein kleines Licht auf deren Jugendlichkeit.

In den alten Kulturen und Gesellschaften war das anders, die Konflikte der modernen Jugend existierten einfach nicht. Die Sexualität war kulturell und institutionell eingebunden. Junge Menschen, Mädchen zumal, wurden schon kurz nach der Pubertät verheiratet und bekamen dann auch sofort Kinder, und die strengen Normen und – vor allem in kleineren Gemeinschaften – sozialen Kontrollen ließen nicht viel Abschweifung zu.

Sexualität hatte, außer für Männer im Krieg, nichts mit Freiheit und Abenteuer, mit Ausprobieren, sich selbst Erfahren und Wildheit zu tun, sondern führte sofort in neue Bindungen, Notwendigkeiten und Abhängigkeiten. Es bestand weder die Notwendigkeit noch die Chance, die Familie zu verlassen. Die Söhne blieben Teil der eigenen Herkunftsfamilie, die Töchter wurden Teil der Familie des Mannes. Mit graduellen Unterschieden ist dies heute noch in vielen Teilen der Welt so, in China müssen sie immer noch der Schwiegermutter gehorchen, in Indien gehören sie buchstäblich der Familie des Mannes als deren Eigentum. Hier wie in anderen Kulturen, in denen noch das alte Gruppenbewusstsein herrscht, ist es nur eine recht kleine (wenn auch sehr schnell wachsende) Schicht, für die es so etwas wie Jugend überhaupt gibt.

Die Jugend ist ein Dazwischen-Sein. Eine Zeit der Suche, der Orientierung, des Experimentierens, eine Suche nach der Identität, nach dem Platz in der Gesellschaft und im Leben. Man kann sie sogar als eine erste Annäherung an die große spirituelle Frage „Wer bin ich?" begreifen. Allerdings hält ein Jugendlicher die Konfrontation mit der Wirklichkeit – sowohl der eigenen Wirklichkeit (seiner Unsicherheit, seinem Nicht-Wissen, seiner Unerfahrenheit) ebenso wie der Wirklichkeit des Lebens, wie es tatsächlich ist – noch nicht aus. Daher macht er praktisch aus dieser Frage eine andere, nämlich: Wer *will* ich sein? Und bezogen auf die Welt um ihn herum ebenso: Wie *soll* die Welt sein, wie *soll* das Leben sein, anstatt: Wie *ist* das Leben? Aus dem Hineinwachsen in das, was ist, wird ein Konzept von dem, was sein soll. Die jugendliche Erwartung (die bis zum Anspruch, zur Forderung geht) ist, dass sich die Welt seinem Bild fügt. Indem er sich in dieses Bild einmauert, schützt er sich vor der Wirklichkeit des Lebens und der Tatsache, dass er noch nicht die innere Reife und die äußere Fähigkeit hat, in dieser Wirklichkeit zu leben und mit den Enttäuschungen umzugehen, die die Wirklichkeit für sein im Innern noch immer kindliches Gemüt bereithält.

Wir neigen heute dazu, die Jugend zu romantisieren und zu idealisieren. Das galt lange Zeit auch für mich. Erst in der Arbeit mit dem Lebensintegrationsprozess habe ich in fast jedem Prozess, den ich geleitet habe, gesehen, welche Anstrengung ein Jugendlicher aufbringen muss, um seine Gefühle in Schach zu halten und zu rationalisieren, den Anschein der Autonomie (des „Coolseins") aufrecht zu erhalten und seine Einsamkeit nicht zu zeigen und, vor allem, auch selbst nicht zu fühlen. Tatsächlich ist die Jugend, bei aller Begeisterung und allem Positiven, das sie auch beinhaltet, eine Zeit tiefster Unsicherheit und tiefsten Verlorenseins. Man weiß nicht mehr, wer man ist und wo man hingehört, und man kann und darf das nicht zeigen, ohne sich wieder hilflos und abhängig wie ein Kind zu fühlen. Der Jugendliche hat (noch) keinen Platz in der Welt, er sucht ihn noch. Dies gilt für seine innere Welt (also für die Frage, wer ich bin) genauso wie für den Platz in der äußeren Welt.

Als Kind war dieser Platz klar: Man gehörte zur jeweiligen Familie. Daran war nichts zu ändern, und damit hatte man auch seinen (vorläufigen) Platz im Leben. In meinen Kursen illustriere ich den Unterschied zwischen dem Lebensgefühl eines Kindes und eines Jugendlichen gerne mit folgender Geschichte: Wenn ein Kind seinen 6. Geburtstag feiert, kommen seine Freunde zusammen mit den Müttern zur Party. Falls ein Kind alleine kommen muss und die Mutter (oder wenigstens der Vater) nicht mitkommt, ist es traurig oder fühlt sich nicht wirklich wohl. Wenn aber die Mutter beim 16. Geburtstag darauf besteht, mit zur Party zu gehen, wird der/die Jugendliche lieber die Party sausen lassen, als zusammen mit der Mama zu erscheinen.

Das gilt aber nur für unsere Kultur. In Gesellschaften, die kollektiv noch auf der Stufe 2 stehen oder standen, gilt die selbstverständliche Zugehörigkeit zur Familie für das gesamte Leben. In der modernen Gesellschaft ändert sich dies mit dem Beginn der Jugend: Man muss sich seinen Platz neu suchen. Was früher von anderen bestimmt wurde, muss man nun selbst entscheiden. Welche Schule besuche ich? Welche Fächer wähle ich? Welchen Gruppen schließe ich mich an, welcher Subkultur? Wie kleide ich mich, welches Image passt zu mir? Welche Musik höre ich? Das sind für einen Jugendlichen keine kleinen Fragen. Man will ja immer noch irgendwo dazugehören, während man sich zugleich aus den alten Zugehörigkeiten löst und lösen muss. Und auch: Was glaube ich? Wie halte ich es mit dem, was in meiner Familie gilt? Hält es dem stand, was ich anderswo sehe? Muss und darf ich mich anders orientieren? Wo stehe ich politisch? Interessiert es mich überhaupt? Was will ich werden? Wo will ich hin im Leben? Und vor allem (darin kommt dann wieder das Kind zum Vorschein): Was denken die anderen von mir? Die Fragen mögen mal mehr und mal weniger bewusst gestellt und bedacht werden – da sind sie allemal, und sie verlangen von jedem Jugendlichen eine – mehr oder weniger bewusste – Antwort.

Um diese Antwort zu finden, muss ich mich von den Eltern zurückziehen. Es ist nämlich die Zukunft, die diese Fragen an mich heranträgt, meine Zukunft, und die Eltern sind meine Vergangenheit. Die Zeit, wo die Zukunft als – vielleicht leicht modifizierte – Fortsetzung der Vergangenheit angesehen werden konnte, ist vorbei. Die meisten Menschen meinen dies zwar noch und verhalten sich entsprechend, aber dies entspricht nicht mehr der Wirklichkeit. Die wahre Zukunft kommt uns aus dem Künftigen entgegen, sie ist die Ankunft dessen, was noch nicht ist und noch nicht war. In der modernen Jugend wird dies intuitiv „gewusst“ (es wird danach vielleicht schnell wieder vergessen), und dieses „Wissen“ macht die Offenheit der Jugend aus. Und zwar sowohl im positiven Sinne der Freiheit, des Abenteuers, des Nicht-festgelegt-Seins, als auch im Problem der Orientierungslosigkeit, der tiefen Verunsicherung und der Unvorhersehbarkeit des Lebens. Im Innern ist der Jugendliche verletzlich wie ein neugeborenes Kind.

Jugend als Geburtsprozess

Das Verlassen des Elternhauses ist zugleich der Schritt in etwas vollkommen Neues und Ungeheures: das eigene Leben. Warum ungeheuer? Weil es, wenn es wirklich das *eigene* Leben und nicht die Fortsetzung des Lebens der Eltern ist, etwas noch nie Dagewesenes ist, etwas ganz und gar Unbekanntes, Offenes und damit auch etwas ganz Ungewisses, Unsicheres, über das man nichts weiß und nichts wissen kann – es sei denn, man betritt es. Dann wird man es erleben, indem man es lebt. Aber man kann es nicht denken, sich vorher nicht vorstellen. Alle Vorstellungen stammen aus der Vergangenheit, sind Bilder, die wir aus vergangenen Erfahrungen konstruieren, seien es Ängste oder Sehnsüchte. Das Wort Vorstellung ist sehr sinnfällig: Man stellt sich etwas vor oder etwas vor sich (ein Bild), und das steht dann zwischen einem selbst und dem Leben, wie es wirklich ist. Wer wir wirklich sind, wissen wir genauso wenig, wie wir die Zukunft kennen, denn unser wirkliches Selbst will erst noch geboren werden, es kommt uns aus der Zukunft, aus dem Leben, dass wir noch nicht gelebt haben und daher noch nicht kennen, entgegen.

Um sich selbst und das, was man sein jeweils „eigenes“ Leben nennen könnte[48], kennen zu lernen, muss man in dieses Unbekannte hineingehen. Den Schritt ins eigene Leben kann man nur *erfahren*, und man erfährt ihn und dieses neue Leben nur dann, wenn man ihn tut – ebenso wie man das menschliche Leben nur erlebt und erfährt, wenn die Geburt tatsächlich (und nicht nur in der Vorstellung) geschieht. Dann ist man er-wachsen, aus der Kindheit (und mit ihr aus der Familie) herausgewachsen. Es ist die Geburt des Menschen, der du wirklich bist, deine geistige Geburt.

So weit sind wir in der Jugend aber noch nicht, sie gleicht vielmehr dem *Prozess* der Geburt. In der Jugend werden wir als auch geistig (und nicht nur körperlich) eigenständige Menschen geboren, aber wir sind es noch nicht, wir sind noch immer halb im Mutterleib, hängen noch immer mit der Nabelschnur an der Familie. Mit der Pubertät kommen die Wehen, und dann geht es in den Geburtskanal, in den Kampf um die Lösung von unserem zweiten Mutterleib, der Familie. Wie bei der körperlichen Geburt sind wir hin- und hergerissen zwischen zwei Kräften: der Bewegung des Lebens, die uns aus der Familie (dem Mutterleib) hinaus ins eigene Leben zieht, und dem Festhalten am Alten, an der Sicherheit und der Versorgung, der Zugehörigkeit und der Geborgenheit, die wir dort erfahren haben.

Anders als bei der physischen Geburt können wir bei der geistigen jedoch uns selbst und anderen etwas vormachen: Wir können *meinen*, wir hätten die Familie bereits verlassen und seien schon geboren, während wir tatsächlich noch im Geburtskanal stecken; wir können so tun und auch selbst glauben, wir seien schon erwachsen; wir können auch glauben, wir wüssten besser Bescheid über das Leben als diejenigen, die es schon erfahren haben; wir können die Vorstellungen, die wir über uns selbst und über das Leben haben, für die Wirklichkeit halten, können glauben, das Leben, das wir für das „richtige“ halten, sei tatsächlich das richtige Leben. Tatsächlich tut der moderne Jugendliche und tut auch das moderne Bewusstsein all dies – er/es hält seine Ideen für die Wirklichkeit. Das „richtige“ Leben ist nicht das Leben, das ist, sondern das, das sein soll.

Der reale Jugendliche ist zerrissen zwischen der drängenden und unabweisbaren Bewegung des Lebens und dem Festhalten an alten Sicherheiten. Am deutlichsten macht sich diese Bewegung im Sexualtrieb geltend. In der Familie ist kein Platz dafür. Wir müssen sie verlassen, damit sich das Leben fortpflanzen kann. Was immer wir in der Sexualität suchen, empfinden und tun mögen, für das Leben selbst zählt nur eines: dass es sich fortpflanzt. Das und nur das ist die Wurzel, der Urgrund des sexuellen Begehrens: der Trieb des Lebens, sich zu erhalten durch Fortpflanzung. Sex mag viele Varianten haben und sich sehr persönlich oder individuell anfühlen, aber an der Sexualität ist nichts Persönliches. Sie ist einfach der verkörperte Lebenstrieb (deshalb ist übrigens auch nichts falsch oder „sündig“ daran, ist das sexuelle Begehren nichts, dessen man sich schämen müsste). Also zieht und treibt es den Jugendlichen weg von den Eltern und hin zum Unbekannten, verkörpert im anderen Geschlecht.

Auf der geistigen Ebene bedeutet das, dass ich mir von den Eltern nichts mehr sagen lasse. Ich will und muss selbst herausfinden, was für mich richtig ist. Ihre Vorstellungen sind *ihre* Vorstellungen, ihre Werte ihre, meine mögen ganz andere sein. Und schließlich: Ihr Leben ist *ihr* Leben, meines ist ein ganz anderes, nämlich mein eigenes. Zumindest muss ich es allein leben, niemand anders kann es für mich leben. Und deshalb kann mir auch niemand anderes sagen, wie ich es leben soll. Besonders die Eltern können es mir nicht mehr sagen. Das war einmal, nämlich in der Kindheit. Jetzt will/muss ich erwachsen werden, und das bedeutet aus der Sicht der Jugend: Ich will alles selbst entscheiden.

Da ich aber noch nicht auf eigenen Füßen stehe, noch nicht in mir selbst gegründet bin, fehlt mir die Kraft, die daraus erwachsen würde. Das Selbstbewusstsein des Jugendlichen gründet nicht in ihm selbst, in seinem Selbst, es wächst und nährt sich nicht aus eigener Erfahrung, sondern aus einer Idee – der Idee, wie das Leben sein soll.

Da sie noch nicht in der Erfahrung gründen (können), sind die jugendlichen Ideen über die Welt und das richtige Leben aber nichts Eigenes, sondern lediglich Gegenentwürfe oder Modifikationen dessen, was einem in der Kindheit als richtig und gut beigebracht worden ist. Da er das Leben noch gar nicht wirklich betreten hat, ist alles nur Vorstellung und hängt in der Luft. Deshalb ist er im Innern zutiefst verunsichert und muss dies zugleich nach außen (auch vor sich selbst) verstecken.

Hochmut und Einsamkeit

Der Jugendliche glaubt, alles besser zu wissen, obwohl er das wirkliche Leben noch gar nicht kennt. Auch sich selbst kennt er noch nicht, ebenso wie er die Welt noch nicht versteht und auch nicht verstehen kann. Alles, was er weiß ist, was er nicht mehr ist und auch nicht mehr sein will: ein Kind. Sein Körper hat die Kindheit schon verlassen, sein Geist aber noch nicht und seine Gefühle auch nicht. Geistig-emotional ist er hin- und her gerissen. Er will frei sein, ist es aber nicht; er will stark sein, ist es aber nicht; er sucht seinen eigenen Weg ins Leben, weiß aber nicht, wie dieser aussieht. Innerlich ist er in dieser Zerrissenheit noch hilfloser als ein Kind, aber nach außen und auch vor sich selbst darf er das nicht zeigen. Das Kind hatte noch die Eltern als Rückhalt, aber von denen muss er sich jetzt lösen, er kann mit seinen Problemen und inneren Zweifeln nicht mehr zu ihnen gehen, ohne wieder Kind zu sein. Und vor den anderen, den Altersgenossen, kann er seine Verletzlichkeit und Unsicherheit auch nicht zeigen. Er muss so tun, als sei er erwachsen, obwohl er das im Innern längst noch nicht ist. Die Jugend ist eine Zeit tiefster Einsamkeit.

So wie der Säugling damals eine vollkommen neue Welt betreten hat, in der er sich erst noch zurechtfinden musste und für die er nur bedingt reif war, steht auch der Jugendliche an der Schwelle oder macht die ersten unsicheren Schritte in ein neues Leben. Anders als der Säugling ist er damit aber allein. Zum Beispiel war ich damals gegenüber den Mädchen vollkommen unsicher – erst recht mit meiner Sexualität, die sich mit aller Macht, aber in krassem Gegensatz zu allen Morallehren, vor allem denen der Kirche und des christlichen Glaubens, die damals noch sehr wichtig für mich waren, geltend machte. Darüber konnte ich mit niemandem reden, nicht mit meinen Eltern oder anderen Erwachsenen, aber auch nicht mit Gleichaltrigen. Ich dachte tatsächlich, nur ich hätte diese Probleme, denn die anderen taten alle so cool, als ob sie damit nichts zu tun hätten. Obwohl es damals den Begriff noch nicht gab, haben wir uns alle bemüht, die anderen an Coolness zu übertreffen. Meine Frau, die siebzehn war, als ich sie kennenlernte, und ein benachbartes Mädchengymnasium besuchte, erzählte mir später, ich hätte dort den Ruf eines coolen Frauenaufreißers gehabt, der die Mädels anmacht, um sie dann wieder fallen zu lassen. Tatsächlich hatte ich einfach nur Schiss, mich ihnen mit meiner ganzen jugendlichen Liebesbedürftigkeit zu zeigen. Einem Mädchen zu sagen, dass ich sie mag und gerne wiedersehen möchte, kostete mich größte Überwindung, denn ich hatte Angst vor ihrem potenziellen Nein.

Hinzukommt, dass in der Jugend alle Themen, die uns zu Beginn des Lebens stark belastet haben, wieder auf der Tagesordnung stehen. Da die Jugend unsere zweite Geburt ist, holen uns die perinatalen und frühkindlichen Traumata, sofern es welche gab, wieder ein. Das äußert sich nicht nur in so genannten Verhaltensstörungen, sondern oft auch in körperlichen Krankheiten oder psychosomatischen Symptomen. Die für Jugendliche typischen Essstörungen zum Beispiel sind nicht selten eine Wiederauflage frühester Ernährungsprobleme. Mein Bild dazu ist, dass diese Symptome ein Versuch der Seele sind, das alte Trauma zu lösen. Wenn man die Betreffenden dann einfühlsam dabei begleitet, ohne das Symptom wegmachen zu wollen, kann die Seele ihre Arbeit tun und die alte Wunde heilen.

Um die jugendtypische Hilflosigkeit, Verletzlichkeit, Verwirrung und Einsamkeit nicht fühlen zu müssen, verstecken wir uns hinter einer Fassade des Besserwissens und Besserseins. Ohne dieses Versteck können wir nicht erwachsen werden, es trägt uns durch die Einsamkeit und Verletzlichkeit der Jugend. Wir brauchen es. Einen Jugendlichen kann man nur verstehen, wenn man auch seine Arroganz versteht und sie als das sieht, was sie ist: ein Schutz vor der eigenen Unsicherheit und Hilflosigkeit. Dann kann man mit Liebe auf ihn schauen, aber ohne ihm die Macht zu geben, die er gerne hätte. Er hat nämlich keine Ahnung, und wenn man ihn wirklich ernst nimmt, sagt man ihm das. Ich bin froh, dass ich nie die Macht hatte, meine jugendlichen Ideen durchzusetzen – ich hatte eine große Klappe, aber ich wusste nichts vom wirklichen Leben (was ich natürlich nie zugegeben hätte).

Denken statt fühlen

Was für das Kind Geborgenheit und Sicherheit ist, ist für den Jugendlichen Einengung und Bevormundung. Ihn drängt es nach Freiheit. Zwar braucht auch er noch Zugehörigkeit und Geborgenheit und Sicherheit, aber das kann er weder anderen noch sich selbst eingestehen, würde es doch seinen Autonomieanspruch gefährden. Um diesen inneren Spagat zu ermöglichen, schenkt ihm das Leben einen neuen Orientierungssinn: das Denken. Das hat er zwar in der Kindheit schon gelernt, aber es spielte nur eine untergeordnete Rolle. Jetzt wird das Denken, wird der Verstand zum Chef. Gefühle, sowohl kindliche wie die Liebe zu den Eltern als auch neue wie all das, was mit Sex zusammenhängt, sind zwar nach wie vor da und manchmal sogar übermächtig, aber sie werden eingehegt vom Denken. Sie werden jetzt bewertet, müssen sich vor dem Chef Verstand rechtfertigen.

Im Denken entfernen wir uns von der unmittelbaren Wirklichkeit.

Spüren und Fühlen sind ganz im Jetzt – jemand ruft, ich höre es, jemand berührt mich, ich spüre es, jemand stinkt, ich rieche es. Ist er wieder weg, rieche ich ihn nicht mehr. Auch beim Fühlen – jemand verlässt mich, ich bin traurig, jemand lacht, ich freue mich. Man kann es bei kleinen Kindern wunderbar beobachten: Gefühle kommen und gehen, und das Fühlen ist immer im Jetzt. Im Denken stellen wir uns dem, was gerade geschieht, auch uns selbst und unserem Handeln, entgegen und analysieren und bewerten es. Das verschafft uns eine Distanz und einen Überblick, den wir im Fühlen nicht haben.

Deshalb hilft uns das Denken *im äußeren Leben,* die Dinge und Geschehnisse besser überblicken, kontrollieren und gestalten zu können. Ich kann mir, wenn es eine Missernte gab, vorstellen (also denken), dass dies in der Zukunft wieder passieren könnte und dann entsprechend vorsorgen. Mit Spüren und Fühlen geht das nicht. Die Unmittelbarkeit von Spüren und Fühlen hat zur Folge, dass ich dem Leben und seinen Wendungen unmittelbar ausgeliefert bin, während mir die Distanz des Denkens die Möglichkeit verschafft, zu vergleichen, zu planen und so weiter. Das erhöht die Sicherheit, so dass uns das Denken als zuverlässiger erscheint und wir es jetzt, in der großen Unsicherheit der Jugend, dem kindlichen Fühlen vorziehen – und zwar nicht nur im Äußeren, sondern auch im Innern.

Im inneren Leben, in Bezug auf uns selbst und unsere Gefühle und Wahrnehmungen, ist das Denken jedoch nicht nur wenig hilfreich, sondern zerstörerisch. Wenn ich über mich selbst nachdenke, spalte ich mich in einen denkenden und beurteilenden Teil und einen Teil, der fühlt und beurteilt wird – gerade so, als ob der Denkende nichts mit mir zu tun hätte, als ob er jemand anders wäre als der, den er innerlich bewertet. Die Distanzierung von sich selbst, das Sich hinausdenken aus dem Menschen, der ich sonst bin, bedeutet, dass man dem Fühlen nicht mehr traut und damit die Unmittelbarkeit verliert. Ich habe es schon erwähnt: Ich kann denken, dass die Mädchen mich aufdringlich finden, wenn ich sie wiedersehen will, oder dass sie mich schlecht finden, wenn ich meine sexuellen Bedürfnisse zeige (oder mich für ein Kind halten und belächeln, wenn ich dazu zu schüchtern bin), und mich dann zurückziehen, obwohl ich eigentlich etwas ganz anderes fühle und möchte (und vielleicht auch die Mädchen etwas ganz anderes wollen). Damit verpasse ich die Wirklichkeit, verpasse ich das Leben. Wenn wir dem Denken folgen, entsteht eine Distanz vom Leben selbst und von der eigenen Lebendigkeit. Wir denken uns sozusagen aus dem Leben wie aus uns selbst heraus und wähnen uns darüber, was nichts anderes heißt, als dass man vom Leben abgeschnitten ist – man ist „im Kopf".

Das hat einen scheinbaren Vorteil, der sich bei näherem Hinsehen allerdings als Nachteil und sogar als eine wesentliche Ursache für seelisches Leid herausstellt: Wenn man denkt, fühlt man nicht. Vor allem fühlt man das nicht, was gegenwärtig ist. Das gilt für schmerzhafte Gefühle ebenso wie für beglückende. Das Destruktive dabei ist, dass die nicht gefühlten Gefühle bleiben – sie werden nur beiseite geschoben und abgelegt. Wenn man einen Schmerz oder eine Traurigkeit oder eine Wut ganz an sich heranlässt und ganz fühlt, lösen sie sich recht schnell, meist innerhalb von Stunden oder gar Minuten, wieder auf und sind dann vorbei. In schlimmen Fällen mag es auch einmal länger dauern oder ein Auf- und Abschwellen sein, das vielleicht auch eine Zeitlang periodisch wiederkehrt, aber das war's dann. Das gilt umso mehr, je bewusster man seine Gefühle wahrnimmt. Das Denken hält einem die tatsächlichen Gefühle, die im Hier und Jetzt entstehen, scheinbar vom Leib. Tatsächlich verdrängt es sie aber nur aus der Wahrnehmung. Die Folge ist das genaue Gegenteil dessen, was man glaubt: anstatt sie sich vom Leib zu halten, wandern die Gefühle buchstäblich in den Leib hinein, nisten sich dort ein und werden vielleicht mit den Jahren zu Krankheiten.

Vieles, was wir für Gefühle halten, sind in Wirklichkeit Gedanken. Sie basieren auf nichts anderem als auf Vorstellungen. In einer Beratungssitzung sagte eine Frau, sie könne ihre Kinder nicht umarmen, weil sie dann das Gefühl habe, es stehe jemand hinter ihr und halte sie fest. Im Laufe des Gesprächs sagte sie: „Ich spüre es jetzt wieder ganz deutlich." Ich habe sie gebeten, sich umzuschauen, ob da wirklich jemand steht. Natürlich stand niemand da und niemand hielt sie fest, aber sie „hatte das Gefühl" und hielt es für wirklich. Ähnliches geschieht uns ständig: Wir denken an etwas, und schon stellt sich das entsprechende Gefühl ein, oft ist es Angst oder sind es Sorgen oder so etwas. Das ist kein Fühlen, das sind Gedanken. Im geschilderten Fall stand hinter dem „Gefühl", die Kinder nicht umarmen zu können, die Angst vor der

Liebe, die Angst davor, sein Herz zu öffnen und dann nichts mehr unter Kontrolle zu haben. Das ist das Beängstigende beim Fühlen: Über unsere wirklichen Gefühle haben wir keine Kontrolle. Auch das „Sich Sorgen machen“ ist eine Flucht vor der Unmittelbarkeit des Fühlens. Sorgen sind Ersatzgefühle.

In der Jugend hat diese innere Bewegung eine wichtige Funktion: Sie schützt den Jugendlichen vor der Übermächtigkeit seiner Gefühle, die er sonst kaum aushalten könnte, und auch davor, seine nach wie vor vorhandene kindliche Abhängigkeit und Empfindsamkeit zu fühlen. Man sucht und braucht jetzt für alles Gründe, jede spontane, emotionale oder triebhafte Handlung (bis hin zum Essen und Trinken) – was, wie, wann, wie viel, wie oft – wird begründungspflichtig. Man mag sich zwar darüber hinwegsetzen, aber auch das muss man, vor allem vor sich selbst, begründen. Von nun an wird alles, was nicht rational begründbar ist, innerlich als falsch empfunden, und in der modernen Gesellschaft, im Ich-Bewusstsein, gilt alles Irrationale per se als falsch. Wir meinen zwar, dass sei eine erwachsene Haltung, das Rationale sei etwas Erwachsenes, aber das ist es nur aus der eingeschränkten Perspektive des Jugendbewusstseins heraus. Diese Vorstellung ist keine erwachsene, sondern nur eine Idee über das Erwachsensein. Tatsächlich ist nichts so irrational wie die Jugend – und dies gilt auch für unser angeblich rationales modernes Bewusstsein. Dazu komme ich gleich.

Idee statt Wirklichkeit

Aus den kindlichen Gefühlen werden jetzt Ideen, aus den naturgegebenen kindlichen Zugehörigkeiten (Familie) werden selbst gewählte Zugehörigkeiten (peer groups bzw. Vereine, Verbünde, Weltanschauungen, „Bewegungen“). Das fühlt sich frei an, schließlich kann man die Gruppen, denen man sich anschließt, anders als die Familie frei wählen (und auch wieder verlassen), und die Werte und Ideen, die dort vertreten werden, erscheinen deshalb als die eigenen Ideen, die eigenen Werte. Das ist für einen Jugendlichen ganz wichtig, denn nur so kann er sich aus der Familie und dem, was ihm von dort vorgegeben wird, von der Bevormundung des Kindes durch die Eltern, lösen. Aber das kindliche Gruppenbewusstsein wird nur verschoben: Ging es dem Kind darum, dass *die Eltern* nicht schlecht von ihm denken, so sucht der

Jugendliche nach der Zustimmung seiner Altersgenossen. Jetzt geht es darum, was *die anderen* von einem denken. In Zeiten der *social media* (die in Wirklichkeit das Gegenteil von sozial sind) sind „die anderen" fast die ganze Welt.

Die Idee (und in ihrem Gefolge der Idealismus und die Ideologie) ermöglicht die Koexistenz von Denken und Gefühl und scheint etwas ganz Eigenes zu sein, das aus dem eigenen, scheinbar unabhängigen, Denken kommt. Zugleich nimmt sie das Gefühl mit, und zwar so, dass es sich der Idee unterwirft und sie mit der Begeisterung des Kindes und der Leidenschaft der Jugend lebendig macht. Man lebt jetzt für „seine" Ideen, der Jugendliche identifiziert sich total damit und ist Feuer und Flamme dafür. Und nicht nur der Jugendliche – es gibt nichts, mit dem wir Heutigen so tief verbunden sind wie mit unseren Ideen, unseren Vorstellungen über uns selbst, über die anderen, über die Welt. Diese Vorstellungen (Ideen) sind uns heilig. Zugleich braucht man aber andere, die einem die Richtigkeit seiner Ideen bestätigen.

Tatsächlich leben die alten Gefühle und die aus der Familie übernommenen Werte in den Ideen fort, wenn auch oft so, dass sie in ihr Gegenteil verkehrt oder einfach in andere Kontexte übertragen werden. Aus der Sehnsucht nach der Liebe der Mutter und der Geborgenheit bei ihr – die selbstverständlich geleugnet werden müssen, weil sonst die Illusion der Unabhängigkeit zerstört würde – wird zum Beispiel die Sehnsucht nach der idealen Geliebten und der Geborgenheit, wenn nicht sogar Verschmelzung, in der idealen Beziehung. Und der Vater, der sich im Lichte des neuen Denkens als fehlerhaft erweist, wird durch den Superstar ersetzt (der nicht nur ein Film- oder Popstar oder Fußballer sein muss, sondern auch ein Guru oder, je nach Kultur und Entwicklungsstand, ein Kriegsheld oder Terrorist sein kann).

Das Entscheidende ist: Es erscheint dem Jugendlichen als *seine* Entscheidung, *seine* Wahl. Wo früher das Wir herrschte, die Gruppe, in die ich hineingeboren wurde, in deren Schutz ich aufgewachsen bin und wo die Entscheidungen von oben kamen, übernimmt jetzt das Ich die Herrschaft, und es begründet diese Herrschaft mit dem Denken. Man wähnt sich frei und rutscht, ohne es zu merken, in das nächste Gefängnis, nämlich das „seiner" Ideen, das Gefängnis des Bildes, das man von sich entwirft und das aufrechtzuerhalten man sich ständig anstrengen und kontrollieren muss – freilich ohne ihm je gerecht werden zu können. Ab jetzt leben und bewegen wir uns, anders als ein Kind, nicht mehr aus unserem Körper und unseren Gefühlen heraus, wir wohnen nicht mehr ganz selbstverständlich darin, sondern versuchen, ihn und sie zu beherrschen (ebenso wie das moderne Bewusstsein versucht, die Erde zu beherrschen). Das ist dann das, was man heute mit Erwachsensein assoziiert – die Beherrschung der (inneren wie äußeren) Natur. Ich kleide es mal in ein Bild: Wenn wir ein Haus wären mit drei Stockwerken, dann wäre der physische Körper das Erdgeschoss, der emotionale Körper die zweite und der Verstand die dritte Etage. Darunter gibt es noch den Keller, den sieht man nicht, aber er ist da. In der dritten Etage wird alles entschieden, der Verstand versucht, Körper und Gefühle zu beherrschen und für seine Zwecke zu benutzen. Dort wohnen wir auch, dort, im Verstand, fühlen wir uns zu Hause und haben uns eingerichtet. Die anderen beiden Etagen benutzen wir nur, um uns von dort zu nehmen, was wir haben wollen. So soll es jedenfalls sein, das ist unser ständiges Bemühen. In den Keller kommt alles, was wir unserem Körper und unseren Gefühlen verbieten. Dort wohnen auch unsere Triebe, dorthin haben wir sie verbannt.

Der Körper hat zum Beispiel Hunger, der Verstand befiehlt ihm, wann, wo, was und wie er essen soll. Das Essen ist ja inzwischen zu einem ideologischen Thema geworden, und Fleisch zu essen ist eine ähnliche Todsünde gegen das moderne, sich ökologisch nennende Gewissen wie es die Masturbation in meiner Jugend gegen das religiöse Gewissen war. Als ich vor 35 Jahren aufhörte, Fleisch zu essen, musste ich mich dafür oft rechtfertigen; heute muss man sich für das Gegenteil rechtfertigen. Das, was man isst, folgt eher dem Denken und dem Zeitgeist als der Lust. Extrem ist es dort, wo Spitzenleistungen erzielt werden sollen, etwa im Spitzensport. Hier versucht der Verstand, alles seiner Kontrolle und seinen Zielen zu unterwerfen. Der gesamte Lebensrhythmus hat sich danach zu richten. Körper und Gefühle müssen möglichst vollkommen dem Verstand gehorchen. Das „mentale Training", das diese Herrschaft etablieren soll, ist ebenso wichtig wie das körperliche Training. Das ist das genaue Gegenteil der kindlichen Lust am Rennen, Springen, Tanzen oder Ballspielen, die spontan aus dem Körper kommt. Doping ist nur die letzte Konsequenz davon.

Wenn ich sage, wir leben so, ist das nicht ganz zutreffend. Richtigerweise müsste es heißen: Wir bemühen uns, so zu leben, so soll es sein. Wie alles in der Jugend ist auch das eine Idee, ein Anspruch an das Leben und an sich selbst. Weil das Leben aber tatsächlich nicht so funktioniert und auch der Mensch nicht so funktioniert, bedeutet es ständige Anstrengung. Die Gefühle gehorchen dem Verstand nicht, und die Triebe noch viel weniger. Sie tun nur so. Solange der Verstand aufpasst, geben sie sich brav – wie ein Kind bei seinen Eltern. Tatsächlich spielt der Verstand oft die Elternrolle, selbst dann, wenn wir glauben, ganz anders als unsere Eltern zu sein. Sobald er in seiner Kontrolle ein bisschen nachlässt, schlagen unsere Triebe und Gefühle zu. Es ist so ähnlich wie beim berühmten Wettrennen zwischen Hase und Igel: Der Hase rennt und rennt und rennt und verausgabt sich völlig, und der Igel grinst sich eins und ist schon da.

Jugend statt Initiation

Ich habe oben erwähnt, dass die Jugend die Initiation ersetzt hat oder, genauer, ersetzen soll. Die Frage ist, ob sie dies überhaupt kann oder ob es nicht doch irgendeine Art von Hilfe von außen braucht, die den Übergang ins Erwachsensein ermöglicht.

Die traditionellen Initiationsrituale sind sakrale Akte, sie markieren quasi die volle Zugehörigkeit des Menschen zur jeweiligen Gruppe oder Kultur oder Religion. Erst mit der Initiation hat das vormalige Kind ganz Anteil am Selbst, das immer das Selbst oder die Seele der Gruppe ist. So etwas wie eine individuelle Seele oder ein Selbst gibt es noch gar nicht. Nach der Initiation bekommen die Menschen einen neuen Namen, ihren *richtigen* Namen. Im Grunde gelten sie vorher noch nicht als ganze Menschen. Das verweist darauf, dass der Einzelne nicht sich selbst, sondern der Gruppe gehört. Selbst in der spätmittelalterlichen und neuzeitlichen Ständegesellschaft waren die Lebenswege noch so vorgezeichnet und festgelegt, dass die Jugend im Sinne einer Suchbewegung nach der eigenen Individualität gar nicht vorstellbar war. Junge Menschen hatten lediglich zu lernen, wie die erwachsene Welt funktioniert. Daher konnten dort viele Elemente der alten Initiation noch überdauern. Heute ist die Zukunft jedoch vollkommen offen – „Was neu ist, wird alt/und was gestern noch galt/gilt schon heut oder morgen nicht mehr", sang Hannes Wader schon vor 40 Jahren, und es gilt heute mehr denn je.

In einer offenen Gesellschaft kann es keine Initiation dieser Art mehr geben – sonst wäre es keine offene Gesellschaft. Um in einer offenen Gesellschaft meinen eigenen Platz zu finden, muss ich das, was ich sehe und erfahre, mit dem vergleichen, was ich zu Hause gelernt habe. Das bringt automatisch eine Distanz zum Elternhaus. In traditionellen Gesellschaften kamen die meisten nicht in eine solche Situation, da sie sich nie vom Stamm oder der eigenen Klasse, dem eigenen Milieu wegbewegten und es auch keine Massenmedien gab, die einem das Leben und die Werte der anderen nahe brachten. Daher gab es auch fast keinen Fortschritt. Wenn nicht von außen plötzlich etwas Neues hereinbrach, blieb das Leben über Jahrhunderte hinweg gleich. Die Alten gaben einfach ihre Erfahrungen und ihre Welt an die Jungen weiter, die Initiation war das Eintreten der Jungen in die Welt, wie sie immer schon war und immer bleiben würde. Erwachsen werden bedeutet vor der Moderne, die Welt der Alten in sich aufzunehmen, in diese Welt aufgenommen zu werden und in sie einzutreten und damit ein vollwertiger Mensch zu sein.

An die Stelle der Initiation ist in der Moderne die Jugend getreten als die Phase, in der man sich seinen Platz selbst sucht. Wo früher Initiation war, ist heute Jugend. Es gibt niemanden mehr, der einen hinüberträgt oder über die Schwelle hebt. Ob sie diesen Schritt machen, liegt damit bei den Initianten selbst. Das ist in etwa so, als wenn die Kinder in einer Stammesgesellschaft selbst entscheiden würden, welche Art von Initiation sie machen wollen, wie diese vonstatten gehen soll, welche Prüfungen dabei eventuell zu überstehen sind und wann sie erfolgreich und vorbei ist. Die Jugend ist zwar an die Stelle der Initiation getreten, ohne sie jedoch ersetzen beziehungsweise deren alte Funktion noch ausüben zu können. Denn um sie wirklich zu ersetzen, müsste sie zum Übergang in etwas anderes, in eine neue, höhere Lebensstufe werden und damit vorbei sein. Das wäre die erwachsene Lebensstufe, eine innere Haltung, die sich nicht an unseren Ideen und dem, was wir uns wünschen, sondern an den Notwendigkeiten des Lebens orientiert und aufhört, sich gegen dessen innere Abläufe und Gesetzmäßigkeiten aufzulehnen. Stattdessen folgt heute der Kindheit die Jugend – und dann kommt: nichts mehr. Jung bleiben und Jugendlich sein ist die Form, der Inhalt, der Charakter und das Ziel, das Leitbild der modernen Gesellschaft. Wenn ich in meinen Kursen eine 75-Jährige auf die Position der 6. Lebensstufe, des Alters, stelle und ihr vorschlage zu sagen „Ich bin jetzt eine alte Frau", schauen mich die meisten an, als würde ich sie beleidigen, und die erste Reaktion ist zumindest ein kokettes Protestieren: „Aber ich fühle mich doch noch jung!" Bei Männern ist es nicht anders, und einige sind mir sogar böse oder ziehen sich beleidigt zurück. Ich kann einen solchen Satz auch nur deshalb sagen, weil ich selbst schon über siebzig bin, sonst würde er mir um die Ohren fliegen.

In der Medizin wird das Alter heute wie eine Krankheit angesehen und behandelt. Alte Menschen (90-jährige und Ältere!), die des Lebens müde sind, werden als depressiv diagnostiziert und bekommen Antidepressiva (ich habe es in der eigenen Familie erlebt mitsamt der Empörung bei manchen Ärzten und Angehörigen, wenn man sich dem verweigert); wer in seinen Achtzigern oder Neunzigern vergesslich wird, weil einige Gehirnregionen nur noch zeitweise oder gar nicht mehr funktionieren (während das Herz mit einem Schrittmacher noch in Bewegung gehalten wird oder, wie andere Organe auch, mit Medikamenten noch über die natürliche Lebensdauer hinaus arbeitet), gilt als krank. Wer oder was ist hier krank?

Ich habe einmal eine Geschichte über Immanuel Kant gehört. Bei seinem 50. Geburtstag soll der Rektor der Universität Königsberg bei der offiziellen Feier seine Festrede mit den Worten begonnen haben: „Sehr verehrtes Publikum, hoch verehrter Greis". Wie gesagt: beim fünfzigsten! Das sollte sich heute mal jemand erlauben! Jung sein ist heute Pflicht, alt sein ist Versagen.

Die Welt, in die ein junger Mensch hineinwächst, ist in jeder Hinsicht weiter und größer geworden, als dies noch vor hundert Jahren – und erst recht in der Zeit vor der Industrialisierung – der Fall war. Dass die Jugend heute länger dauert als früher, ist angesichts dieser Entwicklung normal. Wer sich geistig nicht eine gewisse Offenheit bewahrt, also in gewisser Weise jung bleibt, kommt da nicht mehr mit. Die Jugend ist heute aber alles andere als Offenheit. In der Moderne ist die Jugend zu einem Konzept geworden, sie hat sich in sich selbst eingekapselt. Anstatt offen für Neues zu sein, hat sie sich (ihre Ideen) zum Endpunkt menschlicher Kultur und spirituellerEntwicklung gemacht und sich so gegenüber der Wirklichkeit verschlossen.

An der Jugend selbst, an ihrem Aufbegehren, ihren Befreiungsversuchen und ihren Träumen ist nichts falsch. Das Problem unserer Zeit ist nicht die Jugend, sondern dass sie nicht als Übergang begriffen wird; dass die Moderne sich selbst (und damit die Jugend) als Endpunkt der geistigen menschlichen Entwicklung sieht; dass auch die Erwachsenen und sogar viele Alte wie Jugendliche fühlen, denken und leben; dass sie das, was ein Jugendlicher sich wünscht und glaubt, nämlich dass er jetzt sein Leben selbst bestimmen könnte, als die Wirklichkeit unseres Lebens ansehen und nicht als das, was es tatsächlich ist: ein jugendlicher Wunschtraum. Aus der Initiation, dem Übergang aus der alten und dem Eintritt in eine neue Stufe des Lebens, ist eine ewige Suche geworden – „lebenslanges Lernen“. Wir treten auf der Stelle und reden uns ein, das sei Fortschritt.

Erwachsensein heißt, wie ich später noch ausführen werde, in die Wirklichkeit des Lebens einzutreten. Dazu scheint mir eine neue Initiation, die das geistige Eintreten in die jeweilige Lebenswirklichkeit begleitet und ermöglicht, zumindest hilfreich, vielleicht sogar von Nöten. Die Initiation ist dabei so etwas wie die Geburtshilfe. Zwar kann eine Frau ein Kind auch allein zur Welt bringen, aber mit einer erfahrenen Hebamme geht es leichter und sicherer. Vielleicht gilt das auch für den Übergang ins Erwachsensein, für die geistige Geburt des Menschen, der du im Innern bist. Aber es muss eine ganz andere Art von Initiation sein, nämlich eine Initiation in die Offenheit des Lebens, eine Initiation in das eigene Selbst anstatt in das Selbst einer Gruppe, deren Teil man ist. Es geht ja beim Erwachsenwerden um den Schritt aus der Gruppe heraus. Solange die gesamte Gesellschaft eine Gruppenkultur war und alle im Gruppenbewusstsein ihre Seele hatten, musste die Initiation in diese Gruppenseele hineinführen. Jetzt, mit der Moderne, muss sie in die andere Richtung, in die eigene Seele führen, in das innere Wesen, das wir von Anbeginn an sind. Zugleich muss sie in die wirkliche Welt, in die Offenheit des Seins, hineinführen. Die Offenheit der äußeren und die der inneren Welt ist am Ende nämlich Dasselbe. Der Lebensintegrationsprozess, den ich in der Stufe 4 beschreibe, ist (unter anderem) ein solches Initiationsritual.[49]

Der moderne Mensch und das moderne Bewusstsein

Nowhere Man

He's a real Nowhere man
Sitting in his Nowhere land
Making all his Nowhere plans for Nobody.

Doesn't have a point of view
Knows not where he's going too
Isn't he a bit like you and me

Nowhere man please listen
You don't know what you're missing
Nowhere man, the world is at you command

He's as blind as he can be
Just sees what he wants to see
Nowhere man can you see me at all

Nowhere man don't worry
Take your time don't hurry
Leave it all 'til somebody else lends you a hand

John Lennon | Paul McCartney

Ich stehe staunend vor diesen Zeilen, die der junge John Lennon mit Anfang zwanzig geschrieben und gemeinsam mit Paul McCartney zu einem wunderbaren Lied verarbeitet hat, dessen dreistimmiger A-Cappella-Gesang am Anfang wie ein Fanal klingt und eine vollkommene

Neuerung in der Popmusik war. Es ist die knappste und bündigste Beschreibung des modernen Menschen und seines Standortes in der Welt, die ich kenne.

Der Blick nach oben – ein Blick ins Leere

Seit Äonen blickte der Mensch nach oben. Dort oben war – in der abendländischen Vorstellungswelt des Mittelalters, aber ähnlich auch in vielen anderen Kulturen – das Firmament, das Himmelsgewölbe, das die Welt umschloss wie ein schützendes Dach, und an dem Dach waren die Sterne befestigt, die den Menschen den Weg wiesen. Darüber war Gott, war der Himmel, das Jenseits, das Paradies, der Ort, wohin die Toten gingen und auf die Lebenden herabschauten. Der Platz der Lebenden wurde von dort, von oben, bestimmt, und wer Orientierung im Leben suchte, blickte nach oben, zu den Sternen, zu Gott. Ebenso der einzelne Mensch. Sobald er aus dem Dunkel des Mutterleibes herausgetreten ist, blickt er nach oben zu seinen Eltern, die ihm den Weg weisen. Über alle Zeitalter und alle Kulturen hinweg blieben die Eltern über ihm, und er blickte zu ihnen auf. Und er blickte ebenfalls auf zu denen, die Gott oder das Schicksal über ihn gestellt hatten.

Dann wurde kurz nach 1600 das Fernrohr erfunden, und Galileo Galilei richtete es in den Himmel. Das Firmament, das feste Himmelsgewölbe, zerfiel, und Raum um Raum tat sich auf – bis heute. Aus dem Himmel wurde das Weltall, und je tiefer man hineinschaute, umso weiter wurde es – und umso leerer. Es gab und gibt kein Ende mehr, und seit die Erde rund ist und der Himmel überall, gibt es auch kein Oben und kein Unten mehr. Dann kam das 20. Jahrhundert, und der Mensch schoss sich selbst ins All und blickte auf die Erde hinab. Jetzt war er, der Mensch, oben, und die alte „Mutter" Erde war unten. Kein Aufschauen mehr, kein Himmel mehr, nur Raum, Raum, Raum – und unter uns die kleine Erde, auf die inzwischen tausend Augen hinabblicken und alles scannen, was dort unten passiert.

Parallel dazu tat sich im Leben der einzelnen Menschen die Jugend auf, und zwar sowohl die Jugend als reale Lebensphase als auch die Jugend als Lebensstil und neues Bewusstseinsphänomen, das sich von

Gott und den alten, religiös fundierten Weltbildern abwendete und die Vernunft, das menschliche Denken und darin begründete Ideen, an dessen Stelle setzte und den (wissenschaftlichen und materiellen) Fortschritt und die persönliche Freiheit (und andere Ideen wie Gleichheit aller Menschen) als Ziel und als Lebensantrieb hat. Zuerst zaghaft bei Freidenkern wie Rousseau und Voltaire oder in der deutschen Philosophie von Kant über Hegel bis Marx und Nietzsche, dann (etwa ab 1900) in der Kunst und im allgemeinen Kulturleben, und schließlich, ab den 1960ern, im Bewusstsein aller Menschen im Westen – der Rest der Welt zieht im Zuge der Globalisierung größtenteils nach, auch wenn einige sich noch dagegen wehren. Anstatt, wie seit ewigen Zeiten, zu den Alten aufzublicken, sich von ihnen leiten und sich von ihnen sagen zu lassen, wo es langgeht, blickt man nun auf sie herab und sagt ihnen, wo es langgeht. Gott ist längst gestorben, und die Alten haben uns nichts mehr zu sagen. Die Welt gehört uns, den Menschen (und der Jugend), sie hat unseren Vorstellungen zu folgen, und was sich noch dagegen wehrt, muss so bald wie möglich in den Griff genommen werden.

Wie der Jugendliche sein Elternhaus verlässt, haben wir uns innerlich von der Erde losgerissen. Wir brauchen sie zwar noch als „Ressource" (wie der Jugendliche das Geld seiner Eltern noch braucht), aber wir empfinden uns nicht mehr als untrennbarer Teil von ihr; wir schauen auf sie herab, meinen, wir müssten sie retten, während wir sie zugleich immer mehr belasten[50], und bereiten uns darauf vor, sie eines Tages zu verlassen, wenn sie uns nicht mehr gibt, was wir brauchen. So sieht etwa Stephen Hawking in der Besiedelung des Weltraums die einzige Überlebenschance für die Menschheit.

Aber wer sind wir? Hat der Mensch noch ein Zuhause? Einen Fixpunkt, einen Standort, der ihm Orientierung geben könnte? Gibt es noch einen Ort, wo man sich niederlassen kann, so etwas wie eine innere Heimat? Etwas, das seinem Leben einen Sinn gibt oder eine Richtung weist? Wo kann man hingehen, woher kann man eine Richtung nehmen, wenn vor uns, über uns und unter uns nur leerer Raum ist mit ein paar Steinbrocken drin? Dort draußen oder oben ist nichts mehr zu finden, nichts mehr, an dem man sich ausrichten könnte – *Nowhere man* in *Nowhere land.* Können wir damit leben – nicht nur existieren, sondern wirklich leben? Können wir in dieser leeren, sinnentleerten Welt zu

Hause sein? Ist das nicht un-heim-lich? Kann uns noch jemand oder etwas den Weg zeigen? Wer oder was könnte das sein?

Einen Weg gibt es noch: den Weg nach innen, den Blick in uns hinein. Aber nicht der Blick mit dem Mikroskop – das ist auch ein Blick nach außen. Das Innen der Bakterien und Moleküle und Neuronen, der Hormone und chemischen Prozesse im Gehirn, ist ebenfalls ein Außen, wir drehen nur das Fernrohr um, während wir selbst, diejenigen, die durch das Mikroskop schauen, weiterhin draußen bleiben und die Welt in uns drin wie etwas betrachten, das nichts mit uns zu tun hat. Der wirkliche Blick nach innen ist ein Blick in den Spiegel, ein Blick in die Seele, ein Blick in die Welt, die in unserem Bewusstsein entsteht. Es ist *eine andere Perspektive,* eine Perspektive, in der man das, was einem widerfährt und was man im Außen sieht, als Spiegelung des eigenen Bewusstseins wahrnimmt. Denn die Probleme der alten Mutter Erde sind nicht ihre, es sind unsere Probleme. Wir sind es, unser Bewusstsein, die Art, wie wir denken und wie wir leben, die die Probleme bereiten.

Die Panik, die der Klimawandel derzeit (übrigens nur in den reichen Ländern) auslöst, hat nichts mit der Erde und deren Not zu tun. Es geht um unser Lebensmodell, und die Panik ist die erste Reaktion darauf, dass es offensichtlich wird, dass wir immer noch Teil der Natur sind und ihren Gesetzen unterliegen. Damit droht der moderne Traum, dass wir die Natur beherrschen könnten, in sich zusammen zu brechen. Die Erde braucht uns nicht, und niemand muss und kann sie retten – sie sorgt schon für sich selber. Ihr macht es nichts aus, wenn wir im Wasser versinken oder in unserem Konsum ersticken, sie hat schon schlimmere Dinge überlebt.

Was wir Naturkatastrophe nennen, ist für die Erde und die Natur völlig normal; wo heute Berge sind, waren früher Meere, und die Ozeane waren Kontinente. Auch Arten sterben seit Jahrmillionen und andere entstehen neu, ohne dass außer dem Menschen jemand Notiz davon nimmt; unsere „Umweltkatastrophen“ stören die Erde weniger als uns ein paar Pickel im Gesicht. Wenn es ihr zu viel wird, hustet oder schüttelt sie sich mal kräftig, und die ganze schöne Zivilisation, auf die wir so stolz sind, ist dahin – aber Mutter Erde wird noch einige Millionen Jahre weiter existieren, ob mit oder ohne vereiste Polkappen. Was für die Natur um uns herum gilt, gilt noch mehr für die Natur (das Naturwesen) in uns. Auch dem sind wir nach wie vor unterworfen. Bei der Beherrschung der äußeren Natur mag die Technik uns noch weiterhelfen, aber im Innern kann sie wenig ausrichten. Davon will der moderne Zeitgeist jedoch nichts mehr wissen. Wenn man ihm folgt, kann der Mensch fast alles mit und aus sich machen, was er will: Er setzt sich seine „Lebensziele“ und macht seinen „Lebensplan“ und realisiert sie dann; er lebt selbstbestimmt oder soll dies wenigstens und nimmt sein Schicksal selbst in die Hand; er redet sich sogar ein (und glaubt dies auch), wir könnten aus Frauen Männer und aus Männern Frauen machen. Und den Tod haben wir auch bald im Griff. Wenn uns das Leben dann einen Strich durch die Rechnung macht, sind wir entsetzt.

Die „Umstülpung des Seins“ – Vom Menschen zum Gottmenschen

Was macht das moderne Bewusstsein aus? Es ist nicht mehr und nicht weniger als die Umstülpung der alten Welt, die Distanzierung vom Kind und von der Kindheit oder auch die Negation der Kindheit. Um es in Freudschen Begriffen zu sagen: Das, was früher „Es“ war, ist heute „Ich“; wo früher die Natur, Gott oder das Schicksal wirkte, soll heute der menschliche Wille gelten.[51] „Es“ heißt: Die Welt – und zwar die geistige wie die materielle – war vorgegeben, solide, fest. Es gab eine Ordnung, in der alles und jeder seinen Platz hatte und die – nicht nur im zeitlichen Horizont eines Menschenlebens, sondern weit darüber hinaus auch in der kollektiven Erinnerung – so gut wie unveränderlich war. Gewiss, es gab Kriege und Völkerwanderungen und dergleichen, Reiche gingen unter und entstanden neu, aber das ging nicht nur unendlich langsam, sondern es änderte vor allem nichts an der Ordnung, an der Welt als solcher. Der König, der Herrscher hatte einen anderen Namen, das war alles. Wenn er von seinem Bruder oder Sohn ermordet und ersetzt wurde oder sich ein fremder König des Throns bemächtigte, konnte es Jahre dauern, bis alle davon gehört hatten.

Die Ordnung als solche, im Weltlichen wie im Geistigen, blieb, wie sie war. Oben war oben und unten war unten; die Erde war die Erde, die Sonne die Sonne und der Himmel war der Himmel; die Sterne waren Lichter am Himmel, aber keine Sonnen wie die unsere und keine fernen Galaxien, die entstehen und vergehen und sich im Raum ausbreiten. Die Welt war geschaffen, fest und solide, und so war auch die geistige Welt und ihre Manifestation in der gesellschaftlichen Ordnung. Oben war Gott (oder davor die Götter), unten waren die Menschen. Was für sie gut und richtig und was böse und falsch war, bestimmte Gott mithilfe seiner menschlichen Diener, der Priester. Dieser geistigen Ordnung entsprach die weltliche: oben der König und der Adel, unten das Volk. Die Aufrechterhaltung dieser Ordnung über die Jahrtausende hinweg war die Aufgabe der Priester und der Könige.

Es war eine Welt, die der des Kindes in der Familie gleicht: Oben sind die Eltern, unten ist das Kind. Diese Ordnung ist in der Familie natürlich und notwendig, denn das Kind kommt aus den Eltern heraus, es könnte ohne sie nicht leben und wachsen, sie müssen für es sorgen und es braucht auch ihre geistige Anleitung, um in der ihm zunächst vollkommen fremden Welt nicht unterzugehen. Deshalb muss es zu ihnen aufschauen, deshalb stehen sie über ihm. Genauso hat man in der alten Welt die religiöse und die gesellschaftliche Ordnung empfunden: als ein naturgegebenes, notwendiges Oben und Unten. Wer Gott war (oder die Götter), was er wollte und was er verbot, wie man zu leben hatte, wo jemandes Platz war, wer man selbst war und wer man sein konnte, was richtig war und was falsch, wozu man überhaupt da war (falls jemand auf eine solche Frage kommen sollte) – all dies und noch viel mehr wurde einem von oben gesagt oder stand einfach fraglos fest, so fraglos, dass ein normaler Mensch noch nicht einmal im Traum darauf kam, das je in Frage zu stellen oder auch nur wissen zu wollen.

Selbst hundert Jahre nach Kopernikus und Galilei dürfte für 99 Prozent der Menschen in Europa noch festgestanden haben, dass die Sonne fest am Himmel steht und dieser sich über die Erde wölbt. Erst nach und nach sickerte die neue Erkenntnis, dass die Erde so etwas wie eine durch den Raum fliegende Kugel und der Himmel ein sich endlos ausdehnender Raum ist, der uns von allen Seiten umgibt, in die Köpfe der Menschen ein. Und so ganz ist er immer noch nicht dort angekommen – oder sagen wir: in den Gehirnen vielleicht, aber nicht im Gefühl. Wenn ich in unseren Ausbildungen darauf hinweise, das „oben" und „unten" nur Perspektiven sind und nicht wirklich existieren und zur Illustration eine Apfelsine nehme und an den entgegengesetzten Enden (am „Nordpol“ und am „Südpol“) je ein Streichholz hineinstecke mit dem Kopf nach „oben“, um zu zeigen, das „oben“ und „unten“ in die genau entgegengesetzte Richtung weisen, schauen mich die meisten sehr erstaunt an: „Ach so, so ist das! Interessant, habe ich noch nie drüber nachgedacht.“ Dass der Himmel auf der Südhalbkugel in der Richtung liegt, die für uns „unten“ ist, ist in unserem Gefühl noch nicht wirklich angekommen. Genauso ist es mit der Tatsache, dass es keinen festen Boden unter unseren Füßen gibt. Und was die inneren oder seelischen Konsequenzen davon sind, wird kaum gesehen.

Mit den Erkenntnissen der Naturwissenschaft ist alles relativ geworden. Es gibt nichts Festes mehr. Genau dies hat Friedrich Nietzsche gemeint, als er feststellte, dass Gott tot ist, und er hat auch den Vorgang seiner Tötung und die Konsequenzen klar benannt: „Wir haben ihn getötet, – ihr und ich! Wir Alle sind seine Mörder! Aber wie haben wir dies gemacht? Wie vermochten wir das Meer auszutrinken? Wer gab uns den Schwamm, um den ganzen Horizont wegzuwischen? Was taten wir, als wir diese Erde von ihrer Sonne losketteten? Wohin bewegt sie sich nun? Wohin bewegen wir uns? Fort von allen Sonnen? Stürzen wir nicht fortwährend? Und rückwärts, seitwärts, vorwärts, nach allen Seiten? Gibt es noch ein Oben und ein Unten? Irren wir nicht wie durch ein unendliches Nichts? Haucht uns nicht der leere Raum an? Ist es nicht kälter geworden? Kommt nicht immerfort die Nacht und mehr Nacht? [...] Gott ist tot! Gott bleibt tot! Und wir haben ihn getötet! Wie trösten wir uns, die Mörder aller Mörder?“[52]

Das hat eine in der Geschichte des Bewusstseins ungeheuerliche Konsequenz: Wenn es nichts mehr über uns, über dem Menschen gibt, wenn wir in nichts Größeres, Sinngebendes (denn nichts anderes bedeutet „Gott“) mehr eingebunden sind, dann hängen wir vollkommen im leeren Raum. Genau wie unser Planet Erde fliegen wir letztendlich ziellos durch diesen leeren Raum. Und auch darin hat Nietzsche recht: Dieses Ereignis (der Tod Gottes) ist „noch unterwegs“, ist – auch rund 150 Jahre nach Nietzsches Feststellung – noch gar nicht richtig in unserem Bewusstsein angekommen. Erst ganz allmählich fangen einige an zu begreifen, was es bedeutet. Es ist sogar noch schlimmer geworden, als Nietzsche es sich zu seiner Zeit vorstellen konnte: Anstatt „immer nur Nacht“ ist es „immer nur Tag“ geworden, alles ist ständig beleuchtet. Es gibt keine Nacht, keine Dunkelheit mehr, keinen Ort, wo man mal für eine kleine Weile zur Ruhe kommen kann.

Wir sind nun dazu verurteilt, den Sinn unseres Lebens in uns selbst zu finden oder einfach ohne jeden Sinn – was nichts anderes bedeutet als: sinnlos – zu leben. Anders gesagt: Entweder wir schaffen uns einen Sinn, oder alles ist sinnlos. Damit aber tritt der Mensch an die Stelle des Schöpfers, an die Stelle Gottes. Alles dreht sich jetzt um ihn, um uns, um unser kleines, rund achtzig Jährchen dauerndes Leben. Und zwar um jeden einzelnen, jedes einzelne menschliche Leben. Das jeweils einzelne menschliche Leben ist der höchste Wert, es darf oder muss sogar mit allen zur Verfügung stehenden Mitteln geschützt und erhalten werden.

Das ist vollkommen neu in der Menschheitsgeschichte, und es ist, wenn man es objektiv, also von außen betrachtet, auch vollkommen irrational. Was bedeuten schon – objektiv, nicht subjektiv! – 100 Jahre angesichts der Menschheitsgeschichte? Was bedeutet ein einzelnes Leben angesichts der Tatsache, dass jedes Jahr Millionen sterben und geboren werden, und das seit hunderttausend Jahren jahrein jahraus? Was bedeutet ein klitzekleines einzelnes Leben? Subjektiv bedeutet es alles, objektiv bedeutet es nichts. Da wir aber nichts Objektives mehr haben oder anerkennen, bleibt uns nur noch diese subjektive Perspektive, die das jeweils eigene Leben über alles stellt und die Unversehrtheit dieses Lebens zum „Recht“ des Menschen, zum Menschenrecht erklärt. So selbstverständlich und richtig uns dies erscheinen mag – es ist vollkommen neu in der Menschheitsgeschichte. Abraham war sogar bereit, seinen einzigen Sohn zu opfern, weil Gott es so wollte. Er fragte noch nicht einmal warum. Aber Gott ist ja tot. Anstelle seiner Zehn Gebote sagen uns heute die „Menschenrechte“, was richtig und gut oder falsch und böse ist. Sie sind die ins Weltliche gewendete Fortsetzung der Zehn Gebote. Die neue Religion heißt Humanismus, und im humanistischen „Vater unser“ heißt es nicht mehr „DEIN Wille geschehe“, sondern „MEIN (des Menschen) Wille geschehe“. Allerdings: Es ist ein vollkommen sinnloses Unterfangen. Es gibt kein unversehrtes Leben und wird nie eins geben. Wir mühen uns wie Don Quichote mit etwas ab, was absolut vergebens ist. Ist es da ein Wunder, dass Depression zur Seuche wird?

Sichtbar geworden ist die Wende vom Objektiven zum Subjektiven, von der gottgegebenen zur menschengemachten Welt, zunächst in der Kunst, vor allem in der Malerei beziehungsweise der darstellenden Kunst. Der Bruch mit allen ästhetischen und künstlerischen Konventionen wurde ab 1900 zum Signum und zur Eintrittskarte in die moderne Kunstwelt. Ganz deutlich wurde das zum Beispiel, als Marcel Duchamp 1917 in einem New Yorker Geschäft ein gewöhnliches Urinal für öffentliche Männertoiletten kaufte, es mit einem Pseudonym signierte, ihm den Namen „Fountain“ gab und es damit zur Kunst erhob. Die Kunstwelt war halb entsetzt und halb begeistert, wobei die Begeisterung am Ende siegte. Heute stehen Kopien davon in vielen berühmten Museen.

Was heißt das? Es heißt, dass alle Formen und Sinngehalte zerstört und *ad absurdum* geführt werden. Ein industriell hergestellter Gebrauchsgegenstand wird allein dadurch zur Kunst, dass ein Künstler (jemand, der als solcher gilt) es zur Kunst erklärt. Alle anderen Pissoirs bleiben Pissoirs und dienen dem Zweck, zu dem sie hergestellt sind, „Fountain“ wird zum Kunstobjekt und ausgestellt und bestaunt. Ein Mensch wird nicht mehr als menschliche Gestalt dargestellt, sondern als Strich oder Kreis oder irgendetwas, was dem Künstler dazu einfällt, ein Tier bekommt eckige Formen, ein Haus besteht aus bunten Kreisen oder Vierecken, und aus einer Landschaft werden Farbkleckse. Kunst ist ab jetzt nichts Objektives mehr, sondern vollkommen subjektiv – etwas, was der Künstler (oder sein Kritiker, der ebenfalls Teil des modernen Kunstbetriebes ist) dazu erklärt und sein Publikum ihm glaubt. Kunst ist kein Abbild mehr, keine Abbildung von Gottes Schöpfung oder eines dem Werk innewohnenden sakralen Gehaltes, sondern eine Schöpfung des Künstlers. Der Künstler lobpreist nicht mehr den Schöpfer, er *ist* der Schöpfer.

Das ist kein Urteil über moderne Kunst und ihren künstlerischen Gehalt, dazu bin ich nicht qualifiziert, ich beschreibe nur den Wandel, der hier stattfindet. Tatsächlich kommt in der modernen Kunst auch etwas Neues und Wahres zum Vorschein: Die Welt entsteht *auch* im Auge des Betrachters, das Sehen ist ein wesentlicher Aspekt „unserer“ Welt.

Ohne unser Sehen existiert sie zwar für sich, aber nicht im Bewusstsein. Ohne einen Menschen (einen Geist, ein Bewusstsein), der sie sieht und erkennt, bleibt die Welt stumm und bewusstlos. Carl Gustav Jung hat deshalb das Bewusstsein als den „zweiten Schöpfer der Welt" bezeichnet.[53] Dies kommt in der modernen Kunst zum Ausdruck.

Das hat die Welt, die Kunstwelt zumal, in einen völligen Rausch gestürzt – ähnlich dem Rausch der Jugend, den ich oben kurz angeführt habe. Überall wurden alte Bilder und Vorstellungen eingerissen. Das war nichts, was die Künstler gemacht haben. Die Moderne ist über die Kunst hereingebrochen wie die Pubertät über ein Kind. Etwas Ähnliches geschah dann sechzig Jahre später in der Popmusik, beginnend mit den Beatles. Sie wurden von einer Welle erfasst, die sie völlig überrollte. Sie wollten einfach nur gute Rockmusiker sein und wurden zu Verkündern und Idolen einer neuen Zeit, so dass sie schon nach knapp vier Jahren aufhörten, Konzerte zu geben, weil ihnen der Rummel zu viel wurde und sie auf der Bühne ihr eigenes Wort nicht mehr verstanden.

Es ist eine Bewegung des Bewusstseins selbst, eine Bewegung der Seele. Die alten Formen müssen gesprengt werden, damit etwas Neues entstehen kann – und die Künstler sind die Sprengmeister. Diejenigen unter ihnen, die sich darauf etwas einbilden, fliegen gleich mit in die Luft, ihre Persönlichkeiten zerreißt es. Florian Illies hat mit „1913" ein ebenso kurzweiliges wie informatives und faktenreiches Buch geschrieben, das die Schwingung jener Zeit in der Kulturwelt überaus lebendig werden lässt.[54] Alles, was die Jugend ausmacht – Begeisterung, Verunsicherung, Verrücktheit, Wagemut, idealistische Schwärmerei bis manische Besessenheit, der ganze Wirrwarr der Gefühle und die Versuche, sie hinter vielerlei Masken zu verbergen –, all dies ist hier im Kaleidoskop eines einzigen Jahres versammelt.

Das Buch zeigt auch die innere Zerrissenheit und völlige Verunsicherung der Künstler und Schriftsteller. Zwischen ihrer Kunst und ihrer Lebensweise oder ihren tatsächlichen Gefühlen lagen Welten. Wenn man genau hinspürt, kann man vielleicht ein wenig den inneren Schmerz nachvollziehen, der mit dem Aufbruch in die Moderne einherging. Es ist derselbe Schmerz, dieselbe Verunsicherung und dieselbe seelische Not, durch die auch ein sensibler Jugendlicher in der Pubertät geht. Die Moderne und insbesondere die Kunst macht aus dieser Zerrissenheit eine Art Tugend, indem sie genau darin, in der möglichst krassen Darstellung des Zerrissenen, das Wesen der Kunst sieht. Sie stellt jetzt anstatt der Schönheit die Zerrissenheit der Welt dar und hält dies für das Wahre, für die Widerspiegelung der Wirklichkeit des Lebens durch die Kunst. Das ist wieder das „Auf-den-Kopf-Stellen" der Kindheit durch die Jugend, in diesem Fall die Umkehrung der alten Kunst, in deren Mittelpunkt die große Harmonie der Welt stand.[55]

Dabei wird oft nicht gesehen, dass die Kunst damit sich selbst darstellt und nicht die Welt – genauer: Sie stellt das moderne Bewusstsein dar, das die Welt so sieht. Das ist gewiss auch eine Aufgabe der Kunst, sie spiegelt das Bewusstsein ihrer Zeit. Darin liegt ihre Wahrheit, aber es ist nicht die Wahrheit des Lebens, es ist die Wahrheit des jeweiligen Bewusstseins – in diesem Fall des jugendlichen Ich-Bewusstseins. Nicht dieses Bewusstsein und seine Sicht auf die Welt gelten als zerrissen, als sinnlos, als „kaputt", sondern das Leben selbst. Tatsächlich ist aber das Zerrissene im Bewusstsein des Künstlers und dem Zeitgeist, den er zugleich in seiner Kunst ausdrückt als auch, indem er ihn ausdrückt, mit gestaltet. Wolfgang Giegerich hat dieses Phänomen an einem Stab verdeutlicht, den man zur Hälfte ins Wasser hält.[56] Es sieht dabei so aus, als ob der Stab gebrochen sei. Tatsächlich ist der Bruch aber nicht im Stab, sondern im Bewusstsein, in unserem Sehen, in der Weise, wie wir den Stab sehen.

So ist es auch mit der modernen Sicht des Lebens und der Welt: Das Gebrochene, Zerrissene und Kaputte, das wir in der Welt sehen, ist tatsächlich in unserem Bewusstsein. Nicht die Welt ist zerrissen, sondern unsere Sicht der Welt. Wenn Kunst und Literatur auch das mit im Blick haben und ausdrücken, spricht aus ihnen eine Wahrheit, die über den Zeitgeist hinausgeht. Das wäre dann wirklich große Kunst.

Von außen nach innen

Wo früher Gott war, steht jetzt der Mensch, nämlich *über* der Schöpfung; wo früher Natur war, ist heute Technik, und die Anbetung der Natur ist in die Anbetung der Technik umgeschlagen – siehe die jährlichen „Gottesdienste" bei der Präsentation des neuesten iPhones.

Steve Jobs hat es intuitiv begriffen, als er darauf kam, die Präsentation der neuen Apple-Produkte wie eine Weihnachts- oder Ostermesse im Vatikan zu zelebrieren. Die Technik bringt das Heil, sie löst alle Probleme der Welt, und der Gott dahinter ist ihr Schöpfer, der Mensch.

Zugleich ist alles, was früher außen war, nun in uns. Wenn wir Gott suchen, suchen wir nicht mehr draußen oder oben, sondern innen. Entweder wir finden ihn in uns oder nirgendwo. Das hat zwar Buddha schon gelehrt, aber erst jetzt ist es zu unserer (der Menschen in der modernen Welt) Wirklichkeit und damit zu einer Notwendigkeit geworden. Wir sehen aber, anders als Buddha, Gott nicht in den Erscheinungen der Welt (in allen Erscheinungen, also auch im Menschen, und zwar in jedem Menschen), sondern haben ihn uns einverleibt. Bei einer protestantischen Hochzeitsfeier, bei der ich letztes Jahr war, benutzte der Pfarrer die Formel: „So wahr mir *mein* Gott helfe". Er betonte das „mein", und womöglich hat es außer mir kaum jemand bemerkt oder es sogar für gut befunden. Es war die völlige, aber auch völlig unbewusste Kapitulation der Kirche vor dem Zeitgeist. Denn was ist das für ein armseliges Göttchen – „mein" Gott?!

So denken wir heute, jeder hat seinen eigenen Gott. Du suchst ihn dir aus wie das Müsli im Supermarkt und bereitest ihn dir zu nach eigenem Geschmack. Manche machen sogar eine Frau aus ihm. Das ist Fortschritt. Aber was bedeutet das? Nichts anderes, als dass sich jeder Gott in seine Tasche steckt. Er hat, und das in einer Kirche (!), nur noch Westentaschenformat. Gott ist nur noch Gott von des Menschen Gnaden, der Mensch sucht ihn sich aus und schreibt ihm innerlich vor, wie er zu sein hat, welche Art Gott für ihn akzeptabel ist und welche nicht: „Mein Gott!" Nietzsche hat recht: Gott ist tot, selbst in der Kirche! Oder: Es gibt nur noch einen Gott – den Menschen. Harari hat es in einem Buchtitel auf den Punkt gebracht: Homo Deus[57], Gottmensch. Oder: ICH. Ich und mein Produkt, die Technik. Halten wir dies aus? Kann dies ein Mensch überhaupt aushalten – über allem zu stehen? Dieses äußerste Alleinsein im leeren Raum? Mutterseelenallein?[58]

Womit wir wieder bei der Jugend wären. Wenn der Jugendliche die Eltern, die Familie, die Welt des Kindes verlässt – tatsächlich stürzt diese Welt mit dem Eintreten der Pubertät in sich zusammen, ähnlich wie die als natürlich empfundene kindliche Ordnung des Mittelalters mit den Entdeckungen des 15., 16. und der folgenden Jahrhunderte in sich zusammengestürzt ist –, steht er allein da. Wenn er sich fragt, wer er ist, was aus ihm werden soll, was richtig ist usw., kann er zwar noch immer seine Eltern fragen, aber ihre Antworten sind für ihn nicht mehr verbindlich. Tatsächlich erhebt er den Anspruch, alles selbst, alles besser zu wissen. Er muss dies, sonst bleibt er kindlich. Wenn er erwachsen werden will, bleibt ihm nichts anderes übrig. Da er aber immer noch von den Eltern abhängig ist, kann er sich nicht einfach abwenden und sagen: „Okay, ihr seht das so und ich sehe es anders; ich lasse euch eure Sicht, aber ich folge dem, was ich für richtig halte, auch wenn ich nicht genau weiß, was das ist." Das würde es bedeuten, einfach seinen eigenen Weg zu gehen, aber das kann er nicht, dazu müsste er erst erwachsen sein und ganz auf eigenen Füßen stehen.

Da er noch abhängig ist, und zwar materiell wie emotional, muss er sich über die Eltern stellen. Jetzt sagt er ihnen, was richtig und was falsch ist; jetzt sagt er ihnen, wie sie zu sein und was sie zu tun haben. Die Alten sollen mich gefälligst verstehen, und das heißt, sie sollen mir, meinen Ideen, meinen Ansichten folgen. Das hält, wenn ich mal kurz einen Ausflug in meine therapeutische Praxis machen darf, bei vielen ein Leben lang. Selbst 70jährige beklagen sich noch, dass ihre Mutter oder ihr Vater nicht so waren, wie sie ihrer Ansicht nach hätten sein sollen, und viele 50jährige fühlen sich nur deswegen von den Eltern gegängelt und bedrängt, weil diese eine andere Meinung haben als sie selbst und ihnen das auch sagen. Anstatt zu sagen: „Okay, du hast deine Sicht und ich hab meine", ohne dass sich dahinter ein heimliches Gefühl des Besserwissens oder gar Besserseins versteckt, kämpfen sie mit ihren Eltern – einige immer, wenn sie sich treffen, andere schlucken es runter und kämpfen im stillen Kämmerlein. Das ist Jugend. Für den Jugendlichen geht es nicht anders. Da er die Eltern noch nicht ganz verlassen kann, muss er sich mit ihnen auseinandersetzen, und da er, obwohl oder gerade weil er seiner Sache nicht sicher ist, sich keine Blöße geben darf, ohne wieder in die Position des Kindes zu geraten, stellt er sich über sie. Genau so stellt der moderne Mensch sich über seine Mutter, die Erde. Er braucht sie noch und schreibt ihr vor, wie sie zu sein hat. Selbst wenn der Klimawandel nicht menschengemacht wäre, bliebe er für uns Moderne doch eine Unverschämtheit. Dass die Erde ihren eigenen

Rhythmus hat und dass wir uns dem letztendlich zu fügen haben, will niemand mehr akzeptieren.

Der „freie" Wille

Was beim Jugendlichen das Denken ist, ist in der modernen Gesellschaft die Wissenschaft; was dort die Ideen und Ideale sind, die die alten Gefühle der Kindheit ersetzen und sie als freie, rational begründbare Entscheidungen erscheinen lassen, sind hier die Ideologien, die die Religion ersetzen und als rationale Gedankengebilde erscheinen; was dort die freie Wahl (der Freunde, der Partner, des Berufs, des Lebensstils, der Religion – neuerdings sogar des eigenen Geschlechts) ist, ist hier die Demokratie, also die freie Wahl derer, die (in der Politik) für einen entscheiden – verschärft ausgedrückt: die freie Wahl seiner politischen Herren. „Ich kann jetzt wählen", „Ich kann jetzt selbst entscheiden und bestimmen", lauten die Kernsätze der Jugend.

Daran ist eines richtig: Die anderen – im Falles des Jugendlichen die Eltern, im Falle des Ich-Bewusstseins die Kirche, der König oder andere Autoritäten – können ihm und uns nicht mehr vorschreiben, was wir zu tun haben. Aber es hat eine Kehrseite: Ich *muss* jetzt wählen, ich *muss* jetzt alles selbst entscheiden. So denken wir jedenfalls. Moderne Menschen stehen unter einem ständigen Entscheidungszwang, und das heißt auch: Wir müssen immer alles richtig machen oder uns wenigstens permanent darum bemühen. Meine Mutter hat einfach gekocht, was sie von ihrer Mutter gelernt hatte, und dann noch ein bisschen dazu genommen – heute muss die moderne Frau, die (natürlich zusätzlich zu ihrem Beruf) sich und ihre Familie bewusst und gesund ernähren will, ständig neue *richtige* Sachen einkaufen und kochen.

Die „freie Wahl" ist längst zum Entscheidungszwang mutiert. Entscheidungszwang ist permanenter Stress, und deshalb sind „Stress" und in seinem Gefolge „Burnout" Wegbegleiter und Resultate des modernen Lebens (und nicht etwa, weil man heute mehr arbeitet als früher oder die Arbeit anstrengender wäre – die Arbeitszeiten und Arbeitsbedingungen von heute wären meinen Großeltern als Himmel auf Erden vorgekommen!).

Allerdings: auch das ist nur eine Illusion der Jugend, dass man wählen und sich entscheiden könnte oder gar müsste. Es sieht zwar so aus, aber nur aus der Perspektive des modernen Bewusstseins; ich muss mich nur solange entscheiden und kann auch nur solange wählen, wie ich glaube, die Bewegung des Lebens ginge von mir aus, ich würde mein Leben machen und dabei sei ich autonom, ich könnte und würde selbst über mich und mein Leben bestimmen. Das ist in der Tat der moderne Glaube. Aber ist nur ein Glaube, wie man im Mittelalter an Gott und den Teufel oder in der Antike an das Schicksal geglaubt hat, an dessen Fäden, die die drei Schicksalsgöttinnen weben, das Leben der Menschen hängt. Wir berühren hier ein großes Tabu, das in der Wissenschaft zwar längst zerbröselt[59], aber im allgemeinen mit allen Mitteln geschützt und verteidigt wird, weil es so etwas wie das Allerheiligste des modernen Bewusstseins ist: den Glauben an den „freien Willen".

Es gibt keinen freien Willen. Tatsächlich gibt es nur einen Willen: den des Lebens selbst. Wirklich frei ist man erst, wenn man diesem *Willen des Lebens* folgt, der sich unter anderem in unserem Sosein zeigt, in der Gestalt, in der sich das Leben in uns inkarniert hat. Was wir „freier Wille" – und im weiteren Sinne auch Freiheit – nennen, ist lediglich die Auflehnung gegen die Abhängigkeit der Kindheit beziehungsweise der jugendliche Versuch, sich aus dieser Abhängigkeit und „Unmündigkeit" zu lösen. Die Aufklärung wird ja auch als Ausgang aus der Unmündigkeit bezeichnet. Abhängigkeit und Unmündigkeit gibt es aber nur aus der Perspektive des Jugendlichen (des modernen Bewusstseins). Aus der kindlichen Perspektive (dem Gruppenbewusstsein) ist das, was wir heute so bezeichnen, Geborgenheit. Das Kind ist bei den Eltern, die ihm zu essen geben, was sie für das Kind als gut erachten, es kleiden und ihm alle Entscheidungen abnehmen, geborgen und sieht darin absolut kein Problem und nichts Falsches. Es ist auch nichts Falsches daran, denn das Kind wäre mit alldem vollkommen überfordert.

Auch sieht das Gruppenbewusstsein zum Beispiel darin, dass die Eltern die Ehen arrangieren oder den jungen Menschen sagen, wen sie zu heiraten haben, kein Problem, und das tun auch die betroffenen jungen Männer und Frauen nicht, solange sie innerlich noch im Gruppenbewusstsein zu Hause sind. Dass wir das schrecklich finden und darin einen nicht zu tolerierenden Eingriff in die menschliche

Freiheit, ja sogar eine Verletzung der Menschenrechte sehen, ist etwas ganz Neues in der Menschheitsgeschichte und aus dem Gruppenbewusstsein heraus nicht zu verstehen. Über Tausende von Jahren war dies anders und wurde von den Menschen nicht als Problem angesehen. Es ist auch überaus arrogant, das den Menschen, die noch in diesem Bewusstsein leben, oder unseren Ahnen vorzuwerfen. Im übrigen waren und sind arrangierte Ehen stabiler als die moderne Ehe, und ob die Paare heute glücklicher sind als die, bei denen die Eltern alles arrangiert haben, darf man durchaus bezweifeln. Genauso verhält es sich mit der Religion und ihren Geboten und Hierarchien, dem Königtum und der Leibeigenschaft – die Menschen waren darin, solange sie noch nicht vom Gedankengut der Aufklärung erfasst waren, geborgen und fühlten sich keineswegs unfrei.

Das gilt auch für die Frauen in den noch nicht von der Moderne erfassten Kulturen der heutigen Welt: Von uns aus betrachtet sind sie unfrei und Sklavinnen ihrer Männer, aus ihrer eigenen Sicht heraus sind sie das nicht. Erst wenn wir sie darüber „aufklären", ihnen unsere Sicht der Dinge nahe bringen, ändert sich das.

Damit das nicht missverstanden wird: Mir liegt nichts daran, diese alten Zustände wieder herzustellen oder auch nur zu verteidigen. Ich möchte nur klar machen, dass dies alles eine Frage des jeweiligen Bewusstseins ist. Wen der Wind der Moderne auch nur gestreift hat, der kann nicht mehr zurück und wird das, was vorher noch gut und richtig erschien, plötzlich als falsch und unfrei und schmerzhaft empfinden. Wir Heutigen brauchen den Glauben, in allen Belangen des Lebens wählen und selbst entscheiden zu können, wir würden unter den alten Verhältnissen innerlich ersticken. Aber es ist nur ein Glaube, eine Illusion, genauso wie der alte Glaube an Gott und seine Gebote eine Illusion war. Tatsächlich wählen und entscheiden wir gar nichts. Das Leben geschieht einfach, und auch unsere Entscheidungen geschehen einfach. Wir bilden uns nur ein, sie autonom zu treffen.

Wir wählen, denken wir zum Beispiel, unsere Liebes- und Ehepartner selbst. So sieht es aus, aber ist es auch so? Wählen oder entscheiden wir, ob wir uns in jemanden verlieben? Entscheiden wir, ob die Liebe so tief geht und so nachhaltig erscheint, dass wir eine verbindliche Partnerschaft eingehen? Ich weiß, jetzt kommt die Antwort: „Aber ob ich den Mann dann heirate, das entscheide ich doch selbst!" Wirklich? Gewiss, die Eltern entscheiden es nicht mehr, und wenn sie es noch wollen, müssen wir uns nicht mehr daran halten. Am Ende sind sie machtlos, denn selbst das Gesetz (das des bürgerlichen Rechtsstaates, das dem modernen Bewusstsein folgt, in vormodernen Kulturen ist es anders) ist auf unserer Seite. Aber zumindest dann, wenn es eine Liebesheirat sein soll – und nach dem Selbstverständnis des modernen Bewusstseins soll eine Ehe grundsätzlich eine Liebesheirat sein –, ist es keine Sache unserer Wahl. Denn wir entscheiden weder, ob wir uns verlieben, noch, ob wir uns entlieben oder nach vollzogener Ehe in einen anderen verlieben. Sonst wäre es verrückt, sich mehrere Male scheiden zu lassen und wieder zu heiraten (oder auch ohne zu heiraten eine neue Partnerschaft einzugehen) und den ganzen Stress und die finanziellen Verluste auf sich zu nehmen – von dem Schmerz der Trennung, insbesondere dem der Trennung von den Kindern, ganz zu schweigen. Tut das jemand aus freiem Willen? Nein, wenn wir es tun, tun wir es, weil wir glauben, wir müssten es tun – und glauben dennoch weiterhin, wir hätten es so gewählt.

Ich habe in meinem Leben nie etwas entschieden – nicht in meiner Kindheit, nicht in meiner Jugend, nicht in meinem erwachsenen Leben. Alles Wichtige ist auf mich zugekommen, und das Unwichtige ebenfalls. Das weiß ich allerdings erst heute, ich habe genau wie alle anderen in der Illusion der freien Wahl gelebt. Ich habe mich schon früh gegen alles aufgelehnt, was mir von außen auferlegt wurde und nicht einsichtig erschien, und hatte immer den Anspruch, selbst zu entscheiden, aber es war nur ein Anspruch. Nach außen sah es durchaus so aus, ich bin selten den geraden Weg gegangen, habe ständig Dinge getan und „Entscheidungen getroffen", die sehr selbstbestimmt erschienen und von meiner Umgebung oft als „unvernünftig" angesehen wurden. Das ist auch heute noch so. Ich kann mit Frank Sinatra sagen: *I did it my way.* Aber dies, dass ich „meinen eigenen Weg" gegangen bin, habe ich mir nicht ausgesucht, es war nie meine Wahl. Ich bin einfach so. Im letzten Jahr habe ich zwei Zähne gezogen bekommen. Der Zahnarzt ist ein kräftiger junger Mann, der gerade die Praxis meines alten Zahnarztes übernommen hatte und mich nicht kannte. Er hatte Mühe, die Zähne herauszubekommen, sie sitzen alle sehr fest bei mir und haben tiefe Wurzeln. Beim zweiten Mal sagte er: „Sie sind ein Rebell". Ich habe ihn gefragt, wie er denn darauf komme. „Das sehe ich an Ihren Zähnen."

Was wir als Freiheit empfinden, ist nicht mehr und nicht weniger als die Freiheit von der Bevormundung oder gar Herrschaft anderer Menschen über uns. Das ist gewiss ein großer Fortschritt, ein Fortschreiten aus dem alten Bewusstsein der Stufe 2. Ebenso, wie der Jugendliche sich von seinen Eltern und deren Bevormundung wegbewegt. Sobald er sich aber dann tatsächlich allein ins Leben einlässt (also auch die Versorgung durch die Eltern hinter sich lässt), begegnet er den Grenzen und Anforderungen, die das Leben selbst ihm setzt – sei es in seinen persönlichen Beziehungen, sei es bei der Arbeit. Wenn man genau hinschaut, wird man sehen, dass unser persönliches Wollen dabei – wie schon bei der Geburt – kaum eine Rolle spielt. Wir rennen damit immer nur gegen die Wände der Wirklichkeit, der äußeren wie der inneren (seelischen) Wirklichkeit.

Vom kindlichen Fühlen zur abstrakten Idee

Kinder, habe ich vorhin gesagt, orientieren sich an dem, was sie fühlen. Das Fühlen ist ihr Kompass. Lernen tun sie es zuerst und vor allem bei ihren Eltern. Bei und mit seinen Eltern erfährt man zum Beispiel ganz konkret, was Liebe ist, ohne einen Begriff davon zu haben. Liebe ist, ebenso wie alle anderen Gefühle, für ein Kind (und für das kindliche Bewusstsein generell) nichts Abstraktes, kein Begriff und keine Idee. Natürlicherweise – das heißt, so lange man es ihm in der Schule nicht antrainiert hat – kann ein Kind kaum sagen, was Liebe ist. Es weiß es aber, und zwar ohne das zu wissen. Es fühlt es einfach.

Weil ein Kind das Fühlen im unmittelbaren persönlichen Kontakt erfährt und erlernt und weil es die Welt durch das Fühlen wahrnimmt, ist für ein Kind die ganze Welt persönlich. Ich habe oben das Beispiel der Lehrerin erwähnt, die von einem Kind nicht nach ihrem Intellekt oder ihren didaktischen Fähigkeiten beurteilt wird, sondern danach, ob sie nett ist und das Kind das Gefühl hat, dass sie es mag. Das gilt für alle Beziehungen, ja für die gesamte kindliche Welt. Alles ist persönlich. Auch Gott, der Teufel, die Mutter, der Vater, die Liebe sind immer persönlich, und alles ist konkret.

Das gilt für das tatsächliche Kind genauso wie für das kindliche Bewusstsein insgesamt. Deshalb kann sich der mittelalterliche Mensch und erst recht der Angehörige einer alten Stammesgesellschaft Gott (Götter) oder den Geist nicht als abstrakte Idee, sondern nur als menschenähnliche (oder, besonders bei Dämonen, auch tierische oder tierähnliche) Gestalt vorstellen. Auch das Gute und das Böse sind keine Ideen, sondern existieren nur als Personen, etwa als „der liebe Gott“, Gottvater oder Gottes Sohn (beim Heiligen Geist hapert es schon, den versteht keiner), als die Guten oder der Teufel, als Dämonen oder die Bösen. Dabei sind die Guten zum Beispiel die eigene Familie oder Sippe oder der Stamm oder die Nation, die Bösen sind die anderen. Das hat aber nichts mit gut und böse im abstrakten Sinne zu tun. Diejenigen und das, was einem am nächsten ist oder einem hilft, ist gut, das, was die eigene Existenz (die Existenz der Gruppe) gefährdet, ist eher nicht gut oder schlecht oder böse. Das gilt für das konkrete menschliche Kind – an ihm kann man es auch heute noch jederzeit beobachten – ebenso wie für das kindliche Bewusstsein, also auch für Erwachsene, die geistig-emotional überwiegend im kindlichen Bewusstsein zu Hause sind. Wer alles persönlich nimmt, ist innerlich noch Kind.

In der Jugend und im modernen Bewusstsein kehrt sich dies um, ohne jedoch tatsächlich überwunden zu werden. Jetzt wird das Persönliche verdrängt und abgewertet. Das Konkrete wird abstrakt (nicht: allgemein), das Gefühlte wird zur Idee, zum Konzept. Damit wird es vergleichbar, universell, aber zugleich auch inhaltsleer. Liebe ist kein Gefühl mehr, sondern eine Idee. Aus Gott wird *das* Göttliche, aus den Guten und den Bösen wird *das* Gute und *das* Böse. Auch unsere so genannten Werte sind nichts als Ideen und Abstraktionen: Freiheit, Gleichheit, Brüderlichkeit – alles Ideen. Und vor allem der faktisch höchste Wert der Moderne, das Geld, ist nichts als eine Idee. Die konkrete Münze ist kein Goldstück mehr, sondern eine Idee, sie kann jederzeit durch einen bedruckten Schein oder eine Zahl in einer virtuellen Welt ersetzt werden. An der Börse werden „Sachen“ gehandelt, die es gar nicht gibt. Um zu verdeutlichen, was das für unser alltägliches Leben und unsere innere Welt bedeutet, muss ich ein bisschen ausholen.

Allgemein und abstrakt, Idee und Wirklichkeit

Das Allgemeine ist das, was allen gemein (gemeinsam) ist. Zum Beispiel ist das Menschsein allen Menschen gemeinsam. Zugleich ist jeder einzelne Mensch ein besonderer Mensch. Das Besondere und das Allgemeine sind keine Gegensätze, sondern im Besonderen ist immer auch das Allgemeine enthalten, und im Allgemeinen ist alles Besondere, was zu diesem allgemeinen Begriff gehört, eingeschlossen. Anders beim Abstrakten: Es ist der Gegensatz zum Konkreten, es schließt alles Konkrete aus. Das Abstrakte ist das, von dem alles Besondere/Konkrete (wörtlich: das Gegenständliche) abgezogen (abstrahiert) ist. Das Konkrete ist das Tatsächliche, das wirklich Vorhandene, das Abstrakte das Künstliche, bloß Gedachte.

Bezogen auf den Allgemeinbegriff „Mensch": Jeder einzelne Mensch ist ein Mensch. Das mag sich trivial anhören, ist es aber nicht. Zum Beispiel Adolf Hitler: Ist er ein Mensch? Wenn wir vom Allgemeinbegriff „Mensch" ausgehen, müssen wir sagen: zweifellos, denn er ist kein Hund oder Affe oder sonst ein Tier. Er ist auch kein Gott und kein Teufel. Er ist ein Mensch. Um es auf die Spitze zu treiben: Er ist genauso ein Mensch wie Mutter Theresa oder Ghandi, wie Sie und ich oder wie meine und Ihre Mutter. Nun sprechen ihm aber viele die Menschlichkeit ab. Damit sind wir beim Abstrakten. Wenn man sagt, Hitler sei kein Mensch (ein Unmensch, ein Ungeheuer, ein Teufel in Menschgestalt oder so etwas), dann benutzen wir den Begriff Mensch als Abstraktum, als Idee. Ideen sind Abstraktionen, das heißt, sie sind reine Gedankengebilde. Bezogen auf „Mensch" reden wir dann von der Idee des Menschen oder der Menschlichkeit. Diese Idee hat nichts mehr mit den wirklichen Menschen zu tun, sondern ist nichts als ein Gedanke, von dem alles Wirkliche abgezogen ist. Anschließend wird diese Idee dann über die Wirklichkeit gestülpt, ihr sozusagen wie ein Kleid angezogen, um dann zu schauen, ob sie in dieses Kleid passt. Dann – und nur dann – kann man sagen, Hitler sei kein Mensch. Das heißt nichts anderes, als dass er der Idee (des jeweiligen Sprechers Idee – und wenn dieser Idee viele oder fast alle folgen, der in der jeweiligen Zeit vorherrschenden Idee) vom Menschen nicht entspricht. Das bedeutet aber auch, dass diese Aussage nichts über Hitler sagt. Sie tut nur so. Tatsächlich sagt sie nur etwas über den, der die Idee hat oder verteidigt.

Ideen haben mit der Wirklichkeit nichts zu tun. Tatsächlich haben sie die Funktion, die Wirklichkeit abzuwehren, sie nicht an sich heranzulassen. Wenn man etwa Menschen wie Hitler oder irgendwelche gewöhnlichen Massenmörder als Ungeheuer bezeichnet, dann sagt das nur, dass es einem nicht geheuer ist, der Tatsache ins Auge zu sehen, dass auch diese „Ungeheuer" Menschen sind. Dann müsste man nämlich die Idee, was ein Mensch ist, fallen lassen und sich auf die menschliche Wirklichkeit einlassen.

Das betrifft nicht nur das Thema gut und böse (das sind auch nur Ideen), das betrifft alle Ideen (und auch all unsere so genannten Werte). Menschen sind im modernen Bewusstsein nur noch mehr oder weniger eindeutige Personifizierungen oder Träger der jeweiligen Idee. Das bedeutet auch, dass sie und ihr Handeln an diesen Ideen gemessen werden. Zum Beispiel haben wir eine Idee von Liebe – und messen unsere Beziehungen daran und fragen etwa: Ist das wirklich Liebe oder nicht? Oder wir haben eine Idee, wie das Leben sein soll, wie eine Beziehung sein soll, und auch: wie wir selbst sein sollen. Das Problem dabei ist, dass wir (und erst recht die anderen) angesichts der Idee immer schlecht abschneiden. Dass man die Idee (das Ideal) aufgibt und sich der Wirklichkeit des konkreten Lebens hingibt, kommt dem modernen Bewusstsein als Verrat und größtmögliche Sünde vor. Helden sterben für ihre Ideen und Ideale. Und Beziehungen sterben, weil die Paare es nicht verwinden können oder wollen, dass ihr Partner oder die Liebe oder die Beziehung nicht ihrer Idee entspricht. Anders gesagt: Man macht die Wirklichkeit dafür verantwortlich, dass sie nicht so ist, wie man sie haben möchte.

Sogar Vater und Mutter sind inzwischen keine konkreten Personen mehr, sondern Funktionen, die potenziell jeder ausfüllen kann, und zwar inzwischen sogar unabhängig von seinem natürlichen Geschlecht. Aus Vater und Mutter werden Elternteil 1 und Elternteil 2.[60] Auch Mann und Frau sind keine konkreten Menschen mit einem konkreten Geschlecht mehr, sondern Ideen oder gar „soziale Konstrukte", die beliebig veränderbar (dekonstruierbar) sein sollen. Das Geschlecht selbst gilt unter Gendertheoretikerinnen nicht mehr als etwas Natürliches, sondern als Idee. Zu Ende gedacht heißt das: Ein Mensch ist nichts als seine Idee von sich selbst, und seine Lebensaufgabe besteht darin, sich entsprechend dieser – seiner eigenen – Idee zu gestalten.

Theoretisch entspricht dem der Konstruktivismus. Er hat sich von einer Erkenntnistheorie, die behauptet, die Welt sei nicht wirklich vorhanden, sondern nur eine Konstruktion in unseren Köpfen (sie existiere nur in unserem Bewusstsein), zu *der* modernen Weltanschauung entwickelt. Alles Vorhandene, alles Alte, alles Natürliche wird negiert und dekonstruiert und anschließend vom Menschen entsprechend seiner Vorstellungen und seines Wollens neu konstruiert. Damit wird das, was zunächst nur eine Behauptung ist (dass die Welt eine menschliche Konstruktion sei), faktische Wirklichkeit.[61]

Exkurs: Bindet uns das Geschlecht oder können wir es wählen?

Die Idee, die Welt und damit auch sich selbst als eine Konstruktion zu betrachten und sich infolgedessen fast nach Belieben de- und re- und neukonstruieren zu können, nimmt inzwischen auch ganz praktische und körperliche Formen an. Schönheitsoperationen sind dafür ein eher harmloses Beispiel. Es kommt immer mehr in Mode, sein natürliches, von Geburt an mitgegebenes Geschlecht zu hinterfragen und auch zu verändern oder „anzupassen“[62]. Besonders junge Mädchen der Mittelschicht scheinen dafür sehr empfänglich zu sein. Dass es eher ein Frauen- als ein Männerthema ist, entspricht auch den Erfahrungen aus meinen Kursen: Frauen, auch ältere, scheinen sich als Kind und auch als Jugendliche deutlich öfter gewünscht zu haben, ein Junge zu sein, als umgekehrt. Die Gründe dafür sind vielfältig, ich kann sie hier nicht im einzelnen diskutieren, es sind aber in allen Fällen, die mir begegnet sind, psychische Gründe, die auf Erfahrungen im Mutterleib (auch als Symbiose mit Gefühlen der Mutter) oder in der Kindheit beruhen.

Es ist aber weit mehr als eine Mode unter Jugendlichen. In fast allen westeuropäischen Ländern wird den Erziehungseinrichtungen, manchmal bereits vom Kindergarten an, von übergeordneten Behörden nahegelegt oder gar auferlegt, die Kinder zu fragen, ob sie sich in ihrem natürlichen Geschlecht wohlfühlen, und ihnen zu sagen, dass man das Geschlecht ändern könnte, wenn man sich das wünscht. Zum Beispiel richtet sich das bereits erwähnte Portal „regenbogen.de“ des Bundesministeriums für Jugend, Familie, Frauen und Gesundheit direkt an Kinder und Jugendliche (auch in der Form und der Sprache) und die entsprechenden Erziehungs- und Betreuungseinrichtungen mit Empfehlungen und konkreten Ratschlägen, dass und wie man den Körper seinem „gefühlten Geschlecht" anpassen kann und suggeriert dabei, dass dann das Leiden an einem „falschen Körper" vorbei sei. Implizit wird auch empfohlen, solche Veränderungen bereits bei Jugendlichen oder gar Kindern vorzunehmen.

Dahinter steht die Idee des „Gender" (und eine sehr starke politische Lobby und Präsenz von Vertretern dieser Idee in vielen staatlichen und multinationalen Institutionen). Der Begriff „Gender" soll das „soziale Geschlecht" – im Gegensatz zum natürlichen Geschlecht – bezeichnen. Das Geschlecht gilt den Genderaktivistinnen und -theoretikerinnen[63] als soziale Konstruktion, als etwas nicht wirklich Existentes, das beliebig veränderbar (dekonstruierbar) und konstruierbar sei. Hier sehen wir die tiefere Verbindung zur modernen Weltanschauung des Konstruktivismus. Dass sie sich dabei andauernd in logische Widersprüche verstricken, scheint nebensächlich zu sein. Wenn es nämlich, wie behauptet, kein natürliches Geschlecht gäbe, sondern alles nur eine soziale Konstruktion wäre („Man wird nicht als Frau geboren, sondern zur Frau gemacht"), dann könnte man auch die Geschlechtsumwandlung sozial konstruieren und müsste nicht zum Messer und zu Drogen greifen. Überdies entdeckt man in der Medizin gerade, dass jede Zelle in einem Frauenkörper anders ist als die Zellen eines Männerkörpers, so dass Medikamente bei Frauen anders wirken als bei Männern und Forderungen nach einer spezifischen Frauenmedizin laut werden.[64] Was hier konstruiert ist, ist der Begriff „Gender". Er ist nichts als ein Gedanke. Das natürliche Geschlecht ist wirklich, man kann es sehen und anfassen und, weil es wirklich ist, auch auf natürlich-geschlechtlichem Wege Kinder zeugen und empfangen.

Der Umgang mit diesem Thema ist in mehrfacher Hinsicht charakteristisch für das moderne Bewusstsein. Es geht hier um ein Gefühl, das Gefühl, sich in seinem Körper nicht richtig zu fühlen, oder, anders ausgedrückt, um die geschlechtliche Identität, eine gefühlte Diskrepanz zwischen dem natürlichen Geschlecht und dem Selbstgefühl als Mann oder Frau, das mit diesem natürlichen Geschlecht nicht oder – so ist es zumeist – nicht ganz übereinstimmt. Das ist ein psychisches Thema, das zunächst und vor allem in die Zuständigkeit der Psychologie fällt.

Das moderne Bewusstsein – anfänglich in Gestalt eines ehrgeizigen

Sexualwissenschaftlers[65], dann von Feministinnen wie Alice Schwarzer[66], inzwischen der Gender-Bewegung und der dieser größtenteils zugeneigten (links-) liberalen Medien und einem großen Teil der Medizin, für die das ein phantastisches Geschäft ist – hat daraus ein körperliches, medizinisches und technisches Thema gemacht. Das entspricht dem materialistischen Weltbild der Moderne und der Rolle der Technik darin, von der sich das moderne Bewusstsein die Lösung aller Probleme verspricht. Psychotherapie darf dabei die Begleitmusik spielen, indem sie mit den Betroffenen bespricht, ob sie das wirklich wollen, ihnen eine Bescheinigung für die Krankenkasse ausstellt, damit diese die Operationen, Medikamente und alle Nachbehandlungen bezahlt, sie auf die körperlichen Veränderungen vorbereitet und hinterher die dadurch entstandenen psychischen Probleme repariert.

Getreu dem modernen Bewusstsein wird den Betroffenen versprochen, das Problem technisch (chirurgisch) und chemisch (mit Hormontherapie) zu lösen. Dabei wird das natürliche Geschlecht (die Natur des jeweiligen Menschen, das Weibliche in der Frau und das Männliche im Mann) zerstört und durch ein künstliches Geschlecht ersetzt. Diese Zerstörung betrifft zunächst die primären und sekundären Geschlechtsorgane, die weggeschnitten (weibliche Brüste, Gebärmutter, männliche Hoden, Penis) und weggeworfen oder an vielen Stellen (Schamlippen, Klitoris, Brustwarzen, Penis) zerschnitten und neu zusammengesetzt und/oder durch Transplantate aus anderen Körperteilen und mit Silikon neu geformt werden. Um einen Penis zu konstruieren, wird zum Beispiel ein größerer Hautlappen aus dem Arm oder Bein geschnitten und an die entsprechende Stelle transplantiert, wobei im Innern noch ein (mit einer implantierten Pumpe) künstlich aufblasbarer Hohlkörper geformt wird. Dazu braucht es etwa 10 – 20 Operationen. Einen richtigen Penis hat man damit aber noch lange nicht. Zugleich muss der gesamte Körper hormonell behandelt – also chemisch verändert – werden, und zwar ein Leben lang, denn das natürliche Geschlecht besteht nicht nur aus den Geschlechtsorganen, sondern aus dem ganzen Körper und muss daher mit Hormontherapie unterdrückt werden.

Was ist das Ergebnis? Dass man anders aussieht und sein Leben lang Medikamente einnehmen und oft auch chirurgische Nachbehandlungen machen muss. Auch das psychische Leiden hört für viele keineswegs auf. Ich weiß zwar keine Prozentzahlen, aber ich höre immer wieder von Fällen, in denen die Betroffenen an den Folgen der Geschlechtsumwandlung leiden. Wer meint, er könne sein Geschlecht verändern, ist im Irrtum. Er kann nur so tun als ob, mehr nicht. Ein Mann kann keine Kinder empfangen und eine Frau kann keine zeugen, egal, was sie chirurgisch und hormonell mit sich machen lassen mögen und wie sie sich nach außen zeigen mögen, egal auch, ob Gesetze Männer zu Müttern und Frauen zu Vätern erklären. Wenn man das, wie es unsere staatlichen Einrichtungen inzwischen fordern oder zumindest empfehlen, Kindern nahebringt, werden kindliche Seelen genauso zerstört wie durch sexuellen Missbrauch. Und Jugendlichen wird eine Entscheidung aufgebürdet, deren Konsequenzen sie nicht übersehen und die sie überhaupt nicht tragen können – ganz abgesehen davon, dass in der Pubertät die geschlechtliche Identität ohnehin auf schwachen Füßen steht, da sie sich ja gerade erst herausbildet.[67]

Ich hatte kürzlich ein Gespräch mit einem jungen Mädchen, sechzehn Jahre alt, die sich in einem Konflikt mit ihrem Geschlecht befand. Sie meinte, sie hätte einen *„falschen Körper“*, sie fühle sich eher als Junge oder Mann. Solche Sätze liest man heute überall: Jemand ist *im falschen Körper.* Dahinter steckt die Vorstellung des modernen Bewusstseins, man könnte sich selbst erschaffen, auch seinen Körper, vor allem sein Geschlecht. Nicht nur, dass man verdrängt, dass es gar nicht möglich ist, aus einer Frau einen richtigen Mann zu machen, man glaubt tatsächlich, der Mensch sei sein eigener Schöpfer. Nur dann kann man nämlich einen „falschen Körper“ haben. Dahinter steht ein Denken, das sich über das Leben stellt und sich als „Gefühl“ verkleidet.

Das heißt nicht, dass es nicht einen sehr tiefen und für die Betroffenen leidvollen Konflikt zwischen ihrem körperlichen Geschlecht und ihrem gefühlten Geschlecht geben kann. Aber man könnte ja auch annehmen, dass nicht der Körper falsch ist, sondern dieses Gefühl, dass er falsch ist. Das hieße dann, in die Alltagssprache übersetzt: „Mit meinem Gefühl in Bezug auf mein Geschlecht stimmt etwas nicht“ oder so ähnlich. So spricht aber niemand mehr, weil den Kindern von vorneherein etwas anderes suggeriert wird, nämlich: dass ihr Körper falsch sei.

Es könnte sogar sein, dass dieses Gefühl gar kein wirkliches Gefühl, sondern ein Gedanke ist (der dann entsprechende Gefühle auslöst), vielleicht ein Gedanke, den man unbewusst von anderen übernommen hat oder der sich in einer bestimmten Situation einmal eingeschlichen und dann im Unterbewusstsein festgesetzt hat. Inzwischen hat dieser Gedanke bereits viele Jugendliche erfasst. Wahrscheinlich wird es bald Kliniken geben, die damit werben wie mit chirurgischen Veränderungen von Gesicht, Brüsten und anderen Körperteilen.

Bei dem jungen Mädchen hatte ich den Eindruck, dass es sich um ein sehr sensibles Kind handelt, in dem sich irgendwann einmal die Vorstellung entwickelt hat, dass es den Zumutungen des Lebens besser begegnen könnte oder sich besser schützen könnte, wenn es ein Junge wäre. Ihre körperliche Erscheinung und Motorik hatte durchaus etwas Männliches, während Sprache und Gesichtsausdruck nicht nur weiblich, sondern sogar sehr zart waren. Der Konflikt war für mich auch körperlich sichtbar. Aber muss man dafür die Frau in ihr töten (denn nichts anderes geschieht unter dem Messer der Chirurgen)? Mir scheint, dahinter steckt eine tiefe, aus der Familie übernommene Angst vor ihrer Weiblichkeit und auch vor dem Männlichen (bei Männern), weil sie das Weibliche als schwach und weniger geschützt empfindet. Dazu haben wahrscheinlich auch die Erfahrungen ihrer Mutter mit Männern beigetragen, sie war schon zweimal geschieden von Männern, die Frauen nicht respektierten und sie schlecht behandelt haben. Da erscheint es für ein Kind der beste Schutz, selbst wie ein Mann zu werden.

Ich mache diese Beobachtung oft bei Frauen, deren Erscheinung (und auch deren Selbstgefühl) etwas Männliches hat, ganz stark in China. Hier scheint ein Bild von Weiblichkeit durch, in dem das Weibliche als schwach angesehen wird. Um sich zu behaupten, vielleicht sogar um zu überleben, muss man (so sagt es dieses Bild) männlich sein, denn nur Männer sind stark. Das ist ein uraltes, ganz enges und das Weibliche abwertende Frauenbild, das in Zeiten und Gegenden, wo das Leben sehr hart war, nachvollziehbar ist. Es ist aber auch das zeitgenössische Bild der „starken Frau“: Als stark gelten Frauen, die sich allein durchs Leben kämpfen, vielleicht dabei Karriere machen und nebenbei noch einige Kinder aufziehen, in Krimis schießen, boxen und Karate machen und Männer aufs Kreuz legen – kurz: harte Frauen, Frauen mit männlichen Eigenschaften. Wenn eine Mutter in den modernen Medien noch einen positiven Status hat, dann ist es die *alleinerziehende* Mutter – Frauen brauchen keinen Mann mehr, um sich ihre Kinderwünsche zu erfüllen, habe ich unlängst als Überschrift in einer seriösen Zeitung gelesen. Zugleich wurde in dem Artikel aber gefordert, dass der Staat diese Frauen mehr unterstützen soll. Auch hier sieht man das Jugendliche: den Anspruch auf Unabhängigkeit, der mit einer Forderung nach Versorgung einhergeht. Die moderne „starke Frau" ist wie ein Mann, das Weibliche (Empfänglichkeit, Offenheit, Geduld, Weichheit) wird mit Schwäche assoziiert. Es ist ein männliches Frauenbild, das merkwürdigerweise besonders in den tonangebenden Kreisen des Feminismus gepflegt wird. Weiblichkeit scheint etwas Unwertes, wenn nicht gar Verachtenswertes zu sein. In progressiven Kitas wird dann versucht, Mädchen das Weibliche ab- und männliche Eigenschaften anzuerziehen. Wenn sie dann merken, dass sie trotzdem nicht so gut kämpfen können wie Jungen, scheint es mir nicht verwunderlich, dass manche sich dann wünschen, sie wären ein Junge.

Später habe ich mit der Mutter des jungen Mädchens gesprochen. Sie meinte, sie wäre als Kind auch lieber ein Junge gewesen (das verweist darauf, dass es hier um eine Familiengeschichte geht – ein Thema für eine Familientherapie). Jetzt hat sie vier Kinder. Ich habe sie gefragt, was sie gemacht hätte, wenn man ihr mit fünfzehn gesagt hätte, sie könnte sich zum Mann umwandeln lassen. Ihre Antwort: „Dann wäre ich wohl ein schwuler Mann geworden:" Ich habe ihr widersprochen: „Nein, Sie wären kein Mann geworden, Sie wären eine Frau geblieben, die das Weibliche in ihrem Körper zerstört hat und äußerlich so aussieht wie ein Mann. Und Sie hätten jetzt keine Kinder." Das hat sie getroffen. Und dass sie an Männer geraten ist, die keine Frauen respektieren, ist kein Zufall: Sie hat ja selbst nicht die Frau in sich respektiert. Das Äußere ist immer auch ein Spiegel des Inneren.

Auf die Idee, zunächst einmal das Gefühl oder die Vorstellung, den Gedanken zu hinterfragen, dass man das falsche Geschlecht habe, kommt heute kaum noch jemand. Stattdessen machen die „progressiven" Medien, „liberalen Eliten" und in ihrem Gefolge staatliche Stellen jungen, geistig unreifen Menschen weis, ihr Körper sei falsch, und rufen die Kinder dazu auf, ihr Geschlecht infrage zu stellen und, sofern sie sich damit nicht wohl fühlen, zu verändern. Man tut so, als ob man sich das Geschlecht bei Amazon bestellen und dann am nächsten Tag geliefert bekommen könnte – und es ist ein blendendes Geschäft, denn die sich darauf einlassen, hängen ein Leben lang am Tropf der Medizin.

Um noch einmal auf den inneren Konflikt zu kommen: Dadurch, dass man den Betroffenen die angebliche Möglichkeit suggeriert, ihr Geschlecht selbst bestimmen zu können, entsteht er erst. Ohne diese Suggestion – es ist, wie gesagt, nur eine Suggestion und keine wirkliche Möglichkeit – hätten sie lediglich ein inneres, psychisches Problem. Auch wenn dieses Problem als sehr massiv empfunden wird, könnte man damit umgehen wie mit anderen psychischen Problemen auch[68]: Es ließe sich entweder dort, wo es tatsächlich existiert, nämlich in der Psyche (in unserer Vorstellung über uns selbst) lösen, oder man müsste damit leben und könnte dabei vielleicht sogar glücklich werden.

Die Tochter meines Jugendfreundes ist mit Glasknochen geboren, sie hat einen ganz kleinen, verwachsenen Körper von etwa einem Meter Größe und kann weder gehen noch stehen. Sie hat ihren Körper genommen, wie er ist, und ist heute, mit 35 Jahren, trotz ihrer Schwerstbehinderung einer der fröhlichsten Menschen, die ich kenne. Wenn man ihr oder ihren Eltern aber gesagt hätte, dass man ihre Beine so herrichten kann, dass sie später vielleicht einmal darauf stehen und mit Gehhilfen auch alleine gehen kann, wenn man sie vor der Pubertät zehn bis zwanzig Mal operiert und dabei einige Transplantationen vornimmt und sie dann die Medikamente nehme, die der Körper braucht, um die Transplantate anzunehmen, hätte sie und hätten vor allem ihre Eltern ein massives Problem gehabt. Das ist das, was die Idee der freien Wahl mit uns macht. Im Falle der Geschlechteränderung kommt noch hinzu, dass das Versprechen, ein anderes Geschlecht zu bekommen, eine Lüge ist.

Gott war nur drei Tage tot, danach ist er wieder auferstanden

Ich habe oben mehrfach darauf hingewiesen, dass Gott tot ist, aber ich muss mich jetzt korrigieren. Er hat seinen Tod nur vorgetäuscht, wir bilden uns nur ein, wir seien ihn los. Tatsächlich ist er in das Gewand der Technik und des Geldes geschlüpft. Man erkennt ihn an den Kathedralen, die man ihm baut – was früher die Kirchen waren, sind heute Bank- und Kaufpaläste –, und an den Götzen (Produkten wie das iPhone), in denen man ihn anbetet. Nietzsche hat etwas Grundlegendes übersehen: Gott kann nicht sterben, er ist jenseits von Geburt und Tod; er ist das Unverursachte, das Unsterbliche, auch das Ungeborene – das Ewige; das, was in allem ist, was existiert, aber nicht damit identisch ist. Ewig bedeutet nicht, wie viele meinen, eine ganz, ganz lange Zeit. Ewigkeit ist, ebenso wie Unendlichkeit, jenseits von Zeit und Raum. Nur das Entstandene vergeht. Was also gestorben ist, ist nicht Gott, sondern das Bild, das sich der Mensch von Gott gemacht hat, das, was Gott über die Jahrtausende für den Menschen und sein Bewusstsein bedeutet hat. Anders ausgedrückt: die Erscheinung von Gott im menschlichen Bewusstsein. Die ist, da hat Nietzsche vollkommen Recht, gestorben. Jetzt, im modernen Bewusstsein, hat Gott eine andere Erscheinung, eine andere Form oder Gestalt angenommen, ohne dass dies diesem Bewusstsein beziehungsweise den Menschen, die in diesem Bewusstsein leben, bewusst wäre. Er hat seine Gestalt gewandelt und erscheint uns jetzt in Gestalt unserer materiellen und geistigen Erzeugnisse, unserer Ideen (der humanistische Werte) und unserer Produkte, der Technik und des Geldes.

Das ist aus der Befreiung, die sich die Aufklärung versprochen hatte, geworden: der narzisstische Mensch, der sich selbst in seinen Geschöpfen, seinen Produkten und Ideen, anbetet und damit, ohne es zu merken, zu seinem eigenen Sklaven wird.

Der Tod kommt von innen

Nicht nur Gott, alles ist in der Moderne nach innen gewandert, sogar die Krankheiten und die Gewalt. Und zwar nicht nur metaphorisch, sondern tatsächlich. Selbst große Seuchen, die die Menschheit in ihrer gesamten Geschichte bedrohten und immer wieder dezimierten, haben wir weitgehend im Griff. Nicht, dass sie verschwunden wären, nicht, dass sie nicht jederzeit wieder – und dann vielleicht mit größerer Wucht als je zuvor – ausbrechen könnten. Im modernen Alltag haben wir sie jedoch gebannt und mehr oder weniger unter Kontrolle. Auch die Corona-Pandemie, die bei Drucklegung dieses Buches gerade über Europa hinwegrollt, wird daran wenig ändern. Sie könnte viel an unserer Lebenshaltung und unserem Bewusstsein ändern, sie wird sicher gewaltige wirtschaftliche, soziale und wohl auch politische Folgen haben, vielleicht – dies ist eine leise Hoffnung von mir – hinterlässt sie sogar, um es mit der im Prolog zitierten Metapher von Leonhard Cohens Lied „Anthem" zu sagen, einen solchen „Riss" im modernen Bewusstsein, dass ein neues Licht hineinkommt und es einer erwachsenen Lebenshaltung näher kommt. Das wäre zumindest das, was man aus dieser Krise – abgesehen von der Aufrüstung des medizinischen und logistischen Waffenarsenals – lernen könnte. Medizinisch ist es aber nur eine Frage der Zeit, bis wir die Sache wieder mehr oder weniger „im Griff" haben. Dass es zu einer solch großen Pandemie gekommen ist, ist hauptsächlich einer schlechten Logistik zu verdanken – wir waren nicht wachsam genug. Genau das ist aber eines der beiden Hauptprobleme unserer Eindämmung der natürlichen Risiken und Gefahren des Lebens: Man muss ständig auf der Hut sein, und das Explosionspotential wird immer größer. Der Geist darf auf gar keinen Fall aus der Flasche entweichen.

Das „die Dinge im Griff haben" bedeutet also nicht, dass die alten Krankheiten oder die menschliche Gewalt verschwunden wären oder dass man sie, wovon die Moderne immer wieder träumt, endgültig „besiegt" hätte. Nichts, was aus der Natur kommt, haben wir besiegt, und wir werden auch nichts besiegen – kein Virus, keinen Krebs, nicht Gewalt und Krieg und auch nicht den Tod. Das moderne Bewusstsein kennt nichts anderes als Krieg, und es ist immer ein Krieg gegen die Natur, die äußere wie unsere innere. Diesen Krieg gegen die Natur, den wir an allen Fronten vor allem mit Hilfe der Wissenschaft (und nicht etwa nur durch Luft-, Wasser- und Umweltverschmutzung und offensichtliche Naturzerstörung) führen, können wir nicht gewinnen. Für ihn gilt dasselbe wie für alle Kriege: Es gibt keinen Sieger, jeder Schlachtgewinn ist ein Pyrrhussieg. Die Probleme werden nur verschoben, sie werden nach innen gedrängt. Es ist noch nicht einmal ausgeschlossen, dass an den Folgen der Maßnahmen, die zur Bekämpfung des Virus ergriffen werden (und die mir größtenteils notwendig erscheinen), mehr bis dahin gesunde Menschen sterben als an dem Virus selbst (etwa durch Selbstmord, weil ihre Existenz vernichtet ist, oder, falls sie sehr lange dauern sollte, durch die soziale Isolation und die daraus resultierenden

Probleme). Was wir wirklich brauchen, ist nicht mehr Kampf und besseres Kriegsgerät, sondern ein tieferes Verständnis unserer Bindung an die Natur, unseres Auch-Natur-Seins. Das betrifft nicht nur die äußere Natur und die von ihr ausgehenden Gefahren, sondern auch – ich denke: noch mehr – unsere innere Natur und das Verhältnis dieser beiden Ebenen.

Damit bin ich beim zweiten Hauptproblem der technischen Beherrschung der Naturkräfte, auch der Krankheiten: Als Resultat davon haben wir jetzt neue Volksseuchen, ganz ohne Bakterien oder Viren oder andere materielle Verursacher oder Träger: Allergien, Burnout, Depression, Sucht, Demenz, Essstörungen (Magersucht, Fettsucht, Bulimie), ADHS (...). Burnout oder Depression sind in Deutschland der zweithäufigste Grund für Abwesenheit vom Arbeitsplatz, und die Zahl der ärztlich verordneten Antidepressiva ist in den letzten zehn Jahren um 50 Prozent gestiegen.[70] Ähnlich wie bei den anderen erwähnten modernen Leiden sucht man verzweifelt nach einem materiellen Auslöser oder einer Ursache. Bei Allergien hat man lange die Umweltverschmutzung verantwortlich gemacht, bis sich bei der Wiedervereinigung herausstellte, dass es in der DDR trotz einer um ein Vielfaches größeren Luft- und Umweltverschmutzung viel weniger Allergien gab als in Westdeutschland. Inzwischen besteht der Unterschied nicht mehr. Als nächstes kam die Hygienehypothese, nach der übertriebene Hygiene in der Kindheit und der fehlende Kontakt mit Schmutz die Immunreaktion des Körpers herabsetze. Das ist schlicht Unfug. Ich bin selbst Allergiker, aber ich hatte als Kind ausgiebigsten Kontakt mit allen Tieren und allem Schmutz und allen Keimen, die das Landleben der 1950er Jahre geboten hat. Bei Burnout vermutet man die Ursache meist in der schweren Arbeitsbelastung („Stress“). Angesichts der Arbeitsbelastung vor hundert Jahren (12-14 stündiger Arbeitstag, 6-7 Tage die Woche, kein Tag Urlaub abgesehen von kirchlichen Feiertagen) und auch der psychischen Belastungen durch Armut, Krieg, Kindersterblichkeit etc. erscheint mir dies mehr als kurzsichtig, um nicht zu sagen lächerlich.

Uns bedrohen noch nicht einmal mehr große Kriege und Gewalttaten. Man mag es zwar angesichts der Berichterstattung in den Medien kaum glauben, aber die Zahl der Menschen, die durch Krieg und Gewalt ums Leben kommen, wird ständig kleiner. Im Jahr 2002 – das war das Jahr nach dem Anschlag auf das World Trade Center und dem Beginn des amerikanischen Feldzuges *Enduring Freedom* in Afghanistan – starben weltweit 57 Millionen Menschen, davon „kamen nur 172.000 durch Kriegsfolgen und 569.000 durch sonstige Gewalteinwirkung ums Leben. Dagegen begingen 873.000 Menschen Selbstmord." (Daten der WHO, zit. nach Harari 2015, 448). Also etwa *fünf mal mehr Tote durch Selbstmord als durch Krieg* und etwa 1,5 mal mehr durch Selbstmord als durch Mord! Das kann sich natürlich durch einen Atomkrieg oder auch nur eine einzige Atombombe sehr schnell ändern, aber der allgemeine Befund ist klar: Der Tod kommt eher von innen als von außen – und damit ist noch nicht einmal der langsame Selbstmord all jener mitgezählt, die nur noch als Hüllen existieren und innerlich schon längst gestorben sind oder sich langsam umbringen. Auch die Drogentoten sind dabei nicht mitgezählt. Zwischen 1999 und 2016 hat sich deren Zahl in Amerika verfünffacht, und inzwischen ist sie so hoch, dass dadurch die allgemeine Lebenserwartung erstmals sinkt.[71]

Eine andere Zahl bestätigt dies noch weit eindrucksvoller: Im Mittelalter wurden in Europá „pro Jahr von 100.000 Einwohnern zwischen 20 und 40 ermordet. (...) Heute kommen weltweit auf 100.000 Menschen 9 Mordfälle pro Jahr" (Harari 2015, S. 449). Und das trotz der Mordorgien in Mexiko, Kolumbien, USA oder in Afrika. „In Europa liegt der Durchschnitt bei einem Mord pro 100.000 Einwohner und Jahr" (ebenda). Einer (1) anstatt 20-40 im Mittelalter! Und davor, in den angeblich guten ganz alten Zeiten der Stammesgemeinschaften, wo es noch keine staatlich verfassten Gesellschaften gab, starben nach Harari 15 Prozent aller Menschen aufgrund von Gewalt.

Diese Umkehr der äußeren in eine von innen, aus der Verfassung des menschlichen Bewusstseins und seiner „Siege" über die Natur kommenden Bedrohung zeigt sich im einzelnen Leben ebenso in der Art der vorherrschenden Krankheiten wie in den erwähnten Selbstmordepidemien. Die am weitesten verbreiteten und gefährlichsten heutigen Krankheiten sind, um einmal einen Begriff aus der Klimadiskussion zu benutzen, „menschengemacht" und selbstverursacht. *Wir machen sie selbst,* sie sind entweder eine Folge unseres Lebensstils oder sie sind direkt und unmittelbar Krankheiten des Bewusstseins selbst.

Am auffälligsten ist dies bei den psychischen Erkrankungen (Burnout,

Depression, etc.), die sich explosionsartig vermehren. Sie sind eindeutig und unzweifelhaft moderne Krankheiten, und sie kommen noch nicht einmal aus den äußeren Lebensumständen, sondern aus dem modernen Bewusstsein selbst. Das gilt auch für alle Suchtkrankheiten, vom Alkoholismus über Drogensucht zu der rasant zunehmenden Spiel- und Internetsucht, der allgegenwärtigen, völlig verharmlosten und von der medizinischen Zunft hemmungslos geförderten Medikamentensucht, bis hin zu Fettsucht, Magersucht und anderen Esssüchten. Dazu gehören auch die immer mehr verbreiteten und schlimmer werdenden Allergien, bei denen der menschliche Organismus so reagiert, als ob ganz normale natürliche Prozesse wie die Pollenblüte, das Sonnenlicht oder Nüsse und Früchte, von denen sich die Menschen zigtausende Jahre lang ohne Probleme ernährt haben, Feinde des Menschen wären. Auch die Herz-Kreislaufkrankheiten werden nicht durch äußere Feinde wie Viren oder Bakterien verursacht, ebenso wie Krebs, der sich allen Behandlungserfolgen zum Trotz immer mehr ausbreitet.

Hier sehen wir, neben dem beschriebenen Sinnverlust, den wirklichen Grund dafür, dass psychische Störungen und Krankheiten sich explosionsartig vermehren und darüber hinaus immer mehr Menschen eine innere Not empfinden, die sie in psychologische Praxen und Seminare und auch in die spirituelle Suche führt: die Wendung der menschlichen Not nach innen. Die Technik hat dem Menschen ein bequemeres, sichereres und im materiellen Sinne viel besseres Leben gebracht, als er es sich je hätte vorstellen können. Sie wird auch weiterhin an erster Stelle stehen, wenn es um die Beherrschung äußerer Gefahren geht, auch bei der Bewältigung der Folgen des Klimawandels. Dazu gibt es keine Alternative, wir sind dazu verdammt (auch zur künstlichen Intelligenz), um physisch zu überleben. Die Nöte und Gefahren, die wir in der äußeren Welt überwunden oder wenigstens gebannt haben, sind damit aber nicht weg. Sie wandeln sich und wandern nach innen. Nachdem unsere Seele nicht mehr draußen, in der Natur, in Gott oder in der Gemeinschaft wohnt, sondern als „Psyche" in uns eingeschlossen ist[72], haben sich auch die menschlichen Nöte nach innen verzogen.

Selbst die Sklaverei ist keineswegs abgeschafft, sondern nur nach innen verschoben – heute sind wir nicht mehr Sklaven äußerer Herren, sondern Sklaven unserer eigenen, inneren Ansprüche an uns selbst. Man schaue zum Beispiel auf die Forderung im Spitzensport, gierig zu bleiben. Die Welt des professionellen Fußballs ist in vieler Hinsicht ein Spiegel unserer Gesellschaft und ihrer wirklichen – nicht: der gepredigten – Werte. Wenn Deutschland bei der Weltmeisterschaft ausscheidet oder Bayern München nicht jedes Spiel gewinnt, wird die fehlende „Gier" der Spieler moniert. Sie sind zu satt, sie müssen wieder gierig werden. Hier schlägt die normalerweise verborgene (und in den Sonntagsreden sogar verpönte, ich erinnere nur an die Reden über die schlimme Gier der Banker oder hoher Manager) Realität der modernen Gesellschaft in aller Offenheit durch, hier zeigen sich die Anforderungen unserer Zeit vielleicht am deutlichsten. Diese Offenheit ist allerdings unüblich, es ist regelrecht frappierend, mit welcher Naivität hier von jungen Menschen eine Einstellung und ein Verhalten gefordert wird, dass sonst hinter hehren Worten versteckt und öffentlich sogar gegeißelt wird. Denn es stimmt: Man muss als Spitzensportler gierig bleiben (und in vielen Fällen auch dopen), um an die Spitze zu kommen und dort auch zu bleiben. Das Doping im Sport ist nichts als ein Spiegel unserer Gesellschaft. Wenn Politiker nach nächtelangen Verhandlungsmarathons morgens um fünf vor die Kameras treten, nachmittags dann Kabinettssitzungen leiten oder mal eben in einen anderen Kontinent und zurück fliegen, dann geht das nicht ohne Aufputschmittel. Sogar Freizeitsportler dopen, und golfende Rentner nehmen vor Turnieren Schmerz- und Beruhigungsmittel, um ihre Nervosität zu bändigen und ihr Handicap zu verbessern.

Wir sind beides zugleich: Sklaventreiber und Sklave. Je mehr wir das Leben außen „im Griff" haben, umso mehr ergreift uns das Bedrohende von innen. Man könnte also sagen: Nicht nur Gott, auch der Teufel hat sich nach innen, in uns hinein geschlichen (was ja kein Wunder ist, da der Teufel in Wahrheit nie etwas anderes war als die dunkle Seite Gottes). Fast alles, was uns früher von außen bedrohte, ist mit der Moderne nach innen gewandert, und je mehr wir uns gegen äußere Gefahren wappnen, umso mehr kehren sich diese nach innen und bleiben, weil gut versteckt, weitestgehend ungesehen.

Damit kommt der Psychologie eine ganz neue Bedeutung zu. Kein technischer Fortschritt wird dieses Problem lösen, denn es ist eine *Folge* des technischen Fortschritts (und des darin wirkenden Geistes) und seiner Siege bei der Beherrschung der äußeren Welt. Im Gegenteil: mit jedem technischen Fortschritt wird sich die Problematik verschärfen. Meine These ist, dass es genau dieser Konflikt ist, der den Übergang in die Stufe 4, das (erwachsene) Selbst-Bewusstsein, erzwingt. Das Bewusstsein selbst „will" diesen Schritt, der Mensch ist nur der ausführende Akteur. Wie sprach Zarathustra? „Steigen will das Leben und steigend sich überwinden." Auf der individuellen Ebene ist dies deutlich zu beobachten; ob dieser Schritt auch kollektiv gelingt, steht in den Sternen.

Die Wanderung der Probleme von außen nach innen zeigt sich auch in den „Krankheiten" der Gesellschaft und der Politik. Der sogenannte Werteverlust höhlt die westlichen Gesellschaften von innen her aus, und die Demokratie ist nicht von außen gefährdet, sondern demontiert sich selbst. Die populistischen Bewegungen in Europa und Amerika sind keine Infiltrationen der Russen oder Chinesen, auch wenn diese das nutzen und fördern mögen. Auch die jederzeit mögliche Selbstvernichtung der Menschheit durch einen atomaren, chemischen oder biologischen Krieg ist ein Resultat innerer Entwicklungen (nämlich der Waffentechnologie), wie auch der Klimawandel – soweit es den menschlichen Anteil daran betrifft – ein Produkt der Moderne und unserer Lebensweise und des sich darin äußernden Bewusstseins ist. In all diesen Phänomenen, den Krankheiten, den Waffensystemen, der Naturzerstörung wie der menschlichen Selbstzerstörung zeigt und äußert sich das moderne Bewusstsein selbst. Sie *sind* dieses Bewusstsein oder, um mit Giegerich zu sprechen, der „Geist des christlichen Abendlandes"[73]. Dieser Geist, unser eigenes Bewusstsein, begegnet uns in diesen Phänomenen in vergegenständlichter Form. Darin spiegeln wir uns selbst, und wenn wir sie offen, ohne Urteil und ohne Furcht anschauen würden, könnten wir uns selbst sehen und darin erkennen.

Wenn wir dies tun, wird uns derselbe Schrecken ergreifen, der die Alten angesichts ihrer damaligen Gefahren – Donner und Blitz, die Schrecken der Nacht, der Wälder, Berge und Meere, ganz allgemein die Gefahren, die aus der wilden Natur kamen – ergriffen hat.[74]

Es ist der Schrecken unserer absoluten Ohnmacht gegenüber dem Leben und seinem Geheimnis. Er verschwindet, wenn man sich diesem Geheimnis ergibt. Dann steht man vor der Wahrheit.

Was heißt es, dass der Zwang sich nach innen kehrt, was steckt dahinter und was sind die Folgen? Der moderne Mensch sieht sich einem ständigen Druck ausgesetzt, „etwas aus sich zu machen", etwas zu werden, seiner Existenz einen Sinn zu geben. Er ist immer im Werden und er wird nie fertig, er kann sich fast noch nicht einmal mehr ausruhen, geschweige denn zur Ruhe setzen oder gar friedlich sterben. Er kann dies nicht, weil er glaubt, er selbst sei der Schöpfer seines Lebens. Gott nahm sich wenigstens den siebten Tag, um zu ruhen, wir aber haben den Sonntag längst abgeschafft. Selbst Rentner kommen nicht zur Ruhe, ihr Terminkalender ist nur anders gefüllt als früher. Wo damals Besprechungen waren, sind heute Geburtstage, wo damals Dienstreisen waren, sind heute die Orte, die man „gesehen haben muss" und Events, die man „erlebt haben muss".

Max Weber, einer der Begründer der modernen Soziologie und der vielleicht einflussreichste Soziologe überhaupt, hat dies schon vor 100 Jahren beobachtet. Er verbindet es mit dem Thema „Fortschritt" und „Wissenschaft". In seinem berühmten Vortrag „Wissenschaft als Beruf", in dem er schlüssig darlegt, dass und warum die Wissenschaft die alte Funktion der Religion, dem Leben einen Sinn zu geben, nicht erfüllen kann, schreibt er im Jahre 1919 über den Fortschritt in der Moderne:

„Aufgeworfen finden Sie diese Frage am prinzipiellsten in den Werken Leo Tolstois. Auf einem eigentümlichen Wege kam er dazu. Das ganze Problem seines Grübelns drehte sich zunehmend um die Frage: ob der Tod eine sinnvolle Erscheinung sei oder nicht. Und die Antwort lautet bei ihm: für den Kulturmenschen – nein. Und zwar deshalb nicht, weil ja das zivilisierte, in den ‚Fortschritt', in das Unendliche hineingestellte einzelne Leben seinem eigenen immanenten Sinn nach kein Ende haben dürfte. Denn es liegt ja immer noch ein weiterer Fortschritt vor dem, der darin steht; niemand, der stirbt, steht auf der Höhe, welche in der Unendlichkeit liegt. Abraham oder irgendein Bauer der alten Zeit starb ‚alt und lebensgesättigt', weil er im organischen Kreislauf des Lebens stand, weil sein Leben auch seinem Sinn nach ihm am Abend seiner Tage gebracht hatte, was es bieten konnte, weil für ihn keine Rätsel, die er zu lösen wünschte, übrig blieben und er deshalb ‚genug' daran haben konnte. Ein Kulturmensch aber, hineingestellt in die fortwährende Anreicherung der Zivilisation mit Gedanken, Wissen, Problemen, der kann ‚lebensmüde' werden, aber nicht: lebensgesättigt. Denn er erhascht von dem, was das Leben des Geistes stets neu gebiert, ja nur den winzigsten Teil, und immer nur etwas Vorläufiges, nichts Endgültiges, und deshalb ist der Tod für ihn eine sinnlose Begebenheit. Und weil der Tod sinnlos ist, ist es auch das Kulturleben als solches, welches ja eben durch seine sinnlose ‚Fortschrittlichkeit' den Tod zur Sinnlosigkeit stempelt."

Der moderne Mensch steht unter dem inneren Zwang, sich selbst ständig erfinden, sich selbst ständig entwerfen, sich ständig verbessern oder ständig Neues erleben zu müssen. Diese Botschaft kommt uns nicht nur aus jedem Werbespot entgegen, sie wird uns von frühester Kindheit bis fast zum letzten Atemzug vermittelt, sie steht genauso auf jeder Seite der Apothekenzeitung oder im esoterischen „Wegweiser" wie im „Handelsblatt", im SPIEGEL, in der BILD und im Kursverzeichnis der Volkshochschulen. Wir glauben, unserem Leben einen Sinn, eine Bedeutung geben – und auch, immer alles richtig machen – zu müssen. Es hat diesen Sinn nicht aus sich heraus, sondern er muss von uns gemacht oder wenigstens gesucht und gefunden werden. Dazu suchen wir entweder ständig weiter und strengen uns ständig an, oder wir betäuben uns, um das Scheitern unserer Bemühungen nicht fühlen und wahrnehmen (als unsere Wahrheit nehmen) zu müssen. Meist tun wir beides gleichzeitig. Damit werden wir zu unseren eigenen Sklaven. Wir sind nie gut genug.

Das ist die geistige Verfassung der Moderne, aber nicht – wie Weber glaubte – unser Schicksal. Dies ist es nur so lange, wie wir an die Moderne und ihren Mythos der Selbstbestimmung und des Fortschritts glauben, so lange, wie dieser Mythos unsere Religion ist und wir nicht darüber hinaus schauen und sehen, dass die Moderne nur eine Stufe der Entwicklung des menschlichen Bewusstseins ist, aber keineswegs dessen Endpunkt. Weber verwechselt (mit Tolstoi) das Innere mit dem Äußeren. Es ist nämlich nur der Verstand in uns (dem in der Gesellschaft die Wissenschaft entspricht), der meint, immer Neues finden zu müssen. Da das Denken an kein Ende führt, kann es keine Sättigung geben. Und auch kein wirkliches Wissen, das würde nämlich Sättigung bedeuten.

Wer weiß, muss nicht mehr suchen. Das Bewusstsein muss dem aber nicht folgen, es ist nicht mit dem Verstand identisch. Ich bin ein durch und durch moderner Mensch und habe dennoch an meinem Leben genug. Im Innern gibt es keinen Zwang, sich von der Moderne, ihrem Denken und ihren technischen Produkten beherrschen zu lassen.

Die Einsamkeit und der Hochmut der Jugend und des modernen Bewusstseins – Eine persönliche Zusammenschau

Im „Spiegel" (Nr. 33, 10.8.2019) lese ich ein Interview mit dem schweizerisch-israelischen Psychoanalytiker und Philosophen Carlo Strenger, in dem es um den schlechten Ruf der liberalen Intelligenzia und den wachsenden Populismus in den westlichen Gesellschaften geht.[75] Was Strenger besonders besorgt und was er hervorhebt, ist, dass gerade diejenigen aus der liberalen Elite, die nicht nur ihrem Egoismus frönen und sich unanständig bereichern, sondern die eher Anständigen, die „eine klare moralische Grundhaltung" haben, die auch das Wohl der anderen, der Schwächeren, der gesamten Gesellschaft oder gar der Welt insgesamt im Sinn haben und sich auch dafür engagieren, die bevorzugte Zielscheibe des Populismus sind. Sie stünden für „universelle Werte" wie „Freiheit und Toleranz". Diese wohlmeinenden Menschen, meist „Weltbürger" wie er selbst, „(sind) an den Universitäten und in den Qualitätsmedien sehr stark vertreten (…). Deshalb strahlen sie eine auf hohen moralischen Ansprüchen begründete Autorität aus, die jenen Menschen, die nicht so gut ausgebildet sind und über weniger argumentativ begründete Kompetenz verfügen, das Gefühl gibt, ihre Ansichten seien schlicht nicht mehr gefragt und ihre Sorgen zu kleinlich, um gehört zu werden." Zudem würden sie diejenigen, die ihre Ansichten und Werte nicht teilen, zu oft „von oben herab" behandeln und als „beschränkt und provinziell" abstempeln. Er selbst habe diesen Fehler auch gemacht. Im weiteren Verlauf des Gesprächs verteidigt er diese Elite dann aber, weil sie grundsätzlich das Richtige tue und den moralischen Fortschritt und die Freiheit bewahre, und ruft sie auf, weiterhin alles ihnen Mögliche dafür zu tun, „die Welt zu einem besseren Ort zu machen." Was Sprenger nicht sieht: Genau dies, der Anspruch, die Welt zu einem besseren Ort zu machen und zu meinen, sie (die liberalen Eliten) wüssten, was es dazu braucht und wie diese bessere Welt aussehen müsste – genau dies ist die Arroganz des modernen Bewusstseins und seiner Eliten. Er spricht nämlich nicht nur für sich, er stellt dies nicht als seine Meinung dar, sondern es ist – und dies ist kennzeichnend für die „moralische Elite“, über die und für die er spricht – ein Urteil über die Welt, das sich objektiv gibt. Genau diese Arroganz ist dabei, die Demokratie und die Freiheit zu zerstören. Während sie mit dem Finger auf die Populisten zeigt, sieht sie nicht, was sie selbst anrichtet.

Es gibt keine universellen Werte! Freiheit und Toleranz (und Gleichheit) sind keine universellen Werte, sie sind Werte des modernen (westlichen) Bewusstseins, das sie den anderen überstülpt, wenn nicht ihnen aufzwingen will – ganz so, wie die christlichen Missionare die gottlosen Eingeborenen zu Gott bekehren und ihnen so „das“ Heil bringen wollten. Ein Stammesangehöriger in Afghanistan kennt und will keine Toleranz, und Freiheit will er höchstens für seinen Stamm. Weil er das nicht sieht, scheitert der Westen dort, sonst hätten die Amerikaner die Taliban schon längst besiegt. „Werte“ ergeben sich aus der jeweiligen Kultur und der Bewusstseinsstufe, sie sind alles andere als universell, sie sind immer partikular. Selbst die modernen Schichten in China und Japan haben andere Werte als die im Westen. Und die Beschwörung dieser Werte in Fußballstadien wird die Fans nicht dazu bringen, ihre eigenen, ganz anderen, Werte aufzugeben (sondern sie eher darin bestärken). Ebenso wenig wird sich die Landbevölkerung von Städtern oder werden sich die Menschen und Regierungen in Mittel-Ost-Europa von Westeuropäern ohne Widerstand sagen lassen, was sie zu fühlen und zu denken und zu tun haben und was die richtigen Werte für sie sind.

Der Anspruch, die modernen westlichen Werte als universelle zu deklarieren und durchzusetzen, ist die Arroganz des modernen Bewusstseins und seiner selbsternannten Eliten. Er ist erstens falsch (da sie es faktisch nicht sind) und zweitens kontraproduktiv. Erst wenn die Modernen ihre so genannten Werte selbst tatsächlich leben würden, was bedeuten würde, auf den – ganz und gar intoleranten – Anspruch der Universalität zu verzichten und auch die anderen mitsamt ihren jeweiligen Werten zu tolerieren und ihnen die Freiheit zu lassen, anders zu sein, anders zu fühlen, anders zu denken und anders zu leben, würden sich diese neuen Werte ganz selbstverständlich verbreiten und schließlich universell werden. Diese Zeit ist aber noch nicht gekommen.

Ich erzähle dazu eine persönliche Geschichte, keine Geschichte aus der großen Welt, sondern eine aus einem kleinen Dorf und meiner Jugend dort. Ich erzähle sie sehr ausführlich, weil sie vielleicht besser als jede theoretische Ausführung verdeutlichen kann, worin die jugendliche (moderne) Arroganz besteht, warum sie in der Jugend notwendig ist, wie sie (für den einzelnen wie in der Gesellschaft) Einsamkeit und Spaltung zur Folge hat und, nicht zuletzt, wie sie überwunden werden und was an ihre Stelle treten kann.

Als Kind war ich ein normaler Dorfjunge. Das begann sich zu ändern, als ich das Gymnasium besuchte, was damals noch recht ungewöhnlich war. Von meinem Jahrgang gingen zwar, was es bis dahin nicht gegeben hatte, gleich vier Kinder aufs Gymnasium, aber die anderen drei blieben gleich in der ersten Klasse sitzen. Dass mir alles recht leicht fiel, erzeugte Neid, und ich wurde mehr und mehr geschnitten – heute würde man von Mobbing reden. Es gab und gibt unter Kindern immer Spezialisten dafür, sie haben ein Talent, andere auf ihre Seite zu ziehen, um unliebsame Kinder auszugrenzen. Wir fuhren, außer im Winter, mit dem Fahrrad die vier Kilometer zum Gymnasium, zunächst immer in einer Gruppe. Plötzlich hatten sich die anderen verabredet, einen anderen Weg zu fahren und mich nicht mehr mitzunehmen. Ich musste allein fahren. Warum, habe ich nie erfahren.

Das war hart. Zum ersten Mal in meinem Leben hatte ich das Gefühl, nicht dazuzugehören. Ich war aber zu stolz, um mich lange als Opfer zu fühlen, und habe mich mit Jungs aus dem Nachbardorf, durch das der Weg führte, den wir bisher gemeinsam gefahren waren, zusammengetan, und nach einem oder zwei Jahren war das Thema vergessen, da von den drei Mitschülern nur noch einer übrig war, der sich mir dann wieder angeschlossen hat und in der späten Jugend lange mein Freund war. Trotzdem: Ein Schmerz blieb. Es blieb auch das Gefühl, nicht ganz dazuzugehören, das wurde mir – mal versteckt, mal offen – immer wieder signalisiert. Eigentlich wollte ich nur so sein wie die anderen, aber in der Jugend wurden die Unterschiede immer deutlicher. Diejenigen, die mit vierzehn die Volksschule verließen und eine Lehre begannen, standen Samstag abends oder sonntags beim Frühschoppen an der Theke, tranken Bier und rauchten. Mir war beides zu primitiv. Ich war von den Beatles, die damals ihre ersten Hits hatten, und bald auch von der gesamten englischen Beatszene völlig fasziniert, sie hörten deutsche Schlager. Ich hatte einen Freund, der ähnlich fühlte und dachte wie ich. Wir trugen die neueste Hosenmode, oben hauteng und unten weit mit Schlag (das Geld erarbeitete ich mir in den Ferien auf dem Bau) und gründeten, da war ich siebzehn, einen Jugendclub, in dem nur englischsprachige Beatmusik lief (im Radio musste man dafür englische Soldatensender hören), und nannten uns „The Strangers", die Fremden, und unser Club hieß „Stranger Club". Im Dorf wurden unsere Aktivitäten mit größtem Misstrauen verfolgt, was meinen Außenseiterstatus verstärkte. Der Name „The Strangers" kam von mir, es war ein perfekter Ausdruck meines Lebensgefühls. Inzwischen war ich aber stolz darauf, nicht so zu sein wie die anderen, ein „Stranger" zu sein war mein Markenzeichen, und meine Haare wurden immer länger.

Was ich erst viel, viel später sehen konnte: Es war mein Schutz, es schützte mich vor dem Schmerz, nicht dazuzugehören. Dieser Schmerz ist für einen jungen Menschen unsäglich tief, und niemand will ihn fühlen. Für ein Kind ist das Gefühl einer sicheren Zugehörigkeit zur Familie lebenswichtig, und auch in der Jugend kann man innerlich nicht allein sein. Man kann sich aber sehr gut einreden, dass einem die anderen egal sind, und das tat ich auch. Ich hatte den Spieß einfach umgedreht. Die anderen waren mir zu primitiv. Ich begann, gegen jede alte Dorftradition zu kämpfen, stellte alles in Frage, und da ich sprachlich nicht ganz unbegabt war, gut reden konnte und mit achtzehn begann, für die Lokalausgabe der Kölnischen Rundschau zu schreiben, wurde ich zum großen Ärgernis im Dorf, was mich nur noch stolzer machte. Natürlich hatte ich auch einige Bewunderer (besonders unter den Mädchen), die waren aber meist jünger als ich. Als mir der damalige CDU-Kreisvorsitzende, der auf dem Weg zum Landrat war, anbot, sein Nachfolger in der Jungen Union zu werden, war ich fast beleidigt und gründete stattdessen eine Juso-Gruppe in einer Gegend, in der die CDU bei Wahlen 80 Prozent erhielt. Kurz: Ich war ein Exponent des neuen Zeitgeistes, der ab Mitte der sechziger Jahre das ganze Land erfasst hatte, und stellte mich gegen alles und jeden, der nicht in meinem

Sinne „progressiv“ war. Ich war ein Weltverbesserer, ich wollte eine neue, andere, „bessere“ Welt. Und was besser war, das wusste *ich*. Freiheit, Gleichheit, Brüderlichkeit, Toleranz – der ganze Wertekanon des modernen Bewusstseins, das waren meine Werte und darauf war ich sehr, sehr stolz. Intolerant waren nur die anderen, sie waren ewig Gestrige.

Zugleich wollte ich immer noch dazugehören. Dass ich dies selbst hintertrieb, blieb mir verborgen. Ich war ein recht guter und leidenschaftlicher Fußballer und engagierte mich sehr, die damals brachliegende alte Fußballtradition des Dorfes wieder zu beleben, was mir (mit Hilfe anderer) auch gelang, aber auch hier wurde ich mit der Zeit wieder in eine Außenseiterrolle gedrängt, obwohl ich mir viel Mühe gab, mich für die Sache und die ganze Gruppe einzusetzen. Ich hatte mich auch längst daran gewöhnt, am Wochenende (aber erst nach dem Fußball) mit den anderen zu saufen, um dann aber, wenn sich nach Mitternacht die Kneipe leerte und die letzten an der Theke standen, mit erhobener Faust die „Internationale“ zu singen und so den CDU-Wirt und seine Freunde zu ärgern. Bei vielen galt ich als arrogant, was ich überhaupt nicht verstand.

Dieses Urteil begleitete mich bis weit in meine vierziger Jahre hinein, und tatsächlich: Ich war voller Arroganz, aber es war mir immer völlig unverständlich. Gut, ich provozierte manchmal und gern, aber ich wollte doch nur das Richtige und das Gute, und das noch nicht einmal für mich selbst – genau so, wie Strenger es für die moderne Intelligenzia hervorhebt. Um diese Zeit hatte ich das Dorf schon halb verlassen, ich studierte und lebte die Woche über in Bonn und war nur am Wochenende zu Hause. Mit 25 zog ich ganz nach Bonn (natürlich, wie es sich für einen Progressiven gehörte, in eine WG), heiratete ein Jahr später und hörte mit dem Fußball, der – neben meinen Eltern – meine letzte Verbindung zum Dorf war, auf.

Fünfzehn Jahre später geschah etwas Seltsames und ganz und gar Unerwartetes: Ich zog wieder nach Marmagen, sogar in mein Elternhaus. Ich hatte inzwischen eine Familie mit zwei Kindern, wohnte in Wuppertal, wo ich an der Universität gearbeitet hatte, aber wir fühlten uns dort nicht mehr wohl. Meine Universitätslaufbahn hatte ich zwei Jahre zuvor beendet und versuchte, mich beruflich als Psychologe und Therapeut neu zu etablieren. Ich war damals „Sannyasin“, einer der berüchtigten „Bhagwan-Jünger“, und hatte das während meiner Zeit an der Universität auch nach außen deutlich gezeigt, indem ich nur rote Kleidung trug. Ich hatte sogar ein Buch darüber geschrieben.[76] Das mit der roten Kleidung war zwar inzwischen vorbei, aber unsere Nachbarn hatten mich mehrere Jahre lang so gesehen, und einigen hat das sicher nicht gefallen, auch wenn niemand offen darüber sprach. Damit zelebrierte ich übrigens wieder meine „Stranger“-Rolle. Als mich an der Uni ein Professor ausnahmsweise mal auf meinen knallroten Sommeranzug ansprach („Sie sehen aber heute sehr bunt aus“), habe ich ihm geantwortet: „Bei Ihrem grauen Einerlei würde Ihnen etwas Farbe auch mal guttun.“ Heute bin ich erstaunt darüber, wie tolerant viele einfache Menschen, auf die ich damals auch wieder herabschaute, mir und uns gegenüber waren, auch in unserem Wohnblock, aber es gab dort einige wenige, die meine Frau oder unsere Kinder mobbten, weshalb meine Frau nicht mehr dort bleiben wollte.

Bei einem Wochenendbesuch bei meiner Mutter erzählte diese, dass die Mieter, die in der Wohnung lebten, die mein Vater fünfzehn Jahre vorher aus der alten Scheune gebaut hatte, die zu unserem Haus gehörte, noch ein Kind bekommen würden und sie gefragt hätten, ob sie die Wohnung nicht vergrößern könnte. Es war dazu noch Platz vorhanden, aber es hätte einiges aus- und umgebaut werden müssen. Mein Vater war inzwischen verstorben, und meine Mutter fühlte sich mit einem Ausbau überfordert. Auf der Rückfahrt nach Wuppertal sagte meine Frau plötzlich: „Wieso ziehen wir nicht dahin? Wir könnten den Ausbau selbst machen, dann ist deine Mutter entlastet und wir haben endlich einen neuen Platz zum Wohnen.“

Ich war entgeistert. „Ich nach Marmagen? Weißt du, was das heißt? Und dann noch Tür an Tür mit meiner Mutter? – Nein, das kommt nicht in Frage, das geht einfach nicht. Ich kann dort nicht *mein* Leben leben.“ Aber das Thema stand im Raum und arbeitete in mir. Später, als meine Frau die Kinder ins Bett brachte, habe ich mich zurückgezogen, und plötzlich kam mir der Gedanke: Warum nicht? Wovor hast du Angst, wovor drückst du dich? Und dann: Du hast jetzt mehr als fünf Jahre Therapie gemacht – bist du jetzt frei oder nicht? Wenn die Therapie etwas gebracht hat, dann musst du auch in Marmagen leben können!“ Das war’s: Ich wollte es wissen, wollte wissen, ob Therapie und Meditation auch praktisch etwas bringen, ob meine innere Befreiung oder Lösung von alten Geschichten wirklich stattgefunden hatte oder ich mir das nur einbildete. Und, das war klar: Marmagen würde der Realitätstest sein. Hinzu kam: Ich fühlte, dass ich nicht nur die Eifel mag (was mir längst klar war), sondern auch dieses Dorf (was ich vorher nicht wissen wollte), dass ich also eigentlich sehr gerne dort leben würde. Also habe ich meine Mutter angerufen und ihr gesagt: „Wenn Du möchtest und es aushalten kannst, dass ich dort mein eigenes Leben lebe, ohne Dich einzumischen, dann ziehen wir in die Wohnung ein." Es gab noch einige kleine Hürden, aber als der Entschluss stand und meine Mutter zustimmte, verschwanden diese von selbst. Das größte Problem: Die philippinische Familie, die seit 15 Jahren dort wohnte und deren Kinder meine Mutter „Tante" nannten, fand umgehend ein neues Haus gleich um die Ecke, das für sie viel besser passte und das sie sogar kaufen konnten. Alle Türen standen also offen, und kurz nach meinem einundvierzigsten Geburtstag war ich wieder in Marmagen.

Ein oder zwei Jahre später geschah das, was ich befürchtet hatte: die Vergangenheit holte mich ein. Um es vorweg zu sagen: Wie so oft, wenn etwas, was man vermeiden will, sich nicht mehr vermeiden lässt, war es ein großes Glück. Anfangs sah es aber ganz anders aus. Im Dorf gab es eine große alte Villa, die der damals reichste Mann des Dorfes, ein Sägewerkbesitzer, dessen Kunde Kaiser Wilhelm gewesen war, Anfang des Jahrhunderts gebaut hatte. Später hatte der CDU-Bundestagsabgeordnete (jener Politiker, der mich, als ich 18 war, zu seinem Nachfolger in der JU aufbauen wollte) dort gewohnt, und seit kurzem hatte eine Familie aus Köln sie erworben. Die Frau war Französin und hatte ein kleines Bistro dort eröffnet. Nach einem Essen kamen wir ins Gespräch. Das Essen hatte mir nicht geschmeckt, und das sagte ich ihr. Sie fragte: „Können Sie es besser?" Ich: „Ja." Sie: „Ich komme darauf zurück."

Einige Tage später rief sie mich an: „Der Bürgermeister hat gefragt, ob ich übermorgen für eine Delegation der Gemeinde kochen kann, es sind etwa 20 Leute. Ich kann das nicht. Können Sie?" Ich sagte zu, habe für die Gruppe vegetarisch gekocht (ich war Vegetarier, und das war damals noch sehr ungewöhnlich), und alle waren begeistert von dem Essen. Daraufhin fragte die Frau mich, ob ich nicht öfter für sie kochen könnte. Da sie Französin war, erwartete jeder etwas Besonderes und Gutes in ihrem Bistro, aber sie hatte keine Ahnung von gutem Essen und erst recht nicht vom Kochen.

Ich sagte zu, unter einer Bedingung: dass ich in ihrem Haus Seminare machen konnte. Sie hatte mehrere Gästezimmer, wo auswärtige Kursteilnehmer übernachten konnten, und im Keller einen Raum, der sich zu einem kleinen Seminarraum ausbauen lies, und ich suchte nach einem Platz, wo ich meine therapeutische Arbeit machen konnte. Nachdem der Raum fertiggestellt war und ich meine ersten Seminare dort durchgeführt hatte, kam es zum Eklat. Eines Tages eröffnete sie mir, dass sie nicht mehr mit mir zusammenarbeiten könne. Ich war völlig perplex: „Wieso denn das?“ Sie: „Weißt du denn nicht, was im Dorf über dich geredet wird?“ Ich wusste es nicht. „Du sollst einer Sekte angehören. Der Pfarrgemeinderat hat den Eltern der Jugendlichen gesagt, sie sollten ihre Kinder nicht mehr ins Bistro gehen lassen, hier im Keller würde eine Statue vom Bhagwan stehen und es fänden Sexorgien statt, und ich wurde aufgefordert, mich von dir zu trennen.“ Ich wusste nicht, ob ich lachen oder wütend sein sollte, irgendwie tat und war ich beides. „Du weißt doch, dass das alles Unsinn ist“, sagte ich ihr. „Ja, ich weiß, aber ich habe keine Wahl. Sonst sind wir hier erledigt.“

Zu dieser Zeit hatte ich meine rote Kleidung längst abgelegt, und meine Verbindung zu den Osho-Sannyasins, wie die früheren „Bhagwans“ jetzt hießen, bestand nur aus einigen persönlichen Freundschaften und meiner inneren, geistigen Verbindung zu Osho. Ich hatte ohnehin nie einer Organisation dort angehört, habe immer ausschließlich für mich selbst gearbeitet und gelebt, und es gab niemanden, der mir je gesagt hätte, was ich zu tun oder zu lassen habe. Alles, was daran stimmte, war meine geistige Verbindung mit diesem spirituellen Meister. Was mich an der Sache am meisten ärgerte war, dass niemand aus dem Dorf, aus dem ich schließlich stammte und in dem meine Familie mütterlicherseits seit Generationen gelebt hatte (so dass ich mit sehr vielen weitläufig verwandt bin), mich persönlich angesprochen hatte. Ich habe den Vorsitzenden des Pfarrgemeinderates, den ich gut kannte, mit dieser Hinterhältigkeit konfrontiert und war bereit, in den Kampf zu ziehen. Aber mein Engagement in der Villa war vorbei, das war klar. Denn auch deren Besitzerin hatte mich enttäuscht, weil sie vor den Herren der Dorfmeinung zu Kreuze gekrochen war – und das als Tochter eines verfolgten spanischen Kommunisten, der nach Frankreich emigrieren musste.

An einem der nächsten Tage ging ich morgens zum Bäcker. Ich bestellte drei Brötchen, die Verkäuferin steckte fünf in die Tüte, berechnete mir aber nur drei. „Ich habe aber nur drei bestellt", sagte ich. „Ist schon in Ordnung", antwortete sie und zwinkerte mir dabei mit einem Auge zu. Ich wusste sofort: „Da zeigt mir jemand heimlich, dass sie mich mag und auf meiner Seite steht." Das war ein schönes Geschenk am Morgen. Als ich die Bäckerei verließ, kam mir auf der anderen Straßenseite Karl entgegen. Er stammte, wie mein Vater auch, aus dem Nachbardorf, und ich kannte ihn seit frühester Kindheit. Wir hatten zusammen in der Fußballmannschaft gespielt, er war mein Konkurrent auf der Spielmacherposition gewesen. Wir waren keine Freunde, aber vertrugen uns einigermaßen. Jetzt rief er mir über die Straße hinweg laut ein sehr freundliches, ja fast freundschaftliches „Morgen Wilfried" zu. Dass man „Morgen" sagt, gehörte sich im Dorf, aber den Namen hinzusetzen tat man nur bei Leuten, die man mochte. Ich war verdutzt, aber es war offensichtlich: Noch einer, der mir signalisiert, dass er mich mag und auf meiner Seite steht!

Auf dem weiteren Heimweg kam mir dann die Erleuchtung. Sie war so banal, dass ich über meine jahrzehntelange Blindheit nur den Kopf schütteln konnte: Es gibt hier Menschen, die dich mögen, und andere, die dich nicht mögen. Und: Mir geht es ja genauso: Es gibt hier Menschen, die ich mag, und andere, die ich nicht mag. Das war alles.

Plötzlich konnte ich meinen Hochmut sehen. Ich hatte mich immer über die anderen gestellt. Ja, es stimmte, ich war anders als die anderen, eigentlich schon als Kind. Ich wollte dazugehören und zugleich nicht dazugehören. Ich wollte und musste mir selbst treu bleiben und zugleich so sein und so leben wie die anderen, denn ich wollte in und mit meinem Anderssein anerkannt und geliebt werden. Dazu hätte ich so sein müssen wie sie, aber das ging nicht. Selbst wenn ich mich anstrengte, mein Anderssein gehörte zu mir, ich konnte es nicht dauernd verstecken, jeder konnte es „riechen". Um das aushalten zu können, verachtete ich die anderen, die, die mich nicht liebten. Natürlich: Sie ließen mich immer wieder ihre Macht spüren, die Macht der Mehrheit, die in meinen damaligen Augen zugleich die Macht der Dummheit und der Dumpfheit war. Ich verachtete sie und wollte dennoch von ihnen geliebt oder wenigstens respektiert werden.

Es war ein klassisches Dilemma. Ich steckte in der Falle der „zwei Leben" eines Kindes, von denen Hillman spricht. In der Kindheit und der Jugend, wo dieses Dilemma erst richtig spürbar wird, ist es unauflösbar. Ich hatte keine Wahl als meine Arroganz, wenn ich mich nicht selbst verleugnen und verlieren wollte. Auch das, mich selbst nicht zu verlieren, war nicht wirklich meine Wahl, ich war und bin einfach so. Mein Hochmut war mein Schutz und meine Waffe. Einmal, ich war vielleicht zwanzig, war ich auf einer Tanzveranstaltung und hatte mich draußen mit einem Mädchen ein wenig vergnügt. Als ich auf dem Weg zum Tanzsaal an der Theke vorbeikam, trat mir ein Gleichaltriger, den ich noch nie gesehen hatte, entgegen, schlug mich ins Gesicht und sagte so etwas wie „Lass deine Finger von meiner Freundin!" Ich konnte mich durchaus körperlich behaupten, aber anstatt mit der Faust schlug ich mit einem einzigen Satz zurück: „Mit so einem Idioten wie dir schlage ich mich nicht." Dann habe ich mich wieder seiner „Freundin" zugewendet.

Das Dilemma von Zugehörigkeit und der dazu notwendigen Anpassung und „ich selbst sein" oder „meinen eigenen Weg gehen" lässt sich erst lösen, wenn man erwachsen ist. Es lässt sich dann lösen, weil man dann nicht mehr auf die Zugehörigkeit angewiesen ist. Man mag sie sich innerlich noch wünschen, aber brauchen tut man sie nicht mehr. Das schafft den Raum, sich selbst sehen zu können und damit auch dieses Dilemma von außen sehen zu können. Wenn man es von außen sieht, steckt man nicht mehr drin. Genau das geschah mit mir an jenem Morgen bei meinem Weg zum Bäcker und zurück. Ich sah damals erstmals meinen Hochmut, ich sah meine Position im Dorf und meine Beziehung zu den Menschen dort erstmals von außen, so ähnlich, wie man sich von außen sehen kann, wenn jemand einen gefilmt hat und man den Film sieht, oder wie man seine Stimme und die Art seines Sprechens oder Singens zum ersten Mal so hören kann, wie einen die anderen hören, wenn man sie aufnimmt und dann abspielt.

Wie konnte ich erwarten, von den anderen akzeptiert oder gar gemocht zu werden, wenn ich auf sie herabsah? Wenn ich, wie in meiner

Jugend, alles schlecht machte und zu zerstören versuchte, was ihnen wichtig war? Wenn ich von ihnen in meinem Anderssein gelassen und respektiert sein wollte, musste ich, das wurde mir schlagartig bewusst, sie auch lassen und respektieren, wie sie waren. Ich musste die Welt – in dem Fall: die Welt des Dorfes – so nehmen und lassen, wie sie war. Und diejenigen, die diese alte Welt, die Tradition mit allem, was dazugehörte, bewahren und erhalten wollten, ebenfalls. Und zwar nicht nur nach außen, in meinem äußeren Verhalten, sondern auch und vor allem innerlich, in meiner ganzen Haltung dem Dorf und seinen Menschen gegenüber. Wenn das vorher jemand von mir verlangt hätte, wäre es ein Gang nach Canossa gewesen, und ich hätte mich nie gebeugt. Mit der Einsicht kam diese plötzliche Demut ganz von selbst. Aber ohne die Liebe und Freundlichkeit von Anna, der Verkäuferin, und Karl, meinem Fußballkonkurrenten, hätte sie sich wohl nie eingestellt.

Die Wirkung war durchschlagend. Ohne dass ich nach außen hin noch irgendetwas tat, änderte sich meine Beziehung zu dem Dorf und seinen Menschen und deren Verhalten mir gegenüber. Ich weiß bis heute nicht, was die anderen über mich denken, und es interessiert mich auch nicht mehr. Aber ich weiß, was ich über sie denke und auch fühle: Ich respektiere sie. Ich achte und lasse jeden, wie er ist. Ich will niemanden mehr ändern. Nicht in Marmagen, nicht meine Klienten und Schüler, nicht die Welt. In Marmagen habe ich erfahren und gelernt, was dann passiert: Man wird in Ruhe gelassen. Ich lebe dort jetzt wieder seit dreißig Jahren, und ich könnte mir keinen besseren Platz vorstellen. Ich lasse die anderen, wie sie sind, und sie lassen mich. Das beinhaltet auch, dass es mal Streit geben kann, aber das ist praktisch nicht mehr vorgekommen. Und das Dorf, das sei auch noch gesagt, hat sich von selbst verändert. Das macht das Leben ganz von allein. Die einen halten am Traditionellen fest, die anderen, die inzwischen die Mehrheit sind, schauen es sich an, aber es ist ihnen im Grunde egal.

Der Konflikt zwischen dem Bedürfnis nach Zugehörigkeit (Anerkennung und Liebe) und „ich selbst sein“ zieht sich nicht nur durch mein Leben, ich sehe ihn auch bei fast all meinen Klienten. Er löst sich erst auf, wenn man innerlich bereit ist, allein in der Welt zu stehen und seinen Weg auch allein zu gehen. Dazu muss man sehen, dass man schon längst allein ist und dass man die Eltern nicht mehr braucht.

Dann muss man sich nicht von ihnen befreien – die Freiheit liegt in genau dieser Erkenntnis. Dann kann man zwar äußerlich weiterhin dazugehören, aber im Innern ist das Bedürfnis nach Zugehörigkeit vorbei. Das gilt nicht nur für die Eltern, sondern auch für die Beziehung zu anderen. Dazu gehört auch, dass man das Ja zu sich selbst nicht mehr von der Anerkennung durch andere abhängig macht, es muss aus dem eigenen Inneren kommen, aus der Einsicht, dass man nicht anders sein kann, als man ist. Damit ist der Kampf vorbei, sowohl der Kampf mit den anderen als auch der mit sich selbst. Dann ist man auch erwachsen.

Der jugendliche Hochmut ist ein Schutz, ein Schutz vor der eigenen Schwäche, die sich ein Jugendlicher nicht eingestehen kann, ohne wieder ein Kind zu werden, das den Schutz der Eltern braucht. Dazu stellt er sich über die anderen, in erster Linie über seine Eltern. Ich bin besser als ihr, ist seine Botschaft und auch sein Glaube. Ich weiß alles besser – zum Beispiel weiß ich besser, was die Welt braucht; ihr macht alles falsch und habt schon immer alles falsch gemacht – die zentrale Anklage der Studentenbewegung in den Sechzigern an die Generation ihrer Eltern, und die zentrale Anklage der heutigen liberalen Elite, derjenigen, die aus der Welt „einen besseren Ort" machen wollen, gegen alle, die diesen Ort mehr oder weniger in Ordnung finden.

Es geht dabei nicht darum, ob man einzelne (oder auch viele) Dinge nicht besser oder anders machen kann. Das kann man immer. Es geht um eine innere Haltung. Ich kann meine Kinder anders erziehen, als meine Eltern mich erzogen haben. Im Grunde muss ich es sogar, denn ich bin selbst anders, die Welt ist anders, die Zukunft der Kinder ist eine andere und auch das Wissen um das ein oder andere ist anders. Wenn meine Mutter mich zu einem „guten Jungen" machen wollte, dann folgte sie dem, was in ihrer Zeit als gut galt und was man in ihrer Zeit glaubte, mit Kindern machen zu müssen, damit aus ihnen etwas wird – zum Beispiel ihren Willen brechen und sie schlagen oder einsperren, wenn sie etwas „Ungehöriges" getan hatten. Damit handelte sie nach bestem Wissen und Gewissen. Dasselbe gilt für mich und auch für meine Kinder und deren Umgang mit ihren Kindern, auch wenn man es ganz anders macht als seine Eltern: jeder folgt dem Bewusstsein seiner Zeit und setzt dabei vielleicht ein paar eigene Akzente. Man kann alles anders machen, ohne sich deswegen besser zu fühlen.

Kann man die Moderne überwinden?

Das moderne Bewusstsein ist eine erste Bewegung, ein halber Schritt aus dem Gruppenbewusstsein heraus und insofern ein Fortschritt, ebenso wie die Jugend ein Fortschritt, nämlich ein Fortschreiten aus der Kindheit ist. Aber sie ist kein Fortschritt im Sinne von „besser". Die Jugend ist nicht besser als die Kindheit, sie ist einfach nur anders und ein Schritt, und zwar ein notwendiger Schritt, auf dem Weg zum Erwachsensein. Dasselbe gilt für das moderne Bewusstsein, es ist ein Schritt oder eine Etappe aus der inneren Bewegung des Lebens und des Bewusstseins hin zu einem erwachsenen Bewusstsein, wobei wir nicht wissen, wie dies kollektiv aussehen mag. Wir können es nicht wissen, genauso wie ein Kind oder ein Jugendlicher nicht wissen kann, was Erwachsensein bedeutet. Sie können es sich nur vorstellen, aber diese Vorstellung bleibt immer im Rahmen des kindlichen oder jugendlichen Bewusstseins. Eines wird jedoch immer deutlicher: Wenn das Bewusstsein diesen Schritt nicht vollzieht, dann geht es an sich selbst zugrunde – und reißt die Welt vielleicht mit in seinen Abgrund.

Ich habe soeben einen Text der hoch angesehenen ungarischen Philosophin Agnes Heller gelesen, den sie als 90jährige kurz vor ihrem Tod im Sommer 2019 verfasst hat.[77] Darin schreibt sie: „Man kann die Moderne nicht überwinden, es gibt kein danach und kein darüber." Den ersten Teil des Satzes würde ich unterschreiben, „man" kann sie sicher nicht überwinden, sie überwindet sich selbst. Aber der zweite Teil ist eine völlig unhaltbare Behauptung. Ob es ein danach oder darüber gibt, kann niemand wissen. Wenn es stimmte, wäre es das Ende der Geschichte, das Ende der geistigen Entwicklung des Menschen. Die Menschen im Mittelalter oder in der Zeit des Absolutismus konnten sich auch keine Welt ohne König oder ohne Adel und Leibeigene vorstellen, keine Welt, in der alle Menschen als gleich gelten, auch die Philosophen nicht. Das gilt auch für die antike Demokratie. Heller selbst bestätigt das, indem sie Aristoteles zitiert: „Manche Menschen werden frei geboren, andere als Sklaven. Der Ort der Geburt bestimmt den Platz, den ein Mensch bis zu seinem Tod in der sozialen Hierarchie einnimmt, und dasselbe gilt für seine Nachkommen." Für Aristoteles war das ein Naturgesetz.

Die Aussage, es gäbe keine Weiterentwicklung nach der Moderne, kein danach und kein darüber, drückt exakt die Hybris der Moderne und ihrer Eliten aus, den jugendlichen Hochmut, über den ich hier schreibe. Ich weiß auch nicht, ob es eine Weiterentwicklung im Sinne eines geistigen Fortschritts in der Gesellschaft gibt, ich halte es aber für viel plausibler als die gegenteilige Annahme. Denn man kann sehen, dass die geistige Entwicklung im Fall eines einzelnen Menschen nicht mit der Jugend im biologischen Sinne und auch nicht mit der Jugend im geistigen Sinne endet. Es gibt tatsächlich Menschen, die über dieses Bewusstsein hinausgewachsen sind. In den nächsten Kapiteln skizziere ich das. Dennoch: Was das kollektive Bewusstsein und dessen Entwicklung betrifft, liefere ich nicht mehr als eine Theorie, und zwar keine, die eine postmoderne Utopie entwirft, sondern einfach nur sagt, dass die Moderne nicht das Ende und auch nicht der Gipfel der geistigen Entwicklung der Menschheit ist. Was danach kommt, wissen wir nicht.

Es geht mir hier nicht um Politik, sondern um eine Beschreibung des modernen Bewusstseins und ein wenig auch um eine psychologische Erklärung für das Phänomen, das man Populismus nennt (wobei das nichts als ein politischer Kampfbegriff ist – jeder Politiker muss heute populistisch agieren, wenn er Erfolg haben will, und Angela Merkel ist eine begnadete Populistin). Wenn man einfach sagen würde „Ich verteidige meine Freiheit“ oder „*meine Idee* von Freiheit“ oder von einer besseren Welt, dann könnte man fair darüber streiten. Das wäre erstens die Wahrheit, denn es geht immer nur um die jeweils eigene Idee und deren inhaltliche Auslegung, und zweitens würden die Verteidiger ihrer Idee von … sich nicht über die anderen stellen. Dann hätten die einen ihre Idee und die anderen auch ihre. Das wäre Respekt, dann ließe man auch dem „kleinen Mann“, der Angst um die Identität seiner Heimat hat und deren Brauchtum hochhält, oder dem Bauern, der Hühner oder Schweine züchtet und dem Metzger, der sie schlachtet und die ihre Familien davon ernähren, ihre Würde. Ich habe zwölf Jahre vollkommen vegetarisch gelebt, heute esse ich wieder Fleisch und mag es gern, und ich war damals kein besserer Mensch als heute.

Dasselbe gilt für das, was die Medien ihren „Erziehungsauftrag“ nennen. Das Volk muss, so meinen sie, zur Demokratie erzogen werden. Deshalb darf man ihm bestimmte Tatsachen nicht zumuten, einige (oder gar viele) könnten es (weil sie so dumm sind) in den falschen Hals bekommen. Damit setzen sich die Medien (die „Qualitätsmedien") als Volkserzieher ein und behandeln die Bürger, die laut Grundgesetz und auch im offiziellen Sprachgebrauch der Medien „mündig" sind, wie Kinder. Der Unterschied zur alten Gesellschaft liegt nur – ähnlich wie in den tatsächlichen modernen Erziehungseinrichtungen, also Schulen, Kindergärten und auch Familien – in der Erziehungsmethode: An die Stelle von harten Strafen und körperlicher Züchtigung sind manipulative Methoden getreten, an die Stelle der Steinigung mit richtigen Steinen ist der Shitstorm und damit die Steinigung im Internet getreten.

Ansonsten: Wer die so genannten liberalen Werte nicht genauso interpretiert wie die liberale Elite, wird wie ein Unmündiger angesehen und behandelt oder gilt als „rechts", was inzwischen fast so viel bedeutet wie: Er ist ein Nazi. So züchtet man das, was man verhindern will. Und wenn der populus (das Volk) sich das nicht mehr bieten lassen will, ist das Populismus und nicht etwa Demokratie. *Demos* ist übrigens das griechische Wort für Volk, *populus* das lateinische, wobei allerdings zum *demos* bei den alten Griechen nur die Besitzenden gehörten, während *populus* auch das gemeine Volk beinhaltet. Das wirft einen bezeichnenden Blick auf das Demokratieverständnis unserer modernen Demokraten: Sie meinen damit sich selbst, die „(links-)liberale Elite" (*den demos*), und schließen das gemeine Volk (*populus*) verächtlich aus, wenn es seine eigene Stimme laut werden lässt. Der Populismus ist der Aufstand der kleinen Leute gegen ihre Erzieher. Sie entdecken ihre Macht und wollen nicht mehr klein sein und sich nicht mehr gängeln und belügen lassen.

Was kann man gegen den jugendlichen Hochmut, gegen die Selbstüberhöhung der Moderne tun? Gegen die Fetischisierung der Technik und all die Dinge, die ich beschrieben habe? Kann man überhaupt etwas tun? Sind das nicht alles Dinge, die aus dem Leben selbst kommen? Ist das nicht eine Bewegung, die das Bewusstsein selbst „macht"? Ja, so ist es. Das heißt auch: Man kann nichts dagegen machen und man braucht es auch nicht. Jedes Dagegen-Gehen wäre in sich selbst eine jugendliche Bewegung. Aber man muss sich nicht davon beherrschen lassen, nicht von der Jugend und auch nicht vom modernen Bewusstsein. Man kann einfach weitergehen. Damit riskiert man gesellschaftlich den Ausschluss. Das gehört dazu, man muss akzeptieren, dass man zu den anderen nicht mehr dazu gehört, dass man allein ist. Das ist man sowieso, das ist die Wirklichkeit. Innerlich ist jeder allein. Wer das sieht und voll zustimmt, ist erwachsen. Damit kann er, ohne sonst etwas zu tun, anderen ein Spiegel dafür sein, wo ihre eigene innere Bewegung hin will. Denn das Leben selbst will die Menschen ins Erwachsensein führen. Viele stehen an der Schwelle, und jeder, der sie überschritten hat, kann ihnen ein Anstoß sein, ebenfalls weiterzugehen.

III. DER WEG HINEIN INS LEBEN

Stufe 4: Erwachsen sein – Das Selbst-Bewusstsein und die Initiation ins Selbst im Lebensintegrationsprozess

Ein Mönch verbeugte sich vor Abt Fa-yän mit den Worten:
„Hui-tschau erlaubt es sich, den Ehrwürdigen zu fragen:
‚Was ist mit Buddha?'"
Der Meister antwortete: Du bist Hui-tschau!

Aus: Achim Seidel & Klaus Holitzka: Die Leere des Zen. Texte und Bilder zum Bi-Yän-Lu, München 1992, S. 24.

Also sprach Zarathustra

Ich beginne mit Friedrich Nietzsche. Die erste Rede des Zarathustra beginnt mit folgenden Worten: *„Drei Verwandlungen nenne ich euch des Geistes: wie der Geist zum Kamel wird, und zum Löwen das Kamel, und zum Kinde zuletzt der Löwe."*

Man kann diese Worte einerseits als Beschreibung der Entwicklung des menschlichen Bewusstseins lesen und andererseits als Hinweis darauf, wie man sich seiner selbst bewusst wird. Da beides, die Entwicklung des Bewusstseins und das Bewusstwerden seiner selbst in der Tiefe dasselbe sind, bedeutet Zarathustras Rede beides.

Zuerst, so Nietzsche, muss der Geist, „dem Ehrfurcht innewohnt", sich niederknien und alles Schwere auf sich nehmen und zu tragen bereit sein – das Kamel. Das ist der alte, schicksalsergebene Mensch oder das vormoderne Bewusstsein. Bezogen auf die innere Entwicklung und das Wachstum des Einzelnen bedeutet es: Innerlich wächst der Mensch nur, wenn er sein Schicksal, wie immer es sein mag, auf sich nimmt, einschließlich aller Lasten und Schmerzen, die ihm widerfahren sind. Damit erst beginnt inneres Wachstum, allem anderen wohnt keine Ehrfurcht inne, kein Respekt vor dem Leben, und es bleibt damit leer und hohl. Bezogen auf seine Kindheit: nicht das Schwere der Kindheit „loslassen" (sprich: loswerden oder abwerfen), sondern es tragen.

Damit geht der Geist (das Kamel oder der Kamelgeist) in die Wüste, wo er zum Löwen werden muss, der sich *„Freiheit erbeuten und Herr seiner eigenen Wüste“* sein will. Dazu muss er den größten aller Drachen, auf dessen Schuppen „goldfunkelnd“ die *„tausendjährigen Werte“* des *„Du sollst“* glänzen und der bisher des Geistes Herr und Gott war, besiegen – und das kann nur ein Löwe. Denn „der Geist des Löwen sagt *‚Ich will‘*“ und tötet damit sein (des Kamelgeistes) Allerheiligstes, das *„Du sollst“*, und damit alles, was bisher als *„Wert“* galt.

Das ist nichts anderes als die Beschreibung des modernen Bewusstseins, das alles, was dem alten Menschen heilig war, all seine alten Werte getötet hat und sich damit selbst alles Wertvollen beraubt hat, das es einst besessen hatte. Anstelle des Sollens hat der (Löwen-) Geist das *Wollen* gesetzt, er ist jetzt *sein eigener Herr* – modern gesprochen: das autonome, selbstbestimmte Individuum. Das Bewusstsein hat sich seine *„Freiheit erbeutet“* – also das, was heute „Selbstbestimmung“ oder „Autonomie“ genannt wird – und steht jetzt allein da in der Wüste seiner Zerstörungen, vor dem Abgrund des Nichts, eben als *„Herr seiner eigenen Wüste“*.

Nietzsche hat dies 1883 geschrieben, zwei Jahrzehnte bevor die Moderne in der Kunstszene hervorbrach und 80 Jahre bevor sie in den 1960er Jahren ins alltägliche Bewusstsein der westlichen Welt eingesickert war. Abgesehen davon, dass dies zeigt, wie prophetisch dieser Text ist, ging es damals noch längst nicht um die „dritte Verwandlung“, das Ja-sagen. Es ging vielmehr darum, sich vom Kamel zum Löwen zu wandeln, das alte schicksalsergebene Bewusstsein abzuschütteln, um die Zerstörung der „goldfunkelnden tausendjährigen Werte“ und den Löwengeist, den es nach Nietzsche dazu braucht. Das heißt auch: Er kritisiert die Moderne nicht etwa, er *fordert* sie geradezu (deshalb wurde er auch als Nihilist verschrien). Aber er sieht eben auch, und dies damals schon, ihre Grenzen, er sieht, dass ihr noch etwas *folgen* muss, weil man in der Wüste, in die sie den Geist führt, nicht leben kann. Die Moderne kennt nur das Nein, sie *ist* das Nein, die Negation von allem, was ihr vorausgegangen ist. Was folgen muss, ist das Kind, das *Ja-sagt.* Dort stehen wir heute.

Die Wüste ist die Sinnlosigkeit der Moderne. Dies gilt es zu sehen und davor anzuhalten, es in sein Bewusstsein kommen zu lassen, anstatt nach neuen Werten zu rufen. Es gibt keine mehr, die Zeit der Werte ist vorbei. Sie waren schon immer *nur Ideen*, nie wirklich und daher eine Lüge, aber heute sind sie es erst recht. Sie sind spätestens in den Gaskammern von Ausschwitz und in den Mordorgien des Stalinismus ausradiert worden. Und wenn der hochgelobte Bestseller „Eine kleine Geschichte der Menschheit" von Harari eine auch nur einigermaßen zutreffende Beschreibung der Geschichte von Homo Sapiens ist, dann sind Ausschwitz und Gulag nur zwei Gipfel einer Vernichtungsgeschichte, die so alt ist wie dieser „Sapiens".

Diese Zerstörung der alten Werte aber – dies ist der wahre Grund, weshalb Nietzsche immer wieder den Willen, auch den *„Willen zur Macht"*, beschwört – ist notwendig, um zum Leben selbst vorzudringen und sich *dessen* (und nicht der „tausendjährigen Werte") Kraft zu beugen. Der Ruf nach neuen Werten oder einer Rückbesinnung auf alte Werte ist nichts als der Katzenjammer, der einen überfällt, wenn nach dem Rausch der Kater kommt. Hier erst, wenn er das begreift, wenn ihm klar wird, dass der Löwengeist, der ja ein Zerstörer ist, keine neuen Werte schaffen kann, muss der Geist zum Kind werden, hier muss das „Ich will" kapitulieren und ein „heiliges Ja-sagen" werden, ein Ja zum Leben, wie es ist. Wenn er vorher ja sagt, bevor der Drache der alten Werte besiegt ist, wird er wieder zum Kamel.

Nietzsche (Zarathustra) beschreibt dies als den Weg des Geistes, also einen Weg, den der Geist *aus sich heraus* geht. Wer diesen Weg bis zu Ende geht, wer die Wirklichkeit sieht, wie sie ist, wer die Wüste sieht, in der sich der moderne Geist befindet, landet wieder beim Kind. Jetzt kommt das Paradoxe: Damit erst werden wir erwachsen. Denn der Kampf gegen das „Du sollst" hat uns immer noch daran gefesselt, ebenso wie der Kampf der Jugend nicht zur wirklichen Lösung von den Eltern führt. Erst die Zustimmung zu unserem Sein und zum Leben, wie es ist (wozu auch die Kindheit gehört, wie sie war), führt uns in die Freiheit des eigenen Lebens. *Diese Freiheit ist keine Wüste*, diese Freiheit ist die Entfaltung des Lebens, *„mit* dem wir geboren sind".

Wir werden also erwachsen, indem wir wieder zum Kind werden. Allerdings nicht zu dem Kind unserer Eltern, das wir einmal waren und das sich dem „Du sollst" der Eltern und, ganz allgemein, der „tausendjährigen Werte" gebeugt hat (und beugen musste) – das wäre nichts anderes als ein Rückfall in die Kindheit, ins kindliche Bewusstsein –, sondern zu *einem ganz neuen und ganz anderen Kind, dem Kind des Lebens.* Das gilt für den Geist des einzelnen Menschen wie auch für den menschlichen Geist insgesamt. Die Frage ist: Wie wird der Löwe zum Kind? Wie kommen wir aus dem Nein-sagen (denn das Wort des Löwen ist „nein") zum Ja-sagen? Oder, in der Sprache meines Modells: Wie kommt man aus dem Jugendbewusstsein ins Erwachsensein? Denn Erwachsensein heißt nichts anderes, als aufhören zu kämpfen und „ja" zum Leben und zu sich selbst zu sagen.

Der erwachsene Mensch

Der Wendepunkt im Leben

Der Eintritt in die vierte Stufe, ins erwachsene Leben und ins Selbst-Bewusstsein, ist ein Wendepunkt. Es ist ein Wendepunkt im äußeren, natürlichen Leben, es ist ein Wendepunkt im inneren, seelischen Leben, und es ist auch ein Wendepunkt in der Relation zwischen diesen beiden Dimensionen, der natürlichen und der seelisch-geistigen. Wir sehen diesen Wendepunkt auch, wenn wir auf den Lebenskreis schauen: mit der vierten Stufe biegt sich der Kreis nach innen, um wieder zum Anfang zurückzuführen. Damit erst wird die Lebensbewegung zum Kreis. Sah es bisher so aus, als ob uns der Weg linear aus allem herausführt in die Leere der Sinnlosigkeit, so kehren wir jetzt zu uns selbst, und das heißt: zum Anfang, zurück. Der Anfang ist derselbe wie damals und doch ein ganz anderer, die Reise führt zwar wieder zum Kind, aber nicht ins Kindliche, nicht ins kindliche Bewusstsein. Anstatt in die unbewusste Symbiose führt er in die bewusste Einheit. Über die Stufen 1-3 treten wir Schritt für Schritt aus der Symbiose heraus, um über die Stufen 4-6 in die Einheit einzutreten, und zwar nicht in ein phantasierte „spirituelle Einheit", sondern in die ganz konkrete Einheit mit dem, was wir von Anbeginn an sind, mit uns selbst.

Für das allgemeine Bewusstsein ist es derselbe Weg, ohne dass ich dies im Folgenden im einzelnen ausführen werde[78]: Hier geht es darum, aus der Wüste der Sinnlosigkeit der Moderne und der Entfernung von der Natur wieder zu letzterer zurückzufinden. Auch dies ist kein Zurück zur alten Natur, sondern eine ganz neue Begegnung, ein neuer Anfang, ein Dialog, in dem sich Geist und Natur begegnen – nunmehr in der bewussten Erkenntnis unserer unaufhebbaren Abhängigkeit von der Natur, oder besser: im Wissen darum, dass wir (auch als Kulturmenschen) Natur *sind*. Vielleicht ist der Klimawandel (wenn die derzeitige Panik abgeebbt ist und einer ruhigeren Betrachtung Platz gemacht hat) ein erstes großes Ereignis, das diese Wende erzwingt.[79]

Bis hierher verliefen körperliche und geistige Entwicklung parallel, Körper und Geist entwickelten und reiften miteinander und aneinander. Das heißt, auch die geistige Entwicklung folgte der Natur. Das ändert sich nun, Körper und Geist bleiben zwar aufeinander bezogen, gehen aber von nun an getrennte Wege – der Körper entäußert sich, der Geist erinnert sich. Der Körper altert, verliert seine Kraft und verengt sich allmählich (am Anfang noch fast unmerklich, ab fünfzig aber immer deutlicher und spürbarer), während der Geist den entgegengesetzten Weg geht – er wird offener und weiter.

Wenn man den Weg ganz bis zu Ende geht, ist der Tod für den Körper die letzte Kontraktion, während er für den Geist der Übergang in die absolute Offenheit der geistigen Welt ist, die im Christentum als Ewigkeit bezeichnet wird, in Indien als Nirwana und in China als Tao. Das gilt aber nur dann, wenn man geistig in die vierte Stufe eingetreten ist. Wenn nicht, altert der Geist mit dem Körper, und wir werden auch geistig enger und sterben entsprechend.

Die Ent-Äußerung des Körpers

Im äußeren Leben, in der natürlichen menschlichen Entwicklung, gehen wir aus der Familie hinaus und gründen eine neue Familie. Das heißt auch, dass wir nicht mehr versorgt werden, sondern andere versorgen, nämlich unsere Kinder. Wir *nehmen* nicht mehr von den Eltern, sondern *geben* selbst als Eltern an unsere Kinder. Was wir von unseren Eltern bekommen haben, in erster Linie unser Leben, geben wir an unsere Kinder, an die nächste Generation, weiter. Damit bleiben wir im Fluss des natürlichen Lebens. Wie gesagt, ich spreche hier vom natürlichen Leben, nicht von dem, was dieses natürliche Leben in der Moderne überlagert (dass man als Single lebt oder als Paar erst sehr spät oder gar keine Kinder bekommt oder strikt homosexuell ist – in

Kulturen, die noch in und mit der Natur leben, gibt es dies allenfalls als Ausnahmen)[80]. Üblicherweise werden die Männer nach der Pubertät Väter und die Frauen Mütter.

Das heißt, wir geben unser Leben weiter, unsere Gene gehen in andere Körper ein – wir entäußern uns. Das, was wir körperlich sind, unser physisches Leben, wandert sozusagen aus uns heraus und in unsere Kinder hinein. Daraus resultiert die in allen Kulturen verbreitete Auffassung, dass wir in unseren Kindern weiterleben. Deshalb ist für Eltern das Leben ihrer Kinder wichtiger als das eigene, deshalb empfinden wir es als so schrecklich, wenn ein Kind stirbt. Unsere Kraft setzen wir ab jetzt nicht mehr in erster Linie für uns selbst ein, sondern für unsere Nachkommen. Sie wird nicht mehr zu unserem eigenen Wachstum gebraucht (wir sind ja ausgewachsen), sondern für andere. Das wiederum, dass man jetzt für seine Nachkommen sorgt, gibt einem Kraft.

Die Er-Innerung des Geistes

Für die geistige Ebene gibt es an dieser Stelle zwei Wege. Der eine – dies ist empirisch das Übliche – folgt der natürlichen Bewegung des Lebens. Auch der Geist geht auf die Nachkommen über und in sie ein. Ebenso wie der Körper wächst er nicht weiter, er bleibt im Kreislauf des natürlichen Lebens. Die Nachkommen leben unser Leben weiter, wir werden älter und alles bleibt, wie es immer war. Im Leben der Naturvölker kann man das heute noch in Reinform beobachten.

Der andere Weg führt in die entgegengesetzte Richtung: Der Geist bleibt bei sich selbst und weitet sich, er öffnet sich in die geistige Dimension des Lebens hinein. Wir erkennen, dass unsere Kinder ihre eigene geistige Existenz haben, dass sie, wie es Khalil Gibran ausdrückt, nicht *unsere* Kinder sind, sondern die *Kinder des Lebens* selbst, deren „Seelen im Haus von morgen wohnen", und lassen damit unseren Kindern ihre eigene geistige Entwicklung. Das heißt auch, wir entlassen sie in ihr eigenes Leben. Ihr Leben ist, und das ist menschengeschichtlich etwas sehr Neues, nicht mehr die Fortsetzung unseres Lebens. Damit erst entsteht Entwicklung, sowohl im individuellen geistigen Leben als auch im kollektiven. Und damit erst können wir uns auch unserem eigenen Geist und seiner eigenen Entwicklung zuwenden.

Wenn die über die Jahrtausende vorherrschende Auffassung stirbt, dass unser Geist auf die Nachkommen übergeht und damit quasi in der Familie (im Stamm) überlebt und auch bleibt, ist die Voraussetzung dafür entstanden, dass sich unser geistiges Potenzial in und durch uns selbst voll entfaltet. Wir erinnern uns, wer oder was wir – über unser körperliches Dasein hinaus – eigentlich sind; wir erinnern uns an den geistigen Samen, der in uns angelegt ist. Wir *er-innern* uns heißt: Wir gehen, während wir unser äußeres Leben weiterleben, geistig nach innen. Wir sehen im äußeren Leben eine Spiegelung unseres inneren, wir blicken nicht nur in die Welt hinein, sondern wir entdecken und erkennen uns selbst in der Welt, sie blickt uns wie aus einem Spiegel entgegen und wir erkennen uns selbst darin. Ich werde dies gleich ausführlich darlegen. Darin sehe ich die eigentliche Bedeutung der Moderne: Sie hat diesen zweiten Weg auf breiter Ebene geöffnet, mit ihr hat sich der Gegensatz zwischen Geist und Natur so zugespitzt, dass beide in ein neues Verhältnis zueinander treten müssen – es sei denn, die Welt geht unter. Dieses neue Verhältnis ist in der Moderne aber noch Potenzial, es verwirklicht sich erst dann, wenn der menschliche Geist tatsächlich ins Erwachsensein eintritt. Von diesem Zeitpunkt an ist dieser Weg unumkehrbar – der Geist geht in die Weite, während der Körper seiner natürlichen Bestimmung bis zum Tod folgt.

Das heißt aber nicht, dass man nicht mehr in kindliche Muster fallen würde. Im Gegenteil, diese werden einem jetzt erst richtig bewusst, man ertappt sich wieder und wieder dabei. Jetzt erst beginnt man, seine Kindlichkeit (wozu ich auch das Jugendliche zähle) zu entdecken. Dabei entdeckt man dann vielleicht auch kindliche Seiten, die man nicht gelebt hat. Die melden sich jetzt und wollen gelebt werden, so dass es sein mag, dass das Erwachsensein auch darin besteht, dass man in ungelebtes kindliches Leben noch einmal hineingeht, dass man das ein oder andere nachholt. Wenn man sich dessen dabei bewusst bleibt, ist das nicht wirklich ein Rückfall, sondern ein Ja zu sich selbst, in diesem Fall zu seinen kindlichen Bedürfnissen. Man muss dabei aber wach bleiben, dann hat man irgendwann genug davon.[81] Im Unterschied zu früher besteht jetzt zumindest die Chance, dies recht bald oder gar sofort zu bemerken, und damit entsteht ein innerer Druck weiterzugehen. In diesem Weitergehen begegnet man dann all seinen kindlichen Anteilen und den entsprechenden Bedürfnissen, Wünschen und Ängsten – es ist ein langer Weg.

In die Wirklichkeit eintreten

Was heißt erwachsen sein? Es heißt, in die Wirklichkeit einzutreten, die magische Traumwelt der Kindheit zu verlassen, aber auch die Traumwelt der Jugend (von der wir uns einreden, sie sei rational und die Wirklichkeit). In der Außenwelt ist das die Wirklichkeit des menschlichen Alltags: Gesellschaft, Beruf, Arbeit, Beziehung und Familie, Kinder; im Innern ist es die eigene, innere Wirklichkeit, das, womit man geboren ist, das innere „Selbst“; der Mensch, der man tatsächlich ist, der von innen heraus aus einem wachsen will – im Unterschied zu dem, zu dem die anderen einen machen wollten oder wollen und der man daher zu sein glaubt, und auch im Unterschied zu dem, der man sein will. Das ist ein radikaler Bruch, oder, um einen bei der Beschreibung der Geburt schon einmal verwendeten Begriff wieder aufzugreifen, ein erneuter Weltenwechsel. Der Bruch ist so tief und so radikal, dass wir ihn so weit wie nur irgend möglich hinausschieben oder von uns fernzuhalten versuchen. Genau deshalb dauert die Jugend heute so lange: weil wir diesen Wechsel unbedingt vermeiden möchten, weil wir die alten Welten, unsere Kinder- und Jugendträume, nicht verlassen wollen.

Was heißt hier „Wirklichkeit“? Zunächst einmal können wir sagen, er bezeichnet das, was ist, was tatsächlich der Fall ist, im Unterschied zu dem, was nicht ist, was nur gedacht oder vorgestellt oder geträumt ist. Aber die Sache ist nicht so einfach, wie sie zunächst scheint, wie folgende Geschichte des taoistischen Meisters Zhuangzi verdeutlicht:

Eines Nachts träumte Zhuangzi, er sei ein Schmetterling.
Der Traum fühlte sich vollkommen wirklich an, so dass er sich,
als er aufgewacht war, fragte:
‚Hat Zhuangzi nun geträumt, er sei ein Schmetterling,
oder ist er ein Schmetterling, der jetzt träumt, er sei Zhuangzi?‘

Ich lasse die Frage zunächst einmal so stehen und beginne mit unserer alltäglichen Erfahrung. Wir gehen alle davon aus, dass wir existieren. Ebenso gehen Sie davon aus, dass das Buch, das Sie gerade lesen, existiert. Und was Sie selbst betrifft, so empfinden Sie Ihren Körper als etwas Wirkliches. Dasselbe gilt für die anderen Menschen, für Tiere, Pflanzen, die Erde – für alles, was wir auch als „die Welt“ bezeichnen. Alles, was wir sehen oder anfassen oder, allgemeiner gesprochen, mit den Sinnen wahrnehmen können, ist für uns wirklich. Und es ist nicht nur für uns selbst wirklich, sondern für alle Menschen aller Kulturen. Insofern teilen wir alle eine gemeinsame Wirklichkeit.

Eine andere Frage ist es, ob wir, wenn wir einen Menschen oder einen Berg oder eine Blume sehen, alles dasselbe sehen. Wir sehen insofern dasselbe, als wir einen Berg nicht einen Menschen nennen und in einer Blume kein Tier sehen. Das gilt auch für Angehörige ganz verschiedener Kulturen und Zeitalter. Aber die Aborigines sehen im Ayers Rock (der bei ihnen Uhuru heißt) noch etwas anderes als nur einen Berg oder ein Naturwunder, für die nordamerikanischen Indianer sind manche Berge heilig, im südamerikanischen Regenwald ist ein Jaguar nicht nur ein Tier und eine Pflanze zugleich ein Geist, und ein Bauer in den Alpen sieht in seinen Bergen auch noch vieles, was ein Tourist nicht sieht. Auch der Mensch, den wir in unserem Kind sehen, ist wahrscheinlich ein anderer als der, den dieses Kind in sich selbst wahrnimmt, und auch ein anderer als der, den andere Menschen in ihm sehen. Und die spirituellen Meister Indiens und des fernen Ostens berichten von der Erfahrung, dass alles, was ein gewöhnlicher Mensch als wirklich empfindet, nur eine traumartige Erscheinung ist; die wahre Wirklichkeit ist demzufolge ewig, unbeweglich, ohne jede Substanz und daher auch nicht beschreibbar, sondern nur erfahrbar.

Diese Erfahrung nennen sie Erleuchtung oder (spirituelles) Erwachen, und sie beschreiben es als ein Aufwachen aus einem Traum. Es gibt also sehr verschiedene Perspektiven (Ansichten), sehr verschiedene Dimensionen, sehr verschiedene Erfahrungen und sehr verschiedene Wahrnehmungen derselben Wirklichkeit.

Dessen ungeachtet ist ein Stein ein Stein, auch für einen Buddha, und wenn er schwer ist und einem auf die Füße fällt, tut es weh und macht eine Wunde. Das musste der Novize, der dem Meister mit seinem spirituellen Wissen imponieren wollte und sagte, er habe jetzt erkannt, dass die Welt nur Schein sei und nicht wirklich existiere, schmerzlich erfahren – der Meister hob nämlich einen schweren Stein auf und ließ ihn dem Schüler wortlos auf die nackten Füße fallen, so dass dieser laut aufschrie. „Was machst du solch ein Geschrei? Es ist doch alles unwirklich!", sagte er, als sich der Schüler über die rüde Belehrung beschwerte. Allenfalls einige Philosophen kommen auf die Idee, es gäbe gar keine Wirklichkeit außerhalb von unserer Wahrnehmung (zum Beispiel der radikale Konstruktivismus, von dem vorhin die Rede war), aber die sehen vor lauter Gedanken den Boden unter ihren Füßen nicht mehr.

Wenn wir von uns selbst sprechen, meinen wir diesen Menschen mit diesem Körper, der einst in unserer Mutter herangewachsen, dann geboren und aufgewachsen ist und jetzt aus uns spricht. Das ist das, was wir als unsere Wirklichkeit empfinden, und zwar alle, jeder Mensch. In diesem Sinne existieren wir, in diesem Sinne wachsen wir auch – vom Mutterleib über die Kindheit und die Jugend bis zum Erwachsensein. In diesem Sinne heißt denn auch erwachsen sein ganz einfach, dass unser Wachstum sich – im großen und ganzen – vollendet hat. Das ist im Alter von ungefähr zwanzig Jahren der Fall. Wir sind ausgewachsen, wir wachsen nicht mehr weiter (es ist jetzt aus damit).

Daraus kann man etwas Wichtiges ablesen, was das moderne Bewusstsein nicht sieht: Alles physische Wachstum ist begrenzt, alles hat ein Ende. Die Vorstellung des unbegrenzten Wachstums, die dem modernen Bewusstsein inhärent ist, ist (auf der physischen Ebene) vollkommen irreal. Sie passt allerdings zur Jugend, denn in der Jugend wachsen wir tatsächlich innerlich wie äußerlich aus allem heraus, und man könnte daher meinen, das würde immer so weitergehen.

Dass wir jetzt ausgewachsen sind, bedeutet auch, dass wir den Schutz, den ein unfertiger, noch nicht ausgewachsener Mensch noch braucht, nicht mehr nötig haben. Nicht nur unser Körper funktioniert selbständig und hat alles gelernt, was zum Überleben nötig ist, sondern auch unser Geist ist fähig, sich allein zu orientieren. Damit sind wir nicht mehr auf die Hilfe und Anleitung anderer, insbesondere der Eltern, angewiesen. Wir können und müssen jetzt allein in die Welt gehen. Damit erst treten wir ganz in unser eigenes Leben ein. Jetzt wäre also, um nochmals an Hillman zu erinnern, die Zeit gekommen, in der wir anfangen könnten, den Ort und die Menschen, *bei denen* wir geboren wurden, zu verlassen und das Leben zu leben, *mit dem* wir geboren wurden.

Die geistige Geburt – Die zweite Geburt des Menschen

Insofern ist das Eintreten ins Erwachsensein eine zweite Geburt, nämlich unsere geistige Geburt. Als wir den Mutterleib verlassen haben, war unser Geist (als etwas eigenes, selbständig funktionierendes) noch nicht geboren. Damals sind wir nur körperlich in die Welt eingetreten. Nach der allmählichen Entwicklung und Reifung unseres geistigen Daseins in der Kindheit, im geistig-emotionalen Mutterleib der Familie, und den immensen Schwierigkeiten, sich daraus zu lösen (der Jugend, kollektiv: der Aufklärung und der Moderne), können wir nun auch geistig in unser eigenes Leben eintreten. Wir müssen es allerdings *tun* und nicht nur fordern. Damit erst begegnen wir auch geistig (spirituell) der Wirklichkeit, und zwar unserer eigenen, inneren Wirklichkeit wie auch der Wirklichkeit der Welt.

Grenzen

Diese Wirklichkeit ist zunächst eine ganz profane. Sie zeigt und lehrt uns, was wir können und was nicht, was möglich ist und was nicht. Sie zeigt uns unsere Grenzen, unsere eigenen wie die der Welt. Der Unterschied zur kindlichen Welt ist: Dort haben uns die Eltern (kollektiv: Priester und Könige, die herrschenden Autoritäten) unsere Grenzen gezogen, uns gesagt, was wir dürfen und was nicht, was wir können und was nicht, was möglich ist und was nicht, und auch, wer wir sind oder sein sollen und wer wir nicht sind oder sein sollen. In der jugendlichen Welt, in der wir uns geistig immer noch aufhalten, versuchen wir, uns dieser Begrenzungen zu entledigen. Wir behaupten und glauben, es gäbe keine Grenzen, alle Grenzen würden uns – so wie es in der Kindheit tatsächlich war – nur von anderen aufgezwungen oder eingeredet. Wir müssten nur den Glauben daran verlieren, dann könnten wir alle Grenzen überwinden. Der Jugendliche wie auch das moderne Bewusstsein insgesamt arbeitet fortwährend an der Überwindung seiner Grenzen oder tut so, als ob es sie nicht gäbe.

Das gilt für alle Seiten des modernen Bewusstseins. Als 1972 die Studie des *Club of Rome* unter dem Titel „Die Grenzen des Wachstums“ veröffentlicht wurde, war das ein Schock für die westlichen Gesellschaften. Das Wachstum ist begrenzt? Unmöglich! Tatsächlich setzt die gesamte Wirtschaft immer noch auf unbegrenztes Wachstum, eine Welt ohne Wachstum scheint unvorstellbar. Die einen, sagen wir grob vereinfacht: die „Kapitalisten" und die ihnen zugeneigten Politiker und Wissenschaftler, insbesondere die Ökonomen, ignorieren die Tatsache, dass die Erde und ihre Ressourcen begrenzt sind. Ihre grünen, linken und linksliberalen Gegner meinen, ein Land brauche keine Grenzen oder müsse oder gar dürfe seine Grenzen nicht schützen; die Wissenschaft als Ganze macht sich an den Grenzen des Lebens zu schaffen, sie will einerseits künstlich neues Leben erzeugen und andererseits den Tod abschaffen, zumindest die Grenzen des Lebens so weit hinausschieben, wie es nur irgendwie geht. Im Spitzensport geht es darum, die Grenzen immer weiter zu überwinden und neue Rekorde aufzustellen, koste es, was es wolle. Doping heißt nichts anderes, als die Grenzen des physisch Machbaren zu ignorieren. Und Geld verdient sowieso niemand genug. Die Liste ließe sich endlos fortsetzen. Das sind alles Projekte einer jugendlichen Geisteshaltung, die für Jugendliche durchaus angemessen und insofern real ist, aber mit Erwachsensein und einer tieferen Einsicht in die Bedingungen des Lebens kaum etwas zu tun hat.

Sofern wir ins erwachsene Leben eintreten, entpuppt sich dies als große Illusion. Das moderne Leben ist zwar potenziell grenzenlos, insofern ich potenziell alles tun kann, faktisch jedoch ist dies unmöglich. Ich kann potenziell jeden Beruf ausüben, faktisch aber nur einen oder, im Laufe eines langen Berufslebens, vielleicht auch zwei oder drei; ich kann potenziell jede Frau lieben oder heiraten, faktisch aber nur eine oder wenige; ich kann potenziell alles sein oder werden, faktisch setzen mir meine körperlichen und geistigen Fähigkeiten, meine Psyche wie meine Bedürfnisse und Interessen jedoch ziemlich enge Grenzen.

Die Idee der Grenzenlosigkeit beruht auf einer Verwechslung zwischen unserem materiellen, physischen und unserem geistigen Dasein. Auf der geistigen Ebene sind wir tatsächlich grenzenlos, der Geist hat keine Grenzen, denn alles ist Geist. Sobald sich der Geist aber manifestiert, sobald er eine physische Form annimmt, ist er (als diese Form) begrenzt. Ein Körper ist nur ein Körper, weil er Grenzen hat, sonst würde er, wie auf Salvatore Dalis Bildern, zerfließen – und selbst diese zerfließenden Figuren haben noch Grenzen, sonst wären sie nicht darstellbar.

Alles, was eine Form hat, ist begrenzt, auch das physische Leben. Alles, was einen Anfang hat, hat auch ein Ende. Daher bedeutet Leben immer auch Bindung. So etwas wie ein ungebundenes Leben gibt es nicht. Zum Beispiel bindet uns unser Körper – oder generell die Natur. Wir müssen essen, trinken, verdauen, schlafen. Was immer wir medizinisch-technisch mit unserem Körper machen oder künftig anstellen mögen: Die Natur wird uns immer Grenzen setzen und uns weiterhin an unser biologisches Sein und dessen Notwendigkeiten binden. Unser Körper ist das, was uns gegeben ist – damit ist er übrigens auch eine Gabe, das heißt ein Geschenk. Was der eine kann, kann der andere noch lange nicht. Die moderne Auffassung von Freiheit, die Freiheit mit Selbstbestimmung und Ungebundenheit oder Unabhängigkeit gleichsetzt, ist völlig illusorisch und erzeugt nur Leid.

Das Mögliche und das Wirkliche

Die Grenzenlosigkeit des modernen Lebens existiert nur im Kopf, in der Möglichkeit, im Konjunktiv. Diese Freiheit existiert nur so lange, wie ich mich nicht auf das Leben einlasse. Die Jugend ist, innen wie außen, der Raum des Möglichen, das Erwachsensein der Raum des Notwendigen. Es gibt zwar theoretisch für alles Alternativen, aber nicht in der Wirklichkeit. Sobald ich mich auf das Leben einlasse, ist das Mögliche, ist die (gedachte) Alternative nicht mehr möglich. Auch hinterher ist sie nicht mehr möglich. „Wenn ich den Ball in die andere Ecke geschossen hätte, hätte der Torwart ihn nicht gehalten", sagte der gescheiterte Elfmeterschütze, und wenn ich gestern den Schnaps nicht getrunken hätte, hätte ich heute keine Kopfschmerzen.

Die Wirklichkeit vernichtet alle Möglichkeiten, sie existieren sozusagen nur virtuell und nur so lange, wie ich nicht handle. Im Moment der Handlung gibt es keine Alternativen mehr. Es gibt auch keine Alternative zu sich selbst, zu dem, der man ist. Dass man sich ändern könnte, ist nur ein moderner Traum. Ich habe es eingangs bereits gesagt: Wir sind von Anfang an, von der ersten Sekunde im Mutterleib an, der Mensch, der wir heute sind; derselbe Mensch in einem anderen Stadium seines Wachstums. *„After changes about changes we are more or less the same"*, singen Simon & Garfunkel. Osho kleidet es in ein schönes Bild: *„Der Ganges an seiner Quelle, der Ganges, der durch die Berge fließt, durch den*

Himalaya, der Ganges in den Ebenen, der Ganges, wenn er sich in den Ozean ergießt – ist eins. Er ist gleich-zeitig, ein Fluss“ (Osho 1978, S. 39).

Im Mutterleib, in der Kindheit, im Alter – wir sind ein Fließen des Lebens in einer bestimmten Gestalt. Die Gestalt ändert sich jeden Moment und bleibt zugleich das, was sie ist. Ich kann das Mögliche immer nur erträumen und mir – vorher oder nachher (als verpasste Möglichkeit) – vorstellen, aber ich kann es nicht leben. Leben heißt immer, in die Wirklichkeit eintreten, und die ist immer alternativlos. Das heißt es auch, im Hier und Jetzt zu sein, nämlich ganz in dem aufzugehen, was gerade ist, und sich nicht im virtuellen Raum des Gestern oder Morgen aufzuhalten. Letzteres ist aber genau das, was das moderne Bewusstsein auszeichnet: Es hält sich immer im Gestern oder im Morgen auf, in der Auseinandersetzung mit dem, was war und nicht mehr ist, oder in der Vorwegnahme dessen, was sein könnte, aber noch nicht ist. Beides bedeutet Stress, denn beides ist etwas, was ich entweder nicht mehr ändern kann oder noch realisieren muss. Im Wirklichen zu sein, sich auf das Leben in diesem Moment ganz einzulassen, bedeutet Entspanntheit, ist Glück und ist Freiheit. Die Möglichkeit, alles tun zu können, ist lediglich eine vorgestellte Freiheit, der Traum von Freiheit.

Sich auf das Leben einlassen

Die Wirklichkeit ist das, was gerade der Fall ist, was gerade geschieht. Demzufolge bedeutet das geistige Eintreten in die Wirklichkeit, sich ganz dem zu überlassen, was gerade geschieht. Das heißt aber auch, dass ich meine (innere, gedachte oder vorgestellte) Beschäftigung mit dem, was gerade nicht geschieht, sein lassen muss. Auf der Ebene des alltäglichen Lebens heißt das zum Beispiel, dass man sich, wenn man aus dem Suchstadium der Jugend heraus und in das erwachsene Leben eintreten will, auf einen Beruf einlassen muss. Bei aller Flexibilität, die heute möglich und angesagt ist, kann man es sich auf die Dauer nicht leisten, sich alle Optionen offen zu halten, sonst wird man es in dem, was man tut, nicht weit bringen. Selbst wenn jemand, wie ein talentierter Sportler oder ein Künstler, das Glück haben sollte, mit der Tätigkeit, die er liebt und zu der ihm das Talent in die Wiege gelegt wurde, viel Geld zu verdienen, muss er sich auf diesen Beruf mit Haut und Haaren einlassen, wenn er nicht scheitern will. Für die meisten jungen Menschen ist es aber gar nicht klar, was sie im Innersten wirklich wollen, sie müssen nehmen, was sich gerade anbietet. Und wenn sie eine klare Präferenz haben und dort, wo sie hin wollen, auch genommen werden, wissen sie nicht wirklich, was sie erwartet. Das heißt: Sie müssen einen Schritt ins Unbekannte wagen, und dieser Schritt beeinflusst ihr gesamtes Leben.

Dasselbe gilt in der Liebe. Wer nicht allein bleiben will, muss sich auf einen anderen Menschen einlassen – auf einen Menschen, den er im Grunde nicht kennt. Wer heiratet, einen Hausstand und eine Familie gründet – damit beginnt im Äußeren das erwachsene Leben –, verlässt den Raum, in dem alles möglich ist, und betritt einen Raum, der ihn in vielfacher Hinsicht festlegt und verpflichtet. Aus dem jugendlichen Universum der Möglichkeiten wird das, was ist – auch dann, wenn man nicht heiratet, sondern „progressiv" als „Lebensgemeinschaft" zusammen lebt. Das „Anything Goes" ist nur Theorie, aber eine, die einem das Leben sehr verleiden kann und ganz viel Stress verursacht, wenn man es nicht als Illusion durchschaut. Solange immer etwas anderes, was man ebenso tun oder haben könnte wie das, was gerade ist, am Horizont lauert, ist es sehr schwer, sich auf das gerade Gegebene ganz einzulassen.

Diesen Festlegungen kann man sich nicht einfach entziehen, und sie kommen auch nicht nur von außen. Wer zum Beispiel ein Kind bekommt, kann sich den daraus folgenden Notwendigkeiten nicht entziehen, ohne sich selbst zu verletzen, ohne seine Seele und sein Herz zu verletzten. Sein Kind zu nähren, zu schützen und ins Leben zu begleiten ist kein äußerer Zwang, sondern ein Bedürfnis, das aus der eigenen Seele und dem eigenen Herzen kommt.

Wer sich auf sein Kind nicht wirklich einlässt, fügt nicht nur dem Kind, sondern auch sich selbst einen großen Schaden zu. Er mag dies vielleicht nicht bewusst wahrnehmen, aber das bedeutet nur, dass er sich selbst nicht wahrnimmt, dass er seine wirklichen Bedürfnisse nicht kennt und seine Gefühle ein Stück weit tot sind. Und es bedeutet auch, dass er sich weigert, erwachsen zu werden, weil er dem, was zum Erwachsensein gehört, nämlich sich den Folgen seiner Handlungen und somit dem Leben zu stellen, entzieht.

Ver-Antwortung

Das Leben entlässt uns aber nicht aus den Folgen unserer Handlungen. Überall dort, wo wir uns seinen Notwendigkeiten entziehen, holen diese uns auf die eine oder andere Weise wieder ein. Dann müssen wir zum Arzt oder gehen zum Psychotherapeuten, der dies dann wieder reparieren soll. Zur Veranschaulichung erzähle ich zwei sehr unterschiedliche Geschichten. Ich will damit nichts beweisen, sondern nur ein wenig illustrieren, was es – unter anderem – heißt, erwachsen zu handeln.

1. Ein Bekannter von mir bat mich um ein Gespräch, weil es ihm sehr schlecht gehe. Jochen (Name geändert) ist zu der Zeit ungefähr Siebzig, seine Frau ist vor etwa zwei Jahren nach langem Leiden an Krebs gestorben, es war sicherlich eine Erlösung für sie, aber das interessiert Jochen nicht. Er jammert mir die Ohren voll, wie schlecht es ihm geht und dass er allein nicht zurechtkommt. Er kann nicht nur nicht einkaufen oder kochen (dafür hat er eine bezahlte Haushälterin), er weiß noch nicht einmal, wie man Geld abhebt oder überweist. Seine Frau hat immer alles für ihn geregelt. Auch die Haushälterin hat sie noch für ihn engagiert. Als er einmal eine junge Frau, eine Praktikantin an seiner Arbeitsstelle, geschwängert hat, hat seine Frau auch das in die Hand genommen und auf ihre Weise für ihn geregelt, und er hat sie machen lassen. Da die junge Frau nicht abtreiben wollte, hat sie ihr eine recht große Summe Geld bezahlt und einen Vertrag mit ihr gemacht, in dem diese sich verpflichtete, auf alle Ansprüche gegen ihren Mann zu verzichten und keinen Kontakt zwischen dem Kind und dessen Vater, also Jochen, zuzulassen.
Jochen erzählte mir mit weinerlicher Stimme, wie allein er sei und dass er nach dem Tod seiner Frau „keinen Menschen mehr habe“, und dabei hatte er eine Tochter, die jetzt zwanzig war und die er nicht kannte und auch nicht kennen wollte. Er war ein Kind geblieben, das keine Verantwortung übernimmt. Der Preis war, dass er nicht in der Lage war, für sich selbst zu sorgen, materiell nicht und psychisch erst recht nicht. Tatsächlich hatten sich alle Freunde von ihm abgewandt, weil er wie ein Kind immer nur nahm und nie etwas gab. Auch bei mir suchte er Hilfe und Trost wie ein Kind. Ich habe ihm ein paar

Mal zugehört, dann hatte ich keine Lust mehr und habe ihm gesagt, wenn er etwas ändern will, muss er erstens für die Gespräche bezahlen und zweitens anfangen, Verantwortung zu übernehmen. Danach ist der Kontakt eingeschlafen.

2. Eine Frau von Anfang dreißig ist schwanger und quält sich mit der Frage, ob sie das Kind behalten oder abtreiben soll. Mit dem Vater ist sie zwar recht fest liiert, aber ein Kind wollte sie (noch) nicht, es war ein so genannter „Unfall". Sie tut so, als könne sie nichts dafür, aber damit kommt sie bei mir nicht durch. „Du weißt genau, wie man schwanger wird, und auch, wie man es verhindern kann", sage ich ihr. Im Grunde will sie von mir so etwas wie eine Absolution für eine Abtreibung. Sie will ihr Leben weiterleben wie bisher, und das wäre mit Kind nicht möglich. Unter anderem führt sie an, dass sie in ihrer Freizeit Sängerin in einer sehr guten Band sei und das nicht aufgeben wolle, das sei ihr Lebenselexier.
Die Absolution bekommt sie nicht, damit hätte sie die Verantwortung auf mich schieben können. Mein tieferer Eindruck ist aber, dass sie gegen ihr Herz, gegen ihre innere Stimme anredet und dass sie von ihrem Herzen her das Kind will, das aber nicht mit ihrem „Lebensentwurf" und ihren Ansprüchen in Übereinstimmung bringen kann. Ich sage ihr, dass sie selbstverständlich tun kann, was sie will, dass sie aber so oder so der Verantwortung nicht entgehen kann. Entweder sie nimmt das Kind oder sie nimmt die Verantwortung dafür, es töten zu lassen, oder dies holt sie früher oder später ein: „Erstens hat sich mit der Schwangerschaft dein Leben bereits geändert. Das kannst du nicht mehr wegmachen, auch wenn du das Kind wegmachen lässt. Zweitens: Du tötest dieses Kind, auch wenn das ein Arzt für dich erledigt. Es landet im Sondermüll des Krankenhauses.[82] Das bleibt nicht ohne Folgen. Ich bin in meiner Arbeit sehr vielen Frauen begegnet, die abgetrieben haben, aber es war nicht eine darunter, die nicht zumindest ein schlechtes Gewissen hatte. Die meisten haben sehr darunter gelitten, und oft ist die Beziehung zum Vater des Kindes daran zerbrochen. Ich sage dir das, damit du weißt, was du tust. Und drittens: Du kannst heute gar nicht wissen, wie es für dich sein wird, ein Kind zu haben. Ich bin sicher, du wirst es lieben, du wirst gar nicht

anders können. Deine Prioritäten werden dann ganz andere sein als heute. Vielleicht interessiert dich sogar deine Band dann nicht mehr."

Sie war sehr unzufrieden mit meiner Beratung und hat mir danach eine recht böse E-Mail geschickt, die ich nicht beantwortet habe. Ein Jahr später, an Weihnachten, bekam ich dann wieder eine E-Mail von ihr. Diesmal war ein Foto von ihrer kleinen Tochter angehängt, mit dem Zusatz: „Das ist das beste, was mir bisher in meinem Leben passiert ist, ich möchte mich von ganzem Herzen bei dir bedanken."

Dass das Erwachsensein Verantwortung mit sich bringt, weiß jeder. Aber dass Verantwortung keine lästige Pflicht ist, sondern Erfüllung, Glück und sogar Freiheit bedeutet, wenn man sich ihr ganz und gar stellt, wird nur selten gesehen. Auch nicht, dass sie bedeutet, ins Leben einzusteigen, und dass dieses Leben mit all seinen Notwendigkeiten einen erst wirklich lebendig werden lässt.

Allein sein und Zugehörigkeit

Diese Geschichten zeigen noch etwas: Ein Erwachsener ist allein. Und er kann allein sein. Ein Kind kann nicht allein sein, es ist dann verloren. Es wird entweder (so ist es in den allermeisten Fällen) verwahrlosen, oder es wird lange vor der Zeit erwachsen werden und seine Kindheit und Jugend verpassen. Damit wird es aber kein ganzer Erwachsener, innerlich kann dieser Mensch das Kindliche in sich nicht fühlen oder, wenn es sich denn mal meldet, nicht zulassen. Dort bleibt ein dunkles Loch. Ein Erwachsener hingegen ist verloren (oder hat sich, wie Jochen, noch gar nicht gefunden), wenn er nicht allein sein kann, wenn er sein Alleinsein nicht nimmt.

Alleinsein ist hier nicht sozial gemeint. Im Erwachsensein ist man auch allein, wenn man mit anderen zusammen ist, sogar dann, wenn man eine Familie hat und sich ganz auf sie einlässt. Das erwachsene Alleinsein ist etwas Inneres. Es ist auch kein Verlust, es ist ein Vermögen, das Resultat eines inneren Wachstums. Es ist das Herauswachsen aus der kindlichen Notwendigkeit, zur Familie dazuzugehören. Damit erst wird eine Beziehung zu einer freien Beziehung, wobei diese Freiheit nichts damit zu tun hat, dass man tun kann, was man will. Sie bedeutet, dass man nicht am anderen klebt, weil man auch allein sein kann. Am Beispiel von Jochen sieht man einen alten Mann, der diesen Schritt nie gemacht hat und sich deshalb ohne seine Frau (die im Innern seine Mutter repräsentiert) nicht mehr im Leben zurechtfindet.

Die schwangere Frau im anderen Beispiel war auch allein. Die Entscheidung, ob sie das Kind behalten sollte oder nicht, musste sie ganz alleine treffen. Sie wäre auch dann damit allein gewesen, wenn ich oder jemand anders ihr die Entscheidung abgenommen hätte, denn die Folgen muss sie so oder so tragen. Das gilt für jeden und für alles, was wir im Leben tun, erleben oder lassen. Wir müssen dem Leben antworten, und wie immer die Antwort sein mag und wen immer wir dabei um Rat fragen, es ist immer unsere alleinige Antwort. Das ist es, was Verantwortung heißt: dem Leben antworten, dem Ruf des Lebens antworten, und zwar selbst.

Das Alleinsein hat nichts mit Einsamkeit zu tun. Einsam ist nur der, der nicht allein sein will. Vielmehr erfahren wir im Alleinsein eine andere Art von Zugehörigkeit: die *Zugehörigkeit zum Leben*. Damit betreten wir einen viel weiteren Raum. Die Zugehörigkeit zur Familie oder zu den die Familie ersetzenden Gruppen und Identitäten der Jugend war eng und sehr begrenzt, die zum Leben ist offen und weit, eigentlich unendlich. Sie ist nicht mehr an bestimmte Merkmale oder Bedingungen gebunden. Zur Familie und allen anderen Gruppen gehöre ich dazu, wenn ich mich so verhalte, manchmal auch so aussehe oder so „bin“, wie es den dort geltenden Normen entspricht. Deshalb ist diese Zugehörigkeit immer gefährdet und ich muss immer darauf achten, sie nicht zu verlieren. Das macht, ich habe es oben schon erwähnt, unser Gewissen. Zum Leben gehöre ich immer dazu. Diese Zugehörigkeit kann mir niemand verwehren und nehmen. Ich habe auch immer dazugehört, auch dann, wenn meine Eltern mich nicht haben wollten, auch dann, wenn diese oder jene Gruppe mich ausgeschlossen hat oder nicht haben wollte oder ich mich als Außenseiter gefühlt habe. Das Leben wollte mich immer haben, und zwar genau so, wie ich bin. Nichts an mir ist für das Leben falsch.

Wenn man das sieht, tritt das tiefe kindliche Bedürfnis nach Zugehörigkeit und das Gefühl, sich anpassen zu müssen, damit man dazugehören darf, in den Hintergrund. Dann ist man frei, man selbst zu sein;

frei, der Mensch zu sein, den das Leben hat entstehen lassen. Man wird eins mit sich selbst und kann mit sich allein sein, ohne dass dies Einsamkeit bedeutet. Alleinsein heißt, dass jetzt niemand mehr zwischen mir und meinem Leben steht – keine Eltern, keine Familie, keine Gruppe, keine Gesellschaft. Damit beginnt das geistige Erwachsensein, damit betritt man erst ganz das eigene Leben. Es beginnt dann genauso, wie mit der Geburt das körperliche Alleinsein beginnt. Deshalb nenne ich es auch unsere geistige Geburt. Mit der ersten Geburt löst sich unser Körper aus der Symbiose mit dem Leib der Mutter und fällt allein in die Welt, mit der zweiten, geistigen Geburt fällt unser Geist aus der geistigen Symbiose mit der Familie oder allgemein dem Gruppenbewusstsein und aus der jugendlichen Symbiose mit unseren Ideen und steht von nun an allein in der Welt; mit der ersten Geburt beginnt unser Leben als körperliches Selbst, mit der zweiten beginnt unser Leben als geistiges Selbst; mit der ersten Geburt erlangen wir die Freiheit des Leibes, mit der zweiten die Freiheit des Geistes. Diese Freiheit ist die andere Seite des Alleinseins. Es ist der Anfang unseres eigenständigen geistigen Lebens. Vorher hat sich unser Geist zwar auch entwickelt, aber er war sozusagen noch im Mutterleib oder, in der Jugend, im Prozess der Geburt. Jetzt bekommen wir auch eine neue Heimat, und zwar eine, die uns niemand mehr nehmen oder verweigern kann: jetzt wird die Welt, das Leben selbst, die Offenheit der Existenz unsere Heimat. Damit beginnt die spirituelle Reise.

Die Geburt des Selbst als Fallen ins Offene

Diese Reise ist zunächst ein Fallen, und zwar ein Fallen ins Offene. Wir wissen nicht, wer wir sind oder warum wir so sind, wie wir sind. Jeder Mensch ist anders, auch wenn er dieselben Eltern hat und die gleiche Erziehung hatte. Selbst eineiige Zwillinge sind verschieden. Wir sind nicht das Produkt unserer Eltern und schon gar nicht das Produkt unserer Erziehung, auch nicht das Produkt unserer Geschichte oder unserer Umwelt. Dich und mich gibt es nur ein einziges Mal, es gab noch nie solch einen Menschen und es wird auch nie wieder einen geben. Es gibt keine größere Dummheit im Leben, als so sein oder werden zu wollen wie andere – es ist unmöglich. Wir können immer nur wir selbst sein. Das ist zugleich unser tiefster Wunsch. Aber niemand kann uns das geben – war haben uns ja schon. Wir sind das, was wir suchen. Das „Ich selbst" liegt in mir, und es liegt an mir, es zu ent-decken.

Alle Vorstellungen, die wir über uns selbst oder über das Selbst haben, sind falsch. Wir wissen auch nicht, was die Welt ist. Wir wissen einiges darüber, wie sie funktioniert und auch darüber, wie wir funktionieren, aber nicht, was und wer wir sind. Alles, was wir haben, sind unsere kindlichen Bilder vom Leben und die ins Gegenteil gewendeten, im Grunde aber ebenso kindlichen Bilder der Jugend und des modernen Bewusstseins, die man heute als „Werte" in den humanistischen Himmel hebt. Über die Wirklichkeit, sowohl unsere eigene wie die der Welt, wissen wir so wenig wie ein Kind vor der Geburt über sich selbst und über die Welt weiß, die es mit der Geburt betritt. Wenn Sokrates sagt, alles, was er wisse, sei, dass er nichts weiß, dann trifft das genau diesen Punkt.

Jeder kann das bei sich selbst nachprüfen: Wir haben in jeder Phase unseres Lebens ein anderes Selbstgefühl und ein anderes Bild von uns selbst, eine andere Vorstellung davon, wer wir sind, oft auch eine andere Vorstellung davon, was wir können und was nicht. Ich habe mir vor meinem 35. Lebensjahr nicht im Traum vorstellen können, Therapeut zu werden und mit Menschen und ihren Gefühlen zu arbeiten. Wenn es mir jemand prophezeit hätte, hätte ich es nie geglaubt, weil ich überzeugt war, dass ich das nicht kann. Als ich erstmals die Erfahrung machte, dass ich es vielleicht doch kann und dann der Gedanke auftauchte, das könnte meine berufliche Zukunft sein, war das ein Schock. Seit meiner Jugend hatte ich mich als rationalen Typen gesehen, ich war ganz mit meinem Denken identifiziert und wollte gerne ein Intellektueller sein oder werden. Ich hatte zwar Gefühle, aber die waren mir, abgesehen von dem schönen Gefühl, das ich für Liebe hielt, und einigen anderen „positiven" Gefühlen wie Begeisterung für eine Sache, Hilfsbereitschaft oder Mitgefühl mit Schwächeren, überwiegend suspekt, wenn nicht beängstigend. Wenn ich auf meine Kindheit schaute, habe ich mich immer als recht wilden Kerl gesehen. Heute sehe ich in meinen Jugendfotos eine Zartheit, die mir nie bewusst war und die mich damals auch beschämt hätte, denn ich wollte nicht so sein.

Um zu verdeutlichen, was es heißt, erwachsen zu werden, schaue ich mir den körperlichen Geburtsvorgang an. Wenn wir dabei berücksichtigen, dass die Frauen früher nicht liegend im Bett oder Kreißsaal geboren haben, sondern in der Hocke, so sehen wir, dass das Kind kopfüber aus dem geschützten und begrenzten Raum des Mutterleibes in den völlig ungeschützten, völlig anderen und völlig offenen, unbegrenzten Raum der Welt fällt. Etwas Ähnliches gilt für die geistige Geburt, für das innere Eintreten in das eigene Selbst: Wir fallen kopfüber in einen Raum, den wir nicht kennen und über den wir nichts wissen. Es gibt allerdings einen Unterschied: Wir wissen zwar nichts, aber wir haben davon gehört, dass es diesen Raum gibt und wie er in etwa beschaffen ist, nämlich durch die Berichte von Menschen, die in den geistigen Räumen der Stufen vier bis sieben zu Hause sind – ungewöhnlich weise oder reife Menschen, spirituelle Lehrer, Meister oder wie auch immer sie sich nennen mögen.

Geistige Lehrer als Geburtshelfer

Diese geistigen Lehrer sind so etwas wie Hebammen bei der geistigen Geburt und danach wie Eltern, die einen durch die Geburt und bei den ersten unsicheren Schritten in der neuen Welt begleiten. Ob und, wenn ja, wie lange wir sie brauchen, ist eine Frage, die ich nicht beantworten kann und daher auch nicht groß erörtern will. Ich halte es aber für fraglich, ob wir die fernöstliche Tradition des spirituellen Meisters – sie kommt ja aus dem indischen oder dem chinesisch-japanischen Kulturkreis, auch wenn sich inzwischen eine Reihe Westler als „spirituelle Meister“ betätigen – einfach in den Westen importieren können. Sehr oft beobachte ich bei den Schülern solcher Meister eine Regression ins Kindliche, oft gepaart mit jugendlichem Hochmut („Wir sind eine spirituelle Elite“, „Wie haben ein höheres Bewusstsein als die anderen“). Überdies stammt diese Tradition aus der Zeit des Gruppenbewusstseins, und die Formen, die sie meistens annimmt (der Meister und seine Gemeinschaft), sind Formen des Gruppenbewusstseins, wobei in den letzten Jahrzehnten aber auch andere, zeitgemäßere Formen der Meister-Schüler-Beziehung entstehen. Dennoch scheint es mir oft so zu sein, dass viele Schüler dem Meister alles nachbeten, anstatt auf ihre eigene Wahrnehmung zu vertrauen.

Sicher brauchen wir Menschen, die über die innere Welt, in der die Masse lebt, hinausgewachsen sind, um überhaupt eine Ahnung davon zu erhalten, dass es geistige Räume und ein Bewusstsein gibt, das weiter und anders ist als das, welches wir kennen. Was mich betrifft, habe ich jemanden gebraucht, der mir gezeigt hat, dass man das Leben ganz anders sehen kann und dass das Bild, das ich von der Welt und auch von mir hatte, nicht der Wirklichkeit entspricht. Das war Osho. Er ist in einer ganz anderen Dimension der Wirklichkeit zu Hause als der, über die ich hier schreibe, einer zeit- und formlosen Wirklichkeit. Ich habe ihn viele Jahre als Inspiration und auch als Stütze gebraucht. Vieles, was er sagt, wusste ich unbewusst schon, aber es war mehr eine Ahnung oder eine Hoffnung. Ich erkannte dieses innere Wissen in seinen Worten wieder und sah es dadurch erstmals bestätigt. Wie er zum Beispiel über Jesus spricht – darin fand ich genau das wieder, was ich in meiner frühen Jugend gefühlt hatte. Ebenso in dem, was er zur Sexualität sagt. Das war wie ein Wiedererkennen meiner verborgenen Ahnungen. Jenseits seiner Worte habe ich aber bei ihm noch etwas wahrgenommen, das nicht von dieser Welt war, eine unendlich tiefe Stille, ein Gleichmut, verbunden mit einer ganz wachen Präsenz und Lebendigkeit. Dank der Gnade, dass diese Präsenz mich berühren konnte, habe ich Erfahrungen von Liebe und von Stille, von Frieden und von Wunschlosigkeit gemacht, die jenseits von allem liegen, was ich mir je hätte vorstellen können. Seitdem weiß ich, dass es diese Räume gibt und dass es sie auch in mir gibt, denn ich war in diesen Momenten so bei mir wie nie zuvor.

Die Begegnung mit Osho hat aber auch meine Kinderträume wieder aktiviert, und rückblickend muss ich sagen, dass die Vorstellungen und inneren Bilder von „spirituellem Wachstum“ oder „Erleuchtung“, denen ich damals gefolgt bin, weitestgehend kindlich waren, gepaart mit einer jugendlichen Haltung von Überheblichkeit gegenüber den „normalen“ Leuten. Dabei habe ich ein ganz normales, bürgerliches Leben mit Ehefrau und Kleinfamilie geführt (und einem Beruf, in dem man denken und nicht fühlen musste) und war damit unter den spirituellen Weggefährten wieder mal ein Außenseiter, weil ich den heimlichen Gruppennormen (offiziell gab es keine) nicht gefolgt bin. Es war ein bisschen wie in meiner Kindheit: Ich sollte und wollte ein „guter Junge“ sein und konnte es nicht, weil es etwas Eigenes in mir gab, das nicht in diesen Rahmen passte und das ich nicht verraten wollte.

Schließlich war klar, dass ich meinen Weg allein gehen muss, und das habe ich dann auch getan. Tatsächlich wusste ich das zwar schon mein

Leben lang, aber ich habe dieses Wissen nicht an mich herangelassen, es war und blieb immer im Untergrund, war ein unbewusstes Wissen. Erst heute kann ich sehen, dass ich es immer schon wusste. Zugleich ist das, was ich bei Osho erfahren habe, ein Teil von mir geworden, und ich fühle mich dem, was durch ihn in die Welt gekommen ist, näher als je zuvor. Vielleicht bin ich erst in dem Moment wirklich sein Schüler geworden, als ich begonnen habe, mein Alleinsein zu erkennen und auch praktisch zu leben.

Das unbewusste Wissen – Sich im Spiegel sehen

Ich sage meinen Klienten und Schülern oft, dass ich ihnen nur das zeigen kann, was sie schon haben und schon sind, und dass sie von dem, was ich sage, nur das verstehen können, was sie schon wissen. Dieses Wissen ist unbewusst, wir haben es, aber wir kennen es nicht. Manchmal ahnen wir es aber. Und wenn dann jemand kommt, der das in Worten ausdrückt, fällt plötzlich der Groschen. Manchmal fällt er sofort, manchmal dauert es lange. Einiges bei Osho habe ich sofort verstanden, anderes verstehe ich erst heute, und wiederum anderes werde ich vielleicht nie oder erst dann verstehen, wenn ich dieselbe Erfahrung gemacht habe wie er. Aber das kümmert mich nicht mehr. Ich sage ihnen auch, dass sie nicht auf mich hören sollen, dass ich nur *meine* Wahrnehmung mitteile und sie dem folgen sollen, was sie jeweils als wahr empfinden, was ihre *eigene Wahrnehmung ist.* Diese Wahrheit kann sich ändern, es ist eine Wahrheit des Moments. Über die ewige Wahrheit weiß ich nichts.

Der wirkliche Meister ist das Leben selbst. Ein Kind steht mit einem Jahr auf eigenen Beinen. Es braucht zwar die Eltern noch, kann aber alleine stehen und gehen. Es braucht sie vor allem als Spiegel, in dem es sehen und erfahren kann, dass es ein Mensch ist. Es ist zwar ein Mensch, aber ohne die Spiegelung durch die Eltern oder andere Menschen wüsste es das nicht. Sein Menschsein ist noch Potenzial, zwar voll vorhanden (sonst könnte ihm das niemand spiegeln), aber noch nicht erkannt. Sobald es im Spiegel der Eltern gesehen wird, verwirklicht es sich – und zwar von selbst. Das Kind muss das nicht tun, es muss sich dafür nicht anstrengen. Es erkennt sein Menschsein im Spiegel anderer Menschen, was auch bedeutet, dass es schon in ihm ist. Das aufrechte Gehen und später das Sprechen entwickeln sich ganz natürlich aus seinem Innern heraus, aber nur dann, wenn es dieses innere Potenzial durch andere Menschen gespiegelt bekommt. Wenn es unter Affen aufwüchse, würde es wie diese versuchen, sich auf allen Vieren zu bewegen (ohne es je wie ein richtiger Affe zu können), und es würde auch nicht sprechen.

Ich beobachte meine kleine Enkeltochter, 15 Monate alt. Ich sehe, wie Ava alles um sich herum aufnimmt, mit größter Wachheit, Aufmerksamkeit und Offenheit. Und ich sehe zugleich, wie sie auf alles antwortet, sehe, dass sie nicht einfach nur aufnimmt wie ein leeres Gefäß, ein weißes Blatt Papier oder ein unprogrammierter Computer, in den man von außen etwas hineinsteckt, sondern dass da etwas wie ein Austausch stattfindet, dass etwas hin und her geht oder, genauer gesagt, ineinanderwirkt. Während ihr Geist alles aufnimmt, ist er zugleich tätig, er ist passiv und aktiv zugleich. Es ist auch kein Nacheinander – zuerst aufnehmen, dann antworten –, es ist ein Ineinander. Beides ist derselbe Prozess, der ineinem stattfindet. „Bewusstsein (ist) die Einheit von Empfänglichkeit und Selbsttätigkeit" (Giegerich 1988a, S. 210). Tatsächlich ist es das Leben selbst, das durch sie wirkt. Je weniger die Eltern dieses Leben bremsen und mit ihren eigenen Vorstellungen und Wünschen überfrachten, umso klarer kann es sich im Kind ausdrücken, und umso leichter ist es für das Kind, es selbst zu sein. Dann strömt die ganze Lebenslust – die die Lust des Lebens selbst ist, nicht etwa die Lust des Kindes – durch dieses Kind. Dies bei einem Kind zu sehen ist reinste Freude.

Ein Menschenkind kann sich seiner selbst und der Welt bewusst werden, weil es bereits Bewusstsein *ist.* Nur das Bewusstsein kann sich seiner selbst bewusst werden – ein Stein kann dies nicht, und ein Computer auch nicht. Es braucht dazu aber das Äußere, in dem es sich wie im Spiegel sehen kann, ebenso wie das Äußere das Bewusstsein als Spiegel braucht. Ava kann das, was bereits in ihr ist, nur entwickeln, indem sie es draußen sieht und von außen aufnimmt. Das, was man ihr von außen zeigt oder beibringt (zum Beispiel das Lächeln der Mutter), kann sie jedoch nur aus sich herausbringen, weil es schon in ihr ist (ein

Affenbaby kann dies nicht, es wird nie lächeln lernen). Im Lächeln der Mutter erkennt das Kind zugleich sich selbst. Dies gilt für das ganze Leben: Wir werden, was wir sind, indem wir uns ins Leben hinein begeben und uns darin selbst wie in einem Spiegel erkennen.

Ein Schimpanse, der von Menschen erzogen wird, wird kein Mensch, aber auch kein Schimpanse wie seine Artgenossen (es gibt grausige Experimente dazu)[83]. Das Menschsein haben wir schon immer in uns, aber wir müssen es erst noch erkennen. Dabei müssen (und können) wir nichts verwirklichen in dem Sinne, dass wir eine Idee umsetzen. Die Verwirklichung unseres Menschseins ist ein Prozess, der der Erkenntnis folgt. Sie geschieht, wie man bei kleinen Kindern genau beobachten kann, von allein. Sie erkennen sich in der Mutter und dann auch dem Vater, erkennen in deren Mimik, in ihren Handlungen und Bewegungen ihr eigenes Menschsein und ihr eigenes Potenzial, zum Beispiel die Bewegungen, die notwendig sind, um sich aufzurichten, zu gehen und zu sprechen, und dieses Potenzial verwirklicht sich dann in einem Prozess, der ganz von selbst in ihrem Innern abläuft. Dieses Geschehen nenne ich *Integration.* Alle Menschen sind Spiegel für uns und zeigen uns unsere Menschlichkeit, auch deren dunkle Seiten. Sie sind alle auch in uns, und wir können sie im anderen erkennen.

Haben Sie sich schon einmal klargemacht, dass Sie sich selbst nicht sehen können? Unseren Körper sehen wir nur zum Teil und aus einer sehr eingeschränkten Perspektive (nämlich nur die Vorderseite und nur von oben), unser Gesicht sehen wir gar nicht. Ohne Spiegel wüsste niemand, wie er aussieht. Und ohne andere Menschen wüssten wir nicht, ob wir schön sind oder hässlich oder etwas dazwischen. Auch ein einfacher Spiegel sagt uns das nicht, beziehungsweise er zeigt es uns erst dann, wenn sich aufgrund der Rückmeldung anderer Menschen ein Begriff von Schönheit in uns entwickelt hat. Schönheit kommt nicht aus der Natur allein (und auch nicht aus der Kultur), sondern aus der Begegnung von Natur und Bewusstsein.

Dies gilt erst recht für unser Inneres – wir können es nicht sehen. Dazu brauchen wir einen Spiegel. Es gibt aber keine Glasspiegel, die uns das Innere, unsere geistige Natur, widerspiegeln. Das können nur Menschen, *das Bewusstsein kann nur von einem anderen Bewusstsein gespiegelt werden.* Das Materielle (unser Körper) kann von etwas Materiellem (einem Spiegel aus Glas oder Metall oder einer ruhigen Wasseroberfläche) gespiegelt werden, das Geistige nur von etwas Geistigem.

Deshalb ist die materialistische Wissenschaft so tödlich für den menschlichen Geist: Sie spiegelt nur das Materielle und *erzeugt* damit die Vorstellung, es gebe nur Materie.

Nun tendieren aber andere Menschen, wenn sie uns etwas über unser Inneres sagen, dazu, ihre eigenen Ideen in uns hineinzulegen. Anstatt uns zu spiegeln, verzerren und überlagern sie das Spiegelbild mit ihren „Werten" und Vorstellungen oder mit ihren persönlichen Wünschen oder Interessen. Das beginnt schon in frühester Kindheit, wenn die Eltern, die Erzieher im Kindergarten oder die Lehrer in der Schule etwas in uns sehen, was sie sehen *wollen*, oder etwas nicht sehen und nicht spiegeln können, weil ihre eigene Beschränktheit sie daran hindert. Damit jemand uns ein wirklicher, einigermaßen sauberer Spiegel sein kann, muss er in sich sehr klar und auch ohne persönliches Interesse an der gespiegelten Person sein. Das ist – unter anderem – die Funktion und die Bedeutung eines spirituellen Lehrers. Der Meister ist nichts anderes als ein reiner Spiegel für unser eigenes Bewusstsein.

In den 1980er Jahren hat nun Bert Hellinger mit der Repräsentationsmethode eine Möglichkeit entdeckt, wie auch gewöhnliche Menschen uns als Spiegel dienen können. Er hat diese Methode für das Familienstellen verwendet. Dabei stehen Menschen, die einen nicht kennen und nichts von einem wissen, für die eigene Person oder für andere. Sie achten nur auf ihre körperlichen und emotionalen Wahrnehmungen in der jeweilige Rolle und drücken diese in Bewegungen oder in Worten aus. Da sie einen nicht kennen und nichts über die Person wissen, die sie repräsentieren, sind sie in der Regel (man muss da schon darauf achten und die Kunst der Aufstellung beherrschen) neutral und können einem dadurch sowohl vergessene oder verdrängte Ereignisse und die dazu gehörigen Gefühle aus dem eigenen Leben oder der Familiengeschichte als auch etwas Inneres, beispielsweise eine innere Sehnsucht, nicht gelebte Gefühle oder ein inneres Potenzial, widerspiegeln.[84] Nachdem ich viele Jahre mit Familienaufstellungen gearbeitet hatte, habe ich vor diesem Hintergrund 2011 den „Lebensintegrationsprozess" entdeckt. In diesem Prozess kann man sich selbst (auch sein Selbst) wie in einem Spiegel sehen. Es ist ein *Spiegel der Seele.*

Der Lebensintegrationsprozess (LIP) – Eine Initiation in das geistige Erwachsensein

Die Entdeckung des LIP

Zunächst einmal:
Ich schreibe „entdeckt", nicht „erfunden". Alle so genannten Erfindungen sind – ebenso wie wirkliche Kunstwerke – in Wahrheit Entdeckungen. Das heißt, sie existieren schon, allerdings in einer Sphäre, die uns normalerweise nicht zugänglich ist. Dort werden sie unter gewissen Umständen von Menschen, die dazu fähig sind, gefunden. So war es auch mit dem Lebensintegrationsprozess. Zwei Jahre vorher hatte ich „Das Leben hat keinen Rückwärtsgang" veröffentlicht, in dem mein Bewusstseinsmodell beschrieben wird (das ich, wiederum zwei Jahre vorher, ebenso plötzlich entdeckt hatte).

Ich wusste damals, dass dieses Modell und die Familienaufstellungen, die ich zu der Zeit noch machte, nicht mehr so ganz zusammen passen. Ich habe versucht, beides zu verbinden, aber es knirschte an vielen Enden. Im Grunde steckte ich in einer Krise mit meiner Arbeit. Ich war als Familiensteller ziemlich erfolgreich, aber ich fühlte (und wusste innerlich), dass es zu Ende ging (bzw. schon vorbei war), hatte aber nichts Neues.

Dann habe ich in einem Kurs das Bewusstseinsmodell vorgestellt und gemerkt, dass die Teilnehmer meinen Ausführungen nicht richtig folgen konnten, als ich über das Erwachsensein sprach. Aus einem Impuls heraus habe ich mich auf die erwachsene Lebensstufe (Position 4, siehe Abbildung nächste Seite) gestellt und drei Kursteilnehmer gebeten, sich auf die Positionen 1, 2 und 3 zu stellen. Sie sollten dort für mich als ungeborenes Kind (1), als Kind (2) und als Jugendlicher (3) stehen.

Das folgende Schaubild zeigt den Lebenskreis mit den jeweiligen Positionen und deren Besetzung im LIP. Die Positionen 1-3 werden durch Stellvertreter besetzt, auf der Position 4 (bzw. 5-6) steht der Klient selbst.

Schaubild 4

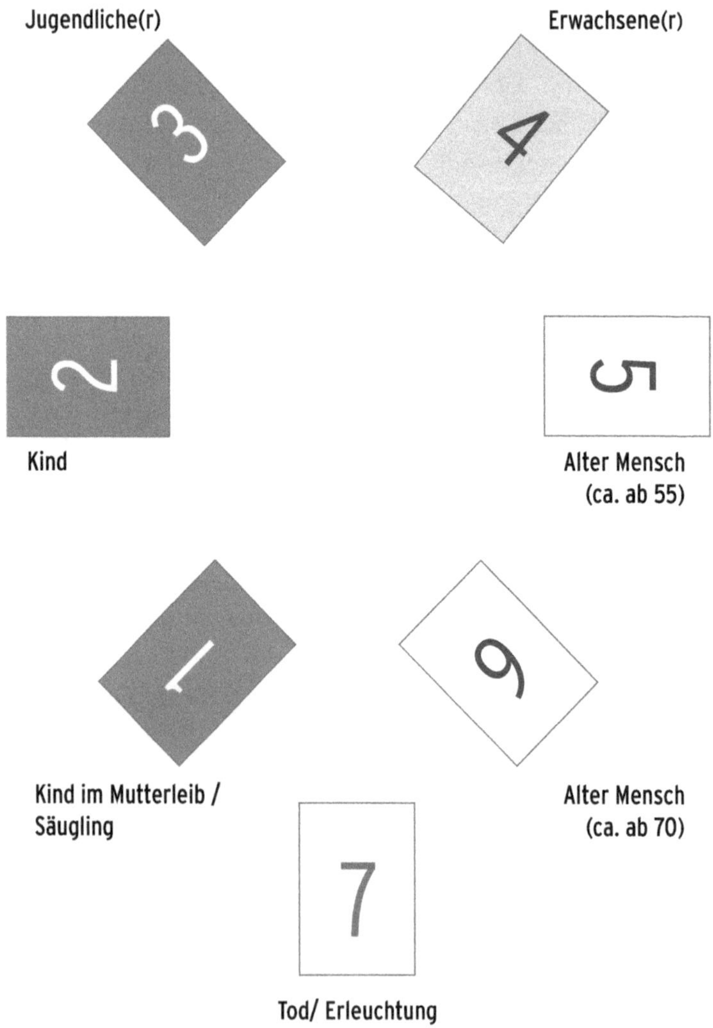

Eigentlich wollte ich die Bewusstseinsstufen nur veranschaulichen. Dazu habe ich dann die Stellvertreter gefragt, wie sie sich fühlen. Die Teilnehmerin, die mein „ungeborenes Kind“ vertrat (es war eine Frau, ich hatte in dem Kurs, der ziemlich klein war, nur zwei Männer), sagte: „Ich habe eine ganz merkwürdige Wahrnehmung, etwas, was ich überhaupt nicht kenne und nicht erklären kann. Mein Gefühl ist: *Ich weiß alles.*“ Sie sagte diesen ungeheuren Satz mit einer Mischung aus Verwunderung und klarer, wie selbstverständlicher Bestimmtheit, so als wolle sie sagen: Ich kann es zwar nicht verstehen, aber so ist es.

Mich traf der Schlag. Es mag seltsam klingen, aber ich wusste sofort, dass das stimmte. Nicht in dem Sinne, dass ich faktisch alles weiß, das wäre totaler Unfug. Aber was sie, die für mein „ungeborenes Kind“ als Stellvertreterin in einer Aufstellung stand, sagte, hatte mein ganzes Leben bestimmt. Zur Erläuterung muss ich etwas ausholen.

„Du weißt ja schon alles“ – Meine Geschichte zwischen Auflehnung, Hochmut, Versagen und Treue zu mir selbst

Ich war kein hochbegabtes Kind und bin nicht klüger als viele andere, im Gegenteil, es gibt sicher viele intelligentere Menschen als mich. Von Naturwissenschaften verstehe ich so gut wie nichts, und abstrakte Gedankengänge strengen mich an und ich behalte nichts davon. Der Satz hat also nichts mit faktischer Allwissenheit oder einem überragenden Intellekt zu tun. Aber ich hatte von frühester Kindheit an für alles, was mich interessierte und was ich mir bildlich oder räumlich vorstellen konnte, eine sehr schnelle Auffassungsgabe. Ich brauchte nie etwas zu lernen, ich verstand es sofort, wenn ich es hörte, und behielt es auch.

Meine Eltern hatten nur Volksschulbildung, mein Vater war Malermeister und meine Mutter Hausfrau, ohne dass sie einen Beruf erlernt hatte. Sie haben zwar mein Talent erkannt und mich bestens unterstützt, aber nicht versucht, mir von sich aus rechnen oder lesen beizubringen. Dazu hätten sie auch nicht die Zeit gehabt. Ich habe sie aber wohl ständig gefragt, und dann haben sie es mir gezeigt, und als ich zur Schule ging, konnte ich zum Beispiel im zweistelligen Raum addieren und subtrahieren, das Alphabet im Schlaf herunterrasseln und auch schon etwas lesen. Es ist mir einfach zugefallen. Deshalb habe ich mich auf die

Schule gefreut, weil ich da richtig lernen würde. Nach zwei Wochen kam dann die große Enttäuschung: Weil ich jede Frage der Lehrerin sofort beantworten konnte, hat sie mich nicht mehr drangenommen. Ich höre heute noch ihre Worte: „Wilfried, du weißt schon alles, was die anderen noch lernen müssen, deshalb kommst du nicht mehr dran."

Jetzt stehe ich in meiner eigenen Aufstellung und höre meine Stellvertreterin für den Wilfried, der noch nicht oder gerade erst geboren ist, dieselben Worte sagen: „Ich weiß alles." Es stimmte: Das war und ist ein Grundgefühl, das mich das ganze Leben lang begleitet hat. Aber wer traut sich, so etwas von sich selbst zu glauben? Dass er alles weiß? Und was bedeutet das? Natürlich habe ich mich nicht getraut.

In der Schule ging es dann so weiter, dass ich es mir nicht gefallen gelassen habe, dass ich nicht mehr drankomme und nicht mehr sagen darf, was ich weiß. Was sollte ich dann hier? Also habe ich weiter aufgezeigt, und wenn ich nicht drankam, habe ich die Antwort in die Klasse gerufen. Damit begann meine Karriere als Störer, die bis zum Abitur anhielt. Ich wurde, wie es damals üblich war, in die Ecke gestellt. Mit der Zeit habe ich mich gelangweilt oder, wenn mich dann doch etwas interessierte, weiter „gestört", indem ich ohne gefragt zu werden geredet habe oder es meinem Nachbarn sagte. Das Ergebnis stand auf dem ersten Zeugnis, das ich nach einem halben Jahr (noch ohne Noten) bekam: „Wilfried hat in seinen Leistungen nachgelassen." Ich war also schuld, und zwar deshalb, weil ich mein Wissen nicht bei mir behalten, weil ich es mitteilen wollte. Eine Botschaft fürs Leben: Wenn du laut sagst, was du weißt, störst du und wirst bestraft.

Auf dem Gymnasium kam dann irgendwann die Zeit, wo meine Leistungen immer schlechter wurden, weil ich nicht zuhörte oder weil man dort manches einfach lernen musste, wozu ich keine Lust hatte, weil das Lernen mir schwer fiel – ich hatte nie lernen gelernt. Auch hier war es allerdings so, dass ich alle Dinge, die mich interessierten, sehr schnell und quasi von selbst verstand und behielt, ich musste nur zuhören. Und auch hier war es so, dass ich manches wusste und beitragen wollte, was die meisten Lehrer nicht hören wollten, weil es ihren vorbereiteten Unterrichtsplan störte. Aber es entging mir auch vieles, und schließlich wusste und konnte ich das, was verlangt wurde, meist nicht mehr. Als ich mit fünfzehn schließlich so tief gesunken war, dass ich nach dem ersten Halbjahr das schlechteste Zeugnis hatte, dass man sich vorstellen kann, und man mir mit dem Rausschmiss aus der Schule drohte, habe ich mich ein halbes Jahr lang richtig angestrengt. Ich wurde zwar nicht versetzt (aus Bosheit, meine Noten waren so, dass man heute dagegen klagen würde), aber danach war ich bis zum Abitur der Beste in der Klasse. Nachdem ich so „blöde“ Fächer wie Physik und Chemie abwählen konnte, musste ich mir nur in Mathe etwas Mühe geben, um eine Fünf zu vermeiden, ansonsten genügte es wieder, dass ich im Unterricht aufpasste und mitmachte und in Griechisch und Latein die jeweiligen Texte zu Hause nochmal las. Zwar drohte man mir auch jetzt noch damit, mich von der Schule zu werfen, wenn ich die Lehrer in Religion, Geschichte oder Philosophie in die Enge trieb, aber meine Leistung schützte mich.

Also habe ich in der Schule – neben vielem Nützlichem – vor allem zwei Verhaltensregeln gelernt:

1. Es ist besser, dein Wissen zurückzuhalten beziehungsweise nur das zu sagen, was andere hören wollen;
2. wenn du Leistung bringst, bist du geschützt, ansonsten machen sie dich fertig.

Das Erste kam zwar nicht für mich in Frage, ich war einfach niemand, der den Mund lange halten konnte, aber es hat dazu geführt, dass ich mich oft zum falschen Zeitpunkt oder so scharf und in einer Weise geäußert habe, dass ich bei anderen aneckte oder sie es sogar als verletzend empfunden haben. Das passiert mir auch heute noch manchmal, obwohl ich es nicht möchte (manchmal macht es mir aber eine diebische Freude, und ich musste mühsam lernen aufzupassen, dass mir dabei nicht „der Gaul durchgeht“ – das ist dann die späte Rache an den Lehrern).

Eine andere Geschichte: Mit Anfang vierzig wusste ich nicht mehr, was beruflich aus mir werden sollte. Die begonnene neue Laufbahn als Therapeut stockte, es kamen kaum Klienten, und alles andere hatte ich abgebrochen und konnte nicht mehr zurück. Ich lebte von dem Einkommen meiner Frau und zeitweise von Arbeitslosengeld und Aushilfsjobs. Ich hatte einen Tipp bekommen, dass es in der Nähe von Kassel eine Frau gebe, die tief in einen hineinschauen und sehen könnte, wer man wirklich ist. Also buchte ich einen Termin und fuhr dorthin.

Ich kam an ein schlichtes Einfamilienhaus in einem Neubaugebiet, an der Tür war ein schlichtes Schild „Barbara Meinecke – Dialog“, und es öffnete mir eine ebenso schlichte Frau von etwa fünfzig Jahren. Als ich auf ihrem Sofa Platz genommen hatte und wir einige Minuten geplaudert hatten, schrieb sie etwas auf ein Blatt. Als ich dann auf mein Anliegen zu sprechen kam, zeigte sie mir, was sie aufgeschrieben hatte, bevor wir auch nur ein inhaltliches Wort gesprochen hatten: „Wilfried wird ein weltbekannter Therapeut“. Bumm! Meine erste Reaktion war eine doppelte: Ich konnte das unmöglich glauben. Ich wäre schon froh gewesen, wenn ich jeden Monat zehn Sitzungen und einen Workshop mit zehn Leuten gehabt hätte und zweifelte daran, ob das mit der Therapie wirklich passend für mich wäre – und doch: irgendwie wusste ich sofort, dass Barbara recht hatte. Da war es wieder, dieses merkwürdige Wissen. Tief im Innern wusste ich, dass Barbara recht hatte, auch wenn es all dem widersprach, was rational im Bereich des Möglichen lag. Tatsächlich hielt ich mich für einen ziemlich guten Therapeuten, und es machte mich ratlos, dass das niemand merkte außer den wenigen Klienten, die gelegentlich kamen. Aber ich konnte mir damals noch nicht einmal vorstellen, wie ich mit dieser Arbeit meine Familie ernähren sollte, viel weniger, dass ich darin einmal „weltbekannt“ sein sollte. Gesagt habe ich dann: „Wenn ich das glauben würde, würde mein Ego so groß, dass ich größenwahnsinnig werde.“ Ihre Antwort: „Das bist du doch schon. Du versteckst dein Ego nur unter dem Teppich.“

Sie hatte wiederum recht: Innerlich glaubte ein Teil von mir, wenn schon nicht der Beste, so doch zumindest recht gut zu sein, aber das wagte ich nicht, nach außen zu zeigen, weil eine andere Stimme sagte, das könnte nicht wahr sein. Das war auch ein Ergebnis meines Erlebens am Schulbeginn: dass ich nicht mehr drankam und, wenn ich nicht in der Ecke stehen wollte, den langweiligen Unterricht und die langweiligen Erklärungen für die anderen Kinder über mich ergehen lassen musste, konnte ich nur aushalten, indem ich mir sagte: Ich weiß alles besser. Aber das durfte nur heimlich sein. Gleichzeitig glaubte ich, größer zu sein, als ich tatsächlich war. Ich war nämlich in der Therapie ein blutiger Anfänger. Ich hatte zwar eine gute Intuition, aber das war auch alles. Und auch das wusste ich. Es war so ähnlich wie in der Schule: Ich „wusste“ schon alles, bevor ich es richtig gelernt hatte.

Der innere Auftrag

Da stand ich nun vor meiner Gruppe und hörte die Worte „Ich weiß alles" und wusste sofort, dass es – irgendwie, wie genau, wusste ich nicht – stimmte. Ich stand ziemlich nackt da. Heimlich zu denken „Ich weiß es besser" ist leicht und auch arrogant, offen zu sagen „Ich weiß alles" bedeutet äußerste Nacktheit, in diesem Fall vor meinen Klienten und Schülern. Was würden sie von mir denken? Auch wenn ich die Geschichte hier niederschreibe, fühle ich mich ziemlich nackt.

Als ich dann die Stellvertreter auf der Position des Kindes und des Jugendlichen anschaute und nach ihrer Empfindung befragte, spiegelten sie mir genau meine Geschichte, vor allem die Geschichten aus der Schule. Sie wussten nichts davon, aber was sie sagten, enthielt implizit alles, was ich hier geschrieben habe. Beim Jugendlichen war der Hochmut mit Händen zu greifen, er stand über allem und jedem und erweckte den Eindruck, dass er sich toll dabei fühlt. Anfangs schaute er auch auf mich herab. Mir kam sofort ein Foto in den Sinn aus der Zeit, als ich bei der Kölnischen Rundschau als junger Ferienreporter in der Redaktion saß und in die Kamera grinste – die Füße wie ein Cowboy auf dem Schreibtisch. Einerseits stimmte das exakt: Ich habe mich toll dabei gefühlt. Aber ich konnte jetzt auch meine Einsamkeit sehen und dass ich das, was ich für Schwäche hielt, vor allem meine Gefühle, um keinen Preis der Welt zeigen wollte. Ich musste lachen, aber ich habe den Jugendlichen (was er wahrnehmen konnte) nicht ausgelacht, sondern nur über mich selbst gelacht. Es war soo entlarvend! Für ihn (mein Ich von damals) empfand ich nur Liebe und auch ein bisschen Hochachtung. Also habe ich zu ihm gesagt: „Du hast das super gemacht, aber jetzt brauche ich das nicht mehr. Ich sage jetzt einfach, was ich weiß."

Damit entspannten sich augenblicklich alle. Die Stellvertreterin auf der Eins wurde ganz ernst und sagte etwas wie: „Wenn du das wirklich *tust*, ist alles gut." Es klang so, als würde sie sagen: dann bin ich erlöst. Vielleicht hat sie das auch gesagt. Das war also von Anfang an in mir drin, das war es, was das Leben von mir will. Mein ganzes Berufsleben, meine ganze spirituelle Suche hatte sich darum gedreht, ohne dass es mir klar gewesen wäre. Jetzt konnte ich es zum ersten Mal in aller Klarheit sehen.

Ich war zutiefst berührt und wusste, dass dies meine Aufgabe ist –

das, was das Leben von mir will und was daher auch ich selbst aus meinem Innern heraus will: einfach zu sagen, was ich weiß (zu wissen glaube), ob es anderen nun gefällt oder nicht, und mich dabei auch nicht zuerst abzusichern, ob es wirklich stimmt oder ob ich es beweisen kann – so, wie ich es als kleiner Junge gemacht habe, bis es mir in der Schule abgewöhnt wurde. Wenn ich dabei etwas Falsches sage – so what? Dann kann man sich halt korrigieren oder korrigieren lassen. Es ist niemand mehr da, der die Autorität hätte (so wie damals die Lehrer), mir das zu verbieten. Ich kann es mir nur selbst verbieten, aus Angst vor Zurechtweisung oder Blamage. Es geht nicht darum, ob mein Wissen wirklich wahr ist, sondern dass ich mir und meinem Wissen (oder dem, was ich dafür halte) vertraue. Das war die Geburtsstunde des Lebensintegrationsprozesses. Danach wollten alle Kursteilnehmer diesen Prozess ebenfalls machen, und am Ende *wusste* ich: Das ist meine neue, meine wirkliche Arbeit. Alles andere war nur Vorbereitung.

Wie kann man so etwas schon bei oder vor der Geburt wissen? Was ist das für ein Wissen? Zunächst: Es hat nichts mit denken zu tun, Wissen hat generell nichts mit denken zu tun. Was man denkt, weiß man nicht – deshalb muss man es be-weisen (ohne dass ein Beweis bedeuten würde, dass man es nun weiß, sonst würde die Wissenschaft nicht ständig altes – „bewiesenes" – Wissen korrigieren müssen, und es gäbe auch keine Justizirrtümer). Wenn man etwas weiß, denkt man nicht mehr darüber nach. Wissen kommt aus dem Nicht-Denken – ich komme später noch mal darauf zurück. Natürlich weiß ein neu geborenes Kind das nicht im kognitiven Sinne, und es ist ihm auch nicht bewusst. Es ist ein inneres Wissen, das einem einerseits noch verborgen ist, einen andererseits aber von Anfang an begleitet.

Es ist das, was Hillman als das Leben bezeichnet, *mit* dem man geboren wird, das, was schon da ist, was man schon in sich trägt, was aber noch eingewickelt oder verschlossen ist wie eine Pflanze in ihrem Samen. Man spürt es, ahnt es, es macht einen sogar als Kind schon aus, aber es wird von den Erfahrungen, die man dann macht, manchmal fast ganz verschüttet, manchmal gebremst, manchmal aber auch wieder hervorgeholt und gestärkt. Bei mir war es so, dass meine Eltern und besonders mein Großvater (der starb, als ich elf war) gesehen haben, dass ich eine gewisse Begabung hatte, ohne dass sie die genau verstehen konnten. Aber sie haben mich darin bestärkt und gefördert, so gut es ihnen möglich war. Überall sonst bin ich damit angeeckt.

Diese Begabung bedeutet aber nicht, dass ich tatsächlich auch nur annähernd alles wüsste. Mehr Größenwahn ginge nicht. Ich habe die ganzen Jahre seitdem auch nie darüber nachgedacht, was es bedeuten könnte. Vielmehr ist es so, wie Rilke sagt: *„Es geht darum, alles zu leben."* Das heißt: Es geht darum, diesen Satz zu leben; ihn in sich lebendig werden lassen; sich durch ihn bewegen zu lassen. Dann mag es sein, dass er zu der Einsicht führt, dass man überhaupt nichts weiß – aber vielleicht ist diese Einsicht ja der Anfang von allem Wissen. Wie auch immer: Es geht darum, alles zu leben, sich dem Leben auszusetzen.

Das Leben ist dann der Vorgang, in dem sich der Samen, das jedem innewohnende Potenzial, öffnet, ent-wickelt und ent-faltet, indem er zunächst ans Licht kommt, einen Stengel oder Stamm entwickelt, kleine Blättchen, zu einer kleinen Blume oder einem großen Baum wird und Blüten und Früchte hervorbringt – wenn alles gut geht. Auf alle Fälle enthält der Samen den Drang, zu dem zu werden, was er im Innern bereits ist. Das ist unser tiefster Wille: *das zu werden, was wir sind. Es ist der Wille des Lebens selbst, der in uns wirkt.* Dafür existieren wir. Nicht um etwas aus uns zu machen (wie es das moderne Bewusstsein sieht), sondern um das zu werden, was wir sind. Und genau *das ist Freiheit,* genau das ist auch Demut. Demut heißt nicht, sich möglichst klein zu machen, Demut heißt, sich seiner Größe, die die Größe des Lebens ist, zu beugen.

Anders gesagt: Das Leben ist die Entfaltung dessen, was wir im Kern bereits von Anbeginn an sind. Es ist nicht ein Weg von A nach B, von hier zu etwas anderem, zu einem fernen Ziel, sondern ein Weg von a nach A. So etwas wie das Auspacken eines Geschenks, dessen Inhalt man vielleicht ahnt, aber nicht wirklich kennt. Wir sind mit uns eins und fühlen uns frei und auch glücklich, wenn wir merken, dass unser Samen aufgeht. Physisch geht er in unseren Kindern auf, deshalb machen uns Kinder auch glücklich und sogar frei, obwohl sie uns binden wie kaum etwas anderes. Geistig geht er auf, wenn wir unserer inneren Bestimmung folgen und sie sich von selbst entfaltet.

Vor drei Jahren ist mir dazu nach unserer Sommerakademie (die für mich immer eine Inspirationsquelle ist) ein kleiner Text eingefallen, er heißt „Der Weg" und ist in meinem Aphorismen-Buch „Bewusstsein ist alles – Alles ist Bewusstsein“ veröffentlicht. Ich gebe ihn hier noch einmal wieder:

Der Weg

Der Weltgeist will nicht fesseln uns und engen,
er will uns Stuf' um Stufe heben, weiten.

Hermann Hesse, Stufen

Die Erste Stufe
Der Weg des Menschen beginnt in der Mutter.
In der ersten Lebensstufe ist sie seine ganze Welt.
Welt und Mutter sind eins,
alles ist Eins.
Er weiß noch nichts von der Welt,
er weiß noch nichts von der Mutter,
und er weiß noch nichts von sich selbst.
Aber er spürt alles.
Er spürt, ohne zu wissen.

Die Zweite *Stufe*
Mit der Geburt fallen wir in die Welt,
aber wir werden sofort aufgefangen von der Mutter.
Nun ist sie da,
und wir sind da.
Wir erkennen sie,
und wir erkennen uns selbst.
Nun wird die Familie unsere Welt.
Sie ist jetzt unser Mutterleib,
der uns umhüllt und beschützt und uns hilft zu wachsen.
Die andere Welt ist draußen,
wir sehen sie wie durch ein Fenster.
Dann gehen wir allmählich nach draußen,
bleiben aber immer in Sichtweite des Hauses,
unserer eigentlichen Welt.

Die Dritte Stufe

Auch diese Welt müssen wir verlassen,
denn wir sind noch nicht ganz geboren.
Wir wollen sie auch verlassen,
wollen ganz wir selbst sein.
Wir sind noch nicht wir selbst,
wir sind noch „das Kind von …“,
aber das sind wir jetzt satt.
Jetzt, in der Jugend, steht unsere eigentliche Geburt an:
die Geburt unseres Selbst.
Die erste Geburt war die unseres Leibes,
jetzt geht es um die Geburt unseres Geistes.
Wer bin ich?

Die Vierte Stufe

Wenn die Geburt des Geistes,
die Geburt des Selbst, geschieht –
sie geschieht nur denen, die dazu bereit sind –,
fallen wir erst in die wirkliche Welt.
Diese Welt ist vollkommen offen,
weit und grenzenlos –
und offenbart uns zugleich unsere Grenzen.
Es ist die Geburt des erwachsenen Menschen –
keine Mutter, die einen auffängt,
keine Familie, die einen beschützt,
niemand, der einem sagt,
was richtig ist und was falsch.
Jetzt wird die Welt unsere Mutter –
aber nur für den, der bereit ist,
sich fallen zu lassen.

Die Fünfte Stufe

Der Geist findet zu sich selbst,
er entdeckt das, wozu er gerufen ist,
was schon immer in ihm war
und darauf wartet, entdeckt zu werden.

Der Samen, dein Samen, geht auf.
Nicht der Samen deines Vaters,
der ist schon längst aufgegangen,
sondern der Samen,
den Gott in dir gezeugt hat.

Die Sechste Stufe
„Wie jede Blüte welkt …
blüht jede Tugend zu ihrer Zeit
und darf nicht ewig dauern" –
Du wirst alt
und der Geist wird des Schaffens müde.
Auch das Schaffen ist nur ein Teil des ewigen Kreislaufs,
und am Ende ist alles gleich –
gleich gültig.
Kein Gut und Böse, kein Richtig und Falsch.
Alles ist Sein, und alles ist gut.

Die Siebte Stufe
Erde zu Erde,
Staub zu Staub –
Und:
Geist zu Geist.
Das Bewusstsein kehrt zu sich selbst zurück.
Von Ewigkeit zu Ewigkeit.
Amen.

Einblicke in den Lebensintegrationsprozess[85]

Der Lebensintegrationsprozess, kurz auch LIP, ist ein einfaches Ritual, das im Grundsatz immer gleich abläuft. Auf dem Boden liegen sieben Blätter mit den Ziffern 1-7 im Kreis, wobei 1-6 einen ganzen Kreis bilden (den Lebenskreis) und das Blatt mit der Ziffer 7, das für die siebte Bewusstseinsstufe und den Tod steht, nach außen gedreht ist und aus dem Kreis hinaus führt.

Der Protagonist stellt sich selbst zumeist auf die Stufe 4 (hinter die entsprechende Ziffer) und wählt aus den Kursmitgliedern Stellvertreter für sich selbst als ungeborenes Kind/Säugling (1), als Kind (2) und als Jugendliche(r) (3). Ältere Teilnehmer stellen sich entweder auf die Stufe 5 oder die 6. Sie schauen dann auf die jeweils gelebten Lebensstufen, das heißt sie schauen auf die Bewegungen, die die Stellvertreter dort zeigen, und bleiben gleichzeitig bei sich, im Bewusstsein des Jetzt. Sie schauen in einer ähnlichen Haltung dorthin, wie man in einen Spiegel schaut, aber nicht, um etwaige „Fehler“ an sich aufzuspüren, sondern einfach, um sich zu sehen, wie man ist oder war. In diesem Fall heißt das: um sein inneres Gesicht zu sehen. Der Leiter des Prozesses fragt dann die Stellvertreter wie auch den Protagonisten selbst nach ihrem Befinden, achtet darauf, dass zwischen dem Protagonisten und seinem „inneren Kind“ ein Kontakt entsteht, und moderiert diesen Kontakt.

Der LIP ist nicht nur ein Aufstellungsverfahren, sondern ein ganzheitlicher Ansatz zur Selbsterkenntnis. Die Aufstellung ist das wichtigste Instrument, aber wir arbeiten ebenso mit Gesprächen und anderen Methoden, sei es in der Gruppe oder im Einzelsetting. Dabei bildet das Modell der Lebens- und Bewusstseinsstufen immer den Hintergrund, an dem wir uns orientieren. Im ersten Kapitel habe ich geschrieben, dass der Lebensintegrationsprozess drei Dimensionen hat, nämlich

1. eine therapeutische
2. eine initiatorische, und
3. eine spirituelle.

Die *therapeutische* Dimension besteht darin, dass wir uns psychischen Belastungen zuwenden, soweit diese sich im Prozess der Arbeit zeigen. Wir suchen nicht gezielt danach, sondern wir arbeiten nur mit den

Themen, die sich von selbst zeigen oder die jemand im Gespräch anspricht. „Daran arbeiten" heißt, dass wir den Klienten dabei unterstützen, das in sein Bewusstsein zu nehmen, was sich in den psychischen (und manchmal auch physischen) Problemen zugleich zeigt und verbirgt. Das kann in einer Aufstellung geschehen, in begleitenden und nachfolgenden Gesprächen oder auch (dies aber nur in Ausnahmefällen) in einer länger dauernden Einzeltherapie.

Die *initiatorische* Ebene besteht darin, dass der LIP einem sein jeweiliges Bewusstsein und, vor allem, sein inneres Potenzial spiegelt und den Übergang in ein erwachsenes Bewusstsein ermöglicht und erleichtert. Dies geschieht vor allem in den Aufstellungen.

Spirituell ist der Lebensintegrationsprozess insofern, als wir das gesamte Leben als eine Bewegung des Bewusstseins (der Seele und des Geistes) ansehen, also als einen Prozess, in dem nicht der einzelne Mensch das Subjekt ist, sondern die Seele. Das bedeutet, jeder einzelne ist lediglich Ausdruck einer geistigen (spirituellen) Bewegung, die wir letztendlich nicht erfassen und begreifen können. In dieser Haltung sind auch die Therapie und der Übergang ins Erwachsensein keine Prozesse, die wir machen, sondern nur etwas, das wir in unser Bewusstsein lassen können. Sie geschehen letztlich von selbst.

Diese drei Dimensionen greifen immer ineinander, und zwar sowohl bei der Arbeit in den Kursen und Einzelsitzungen als auch im alltäglichen Leben. Deshalb beschreibe ich sie im Folgenden auch nicht systematisch und jeweils getrennt, sondern bleibe bei der Form einer Erzählung, wo eins ins andere greift.

Der LIP als Spiegel der Seele

Im Lebensintegrationsprozess – ich bleibe im Folgenden beim Aufstellungsverfahren – kann man sich in den Äußerungen und Bewegungen der Stellvertreter wie in einem Spiegel sehen. Der LIP ist ein Seelenspiegel, in dem sich die Innenseite unseres Lebens – die ich auch „die Seele" nenne – zeigt. Oft zeigen sich darin auch äußere Ereignisse oder Gestalten aus unserer Lebensgeschichte, wie bei mir zum Beispiel die Fassade der jugendlichen Arroganz. Es zeigen sich auch alle Traumata, die man noch nicht verwunden hat, die noch nicht integriert sind:

Erschütterungen, die bereits im Mutterleib geschehen sind, etwa eine schwere Krankheit oder eine tiefe Angst der Mutter oder Ähnliches, eine ernsthaft erwogene oder sogar versuchte Abtreibung, Geburtstraumata oder die Auswirkungen früher Trennungen von der Mutter, schwere Verluste (etwa von Eltern oder Geschwistern) oder (körperliche oder seelische) Verletzungen in der Kindheit, die Einsamkeit und Nöte der Jugend, schwerer Drogenmissbrauch oder Suizidversuche – was auch immer. Darauf gehen wir bei der praktischen Arbeit auch ein, aber nur so weit als unbedingt nötig. Wir folgen immer und ausschließlich dem, was sich im Aufstellungsprozess von selbst zeigt. Wir nehmen das wahr, der Klient schaut es an und sieht dabei zum Beispiel den Schmerz oder die Ohnmacht des Kindes, und er sieht auch den Weg, den jedes Kind, das dies überlebt hat, gefunden hat, um damit leben zu können, und die inneren Überzeugungen und Verhaltensmuster, die sich daraus ergeben haben. Die Traumaarbeit steht zwar nicht im Mittelpunkt des Lebensintegrationsprozesses, aber manchmal liegen solche inneren Verletzungen wie eine schwere dunkle Wolke über dem inneren Potenzial eines Menschen, und man muss sich diesen Themen zuerst zuwenden, bevor man weitergehen und den klaren Himmel dahinter sehen kann. Daher möchte ich zunächst einige kurze Bemerkungen zu diesem Thema machen und zeigen, wie wir damit umgehen.

Trauma

Zunächst einmal: Was ist Trauma? Das Wort ist heute in aller Munde, fast jeder hat ein Trauma oder kennt jemanden, der traumatisiert sein soll, und das scheint immer etwas ganz Schlimmes zu sein. Übersetzt bedeutet es „Wunde". Wir haben es also mit einer Wunde zu tun, die noch nicht (ganz) verheilt ist. Im Psychischen ist das ein innerer Schmerz, dessen Ursprung meist in der Kindheit liegt und immer noch weh tut beziehungsweise dazu führt, dass wir um alles einen Bogen machen (es abwehren, uns davor schützen bis zum Einmauern oder zur vorbeugenden Aggression), was diese Wunde noch einmal berühren oder aufreißen lassen könnte.

Warum ist das so, warum ist die Wunde nicht verheilt wie der Beinbruch, den ich mit zwölf Jahren beim Skifahren erlitten habe oder das im Krankenhaus erfolgte Brechen meiner beiden Füße im Alter von zwei Jahren? Mein Bein und meine Füße sind schnell verheilt und tun nicht mehr weh, ich habe damit jeden Sport getrieben und bin keiner Belastung aus dem Weg gegangen. Im Gegenteil: Weil meine Mutter so aufmerksam war, dass sie gesehen hat, dass meine Füße vielleicht zu Klumpfüßen wachsen und es auf sich genommen hat, mich, ihr erstes Kind, mit zwei Jahren ins Krankenhaus zu geben, wo mir die Füße gebrochen wurden und ich vier Wochen mutterseelenallein (Besuche waren 1950 nicht erlaubt) bis zu den Hüften in Gips liegen musste, konnte ich sie danach wieder ganz normal benutzen, ohne Schmerzen und ohne sie zu schonen.

Warum hat aber die Trennung von meiner Mutter, die sich mit einem Trick von mir losgerissen hat („Zeige dem Onkel Doktor mal, was du schon alles weißt" – ich konnte bis zehn zählen –, woraufhin ich mich dem Arzt zuwendete und sie losließ, so dass sie verschwinden konnte), Jahrzehnte lang meine Beziehung zu ihr und – vor allem – zu meiner Frau beeinflusst? Warum ist diese Wunde nicht ebenso schnell verheilt wie meine gebrochenen Füße? Einem Kleinkind beide Füße zu brechen und beide Beine für zwei Monate in Gips zu stecken, ist sicher keine kleine körperliche Wunde. Sind die seelischen Wunden etwa schlimmer als die körperlichen? Warum war es noch Jahrzehnte danach für mich so schmerzhaft, dass ich zuerst wütend wurde und dann fast einen Tag lang nicht mehr kontaktfähig war, wenn mir meine Frau eine Frage stellte und dann bei meiner Antwort nicht mehr richtig zuhörte? Warum brauchte es fünf Jahrzehnte für die Heilung? Ich kann die Antworten hier nur andeuten (ich habe auf der Stufe 1 schon beschrieben, was eine längere Trennung von der Mutter für ein Kleinkind bedeutet) und nur darstellen, wie wir im LIP mit diesem Thema umgehen (weiteres zum Thema Trauma in: Nelles 2012 und Geßner 2017).

Die Entstehung eines psychischen Traumas ist ein ähnlicher Vorgang wie die Anästhesie (Narkose) auf körperlicher Ebene. Bei einer Anästhesie wird das physische Schmerzempfinden unterbunden, indem dem Körper eine chemische Substanz zugeführt wird, die bei Vollnarkose zugleich zu einer zeitweiligen Abschaltung des Wachbewusstseins führt. Dadurch wird auch die Erinnerung gelöscht (bei lokaler Anästhesie nur die körperliche Wahrnehmung – das Spüren des Schmerzes –, bei Vollnarkose auch die kognitive Wahrnehmung). Das sensorische und/oder das kognitive Bewusstsein wird abgeschaltet, weil der Patient ansonsten die Schmerzen nicht aushalten könnte, wobei der Schmerz bei einer schweren Operation ohne Anästhesie auch von selbst zur Bewusstlosigkeit oder zum Tod führen würde. Die Anästhesie ist also ein Mittel, um einen potenziell tödlichen Vorgang oder einen bei Wachbewusstsein nicht auszuhaltenden Schmerz zu überleben.

Etwas Ähnliches geschieht bei der Entstehung eines psychischen Traumas: Die Wahrnehmung des traumatisierenden Geschehens wird teilweise oder ganz unterbrochen, damit der Organismus eine Situation, die bei voller Wahrnehmung nicht auszuhalten wäre und in manchen Fällen sogar zum Tode führen würde, aushalten und überleben kann. Der Unterschied ist lediglich, dass der Schmerz kein physischer ist (es können auch körperliche Schmerzen dabei sein, aber sie sind im Fall eines psychischen Traumas nicht das Wesentliche), sondern ein psychischer, etwas, was unser Bewusstsein nicht aushalten kann und daher nicht wahrnimmt. Auch die Folgen sind ähnlich: Man erinnert nur Teile des Vorgangs, manchmal auch gar nichts davon. Im Unterschied zur Narkose wird dieses Abschalten der Wahrnehmung und Erinnerung aber nicht von außen herbeigeführt, sondern aus der Psyche selbst.

Das bedeutet, dass das partielle Aussetzen des Bewusstseins bei einem psychischen Trauma, ähnlich wie eine Anästhesie, dem Überleben in einer extrem schwierigen oder gefährlichen Situation dient. Niemand kommt auf die Idee, eine Anästhesie als etwas sehr Schlimmes anzusehen. Im Gegenteil, heute lassen sich die meisten Menschen lieber halb oder gar ganz betäuben, als Schmerzen auszuhalten, und zwar auch dann, wenn der Schmerz nicht allzu stark oder allzu lang ist. Ein psychisches Trauma sehen die meisten aber sehr wohl als etwas Schlimmes an.

Das Abschalten der Wahrnehmung in psychischen Extremsituationen oder bei einem psychischen Dauerstress ist ein lebenswichtiger, manchmal sogar lebensrettender Vorgang. Das Problem dabei ist ein doppeltes: Durch dieses Abschalten wandert der Schmerz ins Unbewusste und bleibt dort. Anders als die körperliche Wunde heilt die psychische Wunde nicht. Sie wird im Unbewussten sozusagen nur abgelegt und stillgelegt. Sobald jemand an sie rührt, flammt der Schmerz wieder auf. Damit dies nicht geschieht, baut sich davor ein „Wächter“ auf – das ist in den Lebensstufen in der Regel der Jugendliche.[86]

Der steht abwehrbereit vor der alten Wunde, sofern sie nicht ohnehin durch innere Mauern geschützt wird. Im Innern bleiben wir quasi das verwundete Kind, ohne dass wir dies wissen (das Bewusstsein war ja abgeschaltet). Die Folge ist, dass wir Menschen und Begegnungen aus dem Weg gehen, uns vor Gefahren schützen, die gar nicht mehr existieren oder uns aus dem gleichen Grunde aggressiv verhalten – und das alles nicht als das erkennen, was es ist: Ein Schützen einer alten Wunde, die eigentlich ans Licht kommen und geheilt werden will.

Wie geht man damit um? Es gibt viele Methoden, Trauma zu behandeln. Ich beschreibe nur unser Vorgehen, das sich unmittelbar aus unseren Beobachtungen des kindlichen und des erwachsenen Bewusstseins ergibt.

Die Kindheit gehört zum Kind – Der Umgang mit Trauma im LIP

Wir halten unsere Klienten an, das alles aus der sicheren Entfernung seines Hier und Jetzt, aus dem Wissen, dass dies alles vorbei ist und er jetzt hier ist und ihn nichts und niemand mehr bedroht, anzuschauen. Das kann in einem Gespräch erfolgen, bei dem man den Betroffenen einfach nur berichten lässt, was geschehen ist, ihn dabei aber die ganze Zeit über im Jetztbewusstsein hält. Dazu muss er den Therapeuten oder, wenn er vor einer Gruppe spricht, die Gruppe anschauen. Wichtig ist bei allen Vorgehensweisen, dass der Klient einen Abstand vom einstmaligen Geschehen hat (im Jetztbewusstsein ist) und zugleich innerlich in Kontakt damit ist. Kontakt kann man nur haben, wenn man Abstand hat, sonst ist man identifiziert.

Wenn man mit der Aufstellungsmethode arbeitet, gewinnt der Klient den notwendigen Abstand schon dadurch, dass ihm das verletzte Kind in Gestalt eines Stellvertreters gegenüber steht. Er muss sich dessen dabei nur während des Prozesses bewusst bleiben, anders gesagt: Er muss mit seinem Bewusstsein im Jetzt bleiben, während er sich dem Kind und dessen Schmerz zuwendet. Der Stellvertreter nimmt in seinem Körper wie in seinen Gefühlen den Schmerz des Kindes wahr, er ist quasi ganz in dem Kind drin und drückt dies körperlich, emotional und, wenn er gefragt wird, auch verbal aus. Damit kann der Klient sich dem Kind, das er einst war und dessen Wunden immer noch in ihm auf Heilung warten, gegenüber sehen, und er sieht auch dessen Schmerz (der sein eigener ist) und die kindliche Weise, damit irgendwie fertig zu werden.

Wir fragen unsere Klienten dabei immer: „Erkennst du dich darin wieder? Kennst du dieses Gefühl, diese Körperhaltung?“ Wenn er „ja“ sagt, entsteht sofort ein Kontakt mit dem Kind. Dieses fühlt sich dann gesehen. Dieses Sehen des Kindes ist das wichtigste, es ist schon die halbe Lösung.

Wenn das für ihn schwierig ist und er sich in dem Drama von damals zu verfangen droht, wenn er sich in dem Kind, das er einst war, verliert (therapeutisch gesprochen: sich mit ihm identifiziert), kann er es nicht sehen – er steckt nämlich innerlich noch im Kind drin. Das gilt für alle therapeutischen Methoden, die den Klienten in das Kindliche hineinführen und ihn es ausagieren lassen. Damit lässt man das Kind allein mit seinem Schmerz, genau so, wie es damals damit allein war. Dann frage ich zum Beispiel: „Wie alt bist du?“ Wenn er oder sie dann sagt: „fünfzig“, sage ich zum Beispiel: „Okay, vergiss das nicht. Du bist jetzt fünfzig, und es sind vierzig Jahre vergangen, seit dein Onkel dich befummelt hat. Willst du dem Kind wirklich sagen, dass du das immer noch nicht hinter dir lassen kannst? Meinst du, das hilft ihm? Zu sehen, dass dieser Missbrauch, dieses im Grunde kleine Ereignis, dein gesamtes Leben überschattet und bestimmt, auch noch mit fünfzig oder achtzig? Meinst du wirklich, es macht das Kind glücklich, wenn es sieht und hört, dass du immer noch daran leidest? Immer noch gegen den abwesenden oder übergriffigen Vater oder die gefühllose Mutter oder wen auch immer kämpfst? Hat dich dein Kampf glücklich gemacht? Wer musste damit klarkommen, für wen war das schwer? Für das Kind damals oder für dich heute?“

Das sind Beispiele für kurze Sätze, tatsächlich rede ich nicht so viel, und auch die Worte, die ich benutze, sind immer andere. Sie können sich diese Fragen auch selbst stellen, jetzt, wo Sie dies lesen. Fragen Sie sich, ob es Ihnen guttut, Ihren Vater zu verurteilen oder Ihre Mutter anders haben zu wollen, als sie nun mal war und vielleicht immer noch ist. Fragen Sie sich ernsthaft, was Ihnen das bringt. Genugtuung? Recht haben? Entspannung und inneren Frieden? Fragen Sie sich auch, was es dem Kind bringt, das dies damals erleiden musste. Hilft es ihm? Lindert es seinen Schmerz, wenn sie heute noch wütend sind? Muss es ihn dann nicht mehr fühlen? Fragen sie sich, ob es etwas nützt, ob ihre Mutter anders wird, nur weil Sie sich das immer noch wünschen oder gar von ihr verlangen. Und schauen Sie genau hin, was es mit Ihnen selbst macht, wenn sie an ihren Vorwürfen oder unerfüllten Wünschen festhalten, und wie es sich anfühlen könnte, wenn Sie Ihre Eltern aus Ihren Wünschen entlassen und sie so sein lassen, wie sie waren oder sind. Zuletzt und am wichtigsten: Weichen Sie dabei nicht dem Schmerz aus, der unweigerlich auftritt, wenn sie erkennen, dass sie Ihre Mutter nicht heilen oder ändern oder Ihren Vater nicht erreichen können. Dieser Schmerz *ist* die Heilung.

Wenn man sich mit dem kindlichen Schmerz identifiziert, ist man innerlich immer noch Kind, ist man in dem Kind drin, dass man einst war. Und weil man im Kind drin sind, kann man es nicht sehen. Dann sieht man die Not des Kindes genauso wenig, wie die Eltern sie damals gesehen haben. Das, was man den Eltern vorwirft, das Kind nicht richtig gesehen und beachtet zu haben, tut man selbst. Erst wenn man innerlich aus dem Kind – das heißt auch: aus seinen Wünschen und Hoffnungen, seinen Schmerzen und Vorwürfen – heraustritt, wird das Kind gesehen.

Ja, als Kind haben Sie darunter gelitten. Vielleicht haben die Eltern dauernd gestritten oder sich getrennt, was für ein Kind nicht verstehbar und ganz schrecklich ist. Jedes Kind leidet unter der Trennung der Eltern, das ist schlicht furchtbar für ein Kind. Verstehen und innerlich ganz damit in Frieden kommen kann es erst, wenn es erwachsen ist. Dazu muss man aber das Kind und seinen Schmerz *sehen* und diesen Schmerz auch noch einmal fühlen, und zwar als den Schmerz, den *das Kind damals* abwehren musste und nicht wirklich an sich heranlassen konnte. Das tut man nicht, wenn man auf die „schlechten" Eltern schaut und sie anklagt.

Man muss es *sehen*, weil das Nicht gesehen werden für das Kind genauso schlimm war wie das Ereignis selbst. In vielen Fällen war es sogar noch schlimmer, zum Beispiel bei sexuellem Missbrauch. Der seelische Schmerz, dass es damals nicht gesehen wurde – weder vom Täter, der seine Kindlichkeit nicht gesehen hat (vor allem dann, wenn es ein naher Verwandter war), noch von den Eltern oder dem nicht direkt beteiligten Elternteil –, das Allein gelassen und Nicht verstanden werden, oft auch, dass das Kind niemanden hatte, dem es sich anvertrauen konnte, ist in den allermeisten Fällen viel schlimmer als der sexuelle Vorgang selbst. Der ist, wenn er nicht gewaltsam war, recht schnell vergessen, manchmal sogar (körperlich!) angenehm, und wenn es körperlich schmerzhaft war, geht er vorbei wie andere körperliche Wunden auch. Die eigentliche, die seelische Wunde, heilt erst, wenn das Kind sich gesehen fühlt – und sei es Jahrzehnte später.

Das Kind sieht man aber nur, wenn man auf das *Kind* schaut und *nicht auf den Täter oder die Tat*. Den Täter muss man, wenn man wirklich möchte, dass die Wunde heilt, ganz außen vor lassen. Er ist für die Heilung nicht nur nicht mehr wichtig, sondern die Fixierung auf sein Handeln oder auf die Tat steht der Heilung im Wege. Nochmals, weil es ganz wichtig ist: Solange man auf den Täter oder die Tat schaut, kann die Wunde nicht heilen! Der Klient tut dies meist automatisch, aber als Therapeut muss man ihn aus dieser Perspektive herausholen. Das war und ist nämlich die Perspektive des Kindes (des Opfers), und solange der Erwachsene in dieser Perspektive bleibt, bleibt er auch Opfer. Der Therapeut muss das (frühere) Opfer mitnehmen und es aus dem Jetzt auf das Damals schauen lassen und ihn dabei auch die ganze Zeit über im Jetzt halten, wobei der Fokus auf dem Kind (oder in welchem Stadium auch immer das Trauma geschehen ist) liegt.

In vielen Fällen muss man die Wunde auch noch einmal *fühlen*, weil sie als kindlicher Schmerz, als kindliche Enttäuschung oder als kindliche Sehnsucht immer noch in unserem emotionalen (manchmal auch in unserem physischen) Körper drin ist und sich von dort durch keine rationale Einsicht vertreiben lässt. Er steckt in uns drin und in uns fest, weil das Kind ihn damals nicht ganz an sein Bewusstsein kommen lassen konnte, weil dies damals für uns zu viel gewesen wäre. Tatsächlich kommt als Erstes immer der damals nicht gefühlte Schmerz hoch. Anders als damals kann man diesen aber jetzt voll an sich heranlassen, weil man kein Kind mehr ist. Damit kann er – oft sehr schnell – heilen. Ich bringe ein Beispiel für das Entstehen eines Traumas und dessen Bedeutung, um das Gesagte ein wenig anschaulicher und nachvollziehbarer zu machen:

Eine meiner ehemaligen Schülerinnen ist mit Anfang vierzig an Krebs gestorben, es ging ziemlich schnell nach der Diagnose. Sie hatte zwei Töchter im Alter von fünf und sieben Jahren. Bei der Beerdigung liefen die Kinder zusammen mit einigen anderen Kindern zwischen den Trauergästen herum und spielten Nachlaufen. Dabei lachten sie. Als der Sarg ins Grab gelassen wurde, unterbrach das jüngere Kind sein Spiel, lief zum Grab, stellte sich direkt an den Rand und schaute hinunter. Für einige Sekunden schien die Zeit stillzustehen – dann drehte das Kind sich um, schaute in die Gesichter der Trauergäste, lachte und lief davon, um weiter Nachlaufen zu spielen.

Ich habe mich gefragt, was passiert wäre, wenn dem Kind bewusst gewesen wäre, dass dort unten in der Holzkiste die Leiche seiner Mutter lag und gleich mit Erde zugeschüttet würde. Die Antwort war für mich klar: Es wäre ins Grab gesprungen, hätte sich an den Sarg geklammert und wäre nur mit Gewalt von dort wegzuholen gewesen. Nur dadurch, dass es das, was gerade geschah, nicht wirklich an sein Bewusstsein gelassen hat – genauer gesagt: dass sein Bewusstsein das nicht zugelassen und sich quasi abgeschaltet hat –, konnte es weiterleben.

Weil der Schmerz damals aber nicht ganz gefühlt werden konnte, steckt er noch in dem Menschen drin, der so etwas als Kind erlebt hat. Hätte das Kind das ganze Geschehen in sein Bewusstsein nehmen können (was für Kinder nicht möglich ist), wäre es vorbei. So aber muss es noch einmal er-innert, ins Bewusstsein genommen werden, und zwar nicht nur als Gedanke, sondern auch im Gefühl. Nur dann kann es ganz vorbeigehen. Das geschieht aber nicht, wenn das kindliche Gefühl, wie es in vielen Therapien üblich ist, ausagiert wird. Das würde nämlich bedeuten, dass sich der Erwachsene mit dem inneren Kind identifiziert, dass er sozusagen in das Kind, das er einmal war, hineinkriecht und dann nochmal wie ein Kind weint und schreit – oder was auch immer das Gefühl sein mag. Dann *ist* er wieder Kind, aber er sieht das Kind nicht. Er schaut dann nicht auf das Kind, sondern auf das Ereignis, auf den Täter, der ihm Schmerzen zugefügt hat, oder, wie im geschilderten Fall, auf die tote Mutter. Damit wiederholt man nur das Drama von damals.

Damit sage ich nicht, dass es nicht manchmal guttut und auch angebracht ist, einen Schmerz oder eine festsitzende Wut einmal herauszuschreien oder einmal richtig zu weinen, damit uralte angestaute Tränen fließen können. Das kann schon wichtig sein, vor allem kann es im Körper manche Blockade lösen. Das tut körperlich gut und ist für den Körper auch heilsam – und für den Augenblick ist es sehr befreiend, es kann sich sogar bis zur Ekstase steigern. Das ist da, wo es angebracht erscheint, auch Teil unserer Arbeit. Aber ich sagte „einmal", nicht immer wieder. Es heilt nämlich nicht wirklich, es führt im Bewusstsein (in der Seele) nicht auf eine neue Ebene. Im Gegenteil: Wenn man das zu oft macht, wird es sogar regressiv, man wird nämlich in diesem Ausagieren emotional wieder zum Kind und entwickelt dann auch generell eine Tendenz, bei jeder Gelegenheit rumzuschreien oder zu weinen.

Das Kind *sieht* man erst dann, wenn man aufhört, aus der Perspektive des Kindes auf das Ereignis oder die, die einem etwas angetan haben, zu schauen. Dazu muss man innerlich aus dem Kind, das man einmal war, heraustreten und ihm als erwachsener Mensch gegenübertreten. Dann fühlt man den Scherz, und zwar nicht als aktuellen Schmerz, sondern als den Schmerz des Kindes, als Echo des damaligen Schmerzes. Man fühlt ihn, weil man in Resonanz mit dem Kind ist, man ist aber nicht im Kind drin, nicht im kindlichen Bewusstsein.

Da man nicht im Bewusstsein des Kindes, sondern im Bewusstsein des erwachsenen Jetzt ist, ist man lediglich damit verbunden, aber nicht identifiziert (wie bei allen emotional-kathartischen Prozesses). Durch das Verbundensein und das Mitfühlen mit dem Kind aus der Distanz kann der Schmerz durch den emotionalen Körper hindurchfließen und sich damit dort auflösen, durch den inneren Abstand und die Präsenz im Jetzt wird er ins erwachsene Bewusstsein aufgenommen und kann sich in der Folge von selbst integrieren. Damit ist die Er-Innerung des Schmerzes zugleich die Er-Lösung davon.

Das geschieht im Lebensintegrationsprozess, und zwar ganz ohne Drama, nur dadurch, dass man das Kind *sieht.* Das ist unsere Art der Trauma-Arbeit. Alles, was wir als Begleiter dieses Prozesses tun ist, den Protagonisten daran zu erinnern, dass er erwachsen ist, so dass er das Kind (sein „inneres Kind") von außen sehen kann. Damit sieht man auch seinen Schmerz und fühlt ihn noch einmal für einen kurzen Moment, und dann ist es gut. Und der Kampf (mit den Eltern oder anderen Menschen, die einem Leid zugefügt haben, mit so genannten Ungerechtigkeiten oder harten Schicksalsschlägen) kann vorbei gehen.

Damit sage ich nicht, dass kämpfen immer falsch ist. Oft muss es sein, wie auch der Kampf des Kindes bei der Geburt oft sein muss. Das ist Teil des Geburtsprozesses oder generell der Befreiung, aber es ist keine

Freiheit. Die tritt erst ein, wenn der Kampf vorbei ist. Wenn ich im Kurs bei Leuten, die das Alte nicht lassen können, solche Sätze sage (ich formuliere sie jedes Mal anders, ganz aus dem Moment heraus), geht meist ein Ruck durch die Klienten und sie sehen, dass der Schmerz zum Kind gehört und nicht zu ihnen.

Kinder wollen nicht, dass wir ewig leiden. Der Satz, den manche Missbrauchsopfer in sich tragen oder von ihren Anwälten und so genannten „Helfern" eingeredet bekommen: „So etwas geht nie vorbei" oder „Das darf nie vorbei gehen" oder „Das darf man nie vergessen", ist für das Kind (das Opfer generell) ein Todesurteil, das nicht vollstreckt wird. Er bedeutet nicht weniger als „lebenslänglich". Und es ist ein Satz gegen das Leben selbst, ein (jugendlicher, empörter und letztlich vollkommen ohnmächtiger) Widerspruch gegen die innerste Verfasstheit des Lebens, denn: *Alles* geht vorbei, und daher darf für jemanden, der dem Leben folgt und sich nicht darüber erhebt, auch alles vorbei gehen!

„Retraumatisierung"

Bevor ich das vertiefe, möchte ich noch etwas zum Thema „Retraumatisierung" sagen. Manchmal scheint es so, dass sich ein Trauma wiederholt, oft mehrfach, und nach einer auch in therapeutischen Kreisen verbreiteten Auffassung sollte man sich davor in Acht nehmen. Unter anderem wird dem Familienstellen oft vorgeworfen, dass es die Klienten retraumatisieren könnte, vor allem dadurch, dass die Menschen, die als Stellvertreter in Rollen stehen, in denen sie ein Trauma widerspiegeln, das derjenige erlebt hat, den sie in einer Aufstellung vertreten, dadurch in Berührung mit einem eigenen Trauma kommen. Ich sehe dies ganz anders, ich sehe in solchen Berührungen und Wiederholungen den Versuch der Seele, das Trauma zu heilen. Manchmal gelingt dies ganz von allein, manchmal mit therapeutischer Unterstützung, wenn der Therapeut sich nicht davor fürchtet. Ich berichte dazu zwei Beispiele.

Im Alter von elfeinhalb Jahren habe ich mir beim Skifahren das Schienbein gebrochen. Mein Bein war insgesamt acht Wochen in Gips, vier davon musste ich im Krankenhaus liegen. Wie ich oben bereits berichtet habe, hatte ich schon mit zwei Jahren vier Wochen in Gips ganz allein in einem Krankenhaus gelegen, weil man mir aus orthopädischen

Gründen die Füße gebrochen hat. Als ich jetzt mit dem Beinbruch ins Krankenhaus kam, habe ich in den ersten Tagen und Nächten viel geweint (ich gehörte eher zu der Sorte von Jungen, die nicht weinen), und die Krankenschwestern, insbesondere die in Ordenstracht, waren ein Graus für mich. Darin begegnete mir das Trauma des zweijährigen Kindes. Anders als damals konnte ich aber jetzt sehen, dass dies alles notwendig war und zu meiner Heilung geschah. Und was noch wichtiger war: Meine Mutter durfte mich jetzt besuchen, und sie kam an jedem Besuchstag, das heißt zweimal pro Woche und sonntags zusammen mit meinem Vater.

Damit konnte ich erfahren, dass die Abwesenheit meiner Mutter bei meinem ersten Krankenhausaufenthalt nicht bedeutete, dass sie mich verlassen hatte und ich ihr egal war. Das konnte ich als Zweijähriger nicht wissen, damals musste es in meiner Wahrnehmung so aussehen, als ob sie mich verlassen und Leuten ausgeliefert hätte, die mir Schmerzen zufügten, denen meine Einsamkeit egal war und die sich kaum um mich kümmerten. Jetzt, mit knapp zwölf Jahren, konnte ich nicht nur sehen, dass ich meiner Mutter alles andere als egal war, sondern dass sie sogar einige Opfer brachte, um mich zu besuchen – sie hatte noch drei Kinder, das jüngste ein halbes Jahr alt, die alle betreut werden mussten (sie durften nicht mit ins Krankenhaus), und musste mit Bus und Zug fahren, so dass sie über zwei Stunden Fahrtzeit hatte und der Besuch einen ganzen Nachmittag in Anspruch nahm. Ich erinnere mich auch, dass ich in den ersten beiden Wochen damals oft in eine frühkindliche Regression gefallen bin (ich habe zum Beispiel Märchenbücher gelesen, was sonst für mich in dem Alter nicht mehr in Frage kam). Wenn ich das aus der heutigen Perspektive betrachte, kann ich sehen, dass dies alles dazu beigetragen hat, dass das Trauma des ersten Krankenhausaufenthaltes zumindest erheblich gemildert wurde.

Das zweite Beispiel: Am Anfang eines Kurses bat mich die Organisatorin, mit dem Beginn noch ein paar Minuten zu warten. Eine Teilnehmerin habe gerade angerufen, dass sie später käme, weil sie im Bus von einem Mann ins Gesicht geschlagen worden sei. Das sei übrigens ein wiederkehrendes Thema von ihr, sie sei traumatisiert, seit sie vor ein paar Jahren bei einem Banküberfall als Geisel genommen worden sei. Seitdem gehe es ihr sehr schlecht (die Organisatorin des Kurses ist

Ärztin und behandelte die Teilnehmerin). Kurze Zeit später kam die Frau und hielt sich eine Hand mit einem Taschentuch an ihren linken Wangenknochen. Dort war eine Schwellung, aber nicht besonders schlimm. Die Ärztin gab ihr ein homöopathisches Mittel und ich sagte ihr, sie möge erst einmal ankommen, sich einen Platz suchen und dann so gut es gehe meinen Einführungsvortrag anhören, danach würde ich dann mit ihr arbeiten – ich habe nicht sofort mit ihr gearbeitet, weil dies dem Drama, in dem sie ohnehin steckte, zusätzliche Nahrung gegeben hätte.[87] Nach dem Vortrag und einer anschließenden Kaffeepause hatte sie sich einigermaßen beruhigt.

Als sie sich neben mich setzte, sagte sie als erstes: *„Ich bin das geborene Opfer, ich habe das so satt und möchte unbedingt da raus."* Der Begriff *„geborenes Opfe*r" weckte sofort meine Aufmerksamkeit, ohne dass ich jedoch zunächst darauf eingegangen bin. Ich bat sie, zu erzählen, was im Bus passiert sei, und zwar so, dass alle es gut verstehen können. – Das ist immer meine erste und wichtigste Intervention bei potenziell traumatischen Erfahrungen: Ich fordere die Betroffenen auf, zu berichten, und zwar sachlich und möglichst genau und für alle verständlich. Wenn es ihnen sehr schwer fällt, bitte ich sie zwischendurch immer wieder mal, mich anzuschauen oder einen Satz noch einmal zu wiederholen und dabei so ruhig wie möglich zu sprechen. Wenn ich merke, dass sie mich nicht richtig anschauen, dass ihr Geist nicht hier ist, frage ich zum Beispiel: „Welche Farbe haben meine Augen?" Dann muss man genau hinschauen. Damit halte ich ihr Bewusstsein im erwachsenen Selbst und im Hier und Jetzt. Sie sind dann die Person, die das Schlimme erlebt hat, zugleich aber auch die Person, die es *überlebt* hat und jetzt hier sitzt und über das Erlebte sprechen kann. Das schafft Distanz zum Trauma und macht deutlich, dass das Schlimme vorbei ist.

Die Frau berichtete also, was im Bus geschehen war. Eigentlich war es recht harmlos: Ein Mann hatte zu spät bemerkt, dass er an einer Haltestelle aussteigen musste, hastete dann mit rudernden Armen zum Ausgang und traf dabei unglücklicherweise die Frau ins Gesicht. Im ersten Moment hatte sie aber gedacht, der Mann, ein junger „Ausländer", habe sie einfach nur geschlagen, denn sie war zunächst benommen und im Schock. Erst das Gespräch in der Gruppe löste den Schock und ließ sie die Sache gelassener sehen. Ich hätte die Angelegenheit so stehen gelassen, wenn es nur um diese Situation gegangen wäre. Aber ihre Aussage vom geborenen Opfer und die Information über die Geiselnahme (die Geiselnehmer waren Ausländer oder Migranten, daher die Erwähnung, dass auch der Mann im Bus ein Ausländer war) stellten die Geschichte in einen größeren Kontext und verwiesen auf (mindestens) eine tatsächlich traumatische Erfahrung. Also sagte ich: „Ich habe gehört, du bist bei einem Banküberfall als Geisel genommen worden." Als sie bejahte, habe ich gesagt: „Dann könnte man also auch sagen, du bist ein Glückspilz. Du musst einen verdammt guten Schutzengel haben, dass du das und wahrscheinlich noch einiges andere überlebt hast und dabei immer noch richtig gut aussiehst!" Jetzt schaute sie etwas überrascht, nickte dann mit dem Kopf und sagte nachdenklich: „Ja, das stimmt eigentlich, so kann man es wohl auch sehen – Ja, ich habe wohl einen wirklich guten Schutzengel." – „Dann merk dir das mal. Mach dir ganz bewusst, dass du das alles gut überstanden hast, und spüre deinen Schutzengel."

Jetzt lächelte sie mich an, für Momente hatte sie das ewige Opfer vergessen. Ein kleiner Perspektivenwechsel, der etwas Abstand schaffte und sie ins Jetzt brachte. Dann habe ich sie nach dem Überfall gefragt, und sie berichtete recht ruhig, wie sich alle an die Wand stellen mussten und jemand ihr dann eine Pistole an den Kopf gehalten und gedroht habe, sie zu erschießen, wenn seinen Anweisungen nicht Folge geleistet würde.

Während sie sprach, begann ihr Körper leicht zu zittern, zuerst ihr Kinn, dann die Hände und die Beine. Unwillkürlich versuchte sie, das Zittern unter Kontrolle zu halten. Untergründig fürchtete sie, obwohl ihr weder das Zittern noch ihre Kontrollversuche bewusst waren, in die Geiselgeschichte und damit in ihr Trauma abzugleiten. Ich machte sie darauf aufmerksam und sagte zugleich, sie solle nichts dagegen machen, das Zittern sei gut. Dann habe ich eine Geschichte aus einem Buch des Traumatherapeuten Peter Levine (Levine 2012) erzählt, der berichtet, wie wilde Tiere zittern und wie verrückt umherspringen, nachdem sie einer tödlichen Gefahr entronnen sind und die Schockstarre vorbei ist. Nach Levine entwickeln sie deshalb kein Trauma, weil sie die im Schock erstarrten Körper- und Gehirnzellen durch das Zittern und Springen sofort wieder aktivieren. Wir Menschen haben diesen Instinkt verloren und verharren in der Erstarrung (Haustiere übrigens auch). Das Zittern, das danach spontan auftritt oder wenn man sich wieder an die Bedrohung erinnert, sei eigentlich ein gesundes Zeichen für eine beginnende Selbstregulation, die wir aber meist unterbinden, weil wir Angst davor haben, das alles noch einmal zu durchleben. Ein zentrales Element der Traumatherapie bestehe daher darin, diese Selbstregulation zu ermöglichen, indem man dem Opfer einen Rahmen gebe, in dem es sich sicher und aufgehoben fühlt und keine Angst hat, dass ihm etwas passiert.

Solche Geschichten haben eine doppelte Wirkung, sie tragen etwas zum Thema bei und halten damit den thematischen Fokus, lenken aber gleichzeitig ab vom Opfergefühl und unterstützen damit die innere Distanz, die notwendig ist, um sich selbst zu sehen. Ich achte dabei darauf, dass die Klientin mir tatsächlich zuhört und nicht in ihrer eigenen Geschichte verschwindet. Nebenbei habe ich ihr gesagt, sie soll dass Zittern ruhig geschehen lassen, ich würde sie schon halten. Dazu habe ich ihr zunächst angeboten, ihre Hand in meiner Hand liegen und zittern zu lassen, und dann habe ich sie, nachdem ich die Levine-Geschichte zu Ende erzählt hatte und das Zittern stärker wurde, in den Arm genommen und sie gebeten, ihren Kopf an meine Schulter zu lehnen und ihren Arm um mich zu legen. Damit übernimmt man als Therapeut das automatische Festhalten und die Kontrolle des Zitterns, was zu Folge hat, dass der Klient selbst das nicht machen muss und sein Körper sich entspannen und das Zittern geschehen lassen kann. Sofort wurde das Zittern stärker und ging dann über in ein heftiges Weinen.

Ich habe sie fester gehalten und ruhig mit ihr geredet, um ihr ein Gefühl von Sicherheit zu geben. Plötzlich war sie nicht mehr in dem Geiseldrama, sondern einem ganz anderen: dem ihrer Geburt. Man erkennt dies an der Art des Weinens, Säuglinge und Kleinkinder weinen ganz anders als ältere Kinder oder Erwachsene, sie „kriegen sich nicht mehr ein“. Ich habe sie, während sie zitternd und heftig schluchzend in meinem Arm lag, gefragt, was denn bei ihrer Geburt gewesen sei, und sie berichtete (ich habe sie wieder gebeten, so laut und klar zu sprechen, dass die ganze Gruppe sie versteht), sie habe 36 Stunden gedauert und sowohl sie selbst als auch ihre Mutter seien dabei fast gestorben. In letzter Minute hätte der Arzt dann einen Kaiserschnitt gemacht. Danach hat es dann einige Zeit gedauert, bis sie wieder zu ihrer Mutter konnte.

Damit hatten wir also das ganze Thema des *„geborenen Opfers“*, wortwörtlich. Als das Zittern und das Weinen nach einer Weile abebbten, habe ich zu ihr gesagt: „Jemand, der so etwas gut überlebt hat, ist nicht totzukriegen. Du bist ganz zäh und wirklich gestählt fürs Leben. Andere wären an der Geiselnahme zerbrochen, du nicht.“ Da hat sie gelacht und gesagt: „Ja, das stimmt, ich bin wirklich zäh. Und das mit der Geiselgeschichte stimmt auch, es ist eigentlich nicht mehr so schlimm für mich.“ Am nächsten Tag war sie verwandelt und fest entschlossen, sich nicht mehr als Opfer zu sehen, sondern als jemand, der tiefe und schwere Erfahrungen gemacht und diese fast wie ein Wunder überlebt hat. Mit dieser Perspektive wird sie anders leben und auch andere Erfahrungen anziehen als bisher. Sie hat später noch einige Kurse von mir besucht und konnte ihrer überaus großen Lebendigkeit immer mehr Raum lassen.

Die Vergangenheit ist das, was vorbei ist

Die Vergangenheit hat in sich eine Eigenschaft, die die meisten Menschen nicht sehen (wollen): Sie ist vorbei! Sie ist das, was war und nicht mehr ist. Sie existiert für uns (also subjektiv) nur deshalb noch, weil wir sie festhalten, sei es im Geist (im Denken), sei es im Gefühl, sei es im Körper. Das Festhalten im Geist ist das wichtigste, wenn wir sie da vorbei sein lassen können, geht sie nach einer Weile auch im Gefühl (im emotionalen Körper) vorbei. Im physischen Körper kann sie ebenfalls vorbei gehen, d.h., auch ein physisch manifestierter Schmerz kann sich auflösen. Das geht dann aber immer mit starken körperlichen Schmerzen (meist einer Krankheit) einher, weil sich etwas im Körper ändern muss, und das tut nun mal weh. Viele Krankheiten sind sogar ein Versuch der Seele, einen seelischen Schmerz zu überwinden. Das führt aber nur dann zum Ziel, wenn die sich in der Krankheit ausdrückende Verletzung gesehen und ins Bewusstsein genommen wird. Dazu bedarf es meist einer psychotherapeutischen Unterstützung. In schweren Fällen bleibt die körperliche Verletzung jedoch (ein verkrüppelter Arm lässt sich nicht mehr „entkrüppeln“, eine Lähmung infolge eines Unfalls geht durch Psychotherapie oder demütiges Annehmen nicht weg), aber sie stört einen dann nicht mehr so sehr. Man nimmt es als etwas, das zu einem gehört. Das ist die Heilung.[88]

„Etwas ist gewesen“ bedeutet aber auch, dass man nicht so tun kann, als ob es nicht gewesen wäre. Etwas gewesen sein lassen heißt also nicht, es zu leugnen. Unsere Kindheit ist gewesen, alles, was sich dort ereignet hat, bleibt und kann nicht geändert werden. Deshalb ist selbst der *Wunsch*, die Kindheit (die Vergangenheit) sollte anders gewesen sein, töricht und unwirksam. Er bewirkt das Gegenteil von dem, was man möchte, er bewirkt, dass das Gewesene nie vorbei sein kann, weil man mit ihm kämpft. Der Kampf oder das Hadern mit der Vergangenheit, das Es-anders-haben-Wollen oder das Arbeiten daran hält sie, ebenso wie das Leugnen der Vergangenheit, am Leben, hält die Wunde aktiv und lässt sie nicht verheilen.

Dasselbe gilt für unsere kollektive Vergangenheit, ohne dass ich hier näher darauf eingehen möchte. Nur so viel: Der Satz „Nie wieder Auschwitz“ ist das Gegenteil von Integration, es ist die innere Abwehr von Ausschwitz. Er grenzt Ausschwitz – als etwas, das (im doppelten Sinne des Wortes) nicht gewesen sein darf – aus der Geschichte aus, nimmt es nicht in die Seele hinein. Er grenzt die Täter aus der menschlichen Gemeinschaft aus und damit zugleich auch die Opfer. Er bewahrt nicht die Menschlichkeit und führt nicht in die Freiheit, sondern er perpetuiert die Unfreiheit. Die „Erinnerungskultur“ – die deutsche wie die jüdische – ist kein Er-Innern, kein In sich hineinnehmen, sondern ein Abwehren, ein Von sich fernhalten. Die deutsche wie die israelische Politik sind nach wie vor in und von Ausschwitz gefangen, und die anderen, die Ausschwitz für eine deutsch-jüdische Angelegenheit halten, mit der sie nichts zu tun haben, haben sich ihm noch nicht einmal genähert. Das heißt aber nicht, dass man jetzt endlich einen Schlussstrich darunter ziehen und die Geschichte damit abhaken sollte! Das Erinnern ist ein äußerst schmerzhafter und in diesem Fall wohl auch sehr langwieriger Vorgang. Die volle Erkenntnis dessen, was Ausschwitz bedeutet, haben wir noch vor uns. Mir scheint, dass die einzig angemessene Antwort darauf die Stille ist.

Jenseits von diesem besonderen Fall: Nur das Lassen und Einverstanden sein heilt. Etwas „loslassen“ heißt nicht, sich darum zu bemühen, etwas loszuwerden (das ist das, was die meisten praktisch darunter verstehen); etwas loslassen heißt, alles so zu lassen, wie es war (oder ist). Dann ist man frei davon, und dann wird man ge-lassen. Dann kommt das Zweite: Wenn man alles so gewesen sein lässt, wie es war, ist es – im Wortsinne – gewesen, das heißt, es war und ist vorbei. Beides. Die Folge ist, dass man es vergisst. Auch hier: Der Kampf gegen das Vergessen ist eine Auflehnung gegen das Leben. Vergessen gehört zum Leben. Wer nicht vergessen will, lebt immer in der Vergangenheit, trägt sie immer mit sich herum und kann daher nie im Jetzt sein. Das Leben ist aber immer jetzt, alles andere ist unwirklich und daher in einem gewissen Sinne tot. Verantwortung bedeutet nicht, die Vergangenheit mit sich herumzutragen und aus ihr heraus zu handeln und zu leben, sondern das genaue Gegenteil: dem, was jetzt ist, aus der Unmittelbarkeit des Jetzt heraus zu antworten. Genau das ist auch Lebendigkeit – man kann es bei kleinen Kindern beobachten. Vielleicht meint Jesus dies, wenn er sagt: „Wenn ihr nicht werdet wie die Kinder, werdet ihr nicht ins Himmelreich eingehen." „Unschuld ist das Kind und Vergessen, ein Neubeginnen, ein Spiel, ein aus sich rollendes Rad, eine erste Bewegung, ein heiliges Ja-sagen" (Nietzsche, Zarathustra, 378).

Es ereignete sich einst im alten Indien, dass ein Meister mit seinem Schüler, der ihn auf seinem ganzen Weg begleitet, an einen breiten und tiefen Fluss kommt. Zunächst wissen sie nicht, wie sie den Fluss überqueren sollen, bis der Schüler im Schilf ein kleines Boot entdeckt. Sie nehmen das Boot und kommen ans andere Ufer. Der Meister steigt aus dem Boot und geht weiter, der Schüler schultert das Boot und hat Mühe, dem Meister zu folgen.

Schließlich stöhnt er immer lauter unter seiner Last und geht dem Meister damit auf die Nerven: „Wieso schleppst du das Boot mit dir herum?", fragt er ihn.

„Erstens", antwortet der Schüler, „aus Dankbarkeit, weil es uns geholfen hat. Und zweitens kann man nie wissen, ob wir nicht wieder an einen Fluss kommen und es brauchen werden."

Der Meister schüttelte den Kopf und sagt: „Du gehst jetzt schon so lange mit mir und hast nichts gelernt" und geht weiter.

Wir schauen im LIP auf die Vergangenheit, wie sie war, und lassen alle früheren Ereignisse dort, wo sie hingehören: in der Vergangenheit. Wir lassen auch alles so, wie es ist oder sich im Prozess gerade zeigt. Wir bearbeiten nichts. Wir lassen es nur an unser Bewusstsein kommen. Wenn nötig, halten wir unsere Klienten dabei auch dazu an, die Leistung des Kindes zu sehen, die Kreativität, mit der es für sich in einer schweren Lebenssituation einen Weg gefunden hat, und diese Leistung auch mit Worten zu würdigen. Das, was man oft etwas verächtlich „Konditionierung", „Verdrängung" oder gar „Masken" oder „Verhaltensstörungen" nennt, betrachten wir als die einzig mögliche Antwort, die das Kind oder der Jugendliche in der jeweiligen Situation finden konnte, als den Schutzraum, in den er sich zurückgezogen hat, um überleben zu können und das, was in seinem Innern ist und (noch) nicht erblühen kann, zu bewahren.

Manchmal lasse ich die Klienten zum Beispiel zum Kind sagen: „Du hast das wunderbar gemacht", oder „Du konntest nicht anders" oder „Du bist unschuldig", und wenn das Kind oder der Jugendliche das hört und merkt, dass es nicht nur eine Floskel ist, sondern aus dem Herzen des Menschen kommt, der aus ihm geworden und jetzt erwachsen oder schon ganz alt ist, fühlt er sich gesehen und gewürdigt, und alles ist gut. Oft reicht auch ein „Ich sehe dich". Damit ist der Schmerz augenblicklich vorbei. Und auf den erwachsenen Klienten wirken diese Worte unmittelbar zurück, denn er spricht ja in einen Spiegel, aus dem ihn sein Inneres anblickt. „Du bist unschuldig" heißt dann zugleich „Ich bin unschuldig" (etwa bei sexuellem Missbrauch), „Du bist stark" heißt zugleich „Ich bin stark", und „Du bist schön" heißt auch „Ich bin schön".

Das ist übrigens ein zutiefst erschütternder Satz. Zum kleinen Mädchen sagt die erwachsene Frau leicht und gerne „Du bist ein schönes Mädchen", aber wenn sie dann gewahr wird, dass sie in einen Spiegel schaut und damit über sich selber spricht, brechen fast immer Tränen aus ihr heraus. Ich lasse sie dann den Satz noch einmal wiederholen, im vollen Bewusstsein dessen, dass sie über sich selbst hier und jetzt spricht (manchmal lasse ich sie dann auch sagen: „Du bist schön, und ich bin es auch"), wofür manche dann mehrere Minuten brauchen, bis sie dies über die Lippen bringen. Das gilt auch für alle anderen Sätze, in denen sich ein Erkennen der inneren Wahrheit ausdrückt.

Diese Worte müssen vollkommen ehrlich sein, es geht dabei nicht darum, das Kind zu trösten oder zufrieden zu stellen oder in der Therapie zu einer „guten Lösung" zu kommen. Einem Kind oder einem Jugendlichen kann man nichts vormachen, sie wissen sofort, wenn ein Erwachsener lügt. Dasselbe gilt für ihre Stellvertreter in einer LIP-Aufstellung, und ein guter Therapeut lässt sich weder an der Nase herumführen noch legt er seinen Klienten salbungsvolle Worte in den Mund, damit er ihnen am Ende eine „gute Lösung“ bieten kann. Eher als dies lassen wir unsere Klienten ohne Lösung zurück, wenn sie in diesem Moment nicht in der Lage sind, aus der Verstrickung mit dem kindlichen Problem herauszutreten und solche Sätze ganz ehrlich aus ihrem Herzen heraus zu sagen. Dann gilt es einfach zu sehen, dass die Zeit noch nicht reif dafür ist. Ein Anfang ist aber gemacht, der Rest wird folgen, wenn man dran bleibt.

Alle Wunden können heilen

Wir halten uns mit den kindlichen Wunden nur so lange auf, wie unbedingt nötig. Auf gar keinen Fall machen wir ein Drama daraus oder steigen in das Drama ein, das der Klient vielleicht im Kopf hat. Alle Wunden können heilen, wirklich alle, und zwar einfach dadurch, dass sie gesehen und anerkannt werden. Das geschieht, wenn der Erwachsene sie dort lässt, wo sie geschehen sind und wo sie hingehören – nämlich in der Vergangenheit und beim Kind – und nichts daran zu ändern versucht (was ja ohnehin nicht mehr geht). Das Kind trägt den Schmerz dann mit Stolz, und schließlich fällt er einfach von ihm ab. Sobald der Erwachsene sein Hadern mit der Vergangenheit lässt, kann sie vorbei sein. Manchmal braucht es Zeit, manchmal braucht es auch mehr als einen Prozess dafür, damit ganz tiefe Wunden heilen können, dann nehmen wir uns die Zeit. Oft aber sieht man diese Dinge fast wie im Vorübergehen.

Unsere größte Aufmerksamkeit ist auf das gerichtet, was darunter verborgen ist, das, was sich entfalten will. Wir wiederholen nicht die Dramen des Lebens. Die Kunst bei der Begleitung dieses Prozesses liegt darin, sich nicht von diesen Äußerlichkeiten und der Bedeutung, die ihnen von außen zugeschrieben wird, blenden und vereinnahmen zu lassen, sondern das zu sehen, was damit verdeckt wird oder das, was ein Kind unter dem Druck von außen nicht leben konnte. Es geht darum, das zu sehen, was man ist. Im LIP steckt ein, wie mir scheint, ziemlich neues Paradigma von Seelen- und Bewusstseinsarbeit, er ist in fast jeder

Beziehung anders als die meisten anderen Ansätze in der Psychotherapie. Für mich handelt es sich dabei auch nicht um Psychotherapie, ich spreche lieber von Bewusstseinsarbeit oder Seelenarbeit. Denn darum geht es: die verborgenen Seiten unseres Lebens ins Bewusstsein zu bringen. Die Heilung geschieht dabei fast beiläufig.

Lebensintegration oder: Das Leben geschieht

Was heißt Integration oder Lebensintegration? Die meisten unserer Kursteilnehmer meinen, sie müssten etwas integrieren, zum Beispiel ihre Kindheit oder bestimmte Ereignisse davon. Oder sie wollen ihre „innere Vision" entdecken und sie dann leben, was für sie heißt: praktisch umsetzen. Das entspricht dem herrschenden Bewusstsein: Man muss an sich arbeiten oder, allgemeiner gesprochen: Das Leben wird gemacht – und jetzt muss ich an meiner Integration arbeiten. Nein, das Leben *geschieht.* Es geschieht in jedem Moment, den wir existieren, es geschieht seit unserer Zeugung-Empfängnis, es geschieht, wenn wir schlafen, und es geschieht, wenn wir sterben – bis zu dem Moment, wo es nicht mehr geschieht. Dann sind wir tot. Tot sein heißt, dass das Leben nicht mehr geschieht.

All dies hat nichts mit unserem Tun, unserem Wollen oder unserem Machen zu tun. Es geschieht vollkommen autonom, so wie in diesem Moment, in dem Sie dies lesen, Ihr Atmen geschieht, Ihr Herz schlägt und Ihre Verdauungsorgane ihre Arbeit verrichten, ohne dass Sie irgendetwas davon machen. Auch Ihr Lesen machen Sie nicht, auch das geschieht, ebenso wie Ihr Verstehen oder Nicht-Verstehen. Auch mein Schreiben geschieht. Ich kann mir zwar einbilden (die meisten tun dies), dass ich das mache, aber es stimmt nicht.

Deshalb bilde ich mir auch nichts auf die Bücher ein, die ich geschrieben habe. Mein Vater hat Wände tapeziert, ich schreibe Bücher. Er hat sich gefreut, wenn es schön aussah und den Leuten gefallen hat, ich freue mich, wenn ich das Geschriebene selbst gut finde und es den Leuten gefällt. Ich heile auch niemanden. Manchmal, sogar fast immer, geschieht Heilung, und wenn ich es sehe, freue ich mich. Aber ich mache keine Heilungen.

Dasselbe gilt für die Integration: sie ist ein natürlicher Prozess. Integration geschieht aus dem Leben selbst heraus, und zwar in dem Maße, in dem man sich in dieses Leben wie ein neugeborenes Kind hineinfallen und sich von ihm bewegen lässt (anstatt es von seinem Ich aus, von seinen Vorstellungen darüber, wie es sein soll, gestalten zu wollen).

Man kann es zum Beispiel daran sehen, wie ein Kind laufen oder sprechen lernt. Zunächst steht es ganz wackelig auf seinen Beinen und fällt nach dem ersten Schritt wieder hin. Dann macht es einfach weiter – das heißt: Es folgt der natürlichen Bewegung seines Körpers (die eine Bewegung des Lebens selbst ist). Es macht zwei, drei, fünf Schritte, fällt zwischendurch immer wieder hin, kümmert sich nicht darum – und plötzlich kann es alleine gehen. Damit hat sich die unglaublich komplexe Bewegung, die es anders nie lernen könnte, von selbst in seinen Körper und dessen Bewegungsapparat und auch in sein Gehirn, das all diese Bewegungen automatisch steuert, integriert. Es ist ein natürlicher und ganz selbstverständlicher Teil seines Lebens geworden, und zwar ganz von selbst. Alles, was das Kind „getan" hat, ist das Sich-einlassen auf die Bewegung. Wenn ihm dabei das Denken dazwischen gefunkt hätte, hätte es wahrscheinlich beim dritten oder vierten Versuch aufgegeben.

Beim Sprechen ist es genauso. Allerdings zeigt sich hier viel deutlicher, welche Rolle die menschliche Umgebung (im Normalfall die Familie) für das Lernen spielt. Das Kind braucht dazu nämlich neben der aus seinem Innern kommenden Bewegung zugleich das menschliche Vorbild. Bei taubstummen Eltern wird es nicht sprechen lernen, solange es keinen anderen sprechenden Menschen begegnet, und je weniger und/oder undifferenzierter die Eltern sprechen, umso ärmer werden die sprachlichen Ausdrucksmöglichkeiten eines Kindes sein.

So ist es auch bei der Integration der Kindheit und dem Eintreten in ein erwachsenes Bewusstsein: Man braucht Menschen, die in der Lage sind, einem das Eigene zu spiegeln. Dazu ist es hilfreich, wenn sie diesen Schritt bereits vollzogen haben; zumindest müssen sie in der Lage sein, in der therapeutischen Begegnung ihre eigenen Themen nicht mit denen ihrer Klienten zu vermischen oder, wenn dies doch geschieht, es zu bemerken und offen auszusprechen. Der Rest geschieht dann von selbst.

Indem ich meine Vergangenheit so nehme und so lasse, wie sie war, kommt sie nach Hause, nämlich zu mir. Sie bleibt nicht mehr draußen als etwas, was nicht hätte so sein sollen, wie es war, steht nicht mehr draußen vor meiner Tür, sondern ist jetzt bei mir und in mir. Damit erst stehe ich zu dem Kind, das ich war, oder zu dem Jugendlichen, der ich war – wenn ich sage: Ja, das alles gehört zu mir, das alles war, und es darf auch gewesen sein, ich will es nicht (mehr) weg haben. Du hast es ja erlitten, nicht ich. Ich lasse es bei Dir. Wenn es sich um etwas handelt, was ich anderen oder mir selber angetan habe, gilt das gleiche: Ich sehe, was du getan hast, und ich sehe, dass du in dem Moment nicht anders konntest. Damit ist das Kind gesehen und gewürdigt, und damit können dann auch die Kindheit und die Jugend vorbei sein und ich werde ganz, denn sie sind der Boden, auf dem und aus dem ich gewachsen bin. Dann ist das Kind in mir und nicht ich bin im Kind. Ich bin nämlich erst dann ganz bei mir, wenn ich meine Geschichte *in* mir habe (und nicht als etwas „Falsches" außer mir).

Das gilt auch, wenn wir etwas zutiefst bereuen – in dem Moment, wo wir es getan haben, konnten wir nicht anders. Es gilt auch, wenn wir nicht anders gewollt haben. Auch das Wollen steht nicht zu unserer Verfügung, wir können uns nicht aussuchen, was wir wollen. Wenn man das sieht und erkennt, ist die Selbstanklage (die immer eine Anklage gegen das frühere Ich, oft gegen das Kind oder den Jugendlichen, ist) vorbei und es tritt Frieden ein. Dann ist auch die Reue vorbei. Etwas zu bereuen ist zwiespältig. Hilfreich ist es, wenn man dabei auf jemanden schaut, dem man ein Leid zugefügt hat und dies bedauert – also die Folgen seiner Tat für *andere* bedauert. Zum Beispiel bei einer Abtreibung auf das Kind schaut und sagt: „Ich habe dich getötet, ich habe dir das Leben genommen, und das tut mir leid." Wenn Reue aber heißt, dass ich bedauere, dass *ich* das getan habe (das mir so etwas „passiert" ist), dann hilft es nicht, dann wird die Tat nicht integriert als etwas, das zu meinem Leben gehört. Die Integration geschieht erst dann, wenn ich zu meiner Handlung stehe und zugleich sehe, dass ich in diesem Moment nicht anders konnte.

Das bedeutet auch, dass das Konzept der Schuld nicht mehr greift.

Schuld ist für ein Kind und das kindliche Bewusstsein das Gefühl, seine Zugehörigkeit verspielt zu haben. Das Schuldgefühl dient dazu, seine Unschuld und damit die Zugehörigkeit wieder zu erlangen. Im Schuldgefühl steckt immer ein kindliches Bewusstsein, das am Bedürfnis der Unschuld festhält. Für einen Erwachsenen ist das illusorisch, der Schritt ins Erwachsensein *ist* der Verlust der Unschuld. Schuldgefühle verschwinden, wenn man sich dieser Tatsache stellt und der Schuld zustimmt.

Das ist aber nur ein erster Schritt, allerdings ein notwendiger. Nochmals: Als Erstes muss man dem, was man innerlich – bewusst oder unbewusst – als Schuld empfindet, ganz zustimmen. Etwa in der Weise: „Ja, das hab ich getan." Dieser Satz muss, mit allen Folgen die sich aus der Tat ergeben, ganz ins Bewusstsein gelassen werden. Der zweite Schritt besteht dann darin, dass man sieht, dass die Idee der Schuld nur eine Idee, ein Konzept ist. In der Idee der Schuld liegt die Vorstellung, man hätte anders handeln können, die Idee des autonomen Individuums, man könnte sein Leben autonom steuern und kontrollieren. Wenn aber, wie oben dargelegt, der freie Wille eine Illusion ist, kann das nicht stimmen. In dem Moment, wo man erkennt, dass es keine Alternative gab, tritt im Innern Frieden ein. Dann sieht man, dass alles, was in seinem Leben geschehen ist – sei es das, was man getan, sei es das, was man erlitten, sei es das, was man an Großartigem geleistet oder erlebt hat – nie anders sein konnte.

Das soll und darf keine Entschuldigung sein, kein Sich reinwaschen. Die Folgen seiner Handlungen muss man tragen, unabhängig davon, ob man sich schuldig fühlt oder nicht. Schuldgefühle sind nur ein billiger Ersatz dafür, dass man die Folgen nicht auf sich nehmen will. Was immer sie sind, man muss ihnen genauso zustimmen wie der Tat. Da ich die Abtreibung erwähnt habe: Ich lasse die Frauen zum Beispiel sagen: „Ich wollte dich nicht haben, ich habe dich getötet, und jetzt verzichte ich auf dich. Ich lasse dich gehen und vergesse dich." Das ist die Anerkennung der Folgen. Es geht um das Erkennen einer Tatsache, der Tatsache, dass ich im Moment meiner Handlung immer genau so handle, wie mein Bewusstsein in genau diesem Moment ist. Alles, was ich mir hinterher dazu denke, was ich hätte anders machen oder unterlassen können oder sollen, war im Moment der Handlung nicht in meinem Bewusstsein präsent. Wenn ich voller Wut jemanden erschlagen habe, dann war in diesem Moment die Wut so übermächtig, dass ich nichts anderes wahrgenommen habe. Und wenn ich kaltblütig einen Mord geplant und durchgeführt habe, dann waren alle Bewusstseinsinhalte, die dies hätten verhindern können, im Moment der Tat (samt ihrer Vorbereitung) nicht präsent oder nebensächlich. Oder, um ein alltägliches Beispiel zu nehmen: Wenn ich mich sinnlos besaufe, denke ich während des Trinkens nicht an die Folgen. Sollte ich doch kurz daran denken, wische ich diesen Gedanken sofort wieder weg, weil mir in diesem Moment die Lust am Rausch (oder was auch immer mich gerade bewegen mag) wichtiger ist als alles andere, weil mir die Folgen egal sind. Das gilt auch, wenn man sich ganz harmlos mit Süßigkeiten oder Chips vollstopft: Die Folgen muss man tragen (in diesem Fall ganz wörtlich).

Deshalb betont Ramesh S. Balsekar immer wieder, dass das Konzept der persönlichen Täterschaft eine Illusion sei und zitiert Buddha mit den Worten: „Ereignisse tragen sich zu, Taten werden getan, aber es gibt kein Individuum, das Taten verrichtete." (Balsekar 2009, S. 15). In ähnlicher Weise sagen das alle spirituellen Meister, egal welcher Tradition sie folgen. Wenn man diesen Gedanken ganz an sich heran lässt, ist das alles andere als eine Ausrede. Man wird zutiefst erschüttert. Es bedeutet nämlich, dass alles, was wir uns persönlich zurechnen, nicht nur das Negative und Schuldhafte, sondern auch alles Positive, Gute, Hehre und Schöne, nichts Persönliches ist. Das Leben geschieht einfach, und du bist nichts als derjenige, durch den es geschieht, und, wenn du es bewusst wahrnimmst, der Zeuge dessen, was geschieht. Du bist zufällig der Mensch, der dieses Leben, das dir – mit deinem genetischen wie deinem seelischen Erbe – gegeben wurde, zu leben hat, mit all den Ereignissen, die dir dabei geschehen. Man kann das persönlich nehmen, muss es aber nicht, denn es ist nichts Persönliches. Alles: deine Existenz, das, was dir im Leben begegnet und geschieht, dein Handeln oder dein Wachstum – alles ist ganz und gar unpersönlich, es geschieht lediglich durch dich und wird durch dich erfahren und bewusst. Dadurch wird sich das Bewusstsein seiner selbst bewusst. Im Menschen, im menschlichen Bewusstsein, spiegelt sich das allgemeine Bewusstsein und kann sich dabei selbst sehen und erkennen, so wie ein Mensch sich in einem normalen Spiegel (und nur in einem Spiegel) sehen und erkennen kann.

Der Lebensintegrationsprozess als modernes Initiationsritual

Die Integration, das Hereinholen der Kindheit oder, allgemeiner gesprochen, der Vergangenheit, ist die eine Seite des Lebensintegrationsprozesses. Die andere Seite ist die Initiation in etwas Neues, die Initiation ins Erwachsensein, das nichts anderes ist als das Hineintreten in das eigene Selbst. Da wir dieses Selbst nicht kennen, ist es das Eintreten in die Offenheit des Lebens, durch das sich uns das Selbst offenbart. Im LIP entsteht für diesen Schritt ins Offene eine Brücke, und zwar in Form einer Erinnerung an den Samen, den das Leben in uns hineingelegt hat, an unser inneres Potenzial.

Bei mir war das der Satz „Ich weiß alles". Was dieser Satz tatsächlich bedeutet, zeigt sich erst, wenn ich mich davon bewegen lasse, ihm folge und ihn lebe. Indem ich ihn im selben Moment, in dem er von meinem Stellvertreter auf der Position des ungeborenen Kindes ausgesprochen wurde, als wahr erkannte, wurde er für mich zu einer Art Hinweisschild, zu einem Hinweis auf meine aus meinem Innern kommende Lebensaufgabe und damit auch zu einer Kraftquelle, die mich seither trägt. Das ist das Initiatorische am Lebensintegrationsprozess. Wie jede Initiation hat der LIP die Form eines Rituals, er folgt immer dem gleichen Muster. Ich habe das anfangs nicht gewusst, das Ritual hat sich ganz von selbst ergeben. Erst jetzt, nach fast neun Jahren praktischer Arbeit damit und über tausend Prozessen, ist mir der Initiationscharakter des LIP richtig klar geworden. Unsere Rolle dabei könnte man mit der eines Schamanen vergleichen, allerdings nicht eines Schamanen, der die Adepten in die Welt der Geister und des Stammes initiiert, auch nicht die eines Priesters, der die Zugehörigkeit zu einer Religion rituell vollzieht, sondern die eines modernen Schamanen, der Hilfestellung leistet beim Übergang des Bewusstseins in die Wirklichkeit des modernen Lebens.

Diese Wirklichkeit, dies sei ganz klar gesagt, ist nicht mehr die einer natürlichen Welt und nicht mehr die der Zugehörigkeit zu einer bestimmten Gruppe, sondern die einer weitestgehend künstlichen Welt voller Industrieanlagen, Einkaufszentren, überfüllter Autobahnen, auch voller „Autobahnen" am Himmel, Strom- und Datenautobahnen, Massenviehzucht und Schlachthöfen, industrieller Gemüseproduktion, Atombomben und Gentechnik, hochtechnisierter Krankenhäuser, künstlicher Gelenke und Organersatzteile, vermüllter Berge und Meere mit Horden von Touristen und so weiter. Die Welt des modernen Lebens. Ohne all dies (vom achtlos weggeworfenen Müll abgesehen) ist unser Leben nicht mehr denkbar, ohne dies würden wir nicht überleben. Wir sind davon so abhängig wie die nordamerikanischen Indianer von den Büffelherden und die alten Ägypter vom Wasserstand des Nils. All dies ist auch nicht nur da draußen, in all dem ist unser Lebensstil und unser Bewusstsein vergegenständlicht. In all dem sind wir selbst. Und wir sind noch etwas ganz anderes, aber was, das wissen wir nicht. Wir sind das, was all das sehen, wahrnehmen, es erleiden und daran wachsen kann. Wachsen zu dem, was wir bereits sind.

Das Ich und das Selbst

Das Selbst ist etwas ganz anderes als das Ich. Das Ich ist unsere Vorstellung von uns selbst, das Bild, das wir von uns haben und ständig wieder neu herstellen, mehr nicht. Es ist nicht das, was wir wirklich sind. Diese Vorstellung ist künstlich, ist hergestellt, ist gemacht. Sie ist die Summe unserer Erfahrungen, aus der wir unsere „Identität" gemacht haben. Darin sind auch alle Bilder enthalten, die fortwährend unser Unterbewusstsein überfluten, alle „Du sollst", Du musst", „Du darfst nicht", alle Ängste, alle Sorgen, alle Sehnsüchte, alle Wünsche. Das ist, im großen und ganzen, unser Ich.

Die Ich-Identität oder das Ich sind sehr fragil. Ein Ich kann jederzeit verletzt werden. Deshalb ist der Ich-Mensch sehr schnell beleidigt oder „verletzt". Man sagt ein falsches Wort, und schon ist jemand „verletzt". Heute sind fast alle fast andauernd „verletzt", in ihrer Persönlichkeit, ihrer Würde, angeblich auch in ihrem Herzen. Dazu braucht jemand anders nur ein abfälliges oder kritisches oder auch nur unbedachtes Wort über die jeweilige Identität zu sagen. Was da verletzt oder, besser gesagt, angekratzt wird, ist das Bild, das man sich von sich selber gemacht hat und mit dem man identifiziert ist. Dem wirklichen Menschen tut mit Worten niemand etwas, es ist immer nur das Bild, das verletzt wird, und es kann nur deshalb verletzt werden, weil es künstlich und falsch ist. Das Wahre ist unverletzlich. Die ganzen „Shitstorms" im

Internet sind nichts als kindische Reaktionen auf Aussagen, die die Heiligkeit der eigenen Meinungen, Überzeugungen, Gefühle und Ich-Identitäten ankratzen. Sie zeigen die innere Unsicherheit derjenigen, die sich „verletzt" fühlen und meinen, das würde sie dazu berechtigen, ihre – ich übersetze „Shitstorm" jetzt mal ins Deutsche – Scheiße über andere Menschen drüberzukippen, sich über allen auszuscheißen, die nicht die eigenen Ansichten teilen.

Wer in seinem Selbst, in sich selbst, gegründet und zu Hause ist, lässt sich davon nicht beirren. Sein Selbstgefühl kommt nicht von außen und folgt weder dem äußeren Lob noch der Kritik, sondern seiner inneren Wahrnehmung. Wenn mich jemand auf respektvolle Weise kritisiert, höre ich mir das an und schaue, ob daran etwas Wahres ist. Wenn ich mich durch eine Äußerung oder eine Handlung eines anderen verletzt fühle, schaue ich mir auch das an, genauer: ich schaue auf den Schmerz in mir und schütze ihn nicht, indem ich zurückschieße. Dann führt mich das vielleicht zu einer alten Wunde, einem Trauma, und wenn ich das geschehen lasse, kann diese Wunde heilen. Derjenige, der mich angeblich verletzt hat, hat in Wirklichkeit nur ein Stichwort gegeben, das an diese Wunde gerührt hat. Das kann zwar sehr weh tun, aber es kann ebenso heilsam sein.

Man wächst im Innern nur, wenn man seine Wunden offenlegt und sich an den schmerzhaftesten Stellen berühren lässt. Diese Schmerzpunkte können, müssen aber nicht immer ein persönliches Trauma sein. Spirituelles Wachstum, Wachheit und Bewusstheit bedeuten nicht, dass man vor Verletzungen besser geschützt ist, dass man „darüber steht". Sie bedeuten ganz im Gegenteil, dass man sich öffnet, auch für seine Verletzlichkeit. Erst wenn man diese nicht mehr schützt und abwehrt, wird man plötzlich unverletztbar, weil man erkennt, dass das verletzte Kind, der Teil in einem, der den Schmerz spürt, nicht mehr da ist. Am Ende steht dann die Erkenntnis, dass in Innern niemand ist, der verletzt werden kann (in dieser Erkenntnis ist das Bewusstsein aber schon auf der sechsten Stufe).

Ich habe das im letzten Jahr erleben dürfen. In einem Kurs in der Schweiz meldete sich zum Abschluss eine alte Dame mit einer Frage: „Es gibt noch etwas, was mich innerlich nicht loslässt, vielleicht kannst Du mir eine Antwort oder einen Hinweis dazu geben: Warum sind

Männer so gewalttätig, warum tun sie vor allem Frauen so viel Gewalt an, seit tausenden Jahren?" Bevor ich antworten konnte, musste ich erst einmal innehalten. Ich merkte, wie etwas in mir zu zittern begann, mein Atem stockte und dann eine große, uralte Wut hochkam. Ich habe gewartet, dann spürte ich hinter der Wut den Schmerz und eine tiefe Wunde und habe, zuerst ganz zittrig, darüber gesprochen, wie es mir gerade mit der Frage geht, was sie in diesem Moment in mir ausgelöst hat. Drei Wochen später habe ich der Frau einen Brief geschrieben, den ich hier widergebe.

Liebe Helga,

meine lange Seminarreise, die mich von der Schweiz nach Wien und von dort über Brünn nach Prag geführt hat, ist zu Ende und ich bin wieder zu Hause. Jetzt schreibe ich Dir, weil Du diese Reise, die auch eine lange und tiefe Reise nach innen war, wesentlich mit geprägt hast.

Zunächst muss und möchte ich mich bei Dir bedanken. Deine ganz unschuldige Frage hat mehr in Bewegung gebracht, als Du erahnen kannst, und zwar ganz und gar Positives. Hätte jemand anders als Du diese Frage gestellt, wäre das wohl nicht passiert. Doch der Reihe nach.

Die Frage war ja, warum Männer den Frauen durch alle Zeiten hindurch so unglaublich viel und so unglaublich grausame Gewalt angetan hätten. Und Du hast mich später zurecht darauf hingewiesen, dass Du mich (und auch die Männer allgemein) damit in keiner Weise angreifen wolltest, sondern dass Dich diese Frage innerlich beschäftigt und Du einfach nur nach einer Antwort suchst und dachtest, ich könnte sie Dir vielleicht geben. Genau das war es, was mich so tief getroffen hat: die (vermeintliche) Unschuld in dieser Frage. Anders gesagt: dass ausgerechnet jemand wie Du, eine alte, kluge, lebenserfahrene, sensible und auch mit dem Herzen „denkende" Frau, diesem Märchen vom gewalttätigen Mann und den armen Frauen, die ihnen ausgeliefert sind, aufsitzt. Dass sogar jemand wie Du daran glaubt und eine solche Frage ernsthaft stellt, auch sich selbst.

Das hat mich mitten ins Herz – in mein männliches Herz – getroffen, und ich war sprachlos und wehrlos. Wieso? Weil ich Dir keine böse Absicht unterstellen konnte. Bei allen anderen im Kurs hätte ich mich gewehrt und zurückgeschossen. Ich hatte ja auch bei Dir kurz den Reflex, aber dann habe ich gemerkt: Es geht nicht. Ich fühlte mich, das habe ich dann ja wohl auch gesagt, wie an die Wand (oder ans Kreuz) genagelt. Um es vorweg zu nehmen: An diesem Kreuz ist etwas in mir gestorben. Damit entsteht Raum für etwas Neues, das geboren werden will oder sogar schon ist.

Nur ganz kurz nochmal zur Sache: Gewalt ist eine menschliche Tatsache, ob bei Männern oder bei Frauen. BEIDE üben Gewalt aus, die einen (Männer) mehr körperlich (weil sie da stärker sind), die anderen (Frauen) mehr psychisch-emotional (weil sie da stärker sind). Insgesamt hält sich das alles die Waage, und es stimuliert sich auch gegenseitig, das heißt, die einen reagieren auf die Gewalt des/der anderen mit ihrer jeweils überlegenen Form von Gewalt. Der große Unterschied ist nur: die Gewalt, die Männer ausüben, ist deutlich sichtbar, weil sie körperlich ist (alles Körperliche ist sichtbarer), die Gewalt der Frauen ist weniger sichtbar bis unsichtbar, weil sie auf der viel subtileren psychisch-emotionalen Ebene abläuft. Aber auf dieser Ebene kann sie genauso verletzten, vergewaltigen und töten wie die männliche Gewalt – und tut dies auch.

Wie gesagt: Es war wohl der naive Glaube einer von mir geschätzten lebenserfahrenen Frau an das Märchen der einseitigen Männergewalt, der mich so getroffen und wehrlos gemacht hat. Genau das war der Segen, den Deine Frage in mir entfaltete. Weil ich mich nicht wehren konnte, hast Du meine Abwehrmauer durchbrochen. Die Frage hat mich verletzt, und ich habe (aus Ohnmacht) diese Verletzung geschehen lassen. Das war die Heilung einer ganz tiefen und schmerzhaften Wunde in mir, nämlich dass ich allein deswegen, weil ich ein Mann bin, schuldig sein soll. Das ist genauso, wie wenn jemand für schuldig erklärt und zum Abschuss freigegeben wird, wenn und weil er ein Jude ist (oder was auch immer). Nochmals: Die Verletzung, das Geschehen lassen dieser Verletzung, hat mich geheilt. Ich habe diesen Vorwurf so oft in meinem Leben gehört (und noch öfter gelesen) und habe mich immer dagegen gewehrt. Damit blieb aber die Wunde verschlossen. Erst jetzt hat sie sich geöffnet.

Ich habe damit zum ersten Mal ganz wach und bewusst etwas Grundlegendes erfahren und erkannt: Man muss das Verletztwerden zulassen, sich dafür öffnen, damit eine seelische Wunde heilen kann. Tatsächlich muss man gar nichts tun, sondern es nur geschehen lassen und seine Abwehr lassen. Natürlich habe ich das auch schon früher erlebt – so heilen nämlich alle Wunden, und zwar nur so –, aber noch nie war es mir so klar wie jetzt. Und noch nie war ich so entspannt damit.

Am nächsten Tag habe ich meine Frau in Luzern zum Bahnhof gebracht und bin dann langsam durch Österreich gefahren bis Ellmau am Wilden Kaiser. Ich habe mich noch nie so unsicher gefühlt beim Autofahren. Ich bin ein sehr erfahrener, sicherer, entspannter und auch recht schneller Fahrer, aber diesmal war ich total unsicher. Den ganzen Tag. Ich habe meine Verletzlichkeit gespürt, in allem. Meine Verletzlichkeit als Mensch. Ich stand innerlich nicht über den Dingen (dem Verkehr), sondern mittendrin. Ich hatte große Mühe, mich zu orientieren, was ich sonst überhaupt nicht kenne. Dasselbe in der Landschaft. Ich bin über Lichtenstein nach Österreich gefahren, durch den Arlbergtunnel und dann durch Tirol mit seinen mächtigen Gebirgsmassiven. Zum ersten Mal in meinem Leben habe ich gespürt, was es heißt, IN der Natur zu sein und nicht darüber zu schweben. Auch die Tage danach noch und auch nicht nur in der Natur: Ich habe erlebt, was es heißt, in einer technisierten Welt zu leben und war (und bin immer noch) dem Lärm dieser Welt ausgesetzt wie nie zuvor. Damit habe ich das, worüber ich seit einigen Jahren spreche und schreibe, wirklich erfahren dürfen. Wir fühlen uns ja, solange uns nicht ein plötzlicher Schicksalsschlag oder eine sehr schwere Krankheit trifft, quasi unverletzlich, und selbst dann vergessen wir unsere Verletzlichkeit und die Unsicherheit unseres Lebens ganz schnell wieder.

Das Ganze hatte dann eine merkwürdige Wirkung: Bei und in dieser ganzen Unsicherheit, in diesem Gefühl der totalen Verletzlichkeit und des totalen Ausgeliefertseins, ist tief in mir drin etwas zur Ruhe gekommen. Es ist ganz still geworden, und alle Angst war weg, auch jeder Impuls, mich zu wehren. Man könnte auch sagen: In der Unsicherheit bin ich ganz in Sicherheit. Ich sage einfach, was ich sehe, ohne dass mich die Reaktion der anderen kümmert. Das erste habe ich auch vorher schon gemacht, das zweite nicht wirklich, dafür musste ich mich innerlich stark machen und schützen. Das ist weg. Vielleicht kommt es auch hier und da nochmal wieder, das werde ich sehen. Aber ich fühle mich bereit, geschehen zu lassen, was geschieht.

Als ich eine Woche danach in Brünn (Tschechien) ankam und in der Lobby eines großen Hotels bei einem Bier auf einen Freund wartete, den ich dort treffen sollte, schoss mir plötzlich der Satz durch den Kopf: Ich bin angekommen. Das geschah völlig unvermittelt. Ich weiß nicht, was es bedeutet, aber ich weiß, dass etwas ganz anders ist als vorher. Ich merke, dass alles oder vieles in mir sich neu ordnen will, und das wird wohl noch eine Weile dauern. Es fühlt sich richtig, gut und ganz sicher an, obwohl ich keine Ahnung habe, wohin es mich führt.

Deshalb, liebe Helga, schreibe ich Dir. Du hast diese Tür geöffnet oder so daran geklopft, dass mein innerer Wächter zur Seite getreten ist und die Tür sich dann von selbst geöffnet hat. Jetzt regt mich auch das ganze feministische Geschrei und

Theater nicht mehr auf, ebenso wie die devoten Bücklinge der „neuen" Männer mich allenfalls noch etwas traurig machen. Zugleich sehe ich, wie das Buch, an dem ich seit mehr als einem Jahr sitze, jetzt klarere Konturen bekommt und ans Licht kommen will. Das ist jetzt meine nächste Aufgabe, und ich weiß, dass es ein gutes Buch wird. Ob die Leute es dann verstehen, wird man sehen. Und die Kurse in Wien und in Prag waren von einer Leichtigkeit und Tiefe, die ganz neu ist.

Für meinen Körper war und ist es eine schwere Zeit, aber sonst geht es mir wunderbar. Eigentlich kann ich nicht richtig beschreiben, wie ich mich fühle, aber ich hoffe, ein wenig davon kommt bei Dir an.

Ich danke Dir und grüße Dich von ganzem Herzen

Zurück zum Selbst. Das Ich, mein Bild von mir, kann zerbrechen, aber nicht mein Selbst, auch nicht mein Herz. Ein von mir geschätzter Mensch kann sicher mein Bild von ihm zerstören und mich damit tief enttäuschen, aber das ist nur eine Ent-Täuschung, eine Zerstörung meiner Illusionen; ein geliebter Mensch kann mich ebenfalls enttäuschen, wenn er sich von mir ab- oder einem anderen mit Liebe zuwendet, und dies kann sehr weh tun, aber es verletzt nicht mein Herz. Das kann nur ich selbst verletzen, indem ich so etwas zum Anlass dafür nehme, mein Herz zu verschließen. Wenn das nicht nur eine momentane innere Bewegung ist, eine quasi automatische Reaktion, um mich vor dem Schmerz zu schützen, sondern dauerhaft bleibt, dann schädige ich selbst mein Herz.

Ich benutze den Begriff Selbst für das, was ich wirklich bin, jenseits meiner Vorstellungen. Dieses Selbst kennen wir nicht. Es hat keine Substanz und auch keinen Ort in unserem Körper. Das Ich hat zwar auch keine Substanz, aber es hat einen Ort, nämlich den Verstand. Dort wird es konstruiert und immer wieder erneuert. Als ich den Satz „Ich weiß alles" hörte, habe ich gewusst: Das ist wahr, das bin ich. Mit „ich" war aber nicht mein Ich gemeint, ganz im Gegenteil. Der Satz hat mich getroffen wie ein Pfeil, der ins Schwarze trifft. Für mein Ich war er tödlich. Er hat damit etwas geöffnet, etwas Uraltes und zugleich Neues. Eine Tür zu mir selbst ist aufgegangen.

Diese Öffnung kann man wieder schließen, das Ich gibt nicht so schnell auf, es konstruiert sich immer wieder neu. Ich kann den Satz „Ich weiß alles" meinem Ich, meinem Bild von mir selbst, hinzufügen. Damit wäre wieder alles beim Alten, nur mit einem dickeren Ego. Deshalb habe ich damals zu Barbara gesagt: „Wenn ich das glaube, wird mein Ego noch größer und ich werde größenwahnsinnig." Man kann einen solchen Satz oder ein solches Bild (es ist ja ein Bild oder eine Metapher) aber auch als Einladung oder Aufforderung nehmen, sich davon bewegen zu lassen. Diese Bewegung führt dann ins Offene und gibt einem zugleich eine Richtung.

In den alten Stammesinitiationen haben die Initianten nach der Initiation einen neuen Namen bekommen, einen Namen, der ihr spezifisches Potenzial ausdrücken sollte und ihnen damit eine Richtung für ihr künftiges Leben und ihre Rolle im Stamm gab. Oder sie bekamen ein Totem, vielleicht zusätzlich. Wer einen Tiger als Totem hatte, wusste, dass er einen anderen Weg zu gehen hat als jemand, der einen Hirsch oder eine Antilope oder eine Schlange als Totem hat, und ein Adler hat einen anderen Weg als eine Möwe. Für alle galt und gilt jedoch: der Weg führt sie – damals nur im Äußeren, heute auch im Inneren – ins Offene, in die Wildnis des Lebens.

Diese Wildnis war damals die Natur, heute ist es außen die moderne Zivilisation, im Innern ist es die offene Wildnis unseres Selbst (auch die unseres Leibes und seiner Triebe). In diese Offenheit gilt es hineinzugehen oder sich hinein fallenzulassen. Das Bild, dass man im Übergangsritual des LIP sehen kann, weist einem dabei eine Richtung, so wie der neue Name oder das Totemtier den Früheren eine Richtung wies. Ähnlich verschieden wie die Totem sind auch die Bilder, die man im LIP sehen kann. Bei dem einen ist vielleicht die Stille seine besondere Qualität, beim nächsten die Lebendigkeit, bei anderen die Freude, die Lust, die Sensibilität, die Sinnlichkeit, die Erdverbundenheit, die Flexibilität, die Leichtigkeit, der Humor, die Ernsthaftigkeit, die Stabilität, die Wildheit, die Sanftheit, die Liebe, die tödliche Kraft und Entschlossenheit, und, und, und. Entscheidend ist, dass man sich darin wiedererkennt.

Zugleich ist das jeweilige Potenzial auch das, wovor man am meisten Angst hat. Es ist ja auch das, was man bisher nicht oder nur sehr gehemmt und reduziert oder heimlich gelebt hat, weil man damit angeeckt ist, weil es einem ausgeredet wurde, weil man fürchtete, damit allein zu stehen und abgewiesen oder von niemandem verstanden zu werden. So ist es tatsächlich: Man ist damit allein, ganz allein. Es ist nämlich auch das, was unsere Einzigartigkeit ausmacht, und weil es unsere Einzigartigkeit ausmacht, können wir es nicht in dem Sinne mit anderen teilen, dass sie es auch so fühlen. Weil unser Selbst einzigartig ist, sind wir damit allein. Genau deshalb können wir es auch erst leben, wenn wir erwachsen sind, ganz sogar erst, wenn wir das Erwachsensein integriert und uns in die 5. Bewusstseinsstufe hineinbewegt haben. Das heißt auch, dass die Tatsache, dass es uns in der Kindheit (und der Jugend) nicht möglich war, unser Selbst zu leben, auch, dass wir von unserer Umgebung daran gehindert wurden, nichts Schlechtes oder Falsches war. Wir wären nämlich noch gar nicht in der Lage dazu gewesen, noch nicht reif dafür, und wären deshalb daran zerbrochen.

Nicht jedem erscheint im LIP solch ein Bild, zumindest nicht immer beim ersten Mal. Wenn jemand viel Schweres durchgemacht hat als Kind, dann ist das, als wenn schwere Wolken die Sonne verdecken. Sie ist da und spendet auch etwas Licht, kann aber nicht gesehen werden und nicht das bescheinen, was ans Licht kommen will. Dann müssen zuerst die Wolken weggeschoben werden oder es muss kräftig regnen – ich habe darüber bereits geschrieben.

Das erfordert dann manchmal eine längere Therapie, aber eine, die nichts verbessert oder verändert, sondern den Klienten in seinem erwachsenen Bewusstsein stärkt, ohne dabei das Kindliche wegzuschieben oder zu dominieren; eine Therapie oder Begleitung, die ihn seine Geschichte sowohl aus der Distanz sehen als auch das, was früher nicht gefühlt werden konnte, noch einmal aus diesem Abstand heraus fühlen lässt und es damit ermöglicht, dass im Bewusstsein ein Raum entsteht, in dem sich das Vergangene allmählich integrieren kann.

Es geht darum, alles zu leben

Letzteres, die Integration, ist dann nicht mehr eine Sache von therapeutischer Arbeit, es ist eine Sache des Lebens selbst. Im Seminar (oder auch im Praxisgespräch) können wir immer nur Anstöße geben, wir können helfen, das Alte in einem anderen Licht, aus der Perspektive des Erwachsenen zu sehen, und wir können Geist, Herz und Seele mit etwas Neuem in Kontakt bringen. Die wirkliche „Arbeit", die Integration, beginnt damit aber erst. Tatsächlich ist es keine Arbeit, es ist nur leben. Dabei wird man dann all seinen „Dämonen" noch einmal begegnen, alles will noch einmal gelebt werden. Die Therapie bereitet einen lediglich darauf vor, es jetzt ganz in sich aufnehmen zu können, so dass es dann vorbei sein kann. Das kann man aber nicht machen. Diese Arbeit macht das Leben von allein, wenn man sich ihm anvertraut und offen bleibt auch dann, wenn es weh tut oder die Angst einem aus den Ritzen kriecht.

Rainer Maria Rilke hat es in seinen „Briefe(n) an einen jungen Dichter" wunderbar beschrieben. Er bezieht es auf die Kunst, aber es gilt für jede innere Entwicklung (vielleicht ist das dann wirkliche „Lebenskunst"):

„Da gibt es kein Messen mit der Zeit, da gilt kein Jahr, und zehn Jahre sind nichts. Künstler sein heißt: nicht rechnen und zählen; reifen wie ein Baum, der seine Säfte nicht drängt und getrost in den Stürmen des Frühlings steht ohne die Angst, dass dahinter kein Sommer kommen könnte. Er kommt doch. Aber er kommt nur zu den Geduldigen, die da sind, als ob die Ewigkeit vor ihnen läge, so sorglos still und weit. Ich lerne es täglich, lerne es unter Schmerzen, denen ich dankbar bin: Geduld ist alles!"

„ … ich möchte Sie, so gut ich es kann, bitten, lieber Herr, Geduld zu haben gegen alles Ungelöste in Ihrem Herzen und zu versuchen, die Fragen selbst liebzuhaben wie verschlossene Stuben und wie Bücher, die in einer sehr fremden Sprache geschrieben sind. Forschen Sie jetzt nicht nach den Antworten, die Ihnen nicht gegeben werden können, weil Sie sie nicht leben könnten. Und es handelt sich darum, alles zu leben. Leben Sie jetzt die Fragen. Vielleicht leben Sie dann allmählich, ohne es zu merken, eines fernen Tages in die Antwort hinein."[89]

Deshalb musste ich in meinen Dreißigern meine Universitätslaufbahn aufgeben. Ich war dabei, mich zu habilitieren, der Arbeitstitel meiner Habilitationsschrift lautete „Leben und Politik". Was ich damals nur ahnte, ist heute Gewissheit: Ich musste „alles leben", anstatt darüber nachzudenken. Das bedeutete für mich damals: mich ins Nichts zu stürzen. Ich hatte nur mich selbst, sonst nichts. Ich konnte nämlich nichts, was in einem praktischen Beruf gefordert wurde. Ich hatte zwar viele Fähigkeiten (damals habe ich gedacht: viel zu viele, so dass ich nicht wusste, womit ich anfangen sollte), aber in Politikwissenschaft lernt man an der Universität nur Theorie und ein bisschen Methodik für die Forschung. In jedem praktischen Beruf würde ich ein blutiger Anfänger sein, dazu aber einer, der über Jahre eine leitende Position in der Forschung innegehabt hatte und von seinem Bildungsstand und Allgemeinwissen über seinen potenziellen Vorgesetzten stehen würde. Praktisch hatte ich also kaum Chancen, etwas zu finden, womit ich mich und meine Familie mit zwei kleinen Kindern hätte ernähren können. Mir blieb nur die Selbstständigkeit – aber womit kann ein selbstständiger Politologe Geld verdienen? Dennoch: Ich hatte keine Wahl, ich musste es wagen.

In der Situation ist mir plötzlich die Therapie begegnet, habe ich entdeckt, dass ich dafür unerklärlicherweise ein Talent habe, und dass es mich dorthin zieht. Ich habe das aber erst entdeckt, nachdem ich gekündigt hatte. Dass ich alles leben muss, wenn ich es wirklich wissen und können will, gilt nicht nur für diesen Fall – es gilt für mein ganzes Leben, auch für meine therapeutische Arbeit und meine Bücher, auch für das Buch, das Sie gerade lesen: Ich musste es leben, bevor ich es schreiben konnte. Und was ich bisher noch nicht gelebt habe, das erlebe ich jetzt beim Schreiben. Man kann auch schreiben oder Therapeut sein, ohne das, was man hört, sieht, sagt oder tut, in sein Inneres hereinzulassen. Das wird einem in den offiziellen therapeutischen Ausbildungsgängen sogar beigebracht (das Eigene „bearbeitet“ man dann per „Supervision“, aber ansonsten wird es aus der Arbeit herausgehalten). Dann hat man aber nichts davon. Dann wächst man nicht mit dem, was man tut, weil man es nicht lebt. Man wächst nur durch das, was man lebt.

Ich sitze vor den Teilnehmern eines Kurses, es sind die ersten Minuten, und mein Kopf ist leer. Nicht die große Leere eines Erleuchteten – mir fällt einfach nichts ein. Ich weiß nicht, wie ich anfangen soll. Die Leere ist nicht ganz leer, Gedanken kommen, ich könnte dies oder jenes sagen, aber alles fühlt sich irgendwie leer an, kraftlos. Also sage ich nichts. Ich akzeptiere die Situation, wie sie ist, und etwas Merkwürdiges geschieht: Ich werde nicht nervös, sondern ruhig. Ich schaue zu den Kursteilnehmern und sehe, dass einige unruhig werden, und die Ruhe in mir vertieft sich. Vielleicht ist das ja meine Einführung für den Kurs: zu schweigen? Ich wusste es zwar vorher nicht, aber es fühlt sich mehr und mehr so an. Ich werde immer entspannter und warte, ob etwas kommt oder nicht. Mein Zeitgefühl verflüchtigt sich. Dann, es sind vielleicht zehn, vielleicht aber auch fünfzehn oder zwanzig Minuten vergangen, taucht ein Satz in mir auf, ein Satz, der sich, anders als die schwachen Gedankengebilde vorher, richtig anfühlt, und ich spreche ihn aus: „Wie ihr seht, fällt mir nichts ein." Alle lachen, die Spannung im Raum löst sich, und der nächste Satz folgt wie von selbst: „Aber nichts ist nicht nur nichts, im Nichts ist alles enthalten. Alles, was es gibt, kommt aus dem Nichts. Und damit arbeiten wir hier, das ist die Grundlage." So geht es dann weiter, eine Viertelstunde, ein Satz entsteht aus dem vorherigen. Ich spreche, aber ich tue nichts. Die Taoisten nennen das WuWei, handeln (leben) im Nicht-Tun.

Das war vor über zwanzig Jahren, in meinem zweiten oder dritten Jahr als Familienaufsteller. Der Kurs war gut, und mein Schweigen war zumindest für einen Teilnehmer die Antwort auf die Frage, mit der er gekommen war (ohne dass ihm dies vorher bewusst gewesen wäre). Heute ist es mir längst zur Gewohnheit geworden – nicht, dass mir nichts einfällt, aber dass ich mir keine Gedanken mache und keine Ahnung habe, wie ich einen Kurs beginne. Manchmal kommt mir kurz vorher eine Idee, meistens ist es eine kleine, zufällige Begebenheit, die mir einen Anstoß gibt – ein Gedanke morgens beim Aufwachen, unter der Dusche oder beim Rasieren, ein Satz beim Frühstück oder aus der Zeitung, etwas, was mir auf dem Weg zum Kurs ins Auge springt. Oft sitze ich aber auch ohne alles vor der Gruppe und schaue einfach, was kommt. Manchmal kommt erst mal nichts, meist aber nur eine oder zwei Minuten lang. Dann entsteht ein Anfang, und der Anfang führt mich dann weiter. Dass längere Zeit nichts kommt, ist selten, aber es kommt hin und wieder vor. Dann weiß ich, dass es richtig ist, und ich warte wie damals. Vor einigen Jahren, es war in Peking, hat es wieder einmal sehr lange gedauert, vielleicht zwanzig Minuten. Dann begann eine Frau plötzlich laut zu schluchzen. Ich habe sie angeschaut und noch ein, zwei Minuten gewartet und sie dann gefragt: „Was ist, warum weinst du?“ Sie: „Meine Tochter spricht nicht mehr. Ich bin verzweifelt, ich weiß nicht, was ich machen soll. Darum bin ich hier.“

Wenn ich vor einem Kurs sitze, tue ich nichts. Ich handle, aber ich tue nichts. Alles geschieht von allein. Ich bin weder aktiv noch passiv – oder beides zugleich. Das Leben ist ein spontanes Geschehen, es folgt keinem Plan. Plan A und Plan B und dann, für alle Fälle, vielleicht auch noch Plan C – das ist Kontrolle, ein Ziel verfolgen und sich absichern. Kann man machen. Bei meinem ersten Kurs als Familienaufsteller hatte ich noch einen Plan B. Da ich noch nie eine Aufstellung geleitet hatte, konnte ich nicht wissen, ob ich es kann. Das habe ich der Gruppe als erstes gesagt: „Ich mache das heute zum ersten Mal und ich denke, ich kann es. Aber ich weiß es nicht, deshalb nehme ich kein Geld. Wenn es nicht klappt, gehen wir“ – Plan B – „zusammen ein Bier trinken, ich lade Euch ein. Ihr habt nichts verloren und ich habe etwas gewonnen, nämlich die Erkenntnis, dass ich es nicht kann.“ Das hat mir die Sicherheit gegeben, die ich damals noch brauchte. Anschließend habe ich dann ohne Plan meinen Kurs gehalten und gemerkt, dass ich es konnte.

„Phänomenologische Haltung“ hat Bert Hellinger, der damals mein Lehrmeister war[90], das genannt. Was ist das? Ich habe viel darüber geschrieben, was ich hier nicht wiederholen will, und versuche, mich kurz zu fassen. Man setzt sich dem aus, was erscheint, und folgt dem dann. Man plant nicht, um es dann umzusetzen, man greift dem Leben nicht vor, sondern wartet, was es an einen heranträgt, und antwortet darauf ganz spontan. Wenn, wie in den erwähnten Fällen, keine Worte oder Sätze auftauchen, dann ist das die Wirklichkeit des Augenblicks, und dem folgt man. Man antwortet dem Augenblick, man antwortet dem Leben. Spontan, ohne groß nachzudenken, ob es richtig ist und wohin es führen mag. Das ist, in einem erwachsenen Sinne, Ver-antwortung.

Hellinger hat das einmal sehr schön ausgedrückt. Eine Frau fragte ihn: „Du sprichst und handelst mit einer sehr großen Entschiedenheit und Autorität. Woher nimmst du diese Autorität?“ Hellinger: „Aus dem Moment.“ Die Frau: „Und woher weißt du, ob das richtig ist?“ Hellinger: „Der nächste Moment zeigt es.“

Diese Antwort zeigt auch, dass die phänomenologische Wahrnehmung nichts Sicheres ist – sie ist flüchtig und in sich selbst ungewiss, das heißt, die Ungewissheit ist eine Eigenschaft der phänomenologischen Wahrnehmung. Erst „der nächste Moment“ bringt eine gewisse Bestätigung – und auch die ist nicht sicher, ist keine Gewissheit. Alles bleibt in der Schwebe, dem nächsten Moment folgt wieder ein nächster Moment, in dem wieder alles anders sein kann. Genau wie im Leben, wenn man sich ganz darauf einlässt. Es gibt dann keine Sicherheiten mehr, alles bleibt in der Schwebe, offen, ungewiss von Moment zu Moment. Und doch folgt man ihm, lebt man von Moment zu Moment. Das heißt es, im Jetzt zu sein. Wer nach Sicherheit sucht, verpasst das Leben. Und wer im Geistigen nach Sicherheiten sucht, verpasst das Wirken des Geistes.

Mit dieser der phänomenologischen Haltung – die für mich nicht nur eine Arbeitsmethode, sondern eine Lebenshaltung ist – innewohnenden Ungewissheit bleibt aber auch alles offen in dem Sinne, dass das, was man – etwa als Therapeut oder als Lehrer – sagt, trotz aller Sicherheit und Autorität, mit der man sprechen und handeln mag, keine Antwort „von oben“ ist, keine Anweisung, was man zu tun hat, keine Aussage, die sich auf eine mir zur Verfügung stehende Wahrheit stützt. Der Adressat oder Empfänger dieser Aussage ist vielmehr aufgefordert, bei sich selbst zu überprüfen, ob sie für ihn stimmt oder Sinn macht.[91] Auch jenseits der therapeutischen Arbeit: Wer die Offenheit des Lebens erfahren will, muss sich in diese Offenheit einlassen. Dann wirkt das Leben in einem und durch einen, dann erfährt man auch seine Lebendigkeit – die des Lebens wie seine eigene, denn im Grunde sind beide dasselbe. Das Leben existiert nicht getrennt von mir, es ist nichts, von dem ich, wie es Max Weber in dem oben wiedergegebenen Zitat sagt, etwas „erhaschen“ müsste oder auch nur könnte. Dann wäre es in der Tat so, dass man nie genug davon haben kann, weil man immer „nur einen kleinen Zipfel“ erhaschen kann, weil immer noch etwas vor einem liegt. In dieser Vorstellung ist das Leben draußen, getrennt von einem, und man rennt ihm hinterher. Tatsächlich gibt es aber für jeden nur ein Leben, nämlich das, welches sich in ihm inkarniert hat, das, welches er ist, das, welches in ihm und durch ihn lebt. Vor mir ist nichts, und hinter mir auch nicht.

Das heißt es, sein Selbst zu entdecken: das Leben, dass sich in dir inkarniert hat und das du in diesem Sinne bist, kennen zu lernen und zu leben. Da beginnt dann auch Selbsterkenntnis. Sie ist allerdings genauso flüssig und flüchtig wie der Augenblick. Du bist nichts Festes, das Selbst ist nichts Festes. Es ist Leben. Leben ist Wachstum, und Wachstum „ist ein Öffnungsprozess in viele Dimensionen hinein; niemand weiß, welche Wurzeln und welche Dimensionen er hervorbringen wird. Ich habe immer und fortwährend aus dieser Unschuld und Offenheit heraus gehandelt. Ich bin kein Mensch, der plant. Ich vertraue der Existenz so sehr, dass Planen Misstrauen bedeuten würde. Ich weiß, dass die Existenz mir bis zu diesem Augenblick geholfen hat, und ich habe nie etwas aus mir heraus getan. Für den nächsten Augenblick wird ebenso gesorgt sein. Dieses Vertrauen ist für mich wirkliche Religion." (Osho, in: Nelles 1985, S. 248).

Ich habe diese Sätze vor fast 35 Jahren in einem Interview, das ich anlässlich meines Buches „Das rote Tuch" mit Osho geführt habe, von ihm gehört, und sie begleiten mich seitdem, weil ich innerlich spüre, dass sie stimmen. Ich bin immer noch da. Was Osho einige Sätze weiter sagt, hat es noch mehr in sich: Es ist „ohne jede Bedeutung, was wir beschließen. (…) Dinge geschehen einfach, und du erlaubst ihnen, ihren Weg zu gehen. (249) (…) ich sorge mich grundsätzlich nicht darum, ob der Fluss nach Norden oder nach Süden fließt. Wo immer er hinfließt, wo immer er ankommt, dort ist mein zu Hause, das ist der Platz, an dem ich immer schon sein wollte, ich war mir dessen lediglich noch nicht bewusst." (253).

Geistige Wahrnehmung

Auf der vierten Bewusstseinsstufe kommt zum Denken, Fühlen und Spüren die geistige Wahrnehmung hinzu. Genauer gesagt: Sie tritt jetzt in den Vordergrund, sie wird zum wichtigsten Orientierungssinn. Sie löst den Verstand und das Denken als Chef ab. Sie war auch vorher schon da, ohne geistige Wahrnehmung könnten wir weder spüren noch fühlen noch denken. Was das Auge sieht, erkennen wir erst im Gehirn. Wenn dort das Sehzentrum oder der Nerv, der das Auge mit diesem Zentrum verbindet, zerstört wird, sieht unser Auge zwar noch, aber wir nehmen es nicht mehr wahr, wir sind blind. Auch Fühlen und Denken haben ihre physische Repräsentanz im Gehirn und setzen ein funktionsfähiges Gehirn voraus. Es ist so ähnlich wie bei einem Computer: Auch die besten Programme können nur so gut funktionieren, wie es der Prozessor zulässt. Aber der Prozessor macht nicht die Programme, ohne sie passiert nichts. Und die Programme können nur das, wofür sie programmiert sind.

So wie auf der Stufe 3 das Denken die Führung und die Kontrolle übernimmt, ohne dass Fühlen und sinnliche Wahrnehmung nicht mehr stattfinden würden, etabliert sich auf der Stufe 4 die geistige Wahrnehmung als führender Orientierungssinn. Sie umfasst sowohl das Spüren als auch das Fühlen als auch das Denken. Alle drei haben ihren Platz, ihre Funktion und ihre Berechtigung. Wenn wir uns in den Finger schneiden und es wehtut, spüren wir das. Emotionales Fühlen spielt dabei keine Rolle, und Denken ebenfalls nicht. Wenn wir traurig sind oder wütend, jemanden lieben oder geliebt werden, fühlen wir das, dazu brauchen wir nicht zu denken und auch nicht sinnlich zu spüren. Wenn wir versuchen, durch Denken zu ergründen, ob wir lieben, lieben wir nicht. Wenn wir eine Rechenaufgabe lösen oder ein Buch schreiben wollen, hilft uns kein Spüren und kein Fühlen, hier braucht es das Denken.

Die geistige Wahrnehmung beinhaltet und umfasst alle drei Ebenen und geht zugleich darüber hinaus, indem sie alle drei wahrnimmt. Ein Embryo spürt, ohne dass ihm bewusst ist, dass er spürt; ein Kind fühlt, ohne dass ihm bewusst ist, dass es fühlt; und ein Erwachsener denkt, ohne dass ihm bewusst ist, dass er denkt. Erst in der geistigen Wahrnehmung wird uns dies alles bewusst. Die Wahrnehmung macht das eigentlich Menschliche aus. Damit stürzt das Denken von seinem Thron. Die anderen beiden Ebenen, die vom Denken ins Abseits gedrängt wurden, stehen jetzt gleichberechtigt neben dem Denken. Das Denken hat das Wissen nicht mehr für sich gepachtet.

Wenn ich einem Klienten gegenüber sitze, komme ich mit Denken allein nicht weit. Alle wesentlichen Einsichten kommen ganz plötzlich und spontan, wobei sinnliche Wahrnehmung (zum Beispiel der Art seiner Bewegung, der Gestik und Mimik, der Stimme, des Augenausdrucks), Fühlen (etwa von Zuneigung oder Ablehnung) wichtiger sind als Denken. Beim Gespräch kommt aber auch das Denken hinzu – es ist ein ganzheitlicher Prozess. Dabei nehme ich nicht nur den anderen wahr, sondern zugleich auch mich selbst, und zwar ebenfalls auf allen genannten Ebenen. Ich muss wahrnehmen können, was ich spüre, was ich fühle und was ich denke. Dasselbe gilt für das Schreiben. Ich muss dabei so klar und konzentriert denken, wie es nur möglich ist, aber Spüren und Fühlen sind immer mit dabei. Letztendlich folge ich der Wahrnehmung, die dies alles enthält und doch etwas ganz anderes und eigenes ist.

Ich schlage Ihnen eine kleine Übung vor.

Anfangs ist es sinnvoll, sich bei dieser Übung von einer anderen Person, die damit ein wenig vertraut ist, führen zu lassen. Wenn Sie es allein probieren wollen, sollten Sie die folgende Anleitung vorher mehrmals in Ruhe lesen. Lesen Sie langsam und lassen sich von dem Text mitnehmen, ohne etwas festzuhalten oder darüber nachzudenken, dann kommen Sie schon beim Lesen in diese kleine Meditation hinein.

Setzen Sie sich aufrecht, aber entspannt auf einen Stuhl oder auch in einen Sessel. Die Füße sollten ganz auf dem Boden ruhen. Schließen Sie die Augen und atmen einige Male langsam tief aus und ein – beginnend mit dem Ausatmen. Atmen sie tief, aber möglichst ruhig und ohne Anstrengung in den Bauch und stellen sich beim Ausatmen vor, dass mögliche Spannungen mit dem Atem abfließen. Es ist hilfreich, durch die Nase ein- und durch den Mund auszuatmen. Betonen Sie das Ausatmen, Sie können dabei auch einen Ton entstehen lassen. Nach drei oder vier tiefen Atemzügen kehren Sie zu Ihrer normalen Atmung zurück.

Nehmen Sie einige Atemzüge lang wahr, wie der Atem durch die Nase in den Bauch geht und sich ihre Brust und Ihr Bauch dabei bewegen. Verändern Sie nichts, nur wahrnehmen. Dann gehen Sie mit Ihrer Aufmerksamkeit zu den Füßen. Spüren Sie, wie sie den Boden berühren, wie sich das an den Fußsohlen anfühlt. Dann spüren Sie den ganzen Fuß, die Sohle, die

Zehen und den Rücken. Tun Sie dabei nichts, keine Veränderung, nur wahrnehmen. Lassen Sie sich dabei Zeit, alles in Ruhe zu spüren.

Lassen Sie jetzt die Aufmerksamkeit langsam die Beine hoch wandern, spüren Sie zuerst die Vorder- und die Rückseite der Unterschenkel, dann die Knie, dann die Oberschenkel. Spüren Sie dabei auch den Kontakt mit dem Stuhl. Dann geht es weiter zum Gesäß und den Rücken hinauf. Lassen Sie sich Zeit dabei. Dann gehen sie noch mal nach unten, zunächst zum Geschlechtsbereich – nehmen sie die Geschlechtsorgane war –, dann zum unteren Bauch, zur Brust bis zum Hals. Über den Nacken gehen sie dann zum Hinterkopf, dann zur Stirn, dann zum Gesicht. Spüren Sie dort alle Sinnesorgane – Augen, Ohren, Nase, Mund – und schließlich das Kinn.

Dann spüren sie den Kopf als Ganzes, als Nächstes Kopf und Rumpf, dann auch die Beine dazu und damit den ganzen Körper. Spüren sie, wie der Körper schwer auf dem Stuhl ruht – er ist schwer, fest und solide. Wie eine Statue.

Jetzt nehmen Sie Ihren Körper als Ganzes wahr – ihn wahrzunehmen heißt: Sie sind nicht ihr Körper. Sie können ihn wie von außen wahrnehmen und sinnlich spüren. Der Wahrnehmende ist nicht das Wahrgenommene. Bleiben Sie für eine kleine Weile in dieser Wahrnehmung, in der Wahrnehmung des Körpers und der Wahrnehmung, dass es etwas in Ihnen gibt, das den Körper wahrnimmt, und spüren Sie: *Ich bin nicht mein Körper.*

Nun wenden Sie Ihre Aufmerksamkeit Ihren Gefühlen zu. Vielleicht können Sie Freude fühlen, Heiterkeit, vielleicht Liebe, vielleicht etwas Trauriges oder auch Ärger oder Angst, oder nur etwas Schweres oder Leichtes, das Sie nicht benennen können – was auch immer. Vielleicht auch von allem etwas. Nehmen Sie auch diese Gefühle wie von außen wahr. Vielleicht spüren Sie auch, wie sich Ihr Körper dabei anfühlt, wo sich die Gefühle dort bemerkbar machen und was sie im Körper auslösen. Halten Sie nichts fest, nehmen sie einfach wahr, wie Gefühle kommen und gehen oder auch eine Weile bleiben, ohne dass sie in das Gefühl hineingehen oder darüber nachdenken. Einfach nur spüren und wahrnehmen.

Wenn das auch nur ein wenig gelingt, merken Sie: *Ich bin nicht meine Gefühle. Ich kann meine Gefühle genauso wahrnehmen und beobachten wie meinen Körper.* Wenn Sie das wahrnehmen, bleiben Sie für eine kurze Zeit bei der Wahrnehmung selbst, spüren sie diesen inneren Raum, in dem Wahrnehmung geschieht.

Nun kommt der dritte (und schwierigste) Teil: Richten Sie Ihre Aufmerksamkeit auf Ihre Gedanken. Sehen Sie, wie es in Ihnen denkt, wie Gedanken kommen und gehen, viel schneller als die Gefühle. Vielleicht gelingt es Ihnen, sich nicht an einen Gedanken zu heften, sondern einfach das Denken zu beobachten. Wenn das auch nur ein wenig möglich ist, merken Sie auch hier: Ich kann das Denken wahrnehmen, kann sehen, wie ich mal dies, mal jenes denke, wie Gedanken durch meinen Geist ziehen. Das bedeutet: *Ich bin nicht mein Denken und nicht meine Gedanken.*

Ich bin der Wahrnehmende. Es gibt in mir eine Instanz, die all das, womit ich mich üblicherweise identifiziere: meinen Körper, meine Gefühle, mein Denken, beobachten und wahrnehmen kann.

Wenn Sie damit in Kontakt sind, werden Sie merken, dass alles in Ihnen ganz ruhig wird. Vielleicht ist sogar völlige Stille da.

Verweilen Sie jetzt noch eine kleine Weile bei diesem wahrnehmenden Selbst in Ihnen. Dann lassen Sie Ihr Bewusstsein sich wieder dem Körper zuwenden, beginnen, ihn leicht zu bewegen, und kehren langsam wieder in Ihr normales Bewusstsein zurück. Nach ein bis zwei Minuten öffnen Sie dann langsam die Augen.

Phänomenologie im Alltag

Das geistige Wahrnehmen, das Gegenwärtig sein ohne zu denken, kann man ebenso lernen, wie man denken lernt. Das Problem ist nur, dass es kaum Lehrer gibt, die einem das beibringen (oder Menschen, die einem das spiegeln), weil unsere Kultur noch nicht über das Denken hinausgewachsen ist. Die Übung, um es zu lernen, nennt man Meditation. Dabei beobachtet man einfach das, was geschieht. Die Schwierigkeit dabei ist, dass sich die Gedanken sofort in diesen Prozess einmischen. Auch das muss man dann beobachten, man kann es nicht ausschalten oder stoppen. Wenn man es einfach nur wahrnimmt, wird die Einmischung des Denkens mit der Zeit weniger, und manchmal hört sie, und sei es nur für kurze Zeit, ganz auf. Dann ist Stille. Aber das kann ganz schön lange dauern, und man kann es nicht machen.

Auch die Aufstellungsarbeit – und dabei die Bewegung als Stellvertreter in den jeweiligen Rollen – ist ein hervorragendes Übungsfeld dafür, vielleicht, zumindest am Anfang, noch besser als Meditation, weil es hier viel einfacher geht. Man stellt sich einfach als Stellvertreter für eine x-beliebige Person ins Aufstellungsfeld und achtet darauf, was dann geschieht – man achtet auf die Bewegungen, die im Körper geschehen, auf das, was man dort spürt, auf die Emotionen, die dabei entstehen und auch auf die Gedanken. Das alles geht deshalb recht leicht, weil man von vorneherein weiß, dass man „in einer Rolle" ist, und zwar in einer fremden Rolle, die, so scheint es zunächst, nichts mit dem eigenen Leben und den eigenen Gefühlen zu tun hat. So ähnlich wie bei einem Schauspieler, nur dass einem hier niemand sagt, wie man die Rolle zu spielen oder zu interpretieren hat. In einer Aufstellung gibt es keine Regieanweisungen, man folgt spontan dem, was von innen heraus geschieht. Man ist „der Großvater von xy" oder „das ungeborene Kind" von einer Frau im LIP. Woher soll man wissen, was die fühlen? Man kann es sich nicht denken, man kann nur versuchen zu spüren, welche Bewegungen diese Rolle in einem auslöst, und das dann ausdrücken, in Bewegungen und/oder mit Worten.

Dann erfährt man, was es heißt, sich bewegen zu lassen, anstatt eine Bewegung zu machen. Man erfährt, wie sich das Leben in einem ganz von selbst bewegt. Und man erfährt, dass darin eine große Kraft zum Ausdruck kommt. Dabei lernt man Seiten des Lebens kennen, von denen man vorher keine Ahnung hatte – wenn ich nur das, was ich selbst dabei erfahren habe, aufschreiben würde, käme ein dickes Buch dabei heraus. Wenn man dies oft macht, dämmert einem mit der Zeit, dass man auch in seinem eigenen Leben ständig Rollen spielt. Zugleich erfährt und lernt man, dass man diese Rollen, also all die inneren Bewegungen und die dabei auftretenden Gefühle, beobachten und wie von außen wahrnehmen kann. Man lebt die Rolle total und weiß zugleich, dass man nicht das ist, was in der Rolle zum Ausdruck kommt. Man ist nicht mehr damit identifiziert, man nimmt sich selber wahr, während man fühlt und handelt, und ist nicht mehr mit sich selbst und seinen Gefühlen identifiziert. Man wird zum Zeugen oder Beobachter des Lebens, das in einem und durch einen geschieht. Das ist im Prinzip dasselbe wie das, was man beim Meditieren lernt. In einem fortgeschrittenen Stadium von Meditation kommt nur noch eines hinzu: dass man auch den Beobachter wahrnimmt.

Manchmal geschieht das „Dem Moment folgen“ aber auch spontan, nämlich dann, wenn eine Situation so intensiv ist, dass sich unsere gesamte Wahrnehmung ganz von selbst voll darauf ausrichtet. Das sind Momente höchster Intensität, wo alles völlig mühelos und doch mit höchster Präzision geschieht. Der Geist ist, ohne dass man sich darum bemüht, völlig auf den Moment ausgerichtet, es fühlt sich an, also ob man neben sich steht und zuschaut, wie man ganz von selbst das tut, was gerade zu tun ist. Das geschieht vor allem bei Künstlern, etwa Musikern bei Live-Auftritten, oder bei Sportlern. Sie nennen das den „Flow“. Eigentlich ist das nichts Besonderes, es bedeutet nämlich nur, dass man ganz in der Gegenwart ist, voll und ganz in dem, was man gerade tut. Das Problem ist nur: Sobald man es bemerkt, funkt das Denken wieder dazwischen (Oh, ich bin jetzt im Flow), und dann ist es vorbei. Wenn man die Erfahrung jedoch oft macht und sie sich bewusst macht, ohne zu versuchen, sie festzuhalten, kann sie sich allmählich integrieren.

Ich habe so etwas zum ersten Mal erlebt, als ich fünfzehn war. Mein Freund hatte ein neues Rennrad, wir fuhren eine abschüssige Straße ins Dorf hinein, er mit höchster Geschwindigkeit, ich konnte ihm mit meinem gewöhnlichen Rad ohne Gangschaltung kaum folgen. An der engsten Stelle kam ihm ein Auto entgegen, er musste ausweichen und geriet mit den dünnen Reifen in den gepflasterten Rinnstein, verlor die Kontrolle und stürzte kopfüber gegen eine Mauer. Als ich dort ankam, versuchte er sich schon wieder aufzusetzen, er war ein sehr starker Kerl. Sein Gesicht sah fürchterlich aus, alles war voller Blut, von der Stirn hing ihm ein großer Hautlappen herunter und ein Nasenflügel einschließlich der Oberlippe war aufgerissen. Es war mitten im Dorf, einige Leute kamen angelaufen, jemand meinte, der Inhaber vom Geschäft gegenüber solle den Arzt anrufen. Der Arzt wohnte im Nachbardorf, es hätte – wir sind im Jahr 1963 oder 64, wo die Straßen schlecht und die Autos noch langsam waren – wohl ein halbe Stunde gedauert, bis er hier gewesen wäre. Mir war sofort und ohne nachzudenken klar, dass dies zu spät sein könnte. Also habe ich zu dem Mann aus dem Geschäft gesagt: „Du rufst den Arzt nicht an. Hol sofort dein Auto und einige saubere Tücher, wir bringen Jürgen ins Krankenhaus.“ Das war 20 km entfernt, über Landstraße also etwa eine halbe Stunde. Das Erstaunliche: Der Mann ist mir, einem 15-jährigen, sofort gefolgt. Ich war total klar und wusste genau, was zu tun war, und das scheint er gemerkt zu haben. Ich habe mit den Tüchern versucht, die Blutung so gut es ging zu bremsen. Im Krankenhaus sagte die Ärztin: „Er hat so viel Blut verloren, eine Viertelstunde mehr hätte er nicht überlebt."

Ich habe Ähnliches später noch einige Male erlebt und es dann vergessen. Als ich mit Therapie anfing, ist es mir wieder eingefallen. Plötzlich wusste ich, dass dies eine Fähigkeit ist, die ich habe und immer hatte: Wenn etwas auf des Messers Schneide steht, weiß ich intuitiv, was zu tun ist. Dann setzt mein Denken aus, und ich handle völlig klar und richtig. Hinterher, wenn ich wieder in meinem normalen Bewusstseinszustand war und darüber nachdachte, wurde mir oft mulmig, und ich habe gedacht: „Hoffentlich hast du das Richtige gemacht." Heute sehe ich, dass ich dabei der Wahrnehmung des Augenblicks gefolgt bin.

Das war natürlich eine Extremsituation, und sicherlich kann das auch nicht jeder. Die Fähigkeit, in Extremsituationen spontan und klar zu handeln, hat man oder man hat sie nicht. Aber man kann seiner momentanen Wahrnehmung auch dann folgen, wenn man nicht in einer Extremsituation ist, und es kann – bei jedem auf seine Weise – zu einer normalen Lebenshaltung werden. Man muss nur irgendwann damit anfangen. Das Denken setzt dabei nicht aus, es geht ganz normal weiter und dient einem, wenn man es braucht; man folgt ihm aber nicht, man überlegt nicht, was denn nun das Richtige sein mag, sondern folgt einfach der Wahrnehmung des Augenblicks, auch wenn diese unsicher sein mag.

Glauben und vertrauen

Für diese Haltung braucht es neben dem Mut, sich einfach auf die Offenheit und Ungewissheit des Augenblicks einzulassen und dem, was dann auftaucht, auch zu folgen, noch eine Zutat: Vertrauen. Man setzt sich dabei der jeweiligen Situation und insgesamt der Offenheit des Lebens aus. Man lebt (spricht und handelt) von Moment zu Moment, man entscheidet nicht selbst, sondern lässt das Leben entscheiden. Damit wird der Gottmensch, der Mensch, der über allem steht und meint, das Leben (die Welt) müsste sich ihm und seinen Vorstellungen unterordnen, wieder Mensch. Er kommt von seinem hohen und einsamen Platz über den Dingen und über dem Leben herunter und fügt sich wieder dessen Lauf. Damit wird er zugleich entlastet: Ich *muss* jetzt nicht mehr alles entscheiden.

Ich selbst treffe schon lange keine Entscheidungen mehr, ich überlasse alles dem Leben. Selbst wenn ich mir ein Hemd oder eine Hose kaufe, entscheide ich das nicht. Auch nicht, wenn ich mir ein Auto kaufe oder sonst eine größere Investition tätige. Ich überlasse das dem Leben. Ich warte, welche Hose oder welches Auto zu mir kommen will. Das mag sich seltsam anhören, aber es funktioniert wunderbar. Nicht nur das: Je weniger ich entscheide, umso entschiedener handle ich, umso klarer spreche ich. Ich habe nicht mehr die Last des „richtig oder falsch" zu tragen, ich folge einfach der Wahrnehmung des Moments in dem Vertrauen, dass das, was geschieht, irgendwie das Richtige ist, auch wenn ich in dem Moment gar nicht weiß, was „richtig" ist. Was auch immer geschieht – es ist richtig.

Vertrauen ist etwas anderes als glauben, es ist eine reifere Haltung. Glauben ist kindlich, vertrauen ist erwachsen. Glauben tue ich einer Autorität, im Glauben folge ich jemandem. Im Vertrauen steckt anfangs eine Ahnung, die später mehr und mehr zur Gewissheit wird: dass das Leben so, wie es ist, richtig ist; dass es nicht an mir liegt, dies zu beurteilen, dass ich vielmehr gar nicht weiß, was für mich oder einen anderen das Richtige ist, dass ich dies dem Leben selbst überlassen muss.

Dazu eine Geschichte aus dem alten China:

Einem armen Bauern lief eines Tages ein junges Wildpferd zu, und es gelang ihm zusammen mit seinem Sohn, das Pferd zu fangen. Als die Nachbarn dies sahen, sagten sie: „Du bist ein Glückspilz, jetzt bist du reich" (sie waren natürlich neidisch).

Der Bauer antwortete: „Wer weiß, wer weiß."

Als das Pferd alt genug war, versuchte sein Sohn, es zu zähmen und zuzureiten. Dabei fiel er vom Pferd und brach sich ein Bein und einen Arm. Jetzt waren die Nachbarn schadenfroh, sagten aber: „Du armer Mann, da hast du aber Pech gehabt. Du bist schon alt, und jetzt hast du niemanden, der die Arbeit auf dem Feld macht, und das Pferd nützt dir auch nichts."

Er antwortete wieder: „Wer weiß, wer weiß".

Kurze Zeit später brach ein Krieg aus, und alle jungen Männer mussten in den Krieg. Der Bauernjunge aber durfte zu Hause bleiben. Da sagten die Nachbarn wieder: „Was bist du nur für ein Glückspilz, wir verlieren vielleicht unsere Söhne, deiner aber bleibt zu Hause und ist irgendwann wieder gesund."

Er aber antwortete: „Wer weiß, wer weiß."

Viele tun sich mit dem Vertrauen schwer, weil jemand, dem sie vertraut haben, sie enttäuscht hat. Diese Art des Vertrauens ist ganz persönlich und kindlich, es ist ein Glaube. Das erwachsene Vertrauen hat weder etwas mit Glauben zu tun noch ist es persönlich. *Jemandem* vertrauen heißt, dass man in diesen Jemand etwas hineinprojiziert und ein bestimmtes Verhalten von ihm erwartet. Das ist nicht vertrauen. Das ist eher daran glauben, dass er oder sie sich so und so verhält. Einem Menschen kann man in dieser Weise nie vertrauen, er kann einen immer enttäuschen. Zudem steckt in dieser Haltung für den anderen eine Verpflichtung: Innerlich bindet man ihn an das, was man von ihm erwartet, mehr noch: Man verpflichtet ihn geradezu, sich so zu verhalten, wie man es von ihm erwartet. Tut er es nicht, ist man von ihm enttäuscht, und wenn einem das öfter passiert, „vertraue ich niemandem mehr".

Darin kommt etwas Kindliches zum Ausdruck. Kinder müssen ihren Eltern glauben. Dass Vogelbeeren giftig sind, können sie nicht wissen und auch nicht fühlen, und vieles andere auch nicht. Sie müssen es glauben. Wissen kann man nur aus eigener Erfahrung, und die hat ein Kind in vielen Bereichen noch nicht. Die Basis dafür, dass sie den Eltern glauben, ist Vertrauen. Ob es ihnen vertrauen kann, fühlt ein Kind, und wenn das so ist, dann glaubt es ihnen auch, was sie sagen. Auch anderen Menschen glaubt es, wenn die Eltern ihm sagen, dass es ihnen glauben kann oder soll. Auch an Gott (oder an den Atheismus) glaubt es, weil ihm die Eltern dies sagen oder vorleben. Ebenso der Mensch im kindlichen Bewusstsein: Ob es Götter oder Gott gibt, kann man nicht fühlen und auch nicht wissen. Also glaubt er denen, denen er vertraut. Deshalb ist es für ein Kind schrecklich, wenn die Eltern es belügen und so sein Vertrauen missbrauchen – dann wird es zutiefst verunsichert und zieht sich innerlich zurück.

Der Glaube an etwas ersetzt das Wissen, das erst dann kommt, wenn man eigene Erfahrungen macht. Damit entstehen dann auch „Glaubenskrisen", die in Wirklichkeit Vertrauenskrisen sind: Kann ich den Eltern oder Autoritäten noch vertrauen? Oder vertraue ich meiner eigenen Erfahrung, meiner eigenen Wahrnehmung? Wenn letzteres der Fall ist, beginnt inneres Wachstum, bei ersterem bleibe ich innerlich Kind. Das heißt aber auch, dass im Innern eine Lösung von den Eltern (und allen anderen Autoritäten) geschieht, womit wir Schritt für Schritt auf das Erwachsensein zugehen. Allerdings nur so weit, wie wir unserer eigenen Wahrnehmung vertrauen, anstatt an das zu glauben, was jene sagen.

Dabei verlieren wir den Glauben. Eigentlich ist es unsinnig, einen Erwachsenen nach seinem Glauben zu fragen. Wenn jemand wirklich erwachsen ist, glaubt er nicht mehr. Vertrauen tut er aber weiterhin. Ohne Vertrauen können wir nicht leben. Wenn ich bei Grün die Straße überquere, vertraue ich darauf, dass der andere bei Rot stehen bleibt. Wenn ich mich in ein Auto, einen Zug oder ein Flugzeug setze, vertraue ich darauf, dass die Technik funktioniert und der Pilot nicht volltrunken oder von Sinnen ist. Wenn ich beim Bäcker ein Brot kaufe, vertraue ich darauf, dass es nicht vergiftet ist. Ohne Vertrauen könnten wir keinen Schritt mehr vor die Tür setzen und auch nichts essen, was wir nicht selbst erzeugt haben. Das ist keine Sache des Glaubens. Ich weiß sogar, dass manchmal ein Flugzeug abstürzt, die Reifen beim Auto platzen können oder beim Wein manchmal gepantscht wird. Ich vertraue trotzdem, anders geht es nicht.

Allerdings glauben wir auch heute immer noch, nur hat der Glaube den Adressaten gewechselt. Anstatt an Gott glauben wir an die Wissenschaft. Wir halten das für rational. Das ist es ganz und gar nicht. Erstens ist in der Wissenschaft nichts sicher, alles wissenschaftliche Wissen ist kein wirkliches Wissen, sondern nur vorläufig, nur wahrscheinlich. Es gibt keine wissenschaftliche Erkenntnis, die sich nicht früher oder später als falsch oder zumindest als nur relativ gültig herausstellt. Alles, was wir heute zu wissen glauben, stimmt morgen nicht mehr – und das ist dann „die neueste wissenschaftliche Erkenntnis“, an die man jetzt glauben soll. Zweitens gehen in die meisten wissenschaftlichen Theorien und die darauf basierenden empirischen Ergebnisse unbegründete, oft auch ganz subjektive (u.a. ideologische) Vorannahmen ein. Das gilt zumindest für alle nicht streng naturwissenschaftlichen Disziplinen, auch und sogar besonders dort, wo mit Zahlen und Statistiken operiert wird. Drittens wird in der Wissenschaft gefälscht oder manipuliert, denn wenn die Ergebnisse dem Auftraggeber nicht passen, hat man Probleme, den nächsten Auftrag zu bekommen, und wenn sie dem widersprechen, was man vorher publiziert hat, braucht es schon sehr viel Größe, das zuzugeben. Der unter Sozialforschern kursierende Satz: „Glaube keiner Statistik, die du nicht selbst gefälscht hast", hat vollste Berechtigung.[92]

Deshalb hat zum Beispiel die Klimadebatte den Charakter eines Glaubenskrieges. Dass der Klimawandel menschengemacht ist und, wenn ja, welche Faktoren dafür verantwortlich sind und wie man ihm richtig begegnet, kann niemand wissen. Auch die Wissenschaftler können es nicht wissen. Wenn Greta Thunberg sagt, man soll auf die Wissenschaft hören, dann ist das ein kindlicher Satz, der aus ihrem Kindermund verständlich ist, aber für einen Erwachsenen unsinnig. Denn erstens gibt es „die Wissenschaft" nicht in dem Sinne, dass sich alle Wissenschaftler in solchen Fragen einig wären (auch wenn die Mehrheit sich eindeutig positioniert, bedeutet das gar nichts, denn die Mehrheit hat sich in der Wissenschaftsgeschichte oft geirrt), und zweitens stellt sie kein Wissen zur Verfügung, sondern nur mehr oder weniger plausible Annahmen und vorläufige, mehr oder weniger wahrscheinliche Ergebnisse. Der Wissenschaft zu glauben ist vollkommen naiv.

Alles, was wir tun können, ist zu vertrauen – entweder unserer eigenen Wahrnehmung oder dem, was Wissenschaftler sagen. Dann vertraut man entweder diesen oder jenen, aber man tritt nicht in einen Glaubenskrieg ein, weil man weiß, dass das Vertrauen auch unangebracht sein und enttäuscht werden kann. Genauso wie beim Fahren auf der Autobahn: Man vertraut, dass einem keiner entgegenkommt, aber wissen kann man es nicht, weshalb es niemandem in den Sinn kommt, eine Glaubensdebatte daraus zu machen, ob man die Autobahn benutzen soll.

Vertrauen ist etwas ganz anderes als glauben, etwas Unpersönliches, eine Lebenshaltung. Wenn ich wirklich vertraue, vertraue ich nicht *jemandem*, einem Menschen oder einer Institution, sondern ich vertraue dort, wo dies möglich ist, in meine eigene Wahrnehmung, und wo dies nicht möglich ist, ins Leben. Ich lebe einfach in einer Haltung des Vertrauens und handle aus dieser Haltung heraus. Das heißt nicht, dass ich einzelnen Menschen nicht besonders vertrauen kann, aber ich muss mir dabei bewusst sein, dass jeder, dem ich vertraue, in eine Situation kommen kann, in der er anders handelt (handeln muss), als ich es erwarte. Dann kann mich ein Mensch zwar vielleicht enttäuschen (weil ich mich in ihm getäuscht habe, weil ich etwas in ihn hineingelegt habe, was er nicht ist oder nicht kann), aber er kann nicht mein Vertrauen ins Leben enttäuschen. Genau das bedeutet es auch, ins Herz zu gehen und seinem Herzen zu folgen. Auch dies ist nichts Persönliches, und es hat nichts mit den üblichen Vorstellungen von Liebe zu tun.

Das Leben kann einen dabei auf sehr harte Proben stellen. Die Härteste war für mich, als mein Sohn mit 17 Jahren krank wurde und über viele Jahre keine Heilung in Sicht war. Ich bin mit ihm von Pontius nach Pilatus gepilgert, aber weder konnte jemand genau sagen, was er hatte, noch gab es Anzeichen einer Besserung. Ein Arzt hatte die Diagnose und verschrieb entsprechende Medikamente, der andere behauptete das Gegenteil und verordnete das Gegenteil, die Heilpraktiker sagten wiederum etwas anderes, und Psychotherapie schien auch nicht zu helfen. Es wurde immer schlimmer, er wurde immer schwächer, bis ein Heilpraktiker ihm mit dreiundzwanzig das Immunsystem eines Siebzigjährigen bescheinigte. Irgendwann kam für mich der Punkt, wo ich einsehen musste, dass ich ihm nicht helfen konnte. Einmal habe ich im Urlaub fast ein Schlafzimmer zertrümmert (zum Glück habe ich nur die Matratze zu fassen bekommen und durch den Raum geschleudert) und dabei gebrüllt: „Jedem Hund kann ich helfen, nur meinem Kind nicht." Dann kam mir eine Einsicht: Woher weiß ich, was für ihn richtig ist? Woher weiß ich, was seine Seele braucht? Vielleicht braucht sie oder er die Krankheit, vielleicht muss er sogar sterben, damit seine Seele heil werden kann? – Ich habe nicht einfach nur den Kampf aufgegeben, ich habe mich ergeben und vertraut, dass das, was geschieht, richtig sein wird – was auch immer es sei. Danach konnte mein Sohn sein Leben in die eigenen Hände nehmen und ist allmählich gesund geworden. Es hätte aber auch anders kommen können. Vertrauen heißt also nicht, so viel und so lange vertrauen, wie alles sich meinen Wünschen fügt oder in meinem Sinne gut geht. Vertrauen heißt einfach nur vertrauen – komme, was wolle.

Liebe

And in the end
The Love you take
Is equal to the Love
You make.
John Lennon | Paul Mc Cartney, The End (Abbey Road)

Das Leben kann man nicht denken. Man kann es nur leben und lebend erfahren. In diesem Das-Leben-leben liegt sein ganzer Sinn. Wenn man sich dem Leben wie dem Tod ohne jeden Widerstand ergibt, landet man auch in der Liebe. Das Leben zu leben ist nämlich Liebe, Liebe zu dem, was ist. Wenn jeder Widerstand geschmolzen ist, bleibt nur noch Liebe, denn Widerstand ist Eigensinn, und Liebe ist die Abwesenheit von Eigensinn. Zugleich hört alles Denken hier auf, die Fülle der Liebe macht es schlicht unmöglich.

Die erste Liebe

Um zu sehen und zu verstehen, was Liebe ist, beginne ich wieder am Anfang, genauer: bei der Geburt. Wenn der Säugling die Mutter entdeckt – also die Welt, in der er vor der Geburt drin und geborgen war und die ihm jetzt von außen wieder begegnet, und wenn ihm aus dieser Welt ein Willkommen, ein freundliches und liebevolles Gesicht entgegenkommt –, entsteht in ihm ein Gefühl: Er fühlt sich, obwohl alles neu und fremd ist, wieder geborgen, denn in dieser fremden neuen Welt begegnet ihm in Gestalt der Mutter wieder das, was ihn zuvor umhüllt und getragen hat. Er ist also nicht verloren in dieser fremden Welt, er ist nicht allein, nicht mutterseelenallein. Sie, die ihn zuvor genährt und getragen hat, wird ihn auch weiter nähren, tragen und beschützen. Das ist das, was wir als Liebe erfahren. Liebe ist zunächst das Gefühl, nicht allein in der Welt zu sein.

Dieses Gefühl ist etwas Neues, es ist anders als das Spüren. Spüren ist unmittelbar körperlich, es ist eine Körperwahrnehmung. Das Lächeln oder, allgemeiner, die Gefühle der Mutter nehmen wir aber nicht über den Körper wahr, sondern über den Geist. Es ist ein Erkennen, am Anfang das erste Erkennen der Mutter. Wenn die Mutter mich mit Liebe anschaut, spüre ich das anders, als wenn sie mich anfasst. Zwar geht auch der liebevolle Blick in den Körper, aber das ist eine sekundäre Reaktion. Zuerst nehme ich ihn im Gefühl wahr, dann löst dieses Gefühl – auf dem Wege einer chemischen Reaktion im Gehirn – auch eine körperliche Reaktion aus, etwa eine Kontraktion bei negativen Emotionen und eine Entspannung und ein entsprechendes Wohlgefühl bei angenehmen Emotionen. Ich spüre zwar auch an der Art, wie sie mich anfasst, ob darin Liebe ist, aber bei diesem Spüren ist das Fühlen schon mit dabei, und wahrscheinlich erkennt ein Kind auch darin die Mutter. Das reine Spüren ist nicht persönlich – es tut auch weh, wenn ich mich an einem harten Gegenstand stoße. Das emotionale Fühlen ist jedoch immer persönlich, und zwar deshalb, weil es mit dem Erkennen der Mutter einhergeht.

Die erste Liebe ist immer die Mutter. Da diese Liebe uns in Gestalt eines Menschen begegnet, ist sie auch immer persönlich. Aufgrund dieser zutiefst prägenden Erfahrung halten wir die Liebe für etwas Persönliches und für ein Gefühl, ein Gefühl, das immer mit einer bestimmten Person verbunden ist und von dieser ausgelöst wird. Nochmals: Wir *halten* die Liebe für ein Gefühl, wir *halten* sie für etwas Persönliches, und zwar deshalb, weil wir sie so zum ersten Mal erfahren haben. Das bedeutet aber nicht, dass Liebe etwas Persönliches *ist.* Tatsächlich ist sie kein Gefühl und daher auch nichts Persönliches, aber das erfährt man erst, wenn man durch die persönlich-emotionale Liebe hindurch gegangen ist. Die Mutter ist auch die erste Enttäuschung. Vorher war sie immer da, jetzt ist sie manchmal weg; vorher gab es keine Bedürfnisse und daher auch keine Enttäuschungen, jetzt ist das anders. Alles, was wir in der Liebe erleben, erleben wir zuerst bei und mit der Mutter. Und auch wenn wir keine Liebe erfahren oder fühlen können, ist das eine Erfahrung, die wir mit der Mutter gemacht haben. Wenn die Mutter nicht lieben kann, wenn sie ihre Gefühle selbst nicht fühlen und nicht zeigen kann, kann sie auch beim Kind dessen Fähigkeit zu fühlen nicht zum Leben erwecken. Das gilt für Männer wie für Frauen.

Danach, bei der zweiten Liebe, beim Vater, gehen die Wege bei Jungen und Mädchen auseinander. Das ist vor allem bedeutsam für die erotische Liebe. Das Thema wäre eine eigene Untersuchung wert, ich kann es hier nur andeuten. In der Mutter begegnet einem Mädchen das eigene Geschlecht, was auch bedeutet: Sie spiegelt ihm dieses Eigene, das Weibliche, wider, so dass es seine eigene geschlechtliche Identität in der Mutter erkennen kann, beide sind sozusagen vom selben „Stamm". Im Vater begegnet das kleine Mädchen dagegen zum ersten Mal dem Fremden, dem Anderen, dem, was es nicht ist. Er ist ihm zwar genetisch genauso eng verwandt wie die Mutter, was die Fremdheit mindert und für das Kind erträglich macht, so dass es sich nicht davor fürchten muss, aber als Mann repräsentiert er das Fremde. Dieses Fremde ist zugleich das, womit es sich später verbinden muss, um seine natürliche Erfüllung als Frau zu erfahren, nämlich Mutter zu werden. Damit hat die Beziehung des Mädchens zum Vater von Anfang an auch eine erotische Komponente.

Für Jungen ist das anders. Die Mutter repräsentiert zwar das andere Geschlecht, aber sie ist zugleich so nah, dass dies gar nicht wahrgenommen werden kann. Der Vater kommt dem Kind von außen entgegen, die Mutter ist immer schon das Bekannte. Der Junge muss sich daher zuerst von der Mutter lösen, um das Fremde in ihr wahrnehmen zu können. Das ist für die meisten Männer ein lebenslanger Prozess, und die Lösung gelingt nur mehr oder weniger. Sie gelingt mehr und besser, wenn sich der Junge dem Vater zuwenden kann, weil er dort sein eigenes Männliches gespiegelt bekommt. Ob er dieses Männliche dann wirklich zu sich nehmen kann, hängt jedoch ganz stark von der Mutter ab, davon, ob sie innerlich zustimmt, dass der Sohn zum Vater geht (ein Mann wie er wird) oder ob sie meint, sie müsse ihn vor dem Vater schützen oder er wäre bei ihr besser aufgehoben. Das kann sich ganz natürlich ergeben, wenn zum Beispiel ein Säugling sehr krank ist und besonders viel Zuwendung braucht. Dann entsteht bei dem Elternteil (zumeist ist das die Mutter), der dem Kind diese Zuwendung gibt, automatisch die innere Überzeugung, dass sie für das Kind unverzichtbar und wichtiger und in diesem Sinne besser als der Vater sei. Sehr oft spielt aber auch ihre Beziehung zum Vater des Kindes und zum Männlichen generell eine wesentliche Rolle, und zwar für Jungen wie für Mädchen.

Aufgrund dieser frühkindlichen Erfahrung heißt Liebe für uns vor allem, dass unsere natürlichen kindlichen Bedürfnisse beantwortet werden und unsere Wünsche in Erfüllung gehen, und zwar sowohl der Wunsch, in der Welt geborgen und nicht allein zu sein, als auch der, sich in diese neue, fremde Welt hineinbewegen und sie erkunden zu dürfen. Die kindliche Wirklichkeit und das in dieser Wirklichkeit entstandene Bild und Gefühl von Liebe nehmen wir mit ins erwachsene Leben: Der Geliebte soll all meine Wünsche erfüllen: Er soll mich (körperlich und geistig) halten, mir nah sein, wenn ich das Bedürfnis dazu habe, mich verstehen und mir all das geben, was ein Kind sich von der Mutter wünscht. Zugleich suchen wir in der (sexuellen) Liebe aber auch das Andere, das, was wir nicht sind.

Das Verstehen (Verstanden werden) ist vielleicht das Wichtigste: Wenn mir jemand begegnet, der mich ganz zu verstehen scheint, meine Bedürfnisse erkennt und erwidert (vielleicht sogar, ohne dass ich sie explizit äußern muss), sich für alles interessiert, was ich sage oder was auch mich interessiert, wenn größtmögliche Resonanz auf möglichst vielen Ebenen herrscht, dann begegnet mir das, was ich mir im Innersten immer von meiner Mutter gewünscht habe. Das Problem ist nur: Es gibt das nicht. Nicht nur mit der Mutter gab es diese vollkommene Resonanz nicht, es gibt sie auch – und erst recht – mit keinem anderen Menschen. Über kurz oder lang mache ich mit der oder dem Geliebten dieselbe Erfahrung wie mit meiner Mutter: Ich werde enttäuscht, denn er oder sie kann mir das nicht alles geben, er oder sie ist nicht die fehlende Hälfte von mir. Die Ganzheit ist nicht im Außen zu finden, sondern nur innen.

Jetzt stehen wir an einem Scheideweg: Bleiben wir der *Liebe* treu oder unserem *Bild* von ihr? Das Bild ist offensichtlich nicht realistisch, es entspricht nicht der Wirklichkeit. Wenn wir in die Wirklichkeit des Lebens eintreten, stirbt dieses Bild. Die Liebe ist nicht dazu da, unsere Bedürfnisse zu erfüllen, sie ist nicht identisch mit dem, was der andere mir gibt. Mehr noch: Sie kommt nicht von außen. Sie kommt von innen, aus der menschlichen Seele, aus dem Innersten des Lebens selbst. Und weil sie von innen kommt, ist sie nichts Persönliches. Sie ist etwas, was zu mir und damit zum Leben gehört, zu dem Leben, dass sich in mir und durch mich äußert. Zu dem Leben, das ich bin. Ich bin nichts anderes als dieses Leben, das Leben in dieser besonderen Gestalt, die ich als „ich selbst" empfinde.

Der/die Geliebte – sei es die Mutter, der Vater oder die späteren Liebespartner – ist nur dazu da, dass wir die Liebe entdecken, dass sie in uns aktiviert wird und dann aus uns heraustritt. Er oder sie ist Amor, der Liebesbote. Er bringt sie uns, regt sie in uns an und holt sie so auch aus uns heraus, aber er ist nicht die Liebe. Um zur Liebe selbst zu kommen, brauchen wir all die Enttäuschungen, die wir in der persönlichen Liebe, im Liebesgefühl, erfahren. Wir kommen dorthin, wenn wir diese Enttäuschungen nicht der Liebe und auch nicht dem Liebespartner anlasten, sondern den Schmerz erleiden, dass unsere (kindlichen) Bilder der Liebe, unsere Vorstellungen über sie, sterben. Wenn wir die Bilder sterben lassen, kommt die Liebe als ursprüngliche Kraft des Lebens in uns selbst zum Vorschein.

Diese Liebe bezieht sich nicht mehr auf eine andere Person. Sie bezieht zwar die anderen mit ein, ist aber nicht mehr daran gebunden. Sie existiert auch ohne andere, auch im Alleinsein. Sie gehört dem Leben selbst.

In Beziehung und allein sein – Erwachsene Liebe

Was ist dann Beziehung? Was bedeutet dann Liebe in einer Beziehung? Sie sind nicht mehr das, was sie einmal waren. Man beginnt zu verstehen, dass der andere anders ist und versucht nicht mehr, ihn zu verändern, ihn sich anzupassen oder umgekehrt sich ihm anzupassen. Man schaut, was man gemeinsam hat, was verbindet, aber man sieht auch, dass der eine Dinge mag, die der andere nicht mag, und lässt einander den Raum, seinen jeweils eigenen Weg zu gehen. Wenn das Gemeinsame überwiegt, wird man zusammenbleiben, wenn die Unterschiede zu groß und/oder zu viele werden, wird man sich vielleicht trennen. Oder man akzeptiert auch das, wie es ist, und bleibt zusammen.

Wenn beide das können, wenn die Liebe bleibt und wirklich Liebe ist, schafft dies eine neue und qualitativ ganz andere Art von Verbindung und Beziehung: Man wächst miteinander in das jeweils Eigene hinein. Das Individuelle und das Gemeinschaftliche stehen sich nicht mehr entgegen. Die erwachsene Liebe liebt den anderen dann so, wie er wirklich ist, und nicht nur in dem Bild, das wir uns von ihm machen und wie wir ihn haben möchten. Wolfgang Giegerich hat dies sehr präzise formuliert: „Was die Liebe in dem geliebten Menschen liebt, ist seine ‚Erde', seine Wirklichkeit und Gegebenheit. Dadurch unterscheidet sich die Liebe ja von dem Eigensinn, der Selbstsucht, dass sie dem geliebten Gegenüber nicht ein Idealbild überstülpt und nicht vorwirft, mit dem eigenen Ideal, das man von ihm hat, nicht übereinzustimmen. Liebe ist die Bereitschaft, leidend (…) zu erfahren, wie der Geliebte wirklich ist, und den Schmerz dieser Erfahrung nicht als Einwand gegen den Geliebten zu verwenden.[93] Und: „Immer liebt die Liebe das Wirkliche, und wo sie das nicht täte, d.h. wo sie nur deswegen liebte, weil etwas mit den eigenen Wünschen übereinstimmt, wäre es keine Liebe.[94] Giegerich schreibt „leidend" und spricht vom „Schmerz dieser Erfahrung", und in der Tat: Die Liebe ist zugleich die erfüllendste Erfahrung als auch das Fegefeuer, das uns bis ins Innerste durchfegt und reinigt. Reinigt wovon? – Von unseren Vorstellungen. Dann geht die Liebe über Beziehungen hinaus, sie wird zu etwas Innerem, das einfach zu einem gehört und sich in all unseren Äußerungen und allen Beziehungen ausdrückt, wenn auch in unterschiedlicher Weise.[95] Entweder man ist in der Liebe oder man ist nicht in ihr, unabhängig von Personen.

Liebe in der Therapie

Unter anderem ist Liebe auch ein wesentliches Element in der Therapie. Ohne sie bleibt jede Therapie an der Oberfläche. Damit Therapie gelingt, braucht es – neben der fachlichen Kompetenz – zwei Zutaten: erstens Liebe, zweitens Wahrhaftigkeit. Das ist alles, sonst braucht es nichts. Auch Methoden braucht es nur in zweiter Linie. Sie können zwar in vielen Fällen nützlich sein, aber sie wirken nur, insoweit sie mit Liebe und Wahrhaftigkeit praktiziert werden. Was es absolut nicht braucht, ist Moral, Ethik, Werte oder ähnliches. Wenn das ins Spiel kommt, ist der innere Kompass, die innere Ethik, bereits verloren. Wer mit seinem Herzen verbunden ist, wer seinen Klienten mit offenem Herzen und innerer Wahrhaftigkeit und Ehrlichkeit begegnet, braucht keine Werte. Er weiß, was er darf und was er nicht darf. Und er weiß sogar, dass er manchmal etwas sagen oder tun muss, das jeder äußeren

Ethik und den daraus abgeleiteten Verhaltensweisen zu widersprechen scheint oder dies auch tatsächlich tut.

Warum braucht es Liebe und Wahrhaftigkeit? Weil der Klient sich nur dann öffnet, wenn er spürt, dass er mit Liebe angeschaut und ihm die Wahrheit gesagt wird, dass nicht rumgedruckst oder getrickst wird. Er kommt ja mit seinen kindlichen Verletzungen, und wenn er die zeigt, ist er offen wie ein Kind – sogar noch offener, weil er auch seine Wunden offenbart oder, wenn es um etwas geht, wo er Täter war, seine „Schlechtigkeit". In dieser Verletzbarkeit wird er sich sofort innerlich zurückziehen und verschließen, wenn sein Gegenüber ihm nicht mit Liebe begegnet. Nur dann öffnet er sich dem, was die Seele ihm sagen will. Und nur dann öffnet sich die Seele auch dem Therapeuten/Berater. Und er vertraut dem Berater nur insoweit, als er spürt, dass dieser ehrlich und ohne Urteil ist. Dazu muss sich auch der Berater zeigen, genau so, wie er vom Klienten erwartet, dass dieser sich (sein Inneres) zeigt.

Was heißt hier Liebe, was Wahrhaftigkeit? Liebe heißt, dass ich dem anderen mit offenem Herzen – und damit ohne Urteil – begegne; dass ich ihn in seiner Wirklichkeit, so, wie er nun mal ist, nehme und akzeptiere; dass ich ihn ganz an mich heranlasse, selbst dann, wenn das, was er mir sagt, mich grausen oder erschüttern mag; dass ich diese Erschütterung und, wenn es denn da ist, auch das Grauen geschehen lasse; dass ich vor allem in keinerlei Empörung gehe – weder in der Weise, dass ich mich selbst empöre, noch in der, dass ich der Empörung des Klienten folge. Wenn mich aber etwas von dem, was er sagt, innerlich trifft, dann darf ich das ruhig mitteilen – ich muss es sogar. Aber ruhig und ohne Bewertung. Auch ohne Mitleid, denn damit würde ich den Klienten klein und mich selbst groß machen. Und es heißt, dass ich sowohl den Klienten als auch mich selbst nicht schone, dass ich ganz ehrlich sage, was ich wahrnehme. Das ist Liebe.

Zur Verdeutlichung zwei Beispiele:

Ein Mann von über siebzig Jahren bittet um einen möglichst kurzfristigen Termin. Zur Erklärung sagt er am Telefon, dass er gestern Abend seine Enkeltochter sexuell berührt hat, als sie bei ihm (wie oft) im Ehebett geschlafen hat (seine Frau lag schlafend in der anderen Betthälfte). Das Kind habe seiner Mutter am nächsten Morgen ganz

arglos erzählt, der Opa habe es zwischen den Beinen gestreichelt, und jetzt sei in der Familie die Hölle los. Er wisse nicht mehr ein und aus und müsse unbedingt mit jemandem reden. Vorsichtshalber fügt er hinzu: „Sind Sie überhaupt bereit, mit mir zu sprechen“? Ich bejahe und gebe ihm einen Termin am selben Tag.
Als er kommt, ist er unter großem Druck, die Hände zittern und er hat Mühe zu sprechen. Ich schaue ihn offen und freundlich an und sage: „Bevor Sie anfangen zu sprechen, möchte ich Ihnen zwei Dinge sagen: Erstens: Ich verurteile Sie nicht. Zweitens: Ich bedaure Sie nicht.“ Er schaut mir in die Augen, sieht, dass ich ehrlich bin und meine, was ich sage, und ein Zentnerstein fällt von ihm ab. Jetzt kann er reden. Sein erstes Wort: „Danke“. Dann haben wir ein gutes und ernsthaftes Gespräch geführt mit dem Ergebnis, dass er aus der Haltung „Wie konnte mir das nur passieren?“, „Was bin ich für ein Idiot“? (er liebte seine Enkelkinder sehr und verurteilte sich für sein Verhalten) zu der Einsicht kommen konnte, dass er nun mal getan hat, was er getan hat, und dafür die Folgen zu tragen hat, was immer sie sein mögen.

Ein anderer Mann, der (als Sohn eines britischen Offiziers) in einer britischen Kolonie in Afrika geboren ist und nach dem Abitur zur Armee eingezogen und im Kampf gegen die schwarze Befreiungsbewegung eingesetzt wurde, dort die ganze Grausamkeit des Guerillakrieges erlebt hat und voller Hass auf die jetzigen einheimischen Machthaber ist, weil sie die eigene Bevölkerung bis aufs Blut ausbeuten (und auch auf viele andere, als deren Opfer er sich sieht), berichtet mir, dass der Therapeut, bei dem er vorher war, ihn nach kurzer Zeit abgewiesen hat mit den Worten: „Sie sind eine Beleidigung für mein Weltbild, mit solchen Leuten kann ich nicht arbeiten.“ Innerlich war er, obwohl das alles fast fünfzig Jahre her war, immer noch Soldat oder Kämpfer. Er fuhr einen großen Militärjeep (kein SUV) und trug mit Vorliebe Khakihosen und andere militärisch aussehende Kleidungsstücke.
Ich antworte: „Der Therapeut war wenigstens ehrlich, das ist besser, als Dir etwas vorzumachen und verdient daher einen gewissen Respekt. Was mich betrifft, so darfst Du auch Deinen Hass aus-

drücken und sogar behalten, wenn Du unbedingt möchtest. Ich verurteile Dich nicht dafür. Ich weiß nicht, wie es mir erginge, wenn ich als junger Mann Deine Erfahrungen gemacht hätte. In dem Fall, dass Du unbedingt an Deinem Hass festhalten willst, kann ich Dir dann allerdings nicht mehr helfen. Wenn Du also mit mir arbeiten willst, musst Du bereit sein, auch Dich selbst und Deine Haltung zu sehen und über den Hass hinauszugehen. Nicht, weil ich ihn oder Dich moralisch für schlecht halte, sondern weil Deine Seele sonst nicht heilen kann. Du bist nämlich hier, weil der Hass Dich kaputt macht. Denen, die Du hasst, tut er nichts, für die ist er völlig harmlos. Herr Mugabe interessiert sich nicht die Bohne für Dich und Deinen Hass auf ihn. Aber für Dich ist er tödlich."

Liebe heißt also nicht, dass ich mich mit dem Klienten innerlich verbünde, egal, ob er ein so genannter Täter oder ein Opfer ist. Auch mit Opfern (die beiden Männer sahen sich selbst sowohl als Täter als auch als Opfer) verbünde ich mich nicht. Liebe ist in der Tiefe nichts Emotionales oder Persönliches. Es ist die Zugewandtheit zum Leben, wie es ist, und zum jeweiligen Menschen, wie er ist; die unausgesprochene Einladung: Du darfst (hier) so sein, wie du bist. Nicht als Methode, als taktisches Mittel, um jemanden dazu zu bringen, sich zu öffnen, sondern als aufrichtige Mitteilung, die von Herzen kommt; der Blick auf den Menschen jenseits seiner Meinungen und seines Verhaltens, auch jenseits meiner eigenen Meinungen. Und jenseits meiner eigenen Gefühle – sie dürfen mit dabei sein, aber sie dürfen mich nicht leiten. Wenn ich sie zurückdränge, wird auch der Klient sich nicht ganz öffnen, er wird mir nicht wirklich vertrauen. Das beinhaltet auch, dass ich einen Klienten nicht annehme, wenn ich merke, dass ich mich ihm nicht mit Liebe zuwenden kann. Man kann sich nicht zur Liebe zwingen, und so zu tun als ob wäre unanständig und auch unwirksam.

Ich verdeutliche dies nochmal am Beispiel des Mannes, der seine Enkelin im Schambereich gestreichelt hatte. Bei diesem Gespräch ist mir klar geworden, dass es nicht mein Verdienst ist, dass ich mich zu Kindern nicht sexuell hingezogen fühle. Ebenso, wie ich mich sexuell nicht zu Männern hingezogen fühle, ohne dass ich etwas dafür kann. Unsere Lust oder das, was unsere Lust in Bewegung bringt, steht nicht zu unserer Verfügung. Es ist uns gegeben oder nicht. Wenn ich das sehe, fühle ich mich einem „Kinderschänder" oder „Missbrauchstäter" moralisch nicht überlegen, nicht besser, auch wenn ich es scheußlich finde, was manche Erwachsene Kindern antun. Und nur dann, wenn ich mich nicht besser fühle, kann er sich mir (bzw. seiner eigenen Sexualität) wirklich öffnen und ich kann mit ihm arbeiten. Das bedeutet keinesfalls, dass ich sexuelle Beziehungen zwischen Erwachsenen und Kindern gutheiße oder verharmlose. Ein Kind ist – jenseits aller Moral – mit der erwachsenen Sexualität immer überfordert. Die meisten Pädophilen wissen selbst, dass das, was sie tun oder als ihre Veranlagung fühlen, in diesem Sinne nicht richtig ist. Der Mann, von dem ich hier berichtet habe, war aber noch nicht einmal pädophil. Bei ihm war es eher so, dass die körperliche Nähe ihn so sehr erregt hatte (er hatte schon seit langem keinen Sex mehr gehabt), dass er quasi vergessen hatte, dass neben ihm ein Kind und dazu noch seine geliebte Enkeltochter lag, der Sex hatte ihm einfach total die Sinne vernebelt. Auch das ist keine Entschuldigung – die Seele kennt, anders als deutsche Gerichte, keine „mildernden Umstände".

Daher gilt auch für die Therapie, dass sie so etwas nicht gelten lassen darf, sonst ist sie nicht wirksam. Ich habe das in dem Satz „Ich bedaure Sie nicht" ausgedrückt, und der Mann war mir dankbar dafür. Aber wie dem auch sei: Man kann in solchen Fällen nur helfen, wenn man in seinem Innern über moralische Urteile hinausgewachsen ist. Ich kann dann einfach nur sagen: Gottseidank habe ich dieses Problem nicht (oder, noch bescheidener: bisher noch nicht gehabt). In dieser Haltung kann ich den anderen Menschen, der das Problem hat, mit offenem Herzen anschauen und mit ihm darüber sprechen (oder auf andere Weise arbeiten), um einen Weg zu finden, wie er damit umgehen kann.

Wenn ich sage „gelingt", meine ich nicht, dass damit ein (vom Klienten oder vom Therapeuten) angestrebtes Ziel erreicht wird. Dies sollte sich aus dem bisher Gesagten klar ergeben. Es bedeutet lediglich, dass man sich der Seele und deren Bewegung öffnet und damit erkennt, worum es im jeweiligen Fall geht. Dazu gehört auch eine einfache, normale und klare Sprache. Fachbegriffe haben in der Beratung und in Workshops in der Regel nichts zu suchen. Jede künstliche Sprache – damit meine ich vor allem Fachbegriffe und Anglizismen – entfernt vom Wesentlichen, sie verschleiert die Wirklichkeit und oft auch die Tatsache, dass der Berater selbst nicht richtig versteht, worüber er spricht. Bei Klienten, die mit einer gefährlichen Krankheit zu mir kommen, habe ich beobachtet, dass viele den medizinischen Fachterminus benutzen, wenn sie über die Krankheit sprechen. Sie haben einen *Ulcus* oder einen Tumor oder ein Karzinom (wenn die Begriffe nicht noch spezieller sind). Wenn ich dann sage: „Du hast also ein Darmgeschwür" oder „Du hast Krebs", erschrecken sie. Aber erst in diesem Moment *sehen sie* die Krankheit und nehmen sie in ihrer ganzen Wucht wahr. Die technischen Begriffe suggerieren immer eine Machbarkeit und schützen so das Bewusstsein davor, sich von der Krankheit treffen zu lassen.

Auch psychopathologische Begriffe wie Burnout oder Depression (und viele andere) sind in der Kommunikation mit Betroffenen nicht förderlich. Wenn ich „einen Burnout habe", bedeutet das, dass ich nicht zur Arbeit gehen muss und einen Therapeuten brauche, der das wegmacht. Außerdem schwingt bei dem Wort „Burnout", wie bei allen Fremdwörtern, innerlich nichts mit. Wenn ich aber sage, dass ich ausgebrannt bin und nicht mehr kann, wird viel deutlicher, worum es geht – nämlich darum, das Stoppsignal zu sehen, anzuhalten, meinen Kampf aufzugeben und zu kapitulieren.

Und das alte deutsche Wort „Schwermut" beschreibt die inneren Vorgänge viel deutlicher und seelenvoller (und auch wärmer und liebevoller) als das klinische „Depression". Statt eine Krankheit, eine psychische Störung oder was auch immer das Problem oder Symptom sein mag, begrifflich zu fixieren und dann zu „bearbeiten", muss man sie zum Sprechen bringen – oder, da das Symptom bereits die Sprache *ist*: Man muss lernen, auf es zu hören. Dazu muss der Therapeut/Berater sich aus der aggressiven Haltung des Wegmachens, Überwindens, „Transzendierens" ebenso wie aus einer mitfühlenden Kumpanei mit dem natürlichen Wunsch des Klienten, das Problem loszuwerden (eine Lösung zu finden) weg und zu einer liebevollen Zuwendung zum Problem selbst hin bewegen.

Wie und wo lernt man das? Sicher nicht an der Universität, dort wird weder Liebe noch Wahrhaftigkeit vermittelt – eher das Gegenteil. Auch nicht in den psychotherapeutischen Ausbildungen, die ein diplomierter

Psychologe absolvieren muss, um als psychologischer Psychotherapeut anerkannt zu werden (und selbstredend auch nicht in den medizinisch-psychotherapeutischen bzw. psychiatrischen Ausbildungsgängen). In den meisten Coaching-Trainings lernt man es wohl auch nicht. Schon das Wort „Coaching“ (von „coach“ – die Kutsche) drückt – wie fast alle Amerikanismen – eine Distanz aus, die von vornherein ausschließt, dass Liebe bei dieser Arbeit eine Rolle spielen könnte, und die dort verwendete Sprache ist eine überwiegend technische „Machersprache“ und von Anglizismen durchzogen.[96] Man lernt es, indem man sich auf die Liebe einlässt, wo und wie auch immer sie einem erscheinen mag; indem man sich aufs Leben einlässt, auf seine hellen wie auf seine dunklen Seiten; und indem man sich auf sich selbst einlässt, auf seine hellen wie auf seine dunklen Seiten.

Die Verwechslung von Innen und Außen

Alles, was wir als Jugendliche in der Welt suchen und dort zu verwirklichen versuchen, auch alles, was das moderne Bewusstsein sucht und in der Welt zu verwirklichen versucht: Liebe, Frieden, Freiheit ist in uns. Es ist nicht dort draußen, sondern drinnen, in uns.

Nehmen wir den Frieden – es kann ihn in der Welt, in der Gesellschaft, im äußeren Leben nicht geben, jedenfalls nicht in dem Sinne, dass alles in Harmonie miteinander ist. Das Leben ist Konflikt, ist Polarität, ist Gegensatz, ist Spannung und damit auch Kampf. Auch die Gewalt gehört zum Leben, einschließlich der tötenden Gewalt. Alles Leben ernährt und erhält sich vom Tod anderen Lebens. Heraklits Aussage „Der Krieg ist der Vater alles Dinge“ enthält eine zwar unangenehme, aber gleichwohl tiefe Wahrheit. Zumindest ist alles, was wir heute als abendländische Kultur und Zivilisation bezeichnen, aus Kriegen und blutigen Revolutionen hervorgegangen. Ohne dies gäbe es weder Menschenrechte noch bürgerliche Freiheiten, Rechtsstaat und Demokratie.

Ich will damit nicht dem Krieg das Wort reden. Eine wirklich erwachsene Kultur findet vielleicht andere Mittel der Konfliktlösung. Aber das wird nichts daran ändern, dass es nur aus dem Konflikt und der Spannung heraus Bewegung gibt. Nur aus der Verbindung von Plus- und Minuspol entsteht elektrisches Licht (und, übrigens, auch Leben). Alles, was man ändern und vielleicht auch Fortschritt nennen kann, ist die Art und Weise, wie man mit diesen Spannungen umgeht. Völlige Harmonie würde Stillstand bedeuten. Harmonie und Frieden in dem Sinne, dass es keine Konflikte und keinen Streit gibt, kann es nur im Innern geben, und sie kann nur darin bestehen, dass man mit der Tatsache, dass das Leben aus Spannungen und Konflikten, auch aus Streit und widerstrebenden Interessen, ja auch aus Gewalt besteht, in Einklang kommt und damit zutiefst einverstanden ist.

Dasselbe gilt für die Freiheit: Im Außen existiert nur die Notwendigkeit. Unsere ganze körperliche Existenz ist reine Notwendigkeit, es gibt null Freiheit dabei. Atmen, essen, trinken, verdauen – wo wäre da Freiheit? Geboren werden, wachsen, schrumpfen, sterben – wo hätte man da eine Wahl? Kürzlich habe ich gelesen, dass ein Mann allen Ernstes seine Eltern dafür verklagt, dass sie ihn, ohne vorher seine Zustimmung einzuholen, gezeugt haben. Das zeigt in aller Deutlichkeit, wie verrückt die Idee der freien Wahl oder der äußeren Freiheit in letzter Konsequenz ist. Man kann diesen Mann als Spinner abtun, tatsächlich folgt er aber nur ganz konsequent der Idee der Selbstbestimmung, die für das moderne Bewusstsein konstitutiv ist.

Von der Zeugung bis zum Tod ist unser ganzes Leben reinste Notwendigkeit. Wir sind uns vorgegeben, wie wir sind, und daran ist nichts zu ändern. Wir kommen in eine Welt, die ist, wie sie ist, und auch daran ist nichts zu ändern. Alle Versuche, sich selbst oder die Welt zu verändern, bewirken immer das Gegenteil. Natürlich gibt es Veränderung, alles wandelt sich fortwährend, auch wir selbst. Aber dieser Wandel geschieht von selbst, von innen heraus, so wie wir auch von selbst entstehen und von selbst wachsen und sterben. Auch dagegen wollen wir uns wehren, obwohl es ganz und gar vergeblich ist. Das ist Eigensinn, aber keine Freiheit. Im Gegenteil, es bewirkt äußerste Unfreiheit.

Auch die Liebe ist nirgendwo draußen zu finden, nicht bei anderen Menschen, nicht bei einem Gott. Wir *erfahren* sie im Kontakt mit anderen, wir erfahren sie am tiefsten, wenn wir uns in sie hinein fallen lassen (*fall in love*), wie sie gerade kommt, und dann die Enttäuschungen und Schmerzen nehmen, die uns dabei begegnen. Die Begegnung mit der Liebe im Anderen ist der Spiegel, in dem wir die Liebe selbst sehen können – aber wie in einem gewöhnlichen Spiegel kein Mensch steckt, sondern wir uns immer nur selbst sehen, ist auch die Liebe, die wir in der Begegnung mit unseren Geliebten finden, nur das Spiegelbild unseres Innern. Sie ist in uns drin, und wenn wir sie dort nicht finden, finden wir sie nirgendwo; sie ist das Leben selbst, und wir erfahren sie, wenn wir uns voller Vertrauen ins Leben fallen lassen, die Enttäuschungen, die wir dabei erleben, als das Platzen unserer Täuschungen (unserer Illusionen) über das Leben nehmen und damit der Wirklichkeit des Lebens näher kommen.

Stufe 5: Der Eintritt ins Alter – Das Geistbewusstsein

Die Menopause – Der Eintritt ins Alter

Um das fünfzigste Lebensjahr herum kommen Frauen in die Wechseljahre. Wenn sie hindurch sind, können sie keine Kinder mehr empfangen. Der Körper bildet sich zurück, es ist wie eine umgekehrte Pubertät. Auch bei Männern bildet sich der Körper zurück, aber ganz anders und weniger spürbar und sichtbar. Bei Frauen ist das deutlicher, deshalb bleibe ich zunächst dabei. Die gesamte Körperchemie ändert sich, und die biologische Lebensaufgabe der Frau, nämlich Leben zu empfangen, zu gebären und aufzuziehen, ist zu Ende. Das ist, symbolisch gesprochen, der Tod der Frau, die mit der Pubertät entstanden ist und mit dem ersten Kind ganz geboren wurde – ebenso, wie die Geschlechtsreife der Tod des Kindes und der erste Geschlechtsverkehr der Tod des Mädchens, des „Fräuleins“ war.

Wie die Pubertät biologisch der Übergang ins Erwachsensein ist, der mit dem ersten Geschlechtsverkehr vollzogen wird, sind die Wechseljahre der Übergang zum Alter, der mit der Menopause vollzogen ist. Jetzt ist man biologisch eine alte Frau. Dass man dies heute mit Medikamenten und auch ideologisch zu verdecken sucht, ändert nichts an den Lebenstatsachen. Das bedeutet keineswegs, dass man sich nicht innerlich jung und frisch fühlen könnte oder dürfte. Im Gegenteil: Nur wer vor den Tatsachen des Altwerdens nicht die Augen verschließt und ihnen nicht zu entfliehen versucht, bleibt frisch und lebendig auch im Alter.

Vor rund zehn Jahren war in Prag eine Frau in meinem Kurs, die darunter litt, dass die sexuelle Beziehung mit ihrem Mann nicht mehr klappte. Sie hatten keinen Sex mehr. Die Frau war Anfang fünfzig, sehr attraktiv und sah deutlich jünger aus. Ich habe eine Paaraufstellung gemacht und Stellvertreter für sie selbst, ihren Mann und die Sexualität in den Raum gebeten. Alle drei standen ganz isoliert voneinander und meinten, sie spürten keinerlei Verbindung. Ich wusste eine Zeitlang nicht, was ich tun sollte, dann schoss mir ein Satz durch den Kopf: „Du musst die Zeit dazustellen." Also nahm ich einen Stellvertreter für „die Zeit" hinzu, ohne zunächst zu wissen, was sich darin verbarg. Es wurde aber schnell klar, dass „die Zeit" das „Gesetz der Zeit" – im alten Griechenland der Gott Kronos, der über dieses Gesetz wacht – bedeutet. Sofort entspannten sich alle anderen Stellvertreter. Dann kam mir ein (heutzutage ungeheuerlicher, von den meisten als unverschämt empfundener) Satz in den Sinn, und ich schlug der Stellvertreterin der Frau vor, ihn auszusprechen: „Ich bin jetzt eine alte Frau." Als sie das sagte, entspannte sich die Runde noch mehr, alle gingen aufeinander zu und umarmten sich, und schließlich standen die Vertreter der Frau und ihres Mannes mit der Sexualität in ihrer Mitte zusammen.

Ich habe die Frau vor einigen Monaten wiedergesehen, sie kam zu meinem jährlichen Seminar in Prag. Sie kam sofort auf mich zu und fragte: Kennst du mich noch? Da ich sie nicht sofort erkannte, sagte sie: „Die alte Frau". Da erinnerte ich mich wieder. Sie berichtete, dass ihr das damals sehr gut getan habe und viel Stress von ihr abgefallen sei. Jetzt hatte sie ein anderes Thema, das auch mit dem Alter zu tun hatte, aber nicht mit ihrem eigenen Altsein, sondern mit den Leuten um sie herum, die sie so taten, als seien sie noch jung, die sie aber als sehr langweilig und leblos erlebte und wo sie sich fragte, wie sie damit umgehen sollte. Sie selbst fühlte sich frisch und lebendig, wenn sie allein oder in ihrer Familie war, aber im Kreis von Gleichaltrigen, die so taten, als wären sie noch jung, fühlte sie sich fremd und unwohl.

Die Menopause ist der Eintritt ins Alter. Es ist – was heute eine verbreitete Sicht ist – genauso töricht, dies als etwas „nur Biologisches" abzutun, wie es töricht wäre, die Pubertät als etwas „nur Biologisches" anzusehen. Es ist auch seelisch-geistig ein ebenso tiefer Einschnitt wie damals. Und es ist, genau wie die Pubertät, nicht nur ein Verlust (bei der Pubertät der Verlust der Kindheit, hier der der Fruchtbarkeit), sondern auch ein Gewinn, ein Übertritt in eine neue, höhere und weitere Stufe des Lebens – aber nur für die, die sich auch dem biologischen Vorgang ganz hingibt und nicht versucht, geistig (oder gar körperlich) an etwas festzuhalten, was vorbei ist.

Nun zu den Männern. Sie haben keine Menopause. In den Zeiten der Abwertung des Biologischen und der angeblichen „Gleichheit" von Mann und Frau gibt es Versuche, auch den Männern Wechseljahre anzudichten, aber dem entspricht keine Wirklichkeit. Nicht nur dass sie, außer dass sich der Testosterongehalt allmählich verringert und der Haarwuchs spärlich wird oder ganz aufhört, keine rapiden hormonellen und chemischen Veränderungen im Körper haben – vor allem werden sie nicht unfruchtbar. Männer bleiben zeugungsfähig bis ins hohe Alter (natürlich gibt es auch Männer, die ihre Zeugungs- oder Erektionsfähigkeit verlieren, aber das hat andere Gründe als die Menopause; ein Mann, der potent ist, bleibt es auch im Alter). Warum das so ist, weiß ich nicht, aber es ist biologisch aus Sicht der Evolution sehr „vernünftig".

Zunächst einmal hat ein Mann nicht die Last der Schwangerschaft zu tragen. Der weibliche Körper hält das ab einem gewissen Alter nicht mehr aus. Er stellt für das entstehende Kind nicht mehr den sicheren und vitalen Behälter dar wie eine junge Frau und kann die Nährstoffe für das Kind nur mit Mühe bereitstellen. Von den Strapazen der Geburt und des ihr folgenden Stillens des Kindes und den nächtlichen Störungen im ersten Lebensjahr ganz zu schweigen. Damit ist eine Frau von über fünfzig schlicht körperlich überfordert. Dies mag heute aufgrund der medizinischen Begleitung einer Schwangerschaft vom ersten Monat an nicht mehr ganz so stark ins Gewicht fallen, aber das interessiert die Biologie nicht – wir reden hier von hunderttausend Jahren Menschheitsgeschichte und nicht von vierzig Jahren Ultraschall, künstlichen Hormongaben, Kaiserschnitten etc. Nach der Geburt müssten sich vornehmlich andere um das Kind kümmern, und das ist für das Kind nicht gut. Die Natur weiß dies besser als ein moderner Fortpflanzungsmediziner.

Der Mann beziehungsweise sein Körper muss sich fünf Minuten anstrengen, liefert seinen Samen ab und hat Feierabend. Das kann man auch mit achtzig noch, wenn man überhaupt noch kann. Und es macht aus Sicht der Evolution durchaus Sinn. Die Menschen haben in der weitaus größten Zeit der Menschheitsgeschichte in kleinen Horden von 20 bis 30 Erwachsenen gelebt, und die Männer, die jungen Männer, waren oft lange unterwegs und sehr gefährdet. Auf den deutschen Nordseeinseln erinnert die Tradition des „Biikebrennens" oder „Biikefeuers" an eine Zeit, in der die Männer im Frühjahr zum Fischfang gen Grönland in See stachen und frühestens im Herbst wieder zurückkamen. Manchmal kamen sie auch nicht zurück, entweder mussten sie irgendwo in Grönland oder Island überwintern oder sie kamen nie zurück. Generell: Wenn die jungen Männer auf die Jagd oder auf Raub- oder Kriegszüge gingen, bestand über die längste Zeit der Menschheitsgeschichte immer die Gefahr, dass sie nicht zurückkamen. Was blieb, um die Horde oder den Stamm am Leben zu erhalten und Nachwuchs zu zeugen, waren alte Männer, die für solche Unternehmungen zu schwach waren.

Wie gesagt: Das ist nur eine Spekulation darüber, warum Männer zeugungsfähig bleiben, vielleicht reicht es auch, dass sie nur diesen Fünf-Minuten-Job haben, aber aus evolutionärer Sicht macht es Sinn. So stellt die Natur die Reproduktion sicher, und für jede Gattung ist die Arterhaltung das Primäre. Die Befindlichkeiten moderner Menschen interessieren die Natur nicht im Geringsten. Gleichwohl vollzieht sich auch beim Mann ein Wandel, nur anders und weniger dramatisch. Er verliert seine körperliche Kraft und Schnelligkeit und ist daher für vieles (wie ursprünglich für längere Jagd- und Beutezüge, später etwa für den Kriegsdienst) nicht mehr zu gebrauchen.

Wofür sind wir noch zu gebrauchen? Was hat ein alter Mensch einem jungen voraus? Seine Lebenserfahrung und seinen Geist. Damit bin ich bei dem, worum es in dieser neuen Lebensstufe geht: beim Übergang vom Physischen ins Geistige, dem entstehenden Geistbewusstsein.

Das Geistbewusstsein – Kreativität und Offenbarung

Was heißt „Geistbewusstsein"? Der Begriff mag seltsam erscheinen, schließlich ist jedes Bewusstsein etwas Geistiges. Es geht hier um die Begegnung mit der Kraft, die sich in allem Lebendigen ausdrückt, und um das Hineinwachsen in diese Kraft und ihre Integration im eigenen Bewusstsein. Während das Erwachsensein die Geburt des geistigen Selbst ist, ist die fünfte Stufe dessen Entfaltung und Gestaltung und dessen bewusste Erfahrung, sozusagen die Kindheit auf der geistigen Ebene. Im Lebenskreis liegt sie der (körperlichen) Kindheit gegenüber, so wie die erwachsene Stufe der Eins und damit der Geburt gegenüber liegt. Die Stufen 4 – 6 sind, wie die nachfolgende Grafik zeigt, jeweils die Transformation vom Physischen ins Geistige. Die linke Seite zeigt die körperliche Entwicklung, die rechte die geistige.

Schaubild 5

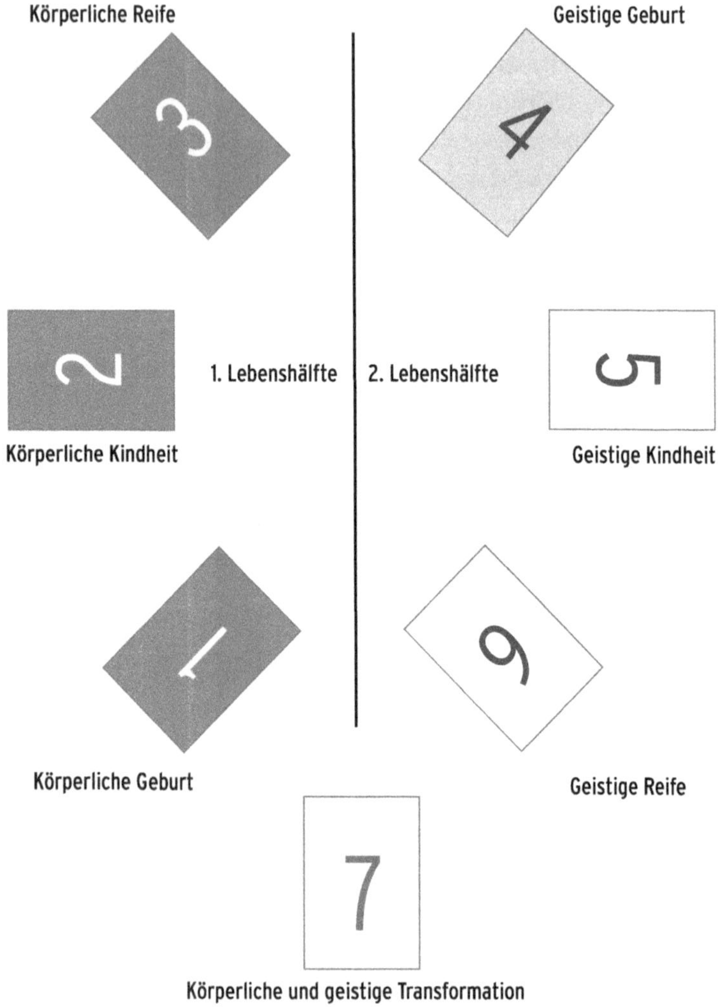
Körperliche Reife
Geistige Geburt
3
4
2
1. Lebenshälfte
2. Lebenshälfte
5
Körperliche Kindheit
Geistige Kindheit
1
6
Körperliche Geburt
Geistige Reife
7
Körperliche und geistige Transformation

Die körperliche Entwicklung erreicht mit der Vollendung der Geschlechtsreife und des körperlichen Wachstums am Ende der Jugend ihren Höhepunkt. Daher ist dies im physischen Sinne die „Reife“, auch wenn wir geistig in der Jugend noch ganz unreif sind. Die eigenständige geistige (spirituelle) Entwicklung beginnt mit der Lebensstufe 4, dem Eintritt ins Erwachsensein. Die Stufe 5 ist die geistige Kindheit, in der das kindliche Fühlen in die geistige Wahrnehmung transformiert wird, die 6. Stufe ist die geistige Reife, in der die mentale Wahrnehmung (das Denken) ins geistige Gewahrsein, in die klare Bewusstheit des Selbst, übergeht. Die 7. Stufe ist die Transformation von Körper *und* Geist.

Einen schönen Hinweis auf das Geistbewusstsein gibt das Wort Begeisterung. Wenn man in dieses Wort hineinspürt, kann man den Geist darin wahrnehmen. Wenn jemand be-geistert ist, hat ihn der (oder ein) Geist bzw. etwas Geistiges erfasst, das einen über den normalen Alltag oder die normale Gemütsverfassung hinaushebt und -trägt, es fühlt sich an, als werde man emporgehoben, beflügelt (wie fliegen). Tatsächlich wirkt dabei ein Geist – nur: was ist das und woher kommt es?

Ich beginne wieder ganz gewöhnlich. Sportler, vor allem Mannschaftssportler, beschwören gerne die Macht der Fans, des Publikums. Wenn sie spüren, dass die Zuschauer hinter ihnen stehen und sie anfeuern, spielen sie meistens besser. Der Geist des Publikums überträgt sich auf sie, und wenn das Publikum in Euphorie gerät, laufen, springen und spielen sie oft wie getragen, als hätten sie Flügel. Man kann in moderner Sprache sagen, die „Energie“ der Zuschauer überträgt sich auf die Spieler – aber was ist das? Was ist diese „Energie“? Jedenfalls nichts Materielles, nichts Sichtbares und nichts Messbares. Wenn es so etwas wie elektrische Energie wäre, könnte man es messen, aber das kann man nicht. Und wie wird sie übertragen? Jedenfalls nicht über Kabel und auch nicht über Wlan. Man kann das zwar wissenschaftlich beschreiben und den Effekt (dass die Spieler besser spielen) sehen und vielleicht sogar messen, aber erklären kann man es nicht. Hier wirkt etwas Geistiges.

Ähnliches gilt für den Mannschaftsgeist, der nicht nur die Mannschaft besser spielen lässt (dies kann man durch die im Vergleich zu einer Mannschaft, wo jeder mehr für sich spielt, bessere Kooperation erklären), sondern auch die einzelnen Spieler über ihre normale Leistungsfähigkeit hinaushebt. Der ehemalige Kölner Fußball-Nationalspieler Wolfgang

Weber hat einmal in einem Finale rund eine Stunde mit einem Wadenbeinbruch gespielt (damals durfte man noch keine Spieler einwechseln), und er hat die Schmerzen kaum gespürt bzw. sie haben nicht sichtbar sein Spiel behindert. In beiden Fällen kommt die Begeisterung von außen, genauer gesagt: aus der Gruppe, zu der man gehört. Darin äußert sich die Kraft des Gruppenbewusstseins, die auch in modernen Zeiten weiterlebt. Für den einzelnen heißt das, dass es eine geistige Kraft gibt, die ihn über sich selbst hinausträgt. Ich habe oben schon einige Beispiele dafür berichtet, wie mein Handeln bei dem Unfall meines Jugendfreundes.

Die Frage ist: Ist diese Kraft wirklich äußerlich, oder steckt sie nicht vielleicht – zumindest auch – in ihm selbst? Und welche Kraft ist das?

Wir kommen der Antwort näher, wenn man eine zweite Ebene von Begeisterung betrachtet. Wenn ein Kind etwas Neues lernt – stehen, laufen, sprechen, später lesen oder rechnen und vieles andere –, kann man seine Begeisterung sehen. Für eine kurze Zeit nimmt dieses Neue es ganz in Anspruch und es hat eine große Freude daran. Wenn es sich dann integriert und etwas Normales wird, schwindet die Begeisterung wieder, bis die nächste Entdeckung kommt. Das gilt nicht nur für Kinder. Auch Erwachsene sind begeistert, wenn sie etwas Außergewöhnliches erleben, etwas Neues entdecken oder merken, dass sie etwas können, was sie bisher nicht konnten oder was ihnen nicht bewusst war. Diese Begeisterung kann scheinbar von außen kommen – etwa, wenn man einen wunderbaren Sonnenuntergang sieht, eine tolle Landschaft oder ein ungewöhnliches Erlebnis hat, das das Bekannte übersteigt und einen ganz in seinen Bann zieht (weil man es nicht begreift). Es kann aber nur erlebt werden, weil es auf eine Resonanz im Innern stößt, was nichts anderes bedeutet, als dass es im Innern bereits vorhanden ist. Sonst könnte es nicht wahrgenommen werden. Ein Tier sieht denselben Sonnenuntergang wie ein Mensch, aber von Begeisterung kann bei einem Tier nicht die Rede sein.

Noch deutlicher ist das, wenn man eine neue Fähigkeit in sich entdeckt. Sie wird oft durch eine äußerliche Begebenheit angestoßen, aber sie kommt nicht von außen. Man entdeckt oder erfährt etwas, was in einem steckt. Deshalb führt sie auch oft dazu, dass man von sich selbst begeistert wird, dass man sich toll fühlt und sich auf die neue Fähigkeit etwas einbildet – dies vor allem dann, wenn es (anders als bei Kindern) eine Fähigkeit ist, die andere nicht haben oder die nur wenige haben. Dann, wenn man sich das in diesem Sinne zu Eigen macht, hört die Begeisterung schnell wieder auf. Sie weicht der Einbildung oder dem Narzismus.

In der Begeisterung wird man immer von etwas erfasst, das einerseits von außen zu kommen scheint (das Geistige oder der Geist) und zugleich etwas zum Leben erweckt, das im Innern in einem schlummert – sei es vorübergehend wie bei Sportlern der „Flow" oder die „Begeisterungswelle", die einen für eine kurze Zeit trägt, sei es die Schönheit der Natur oder eines Gemäldes oder einer Musik, die einen innerlich erhebt oder erzittern lässt. In all diesen Erscheinungen wirkt das, was ich das Geistbewusstsein nenne. Es ist aber nur ein Abglanz davon. Manchmal ist es schnell wieder vorbei, wenn die äußere Welle abebbt oder wenn das Spiel (oder der Bühnenauftritt) zu Ende ist, manchmal, wenn sich die Kraft im Innern ausbreitet, trägt und beflügelt es einen länger oder gar dauerhaft. Es wird jedoch immer als eine Art von Glück empfunden. Dauerhaft (und zugleich wieder ganz gewöhnlich) wird dieses Glück, wenn dieses Bewusstsein sich ganz in einer Person integriert.

Man kann das mit der Liebe erleben, ich habe es oben schon angedeutet. Auch das Verliebtsein ist eine Weise der Begeisterung – hier wird man vom Geist der Liebe erfasst. Es ist nicht der Andere, der/die Geliebte, von dem dies ausgeht, sondern beide begegnen dem Geist der Liebe. Der Andere ist zwar notwendig dafür, dass man dies erlebt, aber er ist nicht die Quelle. Die Quelle ist die Liebe selbst, an der die Liebenden sich laben. Wenn man diesen Geist nicht nur auf die jeweilige Situation oder Person projiziert, in oder mit der man mit ihm in Berührung kommt und ihn erfährt, sondern wahrnimmt, dass er etwas ganz Eigenes ist, dass sich in diesen Begegnungen äußert, kann man mit der Zeit auch ohne andere Menschen in die Liebe hineinwachsen und sich dauerhaft darin aufhalten.

Ich sage „Geist der Liebe", weil die Liebe nichts Materielles oder Substanzielles ist. Man kann sie, wie alles Geistige, nicht anfassen, nicht sehen und nicht messen. Was man sehen kann, ist das, was sie in einem Menschen auslöst: die Begeisterung in seinen Augen, die Schwingung und die Aura, die ein Verliebter oder ein Liebender ausstrahlt.

Die Liebe selbst ist unsichtbar, weil sie nur Geist ist. Deshalb meinen manche Menschen, es gebe sie nicht. Wer sie erfahren hat, weiß, dass das Unsinn ist. Auch das Leben kann man nicht sehen. Man sieht es nur indirekt in den lebenden Formen, in denen es sich äußert. Das Leben, die Liebe, generell: das Geistige kann man immer nur *erfahren*.

Eine besondere, allgemein bekannte und anerkannte Form findet der Geist in der Kunst oder, allgemein gesprochen, in der Kreativität. Große Künstler, egal von welcher Gattung, erfahren dies als eine Kraft, die sich ihrer – manchmal wie zwingend – bemächtigt und der sie sich im künstlerischen Schaffen ausliefern. Sie erleben sich dann wie von außen gesteuert und zugleich ganz bei sich selbst. So schreibt zum Beispiel Friedrich Nietzsche in „Ecce homo" über die Entstehung seines Hauptwerks, des „Zarathustra", „dass plötzlich, mit unsäglicher Sicherheit und Feinheit, etwas sichtbar, hörbar wird, etwas, das einen im Tiefsten erschüttert und umwirft (...). Man hört, man sucht nicht; man nimmt, man fragt nicht, wer da gibt; wie ein Blitz leuchtet ein Gedanke auf, mit Notwendigkeit, in der Form ohne Zögern – ich habe nie die Wahl gehabt. (...) Alles geschieht in einem höchsten Grade unfreiwillig, aber wie in einem Sturme von Freiheits-Gefühl, von Unbedingtsein, von Macht, von Göttlichkeit" (Nietzsche 2012, S. 945).[97]

Ich bleibe noch eine Weile bei Nietzsche, weil sich an seiner Person sowohl die Tiefe und Ungeheuerlichkeit der Kraft des Geistbewusstseins zeigen als auch die Probleme, die dies dem gewöhnlichen kleinen Menschengeist – in der Sprache meines Modells: einem Bewusstsein, das auf den Stufen zwei oder drei zu Hause ist – bereitet. Der Zarathustra hat vier große Kapitel („Bücher"), und jedes davon hat Nietzsche innerhalb eines Jahres, zu unterschiedlichen Zeiten und an unterschiedlichen Orten (in der Schweiz, in Italien und in Frankreich), in jeweils zehn Tagen geschrieben. Es ging ihm nicht gut damals, er war ziemlich krank und hat viel Zeit damit verbracht, in den Bergen oder am Meer spazieren zu gehen. Dabei hat ihn der Zarathustra „überfallen" oder, anders ausgedrückt, er ist ihm offenbart worden.

Was uns hier begegnet, ist ein Zusammentreffen von zwei Seiten: der Person, die schreibt oder malt oder musiziert, als Sportler oder Rettungssanitäter, als Offizier oder Soldat im Schlachtfeld oder als Therapeut intuitiv vollkommen richtig handelt und dabei von einer ihr scheinbar (!) äußerlichen Kraft erfasst und geleitet wird, und eben dieser Kraft, die wie von außen kommt oder zu kommen scheint. Diese Kraft ist *das Leben selbst* oder, etwas konkreter gefasst, die Seele. In der Seele treffen sich das allgemeine Bewusstsein (der Geist schlechthin) und die Person, die ich bin, und zwar so, dass ich mich sowohl geführt als auch ganz bei mir selbst fühle. Daher die Gleichzeitigkeit von reiner Notwendigkeit und dem „Sturm der Freiheit", den Nietzsche empfindet.

Der Zarathustra kann nicht von einer beliebigen Person gedichtet werden, es braucht dazu diesen Friedrich Wilhelm Nietzsche mit allem, was ihn als Mensch ausmacht, mit allem, was er von Anbeginn seines Lebens an bereits war, und auch mit allem, was er im Laufe seines Lebens erfahren, erlebt, erlitten und gelernt hat; es brauchte diesen wortgewaltigen und in der gesamten Geistesgeschichte des Abendlandes beheimateten Dichter und Philosophen, um solch ein Werk hervorbringen zu können (ebenso, wie die Musik eines Mozart oder die Bilder eines Picasso nur durch diese Menschen entstehen konnten). Diese Dichtung ist Nietzsche durch und durch, es ist seine Selbstentäußerung in einem Werk. Und zugleich ist sie unendlich mehr als diese Person, sprengt sie deren Persönlichkeit. Hier erfährt das Inbild, das er von der ersten Sekunde seines Daseins im Mutterleib in sich trug, seine äußerste Entfaltung, hier wird die Eichel zur ausgewachsenen Eiche und trägt Früchte, die auf die Erde fallen und vielleicht zu – ganz verschiedenen – neuen Eichen heranwachsen. Alles vor dem Zarathustra war Vorbereitung, alles danach war Nachbereitung, Erklärung und Auslegung und sicher auch der Versuch, das eigene Werk zu verstehen.

Ich habe (im Kleinen) etwas Ähnliches erlebt, als mir das Bewusstseinsmodell, von dem in diesem Buch die Rede ist, erschienen ist – ich erwähne das, damit nicht der Eindruck entsteht, das Geistbewusstsein könnten nur große Genies erfahren; es kann jeden erfassen, dessen Geist sich für die ihm angeborene Lebenskraft öffnet. Das war im Sommer 2007 auf einer langen Autofahrt. Ich bin drei oder vier Mal auf einen Parkplatz gefahren, weil ich mir Notizen machen musste. Ja, ich musste, ich bin keiner, der ständig seine Gedanken aufschreibt, ich tue das so gut wie nie. Gedanken sind wie Luft, und die meisten lösen sich auch schnell wieder in Luft auf, wenn man sie nicht krampfhaft festhält. Aber damals musste ich anhalten und mir Notizen machen. Ich wusste sofort, dass hier etwas ganz Ungewöhnliches im Gange war, etwas, was ich noch nie erlebt hatte. Und ich wusste spätestens beim zweiten Halt, dass ich ein Buch schreiben würde – weil es geschrieben sein wollte und ich der Schreiber sein sollte. Das war vollkommen ungeheuerlich und zugleich vollkommen klar.

In den zwei Wochen danach bin ich jede Nacht um drei Uhr aufgewacht und habe mir Notizen gemacht (zu jener Zeit wachte ich äußerst selten nachts auf). In der ersten Woche war ich bei einem einwöchigen Golfturnier in Bayern, habe tagsüber Golf gespielt, mich abends bei Bier oder Wein mit den anderen Golfern über das Spiel unterhalten, die Siegerehrungen für den Tag über mich ergehen lassen usw. In der zweiten Woche habe ich, es war in Ungarn, einen Ausbildungskurs über Familienaufstellungen geleitet, abends mit den Kursteilnehmern am Plattensee gesessen und dabei ausgiebig Wein getrunken. In der Nacht klopfte dann das Modell wieder an. Am Ende der zweiten Woche war es fertig, das gesamte Schema mit den Stufen des Bewusstseins und ihren Erscheinungsformen in der persönlichen Lebensentwicklung, der Kultur und Geisteswelt und der Gesellschaft lag vor mir.

Es war, anders als bei Nietzsche, keine fertige Schrift, erst recht keine Dichtung, aber ich wusste, dass ich das fertige und in sich stimmige Konzept für ein Buch vor mir liegen hatte und dass dieses Buch mein Leben verändern würde. Es musste nur noch geschrieben werden, was dann über ein Jahr gedauert hat, weil ich für einige Dinge innerlich noch nicht reif war. Auch das Ergebnis (mein Buch *Das Leben hat keinen Rückwärtsgang*) ist keineswegs fertig, es ist mehr oder weniger eine erste grobe Skizze. Ich musste erst noch einmal ganz neu beim Leben in die Lehre gehen – um es mit Nietzsche zu sagen: dem Leben buchstäblich in Herz und Bauch kriechen („Hört mir nun mein Wort, ihr Weisesten! Prüft es ernstlich, ob ich dem Leben selber ins Herz kroch, und bis in die Wurzeln seines Herzens!“, Zarathustra, S. 447) – um nach und nach zu begreifen, was ich da aufgeschrieben hatte, das damals begonnene Werk weiterzuführen und – was meinen Part daran betrifft – vielleicht mit dem vorliegenden Buch zu vollenden. Im Rückblick ist mir vollkommen klar, dass alles in meinem Leben Vorbereitung für die Arbeit war, die vor zwölf Jahren mit dem „Rückwärtsgang“ begonnen hat und in das vorliegende Buch gemündet ist. Und dass es zugleich mein Werk ist und nicht mein Werk ist, dass es nur durch mich entstehen konnte, dass jedes (!) Ereignis in meinem Leben dazu beigetragen hat, und dass es zugleich weit über die Grenzen meiner Persönlichkeit hinausreicht. Tatsächlich ist diese Persönlichkeit dadurch, dass ich das Werk nicht nur aus mir herausgebracht habe, sondern mich ihm tagtäglich aussetze und davon lerne – sind meine alten Vorstellungen von mir selbst und von der Welt, mein Denken, Fühlen und Handeln, also auch meine Persönlichkeit –, weitgehend gesprengt worden. Es ist noch genug davon übrig, ich bin noch nicht verschwunden und empfinde mich immer noch – oder mehr denn je – als „ich selbst", aber wer oder was dieses „Ich selbst" ist, weiß ich nicht mehr und muss es auch nicht mehr wissen.

Was ich hier beschreibe, ist die Kraft, die sich im *Geistbewusstsein* manifestiert. Das, was ein Sportler im Flow erlebt, ein Musiker bei einem Live-Auftritt oder einer Jam-Session, ein junges Mädchen, wenn sie sich zum ersten Mal verliebt, eine Mutter und ein Vater, wenn sie ihr neugeborenes Kind anschauen, oder eben jemand wie Nietzsche, wenn sich ihm ein Werk aufdrängt, das gestaltet werden und ans Licht kommen will – das alles ist Geist.

Wenn dieser Geist nichts Momentanes mehr ist, sondern sich mehr oder weniger in das alltägliche Bewusstsein eines Menschen integriert hat und zum Lebensmodus geworden ist, spreche ich vom Geistbewusstsein der Stufe 5. Für die Person, die man vorher war oder zu sein glaubte, ist dies der Anfang vom Ende. Wenn man sich gegen ihr Sterben wehrt, wird man innerlich zerrissen. Das gilt unabhängig davon, ob es sich um alltägliche Erfahrungen handelt, die viele Menschen machen, oder um etwas eher Einzigartiges und Ungewöhnliches wie das, was ich am Beispiel von Nietzsche beschreibe und was als Offenbarung oder Berufung empfunden wird. Die Begegnung mit dem geistigen Potenzial, das einem innewohnt und sich im jeweiligen Menschen inkarniert hat, ist immer überwältigend in dem Sinne, das darin eine Kraft waltet, die vom Ich-Bewusstsein nicht mehr zu fassen ist. Die Frage ist: Wo steht der Mensch, den diese Erfahrung trifft, mit seinem alltäglichen Bewusstsein? Wo ist sein Bewusstsein zu Hause?

Bei Menschen, deren Seele noch im Gruppenbewusstsein beheimatet sind, werden solche Erfahrungen als etwas Überirdisches oder Heiliges, als die Botschaft eines Wesens aus einer anderen, „oberen" Welt empfunden. Deshalb – um noch einmal zu meinem Sportlerbeispiel zurückzukehren – bekreuzigen sich Fußballer vor einem Spiel oder einem Elfmeter häufig oder knien und verneigen sich zu Boden, wenn sie Moslems sind. Sie versuchen damit, diese Geisteskraft herbeizurufen. Für die meisten ist das ein ganz schlichtes und kindliches Ritual, und es macht nicht mehr mit ihrer Persönlichkeit als das Beten in der Kirche. In der konkreten Situation kann es ihnen aber durchaus Kraft geben, insofern sie sich geistig auf die ihnen innewohnenden Fähigkeiten ausrichten. Das Kindliche besteht darin, dass dies einer höheren Macht zugerechnet wird. Dasselbe gilt bei weniger alltäglichen Erfahrungen, die als ganz groß empfunden werden. Der Glaube im religiösen Sinne ist dabei zumeist eine Stütze und ein Halt, eine Art Rahmen, ein Kontext, in dem die Erfahrung Sinn macht und sich damit in die Persönlichkeit integriert, wie sie ist. Es wird dann als eine Bestätigung des Glaubens oder als eine göttliche Berufung erlebt und hat damit seinen Platz in der Seele, so überwältigend es auch im Moment des Erlebnisses gewesen sein mag. Dadurch, dass es nach außen gelegt wird, muss die Persönlichkeit nicht weiter wachsen, sie bleibt kindlich im Sinne des Gruppenbewusstseins.

So gibt es in Deutschland – für andere Länder gilt dasselbe – noch immer Tausende Geistheiler – einfache Menschen, die Schmerzen oder Warzen wegbeten oder Ähnliches. Das hat nichts mit Aberglauben zu tun, es funktioniert tatsächlich, auch bei Kleinkindern und sogar bei Tieren, die nicht wissen, was geschieht. Einer meiner Onkel konnte das auch, ich habe mehrfach erlebt, wie er starke Schmerzen linderte oder für eine Weile ganz zum Verschwinden brachte. In meiner Nachbarschaft hat sogar ein Herzchirurg seine Frau, die diese Fähigkeit hatte, bei schweren Operationen immer mitgenommen (sie assistierte ihm offiziell als Krankenschwester), weil er festgestellt hat, dass dies die Heilung der Patienten positiv beeinflusste. Dadurch, dass das Überpersönliche ausgelagert ist zu Gott oder einem Heiligen, kann die Persönlichkeit des einzelnen das aushalten, ohne als Ich untergehen zu müssen. Das trifft aus meiner Sicht auch auf die meisten christlichen „Heiligen" zu, und nicht nur die christlichen, auch die buddhistischen und andere. Auch die mittelalterlichen und frühneuzeitlichen Künstler, die sich als Werkzeuge Gottes empfanden oder, wie etwa ein Johann

Sebastian Bach, in ihrer Kunst Gottes Schöpfung sichtbar oder hörbar machen wollten, gehören wohl hierhin.

Trifft mich die Offenbarung jedoch auf der Stufe 3, im Ich-Bewusstsein, so mag es mir ergehen wie Nietzsche: Ich fühle mich auserwählt. Von wem oder was, kann ich allerdings nicht sagen, denn ich glaube ja nicht mehr im Sinne religiöser Inhalte. Wäre das noch unterbewusst der Fall, würde ich bekehrt und zurück zum Glauben finden. Das heißt aber nichts anderes, als dass ich auch vorher noch im Bann der Gestalten meiner Kindheitsreligion war, dass ich sie noch nicht wirklich verlassen hatte. Wer sie, wie Nietzsche, tatsächlich zurückgelassen hat, empfängt die Offenbarung/Berufung nicht mehr von einem göttlichen Wesen, sondern aus dem Nichts. Eigentlich ist es ein Ruf, in dieses Nichts einzutreten, sich ihm mit seinem ganzen Sein anzuvertrauen. Das würde aber die Aufgabe, die Opferung des Ich bedeuten.

Hier ist die Gefahr, verrückt zu werden oder mehr oder weniger massive neurotische/psychotische Symptome bis zum Wahn zu entwickeln, wesentlich größer als auf der Stufe des Gruppenbewusstseins. Politische Visionäre wie Lenin, Hitler, Mao und andere, die Millionen für *ihre* (!) Vision einer besseren Welt getötet haben, sind auch einer geistigen Kraft gefolgt, die sie als Offenbarung/Berufung empfunden haben. Diese Offenbarung ist aber die Hypostasierung ihrer eigenen Idee, die nicht mehr in etwas eingebunden ist, was über ihnen steht. Damit werden sie zu ihren eigenen Göttern. Sie sind, anders als Nietzsche, nur deshalb nicht verrückt im Sinne geistiger Umnachtung geworden, weil sie das Verrückte in ihren Taten ausagiert haben.

Ich komme noch einmal zu Nietzsche. Der Zarathustra ist nicht irgendeine Offenbarung, nicht irgendein Werk, sondern da spricht jemand aus der Höhe eines Weisen. Dies würde in meinem Modell der Bewusstseinsstufe 6 oder gar 7 entsprechen. Deshalb erschüttert dieses Werk die Person, die es geschrieben hat, so sehr, dass er schließlich daran zugrunde geht: „Abgesehen von diesen Zehn-Tage-Werken waren die Jahre während und vor allem nach dem Zarathustra ein Notstand ohnegleichen. Man büßt es teuer, unsterblich zu sein: man stirbt dafür mehrere Male bei Lebzeiten. (…) alles Große, ein Werk, eine Tat, wendet sich, einmal vollbracht, unverzüglich gegen den, der sie tat. Eben dadurch, dass er sie tat, ist er nunmehr schwach – er hält seine Tat nicht mehr aus, er sieht ihr nicht mehr ins Gesicht." (947) Das scheint mir der entscheidende Punkt zu sein, das Ihr-nicht-mehr-ins-Gesicht-sehen-können. Darin manifestiert sich die Trennung oder innere Spaltung, die bei Nietzsche dann zum Wahnsinn führte (womit ich nicht sagen will, dass sie die Ursache für den Wahnsinn gewesen wäre, aber vielleicht so etwas wie der Auslöser oder der Tropfen, der das Fass zum Überlaufen bringt) – die Trennung zwischen dem Ich und dem Werk. In dem Werk ist er längst über sich hinausgewachsen, während er es geschrieben hat, war die Person Nietzsche nicht mehr da, aber jetzt steht er wieder davor und bewundert sich selbst in diesem Werk. Seinem Werk ins Gesicht zu sehen würde bedeuten, dass die Person, das Ich, dabei untergeht, so wie sie schon im Schaffensprozess zeitweise untergegangen war. Da er aber an keinen Gott mehr glaubt, hieße das, sich ins Nichts fallen zu lassen und dabei seine eigene Nichtigkeit zu erfahren.

Angesichts des Willens, der sich in der Offenbarung ausdrückt, ist das persönliche Wollen völlig bedeutungslos. Es kann nur überleben, wenn man sich im Persönlichen nicht davon ergreifen lässt, wenn man Schaffen und Leben trennt. Dazu muss man sich abwenden. Tatsächlich geschieht diese Abwendung eben dadurch, dass man das Hereinblicken des Großen – oder, schlichter ausgedrückt, die Kraft und Klarheit, die einen plötzlich ergreift – als etwas Außergewöhnliches darstellt und begreift. Dies geschieht schon dadurch, dass man es „groß" nennt. Im ersten Moment, in der ersten Begegnung, ist es groß, eben weil es das Persönliche vollkommen überragt und klein erscheinen lässt. Wenn man sich dem aber nicht nur gelegentlich, in diesen schöpferischen Momenten, stellt, sondern sich ihm als etwas Natürlichem, nämlich der Kraft des Lebens, die in einem fließt und sich durch einen ausdrücken will, aussetzt und sich davon ergreifen lässt, wächst man in diese Kraft hinein – und die Kraft wächst ihrerseits in einen hinein und verwandelt einen damit. Sie wandelt einen zu dem, der man im Innersten tatsächlich ist.

Letztendlich ist es die Größe des Lebens, das sich in einem manifestiert hat, das einem innewohnende geistige Potenzial, das sich in solchen Erfahrungen zeigt. Nietzsche ist sich dessen durchaus bewusst: „Mit dem geringsten Rest an Aberglauben in sich würde man in der Tat die Vorstellung, bloß Inkarnation, bloß Mundstück, bloß Medium übermächtiger Gewalten zu sein, kaum abweisen können." (945)

Stattdessen sieht er, dass sein Werk „aus seinem Eigensten, Innersten, Untersten heraus“ kommt (945). Aber er zieht nicht wirklich die Konsequenz daraus, und er kann es wohl nicht, weil sich sein alltägliches Bewusstsein in der Stufe 3, im Ich-Bewusstsein, aufhält. Schon damit ist er seiner Zeit (wir sind in den 1880er Jahren!) weit voraus. Die Welt um ihn herum lebt noch fast ganz im Gruppenbewusstsein, und jemand, der, wie Nietzsche, es wagt, laut und deutlich „Ich“ zu sagen und „Ich will“, ist schon damit ganz allein. Dieses Alleinsein kann er, im Unterschied zu Zarathustra, nur trotzig, im inneren Widerstand und der inneren (jugendlichen) Rebellion gegen den Rest der Welt, durchhalten. Das ist, wie gesagt, in seinem historischen Kontext mehr als verständlich, aber es dürfte auch seine persönliche Tragik sein.

Für das, was mit dem *Geistbewusstsein* auf uns zukommt, muss man vorbereitet sein, sonst integriert es sich nicht oder nur partiell. Das gilt auch dann, wenn es sich nicht um große Kunst handelt und man kein Genie ist. Der Geist wohnt jedem inne, er ist das, was uns zu lebendigen und bewussten Wesen macht. Aber er gehört uns nicht, wir können ihn uns nicht einverleiben in dem Sinne, dass wir ihn unserem Ego hinzufügen. Dazu ist diese Kraft zu groß. Bestenfalls werden wir gespalten und sind mal mit dem Geist verbunden und meistens nicht – und fühlen uns dann, weil wir unsere wirkliche Kraft kennengelernt haben, elend.

Vorbereitet sein heißt, man sollte die Jugend durchwandert und zurückgelassen haben und auch die Aufgaben und Grenzen des erwachsenen Lebens an sich selbst erfahren und angenommen haben. Man muss sich selbst so genommen und sich und seiner Lebensgeschichte so zugestimmt haben, wie man ist und wie diese Geschichte war. Dann ist das, was sich einem auf dieser fünften Bewusstseinsstufe zeigt, immer noch sehr groß und überwältigend, aber man hat vielleicht – sicher ist das nie! –, die innere Kraft, sich dem zu stellen und daran weiter zu wachsen. Und manchmal muss man sich vielleicht auch für eine gewisse Zeit den Rückzug gönnen, in die Jugend, die Kindheit, den Mutterleib, wohin auch immer – wie auch der Tag sich des Abends zurückzieht, um dem nächsten Tag wieder frisch entgegenzugehen; an einen inneren Ort, wo man etwas ruhen oder spielen kann, wo es leicht ist, wo man Kind sein kann.

Die meisten großen Künstler kennen diese Bewusstseinsstufe aus ihrem künstlerischen Schaffen, aber bei den wenigsten hat sie sich in ihr Leben integriert. Sie bleiben die sprichwörtlich „wahnsinnigen Genies“, hin- und hergerissen zwischen der Selbstaufgabe in ihrem künstlerischen Schaffen (das sie dann auch nur einmal oder wenige Male in ihrem Leben erleben, der Rest ist dann relativ langweiliges Arbeiten und das Warten darauf, dass einen der Genius nochmal streift) und ihren alltäglichen, stinknormalen Gefühlszuständen, die nur schwer auszuhalten sind, wenn man meint, man sei etwas Besonderes. Ich vermute, dass auch deshalb Drogen unter Künstlern so verbreitet sind. Das hat zumeist wenig mit einem schwachem Charakter oder so zu tun. Einige Drogen können, wenn man sich nicht zu sehr daran gewöhnt, für eine gewisse Zeit solche Zustände hervorrufen oder verstärken, vor allem aber dienen sie wohl dazu, die Diskrepanz zwischen der Zuständen großer Inspiration und der Banalität des gewöhnlichen Lebens und seiner eigenen Banalität nicht so deutlich zu fühlen, wie dies sonst der Fall wäre.

Im Lebensintegrationsprozess deutet sich das Geistbewusstsein in dem an, was sich auf der Stufe 1 als inneres Potenzial zeigt. Deshalb habe ich es auch die „innere Vision“ genannt. Das Wort „Vision“ kommt von *videre* – sehen, das heißt, man sieht das, was in einem angelegt ist und sich ausdrücken oder, etwas poetischer gesagt, erblühen möchte. Dazu muss mein kein Künstler oder ähnliches sein. So schlicht diese innere Vision auch aussehen mag, für den Betreffenden ist sie immer etwas ungeheuer Großes, etwas, was sein Ich, sein Konzept, seine Idee von sich selbst weit übersteigt. Es ist immer das, wonach man die tiefste Sehnsucht und wovor man zugleich die größte Angst hat. Die Angst besteht darin, dass man intuitiv weiß, dass man damit allein ist, und vielleicht auch, dass das Ich untergehen muss, wenn man sich darauf ganz einlässt.

Dieser Untergang geschieht nicht sofort, das Ich wehrt sich mit allen Mitteln dagegen. Man lebt, wie ich es für Künstler beschrieben habe, in zwei Welten: dem gewöhnlichen Alltag und den – zumeist als Gnade empfundenen – Momenten, in denen die Kraft des Geistes ganz präsent ist und durch einen wirkt. Das ist ähnlich wie die „zwei Welten des Kindes“. Beim Kind ist es der Konflikt zwischen der Anpassung an sein

Umfeld und dem Eigenen, das sich entwickeln will, hier ist es der Konflikt zwischen den Kontrollbedürfnissen des Ego und der Hingabe an die Kraft des Geistes, zwischen den Banalitäten des Alltags und den geistigen Höhenflügen und auch zwischen dem Festhalten an körperlichen Bedürfnissen und Gewohnheiten und deren Auflösung durch den Geist. Diese Diskrepanz kann sich sehr schwer anfühlen und sehr weh tun, sowohl körperlich als auch emotional.

Das muss man aushalten, es kann Jahre dauern. Man kann dabei auch krank werden, sogar sehr krank. Wenn man sich davon nicht dauerhaft beirren lässt und der inneren Vision einfach weiter folgt, ohne gegen das Ich zu kämpfen, werden sich die beiden Welten einander annähern und schließlich integrieren. Wenn das geschieht, wenn das Besondere nicht mehr besonders und das Gewöhnliche nicht mehr gewöhnlich ist, betritt man die 6. Stufe, das Einheitsbewusstsein.

Stufe 6: Alter und Reife – Das Einheitsbewusstsein

Sie sind immer da – die Freiheit, die Gleichheit, die Liebe, der Friede, die Stille, das Licht: Sie sind hier. Es gibt nichts zu suchen, nichts zu erreichen, nichts zu verteidigen, nichts zu verwirklichen – denn das alles ist wirklich, alles ist hier, alles ist jetzt. Die Frage ist nicht, wie man dorthin gelangt, die Frage ist, ob man es sieht, es spürt, es wahrnimmt. Es ist nirgendwo draußen, nirgendwo in der Zukunft. Es ist hier, es ist in den Dingen, und es ist auch in dir und mir.

Damals, am Strand von Koh Samui, habe ich sie zum ersten Mal wahrgenommen. Habe die Stille gehört und den Frieden gesehen – bis die Gedanken wiederkamen. Wenn im Wald, in der Natur sich der Abend herabsenkt, kann man sie spüren; wenn hunderttausend Grillen plötzlich aufhören zu zirpen, ist die Stille so laut, dass man sie für eine kurze Zeit nicht mehr überhören kann. Sie war die ganze Zeit da, die Grillen haben sie nur übertönt mit ihrem Lärm. Genau wie der Verstand sie immer übertönt mit seinem Lärm.

Kann man ihn abschalten? Kann man die Grillen anhalten, still zu sein? Kann man dem Meer das Rauschen abgewöhnen? Manchmal ist es von selbst ganz still, aber kann man das machen? Wozu? Die Stille ist ja da, auch im Rauschen, auch im Lärm der Welt. Der Lärm wird irgendwann vergehen, die Stille bleibt. Sie ist da, wenn es laut ist, sie ist da, wenn es leise ist. Sie *ist* einfach. Der Lärm kommt, der Lärm geht, die Gedanken kommen, die Gedanken gehen – die Stille bleibt.

Oder die Liebe – immer da. Woher soll sie sonst kommen? Wie sollte man sie machen können? Die Frage ist: Kannst du sie fühlen? Kannst du das Licht sehen? Kannst du sehen, dass du frei bist? Kannst du sehen, dass alles gleich ist, auch wenn es ganz verschieden ist? Wenn man die Gleichheit in der Verschiedenheit sehen kann, muss man sie nicht mehr machen, muss man nicht mehr alles gleich machen, was von Natur aus ungleich ist. Dann darf das Leben bleiben, wie es ist, bunt und vielfältig.

Auch der Geist, den wir nicht mehr Gott nennen mögen, ist immer da. Was anderes ist das Lachen eines Kindes als der Geist, das Bewusstsein? Was anderes als Gott? Dieses Lachen soll aus der Materie, soll aus

Steinen entstanden sein? Ein „Epiphänomen" der Materie, wie Marx es nannte und wie es die Wissenschaft und das gesamte moderne Bewusstsein übernommen hat? Sie *sind* das Lachen, die Steine, sie sind Gottes Lachen. Er spielt damit, wirft sie mal hierhin, mal dorthin, lässt sie schmelzen und explodieren, wachsen und schrumpfen. Auch wir sind Gottes Lachen, Gottes Spiel, Gottes Tanz.

Neben mir sitzt Helga, eine wache, intelligente und schöne Frau von 82 Jahren, in wenigen Tagen hat sie Geburtstag. Sie hat das zum Anlass genommen, mein Seminar zu besuchen. Ihre Tochter ist bei uns in Ausbildung und hat ihr einige Bücher von mir gegeben, die einiges in ihr bewegt haben. Jetzt möchte sie auf ihr Leben schauen, um, wie sie sagt, noch einige Dinge in Ordnung zu bringen. Sie habe, meint sie, noch einiges richtig zu rücken, noch einiges aufzuarbeiten.

Nachdem sie sich im Lebenskreis auf die 6. Stufe gestellt und fünf Stellvertreter für die ersten fünf Stufen ihres Lebens ausgewählt hat, sage ich zu ihr: *„Wenn Du jetzt die Stellvertreter anschaust, tu' das innerlich in dem Bewusstsein, dass Du auf das Leben schaust, das Du gelebt hast, vom Anfang bis heute. Aber tue es bitte nicht, um etwas herauszufinden. Schau einfach nur hin, wie wenn Du in einen Spiegel schaust, um Dich zu sehen, ohne andere Absicht. Und wie Du Dich zeigen musst, wie Du bist, um Dich in einem Spiegel richtig sehen zu können, zeige Dich auch hier. Spüre Dein jetziges Alter und zeige Dich. Zeige Dich so, wie Du jetzt bist, zeige Dich dem Kind vor und gleich nach der Geburt, dem kleinen Mädchen, der Jugendlichen, der Erwachsenen, der älteren Frau nach den Wechseljahren. Bleibe dabei im Jetzt, zeige ihnen die alte Frau, die aus ihnen geworden ist. Und dann schau, was Dir von dort entgegen kommt, was sie Dir über Dein Leben spiegeln, und nimm es einfach in Dich herein."*

Ich habe ihr also eine andere Perspektive vorgeschlagen. Anstatt zu schauen, was falsch war oder noch fehlt, zu schauen, was *ist*, indem sie sich vor den Spiegel stellt und sich einfach zeigt, wie sie jetzt ist. Dann kann ihr der Spiegel – in Gestalt der Stellvertreter – das zurückspiegeln.

Meine Worte berühren sie, sie lässt sich darauf ein und geht innerlich ganz mit, und als sie aufschaut, sieht sie, wie alle Stellvertreterinnen ihren Körper sanft wiegen, wie Palmwedel in einer leichten Brise, und sie innerlich bewegt und mit großer Liebe anschauen. Eigentlich habe ich hier nichts mehr zu tun, aber um es für Helga deutlicher zu machen, frage ich jede einzelne, wie es ihr geht. Alle sind so berührt von der alten Frau, so berührt davon, dass sie sich selbst am Ende eines ganzen Lebens dort stehen sehen, dass sie kaum sprechen können. Da ist nichts als Freude und Liebe. Ein ganzes Leben. Das ist alles, was zählt: ein großes Ja, ein Ja zu allem, was war, und ein Ja zum Jetzt, zur alten Frau. Zwei Wochen später schreibt Helga mir, sie hätte den schönsten Geburtstag ihres Lebens gehabt.

Am Ende gibt es nichts mehr zu tun. Wer versteht, ist einfach, was er ist. Man lebt sein Leben, wie es ist. Wenn man mit der Bewegung des Lebens mitgeht, geschieht etwas Seltsames: Man fühlt sich zeitlos. Weder alt noch jung. Die Dimension der Zeit rückt in den Hintergrund. Auch sonst: Alle Gegensätze schwächen sich ab, Unterschiede werden unwichtiger, Urteile werden milder. Im Bewusstsein der Stufe 6 verschwinden sie ganz. Man sieht das Leben und seine Erscheinungen ganz klar und benennt auch ganz klar, was man sieht, aber darin ist kein Urteil über die Welt, über sich selbst und über andere enthalten.

Wir haben oben gesagt, dass der Weg nicht von A nach B führt, sondern von a nach A. Das heißt, er führt nach vorne und in gewisser Weise auch wieder zum Anfang. Das Zurück ist aber keine Rückwärtsbewegung, keine Bewegung zu etwas Vergangenem, sondern eine Vorwärtsbewegung. Sie führt uns nämlich in einem Kreis zu uns selbst zurück, aber in der Weise, dass das, was wir immer schon waren, erkannt wird. Damit ist es gleichzeitig alt-neu. Es ist alt in dem Sinne, dass wir es von Anbeginn an sind, und neu in dem Sinne, dass wir es jetzt wissen. Er führt zu dem Anfang, in dem das, was wir sind, noch eingeschlossen war. Jetzt ist es gelebtes Leben, wie auch immer dieses Leben sich entwickelt hat.

Wenn das Bewusstsein dieser Bewegung ganz folgt, erleben und erkennen wir die wirkliche Gleichheit. Sie besteht darin, dass alles, was ist, gleich gültig ist. Nichts ist besser oder schlechter, höher oder niedriger, wichtiger oder unwichtiger.

Alles ist eine Erscheinung des Einen – etwa so, wie jede Welle im Meer sich von allen anderen Wellen unterscheidet, aber alle Wellen nur Erscheinungen an der Oberfläche des Meeres sind, die für kurze Zeit auftauchen und wieder verschwinden, während das Meer bleibt. Als Erscheinung ist alles ganz verschieden von allen anderen Erscheinungen, keine Erscheinung gleicht der anderen, kein Mensch ist einem anderen Menschen gleich. In der phänomenalen Welt, der Welt der Erscheinungen, in der sich unser Bewusstsein üblicherweise aufhält, gibt es keine Gleichheit. Alle Versuche, sie herzustellen, führen zu Terror und Totalitarismus. Die Gleichheit besteht jenseits dessen, was erscheint und was wir sehen, darin, dass alles nur eine Erscheinung ist, eine Erscheinung des Einen. Wenn das erkannt wird, tritt das Bewusstsein in die Einheit ein, es wird zum Einheitsbewusstsein. Das Bewusstsein ist sich dessen gewahr, was ist, einschließlich seiner selbst. Es ist schlichtes Gewahrsein der Wirklichkeit, der eigenen wie der umgebenden. Man ist, wer man ist, man tut, was man tut, und lässt geschehen, was geschieht. Dieses Einheitsbewusstsein ist das Gegenteil der anfänglichen Symbiose. Die Symbiose gehört zur phänomenalen Welt, das Einheitsbewusstsein entsteht, wenn das Bewusstsein aus dieser Welt heraustritt und sie als bloße Erscheinung erkennt. Das heißt auch, dass man sich selbst als bloße Erscheinung erkennt. Die Wirklichkeit ist das Eine.

STUFE 7: DER TOD – DAS ALL-BEWUSSTSEIN

Gestern war ich auf einer Beerdigung – eine meiner Tanten ist mit 87 Jahren gestorben. Auf dem Friedhof sagte ich zu jemandem, der auch schon über 80 war und ihr sehr nahe gestanden hatte: „Vom Ende her betrachtet vergeht das Leben wie im Flug. Von der anderen Seite her hat sie ein richtig langes Leben gehabt, da ist der Tod dann nichts Schlimmes." Eine Frau, die daneben stand, intervenierte: „Die Medizin ist doch heute so weit, da sollte man doch meinen, dass sie noch einige Jahre hätte leben können." Was sie meinte war: Sie hätte noch länger leben *sollen*. Genau so, wie ich es am selben Tag als Schlagzeile auf der ersten Seite der Bildzeitung las: „Der Tod ist eine Frechheit".

Was ist der Tod? Ich kann nicht aus eigener Erfahrung sprechen. Niemand kann das – es sei denn, er wäre schon gestorben. Es scheint Menschen zu geben, deren Bewusstsein in einem Raum zu Hause ist, der nichts mit dem Leben in dem Körper, mit dem sie geboren sind und der dann irgendwann stirbt, zu tun hat, außer dass das Erscheinen in diesem Körper ihnen die Erkenntnis gebracht hat, dass die wahre Wirklichkeit jenseits von Raum und Zeit und damit auch jenseits der Existenz in diesem Körper ist. In diesem Sinne wäre ihr – an diesen Körper gebundenes – Bewusstsein bereits gestorben oder, umgekehrt, zu *dem* Bewusstsein (jenseits von Raum und Zeit, also dem ewigen Bewusstsein) erwacht. Von diesen Menschen – einem Buddha (in meinem Fall ist das Osho, bei dem ich diese Dimension wahrnehme) – hören wir, dass der Körper nur eine vorübergehende Erscheinung ist und es keinen Tod gibt, sondern nur das Verschwinden dieser Erscheinung, die der Mensch irrtümlicherweise für seine Wirklichkeit hält. Für den, der dies nicht selbst erfahren hat, bleibt das jedoch eine Idee.

Manchmal hört man auch von Menschen, die angeblich tot waren und dann von Ärzten wieder ins Leben geholt wurden oder wundersamer Weise zurückgekehrt seien. Ich schreibe „angeblich", denn das ist Unsinn. Wer tot ist, ist tot. Wenn ein Arzt einen Toten ins Leben zurückholen könnte, könnte man auch Leben erschaffen. Es mag sein, dass man keine Lebenszeichen mehr feststellen konnte, dass man es nicht mehr sehen und nicht mehr messen konnte, aber das heißt nicht, dass jemand tot war. Sicher war die Leichenstarre noch nicht eingetreten. Insofern sind auch die Berichte über Nahtoderlebnisse mit Vorsicht zu genießen. Ich ziehe die Erfahrungen selbst nicht in Zweifel, aber wir können nicht wissen, was sie bedeuten, wir können nicht wissen, ob die Betreffenden tatsächlich hinter die Grenze des Todes geschaut haben. Vielleicht haben sie nur in eine Dimension des Lebens geschaut, die uns normalerweise verborgen bleibt.

Vor einigen Monaten hatte ich eine junge Frau in einem Kurs, die nach einem schweren Unfall monatelang im Koma war und meinte, sie sei tot gewesen und aus dem Tod ins Leben zurückgekehrt. Ihr Bewusstsein hatte sich dabei in einem Raum von tiefstem Frieden und unermesslicher Schönheit befunden, und sie konnte sich klar daran erinnern. Jetzt saß sie im Rollstuhl, aber das machte ihr nichts. Sie hatte ein inneres Strahlen, das man ganz selten bei Menschen sieht. Ihr Problem war, dass sie sich seitdem wieder dorthin sehnte, in den Tod, wie sie ihn erlebt hatte oder glaubte erlebt zu haben.

Ich habe ihr gesagt, seit Jesus sei noch niemand zurückgekommen. Was immer geschehen sei, sie sei mit Sicherheit nicht tot gewesen. Es war ein sehr tiefes und offenes Gespräch, sie war bereit, mir ganz zu vertrauen. Dann habe ich weiter gesagt: „Wenn du damals nicht wirklich tot warst, bedeutet das, dass du diese Erfahrung *im Leben* gemacht hast, und das bedeutet wiederum, dass dieser wunderschöne und zutiefst friedvolle Raum, den du dabei betreten hast, zum Leben gehört und nicht zum Tod. Und wenn er zum Leben gehört, dann gehört er zu dir, auch hier und heute, und dann kannst du ihn vielleicht wieder betreten und erleben, ohne dafür sterben zu müssen." Das hat sie sehr tief berührt, und damit besteht die Möglichkeit, dass sie diese Erfahrung, die in der üblichen Deutung als „Todeserfahrung" vom Leben abgespalten ist, in ihr Leben hereinholt, so dass sie sich in ihr integrieren kann.

Wenn wir auf das schauen, was wir sehen können, kann man nur sagen: Der Tod ist das Ende der physischen Existenz. Das ist gewiss. Der Körper stirbt und löst sich recht schnell in seine Bestandteile auf beziehungsweise wird von Bakterien und anderen Kleinstlebewesen als Nahrung verwendet. Er geht ein in den Kreislauf des Lebens. In gewisser Weise könnte man sagen, das ist gerecht: das eine Leben ernährt sich vom anderen. Solange wir lebten, haben wir uns von anderen Lebewesen ernährt (das gilt auch für Veganer, Pflanzen sind auch Lebewesen), jetzt ernähren sie sich von uns. Der große Ausgleich.

Der norwegische Schriftsteller Karl Ove Knausgard beschreibt den äußeren Vorgang des Sterbens in beeindruckender Klarheit und Nüchternheit. Ich zitiere die ersten Zeilen seines Romans „Sterben“:

„Für das Herz ist das Leben einfach: Es schlägt, solange es kann. Dann stoppt es. Früher oder später, an dem einen oder anderen Tag, hört seine stampfende Bewegung ganz von alleine auf, und das Blut fließt zum niedrigsten Punkt des Körpers, wo es sich in einer kleine Lache sammelt, von außen sichtbar als dunkle und feuchte Fläche unter der beständig weißer werdenden Haut, während die Temperatur sinkt, die Glieder erstarren und die Gedärme sich entleeren. Diese Veränderungen der ersten Stunden geschehen so langsam und werden mit solcher Sicherheit vollzogen, dass ihnen fast etwas Rituelles innewohnt, als kapituliere das Leben festen Regeln folgend, in einer Art gentlemen's agreement, an das sich auch die Repräsentanten des Todes halten, indem sie stets abwarten, bis sich das Leben zurückgezogen hat, ehe sie ihre Invasion der neuen Landschaft beginnen. Dann jedoch ist sie unwiderruflich. Die riesigen Bakterienschwärme, die sich im Innern des Körpers ausbreiten, hält nichts mehr auf. Hätten sie es nur ein paar Stunden früher versucht, wären sie augenblicklich auf Widerstand gestoßen, doch nun ist ringsum alles still, und sie dringen fortwährend tiefer in das Feuchte und Dunkle vor.“

Und sonst? Gibt es noch mehr? Ein Leben nach dem Tod? Wir wissen es nicht. Aber der Mensch kann den Gedanken des endgültigen Todes kaum aushalten. Er würde nämlich bedeuten, dass das Leben keinerlei übergeordneten Sinn hat. Wie gesagt: Ich spreche hier von einem übergeordneten Sinn, nicht von dem immanenten Sinn. Den kann man allerdings nicht denken, den muss man leben. Dann vergisst man die Frage nach dem Danach, denn dann, wenn man das Leben total lebt, vergisst man auch die Zeit. Und Ewigkeit ist nichts anderes als Zeitlosigkeit. Alle Ewigkeit ist jetzt.

Um das zu erfahren, muss man jedoch alle Ideen über das Leben und das Sein hinter sich lassen. Das moderne Bewusstsein ist aber noch längst nicht so weit, es rebelliert nur gegen die alten Ordnungen und Sinngehalte und setzt ihnen den Menschen und seinen persönlichen Willen, seine Selbstbestimmung, als letzte und höchste Instanz des Lebens entgegen. Das ist nichts anderes als die Grundhaltung des Eigensinns. Während der kindliche Eigensinn lebenserhaltend ist (darin behauptet sich das Leben, das Kind folgt dieser Bewegung nur; sein Eigensinn richtet sich gegen die Eltern und andere, die seine Lebensimpulse einschränken oder lenken wollen), ist der erwachsene Eigensinn lebensfeindlich (denn er stellt sich gegen das Leben). Da der in diesem Bewusstsein lebende Mensch keine Ordnung über ihm mehr erkennt und anerkennt, wird für ihn alles sinnlos. Wenn die kurze Zeit auf Erden alles ist, was es gibt, ist sie vollkommen sinnlos – im Moment des Todes erlischt sowieso alles.

Dies kann der Mensch kaum aushalten. Deshalb träumt er von einem Leben nach dem Tod. Anfangs waren die Vorstellungen darüber noch sehr kindlich-konkret, und sie sind es auch heute noch. Die Theologen mögen es drehen und biegen, wie sie wollen, im Volksglauben ist die Sache, sofern man noch an ein jenseitiges Leben glaubt oder leise darauf hofft, immer noch so: Alle sitzen in irgendeiner Art von Himmel oder Paradies, dort trifft man seine Ahnen, seine Familie und seine Freunde wieder und ist – natürlich ohne die irdischen Zwistigkeiten – ewig mit ihnen zusammen. Oder man sitzt mit allen Ahnen am Lagerfeuer oder wird einfach wieder geboren, bis man nach unzähligen Wiedergeburten vielleicht (?) ins *Nirvana* eingeht, das in den Vorstellungen der Gläubigen ebenfalls eine Art von Himmel oder Paradies ist. In den alten Mythen wie auch noch im Christentum und Islam hat man dabei sogar noch einen Körper und ein Gesicht – wobei die Frage, ob es der (zumeist alte) Körper des Sterbenden ist oder einer in der Blüte seiner irdischen Jahre, offen bleibt (in der Vorstellung sicher letzteres). Und die Toten, das glauben oder so reden jedenfalls auch noch viele Zeitgenossen, die sich für aufgeklärt halten, schauen uns Irdischen vom Himmel aus zu und freuen sich oder trauern mit uns.

Die Religion und deren theologische Auslegung spielt dabei kaum eine Rolle – ich begegne denselben Vorstellungen wie im christlichen Europa auch im buddhistischen Asien oder in China, wo Buddhismus, Taoismus, Konfuzianismus, Animismus und Atheismus eine unentwirrbare, ganz pragmatische Mischung eingegangen sind. Wir schlagen zwar die Hände über dem Kopf zusammen, wenn wir hören, dass Muslime ganz fest und ganz konkret ans Paradies mit seinen vielen Jungfrauen glauben, die endlich ihre Jungfernschaft an einen gläubigen Muslim verlieren wollen, und der aufgeklärte christliche Theologe lächelt zwar über konkretistische Vorstellungen des Himmels (oder gar der Hölle) und der dort versammelten gesamten Menschheit aller Zeitalter, aber er macht die seltsamsten Bocksprünge, um die Idee vom Weiterleben nach dem Tode zu retten. Wenn gar nichts mehr hilft, glaubt man einfach daran – dagegen kann schließlich niemand mehr argumentieren. Und das tun selbst die größten Wissenschaftler, die ansonsten nur den empirischen Beweis gelten lassen.

In der vom Osten inspirierten modernen westlichen spirituellen Szene ist es kaum anders, man redet nur anders. Hier spricht man nicht mehr vom Sterben, sondern davon, dass jemand „seinen Körper verlassen" hat – sprich: er hat zwar die morschen alten Knochen abgelegt wie einen alten Mantel, aber er ist noch da, als Geist, als Seele oder wie auch immer. Wer oder was ist das denn, was da seinen Körper verlässt? Ein Ich oder ein Selbst, ein Er oder eine Sie? Die Seele? – und wenn ja, was soll das sein? Wenn wir so reden, haben wir immer ein Etwas, eine Art von Substanz im Sinn, und sei sie noch so „feinstofflich". Schließlich ist auch das Feinstoffliche Stoff, nur eben feiner.

Kurz: Auch das moderne spirituelle Bewusstsein klammert sich an die Idee der Fortexistenz einer Art von Sein fest, auch dieses Bewusstsein will nicht ganz untergehen.

Nochmals: Ich weiß es nicht. Ich weiß nicht, was der Tod für das Bewusstsein bedeutet. Ich kann aber etwas ahnen, wenn ich darauf schaue, was der Tod mit dem Körper macht: Er lässt ihn verschwinden, oder besser: Er lässt die Form, die dieser Körper war, sich auflösen und deren Substanz in andere Formen wieder eingehen, indem er Nahrung für andere wird. Was verschwindet, ist lediglich die Form, ansonsten kann in der Existenz nichts verschwinden. Die Form löst sich auf und wandelt sich. Damit zeigt sich eine gewisse Ähnlichkeit zur Idee der Wiedergeburt, bei der die Seele wieder in andere Körper eingeht und damit weiterlebt.

Wenn man auf die Bewegung des Bewusstseins durch die sieben Stufen schaut, sieht man eine innere Logik in dieser Bewegung, die vielleicht auch eine Schlussfolgerung für diese letzte Stufe und die letzte Frage zulässt. Wie der Körper zu dem zerfällt und sich in das auflöst, woraus er entstanden ist, und so am Ende als die Form, die er war, vollkommen verschwindet, löst sich vielleicht auch das Bewusstsein – das Bewusstsein eines Selbst – auf und wird zu dem, was es immer war: Bewusstsein (oder Geist). Aber nicht Bewusstsein von etwas, sondern schlicht Bewusstsein oder: Bewusstsein von Nichts.

Erde zu Erde, Staub zu Staub – und: Bewusstsein zu Bewusstsein.

Was dies bedeutet, kann man sich nicht vorstellen und auch nicht denken, man weiß es erst, wenn man es erfährt. Der Schriftsteller Wolfgang Herrndorf, der sich angesichts eines unheilbaren Tumors im Kopf erschossen hat, hat in den Tagebuchnotizen über seine Reflexionen und Träume während der Krebsbehandlung und seine Auseinandersetzung mit dem Tod folgendes Gedicht geschrieben (Herrndorf 2013, S. 84):

Am Ende, wenn die Welt vergeht
Und kein Gedicht weiß, wer wir waren,
Wenn kein Atom mehr von uns steht
Seit zwölf Milliarden Jahren,

Wenn schweigend still das All zerstiebt
Und mit ihm auch die letzten Fragen,
Wird es die Welt, die's nicht mehr gibt,
Niemals gegeben haben.

So ist es wohl. Dieser Logik ist nichts entgegenzusetzen. Ich merke: Wenn ich dem denkend folge, wenn ich das, was Herrndorf schreibt, denken will, empfinde ich eine tiefe Sinnlosigkeit, etwa in dem Sinne: dann kann ich mich (wie Herrndorf es schließlich getan hat) auch gleich erschießen. Lasse ich mich jedoch auf das Gedicht ein, lasse ich mich davon ergreifen, wird es einfach ganz still. Dann fühle ich eine ähnliche Stille, wie ich sie damals in Koh Samui zum ersten Mal und später in Meditationen erlebt habe, die Stille der Ewigkeit. Heute geschieht das ganz von selbst.

Wenn es die Welt dereinst nie gegeben haben wird, weil es niemanden mehr gibt, der sich an sie erinnert, gibt es sie auch jetzt nicht – und wenn es die Welt nicht gibt, gibt es auch dich und mich nicht. Oder: Wir *erscheinen* nur, wir *scheinen* nur zu existieren, sind nur *Phainomena*, Erscheinungen. Erscheinungen von was? Was erscheint da? Was kann das sein? Früher nannte man es Gott. Wenn aber Gott in der Welt in Erscheinung tritt, wenn die Welt das äußere Gesicht Gottes ist, dann ist er *in* der Welt, in diesen Erscheinungen, also auch in dir und mir. Dann wäre bei Gott sein und in der Welt sein dasselbe. So weit kann man denken. Wissen wir es nun? Nein. Das Geheimnis bleibt. Das Geheimnis des Lebens, das Geheimnis des Todes.

Zu diesem Geheimnis gehört auch, dass der Tod in die Liebe mündet, wenn wir uns auf ihn einlassen und ihn nicht zu denken versuchen. Im Tod begegnet uns auch immer die Liebe.

Das mag sich für viele Ohren seltsam anhören, aber es ist meine Erfahrung. Mein Vater ist mit 61 Jahren nach einem Verkehrsunfall gestorben, es war ein Schock. Ich war damals 35. Als ich neben meinem sterbenden Vater saß (er war schon im Koma), habe ich wie nie zuvor meine Liebe zu ihm gefühlt. Natürlich war da auch Schmerz. Die Endgültigkeit und Unwiderruflichkeit des Todes hat mich zutiefst erschreckt. Aber die Liebe hat alles übertroffen, und in dieser Liebe tauchten dann eine große Freude und ein Glücksgefühl auf. Ich war ihm nie so nah wie in diesem Moment. Das hat die Trauer und den Schmerz recht leicht gemacht.

Bei meiner Mutter war es leichter, sie war 84 und der Tod war eine Erlösung für sie. Am Vorabend hatte sie, nachdem ihre Pflegerin sie gebadet und frisiert hatte und meine Schwiegermutter, die zufällig zu Besuch war, zu ihr gesagt hatte: „Du siehst aber richtig gut aus", gesagt: „Ja, aber ich will nicht mehr." In der Nacht ist sie dann gestorben, und sie sah sehr friedlich aus, als ich sie am Morgen fand. Ich habe geweint, für eine knappe halbe Stunde flossen nur Tränen – Tränen des Glücks. Da war eine unglaublich tiefe Freude über die Zeit, die ich mit ihr hatte, über den Reichtum meiner Kindheit. Das war alles – kein Schmerz, keine Trauer, nur Liebe, Dankbarkeit und Freude – und dieses Gefühl ist geblieben.

Wenn ich heute auf meine Eltern schaue, empfinde ich nur Liebe und Dankbarkeit. Sie waren keine perfekten Eltern, sie haben mich, wie alle Eltern zu dieser Zeit, oft hart bestraft, geschlagen (meine Mutter recht oft, mein Vater selten, aber wenn, dann richtig), eingesperrt, mir vieles verboten und wollten, so gehörte sich das damals, meinen „Willen brechen", um einen guten Menschen aus mir zu machen – aber das alles zählt nicht mehr. Ich weiß es zwar noch, aber ich habe Mühe, mich daran zu erinnern. Wenn ich daran denke (wie jetzt), entgleitet es mir sofort wieder, ich kann die Gedanken daran kaum festhalten. Es ist total unwichtig. Heute kann ich in all dem ihre Liebe sehen, auch in den Schlägen. Das ist keine Schönfärberei. Die Liebe ist alles, was zählt, und sie drückt sich oft sehr merkwürdig aus.

Ich hatte mit meiner Mutter meinen Frieden auch schon zu ihren Lebzeiten gemacht, aber der Tod bringt das alles noch einmal deutlicher und schärfer hervor. Seine Endgültigkeit belehrt uns darüber, was wirklich zählt. In diesem Sinne verstehe ich die Aussage von Wolfgang Giegerich, dass der Tod der zeugende Grund des Lebens ist. Es ist nicht so, dass der Tod, wie es Max Weber mit Tolstoj über den modernen Menschen gesagt hat, das Leben sinnlos macht; es ist nicht so, wie es das moderne Bewusstsein sieht, dass er der Vernichter des Lebens wäre. Das ist nur die moderne Sicht, das kommt dabei heraus, wenn man sich mit dem Verstand und dessen „Vernunft" identifiziert. Das Gegenteil stimmt. Der Tod ist der Grund, aus dem sich das Leben erhebt und aus dem es seinen Sinn bezieht. Ohne Tod wäre alles vollkommen sinnlos.

Ich bin noch eine Antwort auf die Frage des Meisters Zhuangzi schuldig, der sich nach seinem nächtlichen Traum fragte, ob er nun in Wirklichkeit Zhuangzi sei, der geträumt habe, er sei ein Schmetterling, oder ob er ein Schmetterling sei, der träume, er sei Zhuangzi. Sie muss wohl lauten: weder noch.

Dann bleibt noch eine Frage: Wer fragt, ob er ein Schmetterling oder Zhuangzi sei?

EPILOG

Marmagen, 27. März 2020

Gestern stand Malte, der ältere unserer beiden Söhne, der mit mir zusammen unser Institut leitet, plötzlich mit seiner Tochter Ava vor unserem Haus. Er ist vor zwei Wochen, als die Kita, in die Ava geht, wegen Corona geschlossen wurde, mit der Kleinen und seiner Frau aus Berlin hierher gekommen. Er hat hier ein kleines Haus am Waldrand, wo er wohnt, wenn er hier arbeitet, das aber sonst leer steht. Jetzt ist es ihr Refugium. Bisher hat er Ava von uns ferngehalten, damit sie uns nicht ansteckt, falls sie infiziert sein sollte.

Ava wird in genau einem Monat zwei Jahre alt. Sie spricht jetzt kleine Sätze und rennt begeistert herum. Es ist wunderbar, diesem neuen, frischen Leben zuzuschauen. Plötzlich stolpert sie über eine Unebenheit am Straßenrand und stürzt in vollem Tempo nach vorne, reißt blitzschnell die Arme hoch und fällt, anstatt aufs Gesicht, auf die zarten kleinen Händchen. Es tut weh, und nach einem kurzen Schockmoment beginnt sie laut zu weinen. Da hat Malte sie aber schon auf den Arm genommen, streichelt ihre Hände, bläst hinein und redet beruhigend, sie legt den Kopf an seine Brust, und nach einer Minute ist es wieder gut.

Das Leben ist dann am kostbarsten, wenn wir seine Lebendigkeit wie seine Zerbrechlichkeit sehen, und nirgendwo sehen wir beides so deutlich wie in einem kleinen Kind.

Am Abend habe ich einen Entwurf für unseren Newsletter geschrieben, wir müssen unsere Klienten und Studenten über die Veränderungen wegen Corona informieren. Malte hatte vor vier Wochen, als das alles gerade in Europa anfing, in einem Beitrag auf Facebook geschrieben: „In früheren Zeiten hätte es überhaupt keinen Zweifel daran gegeben, dass eine göttliche Kraft hinter einer neuen Krankheit stecken würde." Heute morgen beim Aufwachen wusste ich plötzlich, worum es geht.

Corona IST eine Göttin, und zwar eine, die uns die Wirklichkeit zeigt – die Wirklichkeit des Lebens wie auch unsere eigene. Und damit auch die Wahrheit. Alles, was sie zerstört, sind Illusionen. Das gilt nicht nur für die Pläne, die sich jetzt in Luft auflösen, die Lebensentwürfe und Strukturen, die zerbrechen, das Geld, das viele verlieren, sondern auch für das Leben, an dem wir hängen und dessen Zerbrechlichkeit sich jetzt zeigt. Wenn man nicht an all dem festhält, sondern auf die Botschaft hört, wird jeder Moment, den wir leben, ein kostbarer.

1. *Dass man die Sicht des anderen gelten lässt, schließt aber nicht aus, dass man innerlich doch an seiner eigenen als der richtigen festhält. Toleranz kann sich durchaus mit Ignoranz und Arroganz vertragen. Wirkliche Einsicht erlangt man erst dann, wenn man des anderen Wahrheit als genauso wahr wie die eigene erkennt.*
2. *Theoretisch hat Jürgen Habermas diesen Traum in seiner Theorie des „herrschaftsfreien Diskurses" formuliert. Wenn Menschen, so meint Habermas, vernünftig und ohne den anderen beherrschen zu wollen, miteinander sprechen und einander zuhören, stehe am Ende eine Einsicht, die alle am Diskurs Beteiligten als die Wahrheit empfinden. Als ich mit Anfang dreißig erkannte, dass ich in dem Forschungsprojekt, das ich damals leitete und in dem diese Theorie unsere Arbeit bestimmte, praktisch daran gescheitert war, die verschiedenen Sichtweisen in unserem Team zu einem wirklichen Konsens zu führen, hatte ich einen schweren körperlichen Zusammenbruch, in dessen Folge mir klar wurde, dass mein Weltbild mit seinem Glauben an die Vernunft zerbrochen war. Untergründig und ganz subtil hat sich dieser Glaube aber noch lange gehalten. Auch wenn sie meist plötzlich zerplatzen, scheinen unsere ganz tiefen Träume sehr langsam zu sterben.*
3. *Daneben gibt es noch eine zweite Bedeutung, in der „Bewusstsein" als Geist (im Unterschied zu Materie) verstanden wird. In diesem Sinne „haben" wir nicht (nur) ein Bewusstsein (als etwas, was zu unserem natürlichen Sein noch dazukommt), sondern wir „sind" Bewusstsein. Ich nenne es auch das „reine" Bewusstsein oder das Bewusstsein schlechthin. Aus dem Kontext wird jeweils deutlich, welche Art von Bewusstsein gemeint ist.*
4. *Bei Mystikern und spirituellen Meistern („Erleuchteten" oder „Erwachten") ist dies anders. Sie beschreiben alle dieselbe Welt und eine im Prinzip gleiche Erfahrung und unterscheiden sich lediglich darin, wie sie diese Erfahrung vermitteln.*
5. *Deshalb heißt das Buch, in dem ich diese Bewegung erstmalig vorgestellt habe, „Das Leben hat keinen Rückwärtsgang" (Nelles 2009).*
6. *Einige meiner Eindrücke über China habe ich in dem Essay „Inbild, Abbild und Vorbild – Eine Annäherung an die chinesische Seele" zusammengefasst (in: Nelles 2018, S. 116-133).*
7. *Über die Aufstellungsarbeit habe ich mehrere Bücher geschrieben und dabei auch*

die Repräsentationsmethode von verschiedenen Seiten beleuchtet, zuletzt in Nelles 2018, S. 153-160.

8. *Dies ist der Fall, sobald ein Kind gezeugt ist. Dann hat man eine Familie, ob man dies will oder nicht. Das gilt auf der seelischen Ebene auch dann, wenn man das Kind abtreibt (siehe Nelles 2003, S. 67 ff).*
9. *Siehe dazu den wunderbaren Roman „Ein ganzes Leben" von Robert Seethaler.*
10. *Zum Seelenbegriff siehe: „Die Seele und die Psychologie", in Nelles 2018, S. 87-96.*
11. *Die für mich überzeugendste Theorie dazu ist die der „morphischen Resonanz" von Rupert Sheldrake. Sie ist zwar wissenschaftlich nicht anerkannt und gilt vielen als esoterisch, aber die Wissenschaft hat keine Alternative dazu zu bieten. Sheldrakes Theorie, die er anfänglich (als Biologe) aus der Beobachtung von Pflanzen und später von Tieren entwickelt hat, ist auch geeignet, das Phänomen der Resonanz bei der Aufstellungsmethode, mit der im Lebensintegrationsprozess und bei Systemaufstellungen gearbeitet wird und deren Validität inzwischen recht gut belegt ist, wenigsten in den Grundzügen zu erklären. Siehe u.a. Rupert Sheldrake, Das Gedächtnis der Natur. München 1993.*
12. *Seit man dies entdeckt hat, wird das Problem allerdings bei einigen größer gemacht, als es tatsächlich ist. Denn von den geschätzten zehn Prozent Mehrlingsempfängnissen dürfte der größte Teil, der nicht überlebt, in den ersten Wochen abgehen, also bevor ein Embryo mit seiner Umgebung Kontakt aufnimmt und merkt, das neben ihm jemand wächst und dann plötzlich nicht mehr da ist. Die Bilder von Zwillingen, die im Mutterleib innig miteinander interagieren, stammen aus späteren Stadien der Schwangerschaft.*
13. *Merkwürdigerweise hat sie mich zwei Tage, nachdem ich dies geschrieben habe, zum ersten Mal seit vielen Jahren wieder angerufen und gefragt, ob sie noch einen Platz in meinem nächsten Kurs haben kann.*
14. *Dies erlebe ich ganz oft: Jemand, der ein tiefes Geheimnis in sich trägt, scheint innerlich (oft ein Leben lang) darauf zu warten, dass jemand kommt und es lüftet, und in dem Moment ist der Geheimnisträger von einer großen Last befreit.*
15. *Thomas Geßner bezeichnet deshalb die kindliche Liebe als „abhängige Liebe", mit der ein Kind sein Überleben sichert. Siehe Thomas Geßner, Wie wir lieben. Köln 2018.*
16. *James Hillman, Charakter und Bestimmung. Eine Entdeckungsreise zum individuellen Sinn des Lebens, München 1996.*

17. *Hillman bezieht sich dabei auf Plato und sein Konzept der „Idee", wobei die platonische Idee nicht mit einer persönlichen Idee, einer Wunschvorstellung oder einem persönlichen Ziel, verwechselt werden darf, sondern das innere Bild bezeichnet, das den Dingen innewohnt.*
18. *Zur Praxis des „LIP" (Lebensintegrationsprozess) siehe vor allem: Wilfried Nelles & Thomas Geßner, Die Sehnsucht des Lebens nach sich selbst, Köln 2014 sowie Seite XX in diesem Buch.*
19. *Thomas Geßner, Wie wir lieben. Köln 2018, S. 25.*
20. *Khalil Gibran, Der Prophet. Es existieren viele deutsche Ausgaben von dem Buch (in unterschiedlichen Übersetzungen), das zuerst 1923 in Englisch erschienen ist. Das Zitat ist eine eigene Übersetzung aus dem Englischen.*
21. *Axel Meyer, Adams Apfel und Evas Erbe, München 2015, S. 226. In Europa und Nordamerika, also den Ländern mit dem fortgeschrittensten Modernisierungsstandard, hat sich die durchschnittliche Spermienanzahl in den letzten 40 Jahren allerdings mehr als halbiert. Siehe http://www.faz.net/aktuell/gesellschaft/gesundheit/europaeische-maenner-haben-immer-weniger-spermien-15122678.html.*
22. *Vielleicht ist das ein Urbild des Männlichen und des Weiblichen – die einen rennen und rackern, die anderen warten und sagen ja oder nein. Dass die moderne Frau heute glaubt, ebenfalls rennen und rackern zu müssen, um irgendwo anzukommen, könnte man dann als Zeichen dafür ansehen, wie weit sie sich vom Weiblichen entfernt hat.*
23. *Dies gilt auch im Falle einer Adoption. Auch adoptierte Kinder haben keine anderen Eltern als die, von denen sie biologisch abstammen, sie haben lediglich zusätzliche, nämlich soziale Eltern, die quasi den zweiten Teil der Elternschaft, die Verantwortung für das Aufwachsen der Kinder, übernommen haben. Das ist ein Dienst an den Kindern und am Leben und eine Leistung, die größte Hochachtung verdient, aber es ersetzt nicht die biologische Elternschaft. Im Gegenteil: Dieser Dienst gelingt umso besser, je klarer die Adoptiveltern sehen und anerkennen, dass sie nicht die (moralisch) besseren Eltern sind, sondern lediglich eine Aufgabe übernehmen, zu der die biologischen Eltern (warum auch immer) nicht fähig oder nicht willens waren. Das bedeutet aber nicht, dass jemand seine sozialen Eltern nicht als Vater und Mutter ansehen darf. Es gibt sogar Fälle, wo dies wahrscheinlich für die Betroffenen die einzig mögliche Haltung ist, zum Beispiel wenn ein Kind im Krankenhaus vertauscht wurde oder, was in Zukunft ja oft der Fall sein wird, bei (anonymen) Samenspenden oder bei Leihmutterschaft. Die seelische Verwirrung, die dies in den Kindern hervorruft, wird leider kaum öffentlich diskutiert.*

24. Erich Neumann, Das Kind. Opus magnum 2005, S. 4, www.opus-magnum.de.

25. Ludwig Janus, Der Seelenraum des Ungeborenen. Pränatale Psychologie und Therapie, Düsseldorf 2007.

26. Ein Witz illustriert das sehr treffend: Zwillinge im Mutterleib unterhalten sich. Der eine fragt: „Was meinst du, gibt es ein Leben nach der Geburt?"

27. Ich vermute, dass die inzwischen recht häufige Praxis von Jugendlichen, sich zu schneiden („ritzen"), hiermit zusammenhängt, weil sie sich dabei spüren und mit dem Blut ihren Lebenssaft sehen können.

28. Siehe dazu beispielhaft Nelles/Geßner 2014, S. 74 ff. Das Thema Trauma bespreche ich ausführlich bei der Darstellung des Lebensintegrationsprozesses (S. 231)

29. Siehe dazu die beiden Bände zur „Psychologie der Atombombe" von Wolfgang Giegerich: „Die Atombombe als seelische Wirklichkeit" (1988) und „Drachenkampf oder Initiation ins Nuklearzeitalter" (1989), beide leider nur noch antiquarisch erhältlich.

30. Thomas Geßner (2018) benutzt dafür den sehr anschaulichen Begriff „Echos" – die späteren Verhaltensmuster beruhen auf Echos aus der Vergangenheit.

31. H. Rosa, Resonanz. Eine Soziologie der Weltbeziehung, Berlin 2016; ders. Unverfügbarkeit, Salzburg 2019.

32. In Hesses Gedicht „Stufen" heißt es: „Es muss das Herz bei jedem Lebensrufe/Bereit zum Abschied sein und Neubeginne/Um sich in Tapferkeit und ohne Trauern/In andre, neue Bindungen zu geben./Und jedem Anfang wohnt ein Zauber inne,/Der uns beschützt und der uns hilft zu leben."

33. James Hillman, Charakter und Bestimmung, München 1998, S. 28. Hervorhebungen im Original.

34. Wilfried Nelles, Umarme dein Leben, S. 131 ff. Die „innere Vision" hat nichts mit unseren Wünschen oder Zukunftsplänen zu tun, nichts mit Bildern oder Phantasien, wie das Leben oder die Welt einmal aussehen wird oder sein soll, und auch nichts damit, was in der Politik „eine Vision haben" genannt wird. Sie ist etwas in uns Eingepflanztes, unsere innere Berufung, die sich uns erst in dem Maße enthüllt, in dem wir sie tatsächlich leben.

35. Thomas Geßner, a.a.O. Geßner nennt die beiden Pole „abhängige Liebe" und „Selbstliebe".

36. Das gilt auch für die moderne Erziehung in den Kindergärten, besonders in den sogenannten progressiven Kindergärten. Mein Sohn war in einem „alternativen" Kindergarten, wo die modernen Werte wie Selbstbestimmung und Toleranz groß geschrieben wurden. Aber mit Waffen oder auch nur Gegenständen (etwa Holz-

stöcken), die benutzt werden konnten wie ein Schwert oder ein Gewehr („peng, peng"), durfte nicht gespielt werden. Er war darüber so verzweifelt, dass er krank wurde und wir ihn aus dem Kindergarten geholt haben. Heute scheint es mir nach allem, was ich von Eltern und Erziehern höre und lese, so, dass vor allem geschlechterspezifisches Verhalten nicht mehr erwünscht ist. Anstatt darin bestärkt zu werden, das auszudrücken, was sie sind, sollen die Kinder sich modernen Geschlechter- und anderen Rollenbildern anpassen. Dabei werden, wie immer im modernen Bewusstsein, die alten Rollenmuster nicht etwa überwunden, sondern nur auf den Kopf gestellt.

37. *Wolfgang Giegerich, What is Soul, New Orleans 2012, S. 32 (Übersetzung W.N.).*

39. *Auch wenn diese Rolle meist von Männern eingenommen wurde, hatte sie die Funktion, die die Mutter in der Familie hat.*

40. *Im späteren Gruppenbewusstsein drückt sich dies zum Beispiel in der Wehrpflicht aus. Im frühen Gruppenbewusstsein brauchte es diese Pflicht noch nicht einmal, es war einfach selbst verständlich, dass jeder bereit war, sich für das Ganze zu opfern.*

41. *Der sexuelle Missbrauch von Kindern zwecks Austauschs in Pädophilenringen in Zeiten des Internet oder der Verleih / Verkauf von Kindern an Erwachsene zum Sex hat zum Beispiel eine Dimension, die mit solchen therapeutischen Interventionen nicht mehr zu bearbeiten sein dürfte. Gleichwohl geht es auch hier bei der psychologischen Arbeit mit den Opfern darum, ihren Blick von den Tätern und deren Taten weg und hin zum Kind zu lenken und zu schauen, wie man den Betreffenden wieder mit seiner Unschuld (und damit seiner Würde) als Kind verbinden kann, ohne den Opferstatus zu perpetuieren. Siehe dazu ausführlich meine Ausführungen zum Thema „Trauma" auf S. 245.*

42. *Aber nicht in dem Sinne, dass er, wie seine Kritiker ihm oft unterstellen, dies fordere oder richtig finde, sondern in dem, dass er aufzeigt, dass diese kindliche Haltung dem eigenen Glück im Wege steht, ohne dass das dieser Opferung innewohnende Ziel, die Eltern damit glücklich zu machen oder wenigstens zu entlasten, erreicht würde.*

43. *Das gilt aber nicht für alle christlichen Heiligen. Karl der Große oder die Kreuzzügler haben viele Tausende getötet, und ihre Schergen haben mit derselben Lust die Köpfe von Muslimen oder widerspenstigen Germanen abgeschlagen, wie dies die Fanatiker des „Islamischen Staats" tun.*

44. *Der Konfuzianismus ist aber keine Heilslehre, sondern eher eine Ethik. Konfu-*

zius ging es vor allem um eine „gute Ordnung" für das menschliche Zusammenleben. Seine Regeln sind daher eher praktische Anleitungen (vor allem für die Herrschenden) als eine dogmatische Morallehre und daher auch „weicher" und kompromissbereiter als etwa das Christentum oder der Islam. Das hat unter anderem zur Folge, dass den Chinesen ideologisches Denken ganz fremd ist. Sie können zwar sehr egoistisch und radikal in der Verfolgung ihrer Interessen sein, aber ideologisch sind sie nicht. Dies zeigt sich auch daran, dass eine sich kommunistisch nennende Partei und Regierung eine kapitalistische Politik macht, ohne dass dies vom Volk als Widerspruch empfunden wird.

45. *Der Begriff „Kinder Gottes" kann natürlich auch so gelesen werden, dass damit gemeint ist, dass das Leben von Gott kommt und in diesem Sinne alle Menschen Kinder Gottes sind. Tatsächlich erfährt das Bewusstsein, wenn es über die Stufe 3 (modernes Bewusstsein) hinausgewachsen ist, die eigene Existenz als ein Geschenk des Ganzen, der namenlosen Quelle allen Seins, die man auch Gott nennen kann. Insofern verträgt sich diese Metapher nicht nur mit einem erwachsenen Bewusstsein, sondern sie wird dann erst wirklich erkannt. Im kirchlich-christlichen Kontext steht dieser Begriff aber neben anderen Metaphern wie der des Hirten, der sich um seine Schäfchen kümmert, und vielen ähnlichen. Damit drückt sie in der Tat ein Vater-Kind-Verhältnis aus, und so ist auch die tatsächliche Praxis des Christentums.*
46. *Diesem Trugschluss unterliegen die meisten Religionskritiker, von Karl Marx über Richard Dawkins bis hin zu Yuval Noah Harari, der in seinem in vielen Kapiteln sehr lesenswertem Bestseller „Homo Deus. Eine Geschichte von morgen" die Religion als Erfindung zur Beherrschung der Menschen darstellt.*
47. *Das ist eine der wesentlichen Erkenntnisse Bert Hellingers, auf der die von ihm entwickelten Familienaufstellungen gründen und die sie deutlich von ähnlichen Ansätzen wie der FamilienFamilienskulptur und den Kopien seiner Methode innerhalb der systemischen Familientherapie unterscheiden. Siehe mein Buch „Liebe, die löst", Heidelberg 2002. Allerdings hat Hellinger nicht hinreichend deutlich gemacht, dass das Gewissen eine kindliche Instanz ist und zum kindlichen Bewusstsein gehört. In seinen späten Schriften postuliert er ein zusätzliches „universales Gewissen", dem angeblich der „Geist" folgt, womit mir der Gewissensbegriff inhaltsleer zu werden scheint. Auch das kindliche Gewissen ist eine geistige Instanz. Was bei Hellinger generell fehlt, ist ein Verständnis von Wachstum und Entwicklung. Das gilt auch für seine „Ordnungen der Liebe" (Hellinger 1994), die auf einem statischen Verständnis des Lebens beruhen.*

48. „Eigen“ nicht in dem Sinne, dass es einem gehörte, also sein Eigentum wäre (das ist auch eine jugendlich-moderne Idee), sondern in dem, dass es einem „eignet“, zu seinem wirklichen Wesen passt.
49. Das ist mir aber erst mit den Jahren bewusst geworden, es war nie so geplant.
50. Diese Belastung ist nicht nur eine durch die „böse“ Industrie, sie ergibt sich schon aus der puren Menschenmasse und auch aus dem hygienischen und medizinischen Fortschritt. Mit jedem Kind, das nicht schon als Kleinkind stirbt, mit jedem Erfolg in der Armutsbekämpfung und der Verlängerung der Lebenserwartung wird sie größer. Bis zur Industrialisierung lebten nie mehr als 500 Millionen Menschen auf der Erde, heute sind es fast 8 Milliarden, also rund 15 Mal so viel, und alle wollen essen und ein möglichst gutes und bequemes Leben.
51. Bei Freud steht der Begriff „Es“ allerdings für etwas anderes, nämlich für das Animalisch-Triebhafte im Menschen, seine tierische Natur.
52. Friedrich Nietzsche, Die fröhliche Wissenschaft, Aph. 125.
53. Wolfgang Giegerich, Das Bewusstsein, der zweite Schöpfer der Welt. In: Spiegelung in Mensch und Kosmos, 1988, S.183-240.
54. Florian Illies, 1913, Der Sommer des Jahrhunderts, Frankfurt a.M., 2012.
55. Es ist sehr interessant, dass neuerdings den Künstlern, also den Menschen, die Kunst herstellen, diese Zerrissenheit nicht mehr gestattet wird. Sie müssen moralisch einwandfrei und politisch korrekt sein, und zwar nicht nur in ihren öffentlichen Äußerungen, sondern sogar in ihrem ganz privaten Verhalten, sonst wird ihre Kunst boykottiert, sie erhalten Auftrittsverbot oder werden öffentlich an den Pranger gestellt. Dieser Pranger wird nicht etwa von alten Institutionen und deren Vertretern bedient, sondern von denen, die sich als Speerspitze der Moderne sehen, und von den modernen Medien nach Kräften befeuert. Darin zeigt sich die verdrängte Kindlichkeit des modernen Bewusstseins – es hat die Moral (die ein Merkmal des Gruppenbewusstseins ist) nicht etwa überwunden, sondern folgt einer neuen, viel gnadenloseren Moral. Bei Schiele und Klimt hat sich damals niemand dafür interessiert, was sie mit ihren Aktmodellen machten (beziehungsweise jeder wusste es und niemand störte sich daran), und bei Breugel oder Michelangelo erst recht nicht. Aber vielleicht kommt das ja bald und ihre Bilder dürfen nicht mehr ausgestellt werden.
56. Wolfgang Giegerich, Die Atombombe, a.a.O., S.42 ff..
57. Noah Yuval Harari, Homo Deus, Eine Geschichte von morgen, München 2017.
58. Ich erinnere daran, dass, wenn wir der Bibel folgen, noch nicht einmal Gott dies ausgehalten hat, weshalb er die Welt und den Menschen erschuf.

59. *Die Gehirnforschung hat längst nachgewiesen, dass eine Entscheidung, die wir zu treffen glauben, im Gehirn schon mehrere Sekunden vorher gefallen ist. Dass die Moderne trotzdem am „freien Willen" festhält, kommentiert Harari ironisch mit den Worten: „Der Widerspruch zwischen dem freien Willen und der heutigen Wissenschaft ist der Elefant im Labor, den viele lieber nicht sehen wollen, während sie in ihre Mikroskope und MRT-Scans starren" (Homo Deus, S. 380). Seine Lösungsvorschläge für die derzeitigen Weltprobleme scheinen mir aber ebenfalls zu implizieren, dass wir uns nur anders entscheiden, die bessere Wahl treffen müssten, also ebenfalls auf der Illusion des freien Willens zu basieren.*
60. *In Frankreich wurde Anfang 2019 ein Gesetz beschlossen, die Begriffe Vater und Mutter in Schulformularen nicht mehr zu benutzen und durch „Elternteil 1" und „Elternteil 2" zu ersetzen. Das deutsche Familienministerium griff dies in einer Broschüre bzw. einem offiziellen Internetportal (regenbogenportal.de) auf und empfahl Schulen, es ebenso zu halten wie in Frankreich. Nach starken Protesten aus den Reihen des Koalitionspartners CDU/CSU beschwichtigte Ministerin Giffrey (SPD) die Gemüter mit der Aussage, die Streichung der Begriffe Vater und Mutter sei damit nicht beabsichtigt. Die Empfehlung, sie in Schulformularen nicht mehr zu verwenden (um homosexuelle „Eltern" nicht zu diskriminieren), steht aber nach wie vor dort.*
61. *Zum Thema „Konstruktivismus und Phänomenologie" als erkenntnisleitende Haltung und Methode in der Psychologie (insbesondere beim Familienstellen) siehe meine ausführlichen Beiträge in meinen Büchern „Die Hellinger-Kontroverse", Freiburg 2004 und „Alles ist Bewusstsein, Bewusstsein ist alles", Köln 2016.*
62. *Ich spreche hier und im Folgenden nicht von dem sehr seltenen Fall der „Intersexualität" (d.h. von Menschen, bei denen die sexuelle Identität nicht eindeutig ist), sondern von „Transsexualität", also einer Diskrepanz zwischen natürlichem Geschlecht und der gefühlten sexuellen Identität.*
63. *Es gibt in Deutschland weit über hundert Professuren für Genderfragen, sie sind fast alle von Frauen besetzt.*
64. *https://www.nzz.ch/zuerich/medizin-der-mann-sei-immer-noch-der-prototyp-sagt-kardiologin-ld.1515703*
65. *John Money, der auch den Begriff der „gender identity" prägte und die Auffassung vertrat, dass die geschlechtliche Identität ausschließlich eine Sache von Erziehung sei, veranlasste 1967 bei dem zweijährigen Bruce Reimer, dessen Penis bei einer verunglückten Beschneidung verstümmelt worden war, eine geschlechtsumwan-*

delnde Operation und wies die Eltern an, ihn wie ein Mädchen zu erziehen, um seine Theorie zu beweisen. Es war nichts anderes als ein medizinisches Menschenexperiment, vollzogen an einem Kleinkind. Reimer wollte später wieder ein Mann werden und hat sich schließlich mit 38 Jahren das Leben genommen.

66. *Alice Schwarzer behauptet in ihrem Buch „Der kleine Unterschied" (1975), das sie berühmt gemacht hat, der einzige Unterschied zwischen Mann und Frau sei die Gebärfähigkeit. Dabei hat sie auch das Reimer-Experiment vehement verteidigt.*
67. *Körperlich steht sie schon beim zwei Monate alten Embryo fest, um diese Zeit bilden sich bei einem Mädchen schon die Eizellen, im 5. Monat ist deren Entstehung abgeschlossen.*
68. *Psychische Probleme bearbeitet und löst man üblicherweise nicht mit dem Skalpell – oder muss ich sagen „noch nicht"? Wahrscheinlich ist der Tag nicht fern, wo man Depressiven einen Glückschip ins Gehirn implantiert, es dürfte nur eine Frage der Technik sein. Und wenn es bei Depressiven halbwegs funktioniert, wird es, ähnlich wie bei Viagra, wohl nicht lange dauern, bis jedermann so etwas haben will.*
69. *Bei Drucklegung dieses Buches erreicht das neue Corona-Virus gerade Europa.*
70. *https://www.faz.net/aktuell/wirtschaft/wirtschaft-in-zahlen/psychische-leiden-gebrauch-von-antidepressiva-steigt-16049665.html.*
71. *(http://www.faz.net/aktuell/gesellschaft/gesundheit/drogen-in-den-usa-2017-wieder-mehr-opioid-todesfaelle-15481906.html).*
72. *Wolfgang Giegerich, The Soul Always Thinks", New Orleans 2010, sowie What is Soul?„ New Orleans 2012.*
73. *Wolfgang Giegerich, Die Atombombe, a.a.O., sowie: Drachenkampf, Initiation ins Nuklearzeitalter, Zürich 1989.*
74. *Wir haben das heute fast völlig vergessen, aber Giegerich beschreibt eindrücklich, wie tief und existentiell die Angst vor der Natur, der Wildnis und der Nacht noch bis ins 18. Jahrhundert hinein war, wobei dies nur „ein schwacher Nachklang (…) des Wissens des archaischen Menschen um die Abgründigkeit des Daseins" (Die Atombombe, S. 33) gewesen sei.*
75. *Strenger ist wenig später, im Oktober 2019, plötzlich verstorben.*
76. *Wilfried Nelles, Das rote Tuch, Bhagwan-Kommunen in Deuschland, München 1985.*
77. *„Kein Weg führt nach Utopia", https://www.faz.net/aktuell/die-letzte-rede-der-philosophin-agnes-heller-zu-freiheit-16339611.html.*

78. *Das würde nämlich bedeuten, eine Utopie zu entwerfen, die dann wieder zur Ideologie würde. Deshalb kann ich nur die Richtung anzeigen, alles andere muss man dem Bewusstsein und seiner Bewegung selbst überlassen. Der Weg führt ohnehin nur über den einzelnen Menschen. Aus dessen Bewusstseinsentwicklung ergibt sich alles andere von allein.*
79. *Bis dahin werden jedoch, so fürchte ich, noch viele Eisberge schmelzen und noch etliche andere Erschütterungen nötig sein.*
80. *Es gibt zwar homosexuelle Handlungen (die sind vollkommen natürlich, es gibt sie ja auch bei Kindern und auch unter Tieren, bei manchen sogar sehr oft), aber nicht so etwas wie eine homosexuelle Identität, die heterosexuelle Handlungen für sich ausschließt. Die alten Griechen frönten zwar der Knabenliebe, aber das hielt sie nicht davon ab, auch mit Frauen Sex zu haben und Kinder zu zeugen. Die Homosexualität im heutigen Sinne, nämlich als sexuelle Fixierung und Identitätszuschreibung, scheint mir eine recht neue Erscheinung zu sein.*
81. *Dies ist der Weg, den Osho seinen Schülern vorschlägt und der in den spirituellen Gemeinschaften, die sich in den 1970er und 80er Jahren um ihn herum gebildet haben, gelebt wurde. Inzwischen haben sich diese Gemeinschaften fast alle aufgelöst, ohne dass die Zahl der Schüler von Osho gesunken wäre. Sie gehen jetzt ihren Weg allein.*
82. *Tatsächlich war diese Aussage nicht korrekt, was ich damals nicht wusste. Abgetriebene Föten werden in Deutschland üblicherweise von Spezialfirmen beerdigt, in manchen Fällen, vor allem in China, Russland, den USA und anderen Ländern, aber auch zur Gewinnung von Impfstoffen (z.B. gegen Röteln und Masern), für Organtransplantationen (wofür spezielle Abtreibungstechniken verwendet werden) und für Verjüngungskuren benutzt.*
83. *https://www.faz.net/aktuell/wissen/natur/schimpansen-forschung-das-ende-einer-affenliebe-11844278.html.*
84. *Näheres zur Repräsentationsmethode finden Sie in vielen meiner Bücher, etwa in Nelles 2002 und Nelles 2009.*
85. *Die Praxis des LIP habe ich zusammen mit Thomas Geßner in einem eigenen Buch anhand vieler Fallbeispiele aus zwei Kursen ausführlich dokumentiert (Nelles/Geßner 2014).*
86. *Siehe Nelles / Geßner (2017), S. 183. Der gesamte dort dokumentierte Prozess (S. 174- 190) zeigt auch die Arbeit mit einem nachgeburtlichen Trauma.*
87. *Generell: Wenn jemand mit einem „ganz wichtigen" Thema kommt oder meint, etwas sei „ganz dringlich", gehe ich darauf nicht ein. Ich warte, bis es weniger dring-*

lich ist. Im vorliegenden Fall ging das Dringliche aber eher von der Ärztin aus. Das ist bei Helfern nicht selten der Fall, dass sie glauben, unbedingt und sofort helfen zu müssen. Bei psychischen Themen ist das aber meist kontraproduktiv.

88. *Wunderbar erzählt wird das in dem Roman „Ein ganzes Leben“ von Robert Seethaler. „Ganz“ heißt hier zweierlei: Einmal wird ein Leben von Anfang bis Ende erzählt, also das ganze (gesamte) Leben, zum anderen (und vor allem) ist es für den Protagonisten der Geschichte, einen von seinem Stiefvater zum Krüppel geschlagenen Waisenjungen, der auch danach immer wieder von schwersten Schicksalsschlägen getroffen wird, rund und sogar „ganz“ im Sinne von unversehrt, weil er alles nimmt, wie es kommt, und so in Frieden stirbt.*
89. *Rainer Maria Rilke, Briefe an einen jungen Dichter, in: Gesammelte Werke, Band 5 „Von Kunst und Leben. Schriften“, Insel Verlag Frankfurt a.M. und Leipzig, S. 134 und 137. Im Internet kursiert eine konstruierte Zusammenfassung dieser Passagen aus zwei verschiedenen Briefen als „Gedicht“. Ein solches Gedicht hat Rilke aber nie geschrieben.*
91. *Nicht in dem Sinne, dass ich bei ihm eine Ausbildung gemacht hätte, die gab es damals gar nicht. Ich kannte ihn auch noch nicht persönlich, ich hatte lediglich die beiden Bücher gelesen, die es von ihm bzw. über seine Arbeit gab.*
91. *Ob die Adressaten dies verstehen oder ob sie einem Menschen, der so spricht und handelt und dessen Kraft man darin spürt, folgen, wie ein Kind seinem Vater folgt, ist eine andere Frage, nämlich eine Frage ihres eigenen Bewusstseins.*
92. *Ich weiß, wovon ich spreche, ich habe zwölf Jahre lang empirische Sozialforschung betrieben.*
93. *Giegerich, Die Atombombe …, S. 92.*
94. *Ebenda, S. 93.*
95. *Das hat aber nichts mit modernen Konzepten wie etwa „Polyamorie“ zu tun, das sind ganz und gar jugendliche Ideen.*
96. *Das ist in den beruflichen Kontexten, in denen mit Coaching meistens gearbeitet wird, allerdings auch von vielen Auftraggebern gewünscht und damit Teil des Arrangements: „Gib mir die Tools, die ich brauche, um meine Probleme zu lösen, und komm mir dabei bitte persönlich nicht zu nah“. Ich halte aber auch hier eine Haltung der Liebe für viel wirksamer, wobei (wie in jeder anderen Beratungssituation) klar sein muss, dass diese Liebe nichts Persönliches ist.*
97. *Alle Seitenangaben zu Nietzsche in diesem Kapitel beziehen sich auf: Friedrich Nietzsche, Gesammelte Werke, Köln 2012.*

Literaturverzeichnis

Balsekar, S. R. (2009). Wo Nichts ist, kann auch nichts fehlen. Wozu die ganze Aufregung um Erleuchtung? München.

Bourquin, P., & Cortés, C. (2016). Der allein gebliebene Zwilling. Köln.

Geßner, T. (2017). Trauma, Illusion und Spiritualität, in: Bourquin, Nazarkiewicz (Hg.), Trauma und Begegnung. Göttingen.

Geßner, T. (2018). Wie wir lieben. Und was wir alles aus Liebe tun oder vermeiden. Köln.

Gibran, K. (1923). Der Prophet.

Giegerich, W. (1988a). Das Bewusstsein, der zweite Schöpfer der Welt, in: Spiegelung in Mensch und Kosmos. Eranos Jahrbuch 1986, S. 183-240.

Giegerich, W. (1988). Die Atombombe als seelische Wirklichkeit. Versuch über den Geist des christlichen Abendlandes. Zürich.

Giegerich, W. (1989). Drachenkampf: Initiation ins Nuklearzeitalter. Zürich.

Giegerich, W. (2010). The Soul always Thinks. New Orleans.

Giegerich, W. (2012). What is Soul? New Orleans.

Harari, Y. N. (2015). Eine kurze Geschichte der Menschheit. München.

Harari, Y. N. (2017). Homo Deus - Eine Geschichte von Morgen. München.

Hellinger, B. (1994). Ordungen der Liebe. Heidelberg.

Herrendorf, W. (2013). Arbeit und Struktur. Berlin.

Hillmann, J. (1996). Charakter und Bestimmung. Eine Entdeckungsreise zum individuellen Sinn des Lebens. München.

Illies, F. (2012). 1913. Der Sommer des Jahrhunderts. Frankfurt am Main.

Janus, L. (2007). Der Seelenraum des Ungeborenen. Pänatale Psychologie und Therapie. Düsseldorf.

Knausgard, K. O. (2013). Sterben. München.

Levine, P. (2012). Sprache ohne Worte. Wie unser Körper Trauma verarbeitet und uns in die innere Balance zurückführt. München.

Meyer, A. (2015). Adams Äpfel und Evas Erbe. Wie Gene unser Leben bestimmen und warum Frauen anders sind als Männer. München.

Nelles, W. (1985). Das rote Tuch - Bhagwan-Kommunen in Deutschland. München.

Nelles, W. (2002). Liebe, die löst. Einsichten aus dem Familien-Stellen. Heidelberg.

Nelles, W. (2003). Das Hellinger-Prinzip. Informationen und Klärungen. Freiburg.

Nelles, W. (2004). Die Hellinger-Kontroverse. Freiburg.

Nelles, W. (2009). Das Leben hat keinen Rückwärtsgang. Die Evolution des Bewusstseins, spirituelles Wachstum und das Familienstellen. Köln.

Nelles, W. (2012). Umarme Dein Leben. Wie wir seelisch erwachsen werden. Köln.

Nelles, W., & Geßner, T. (2014). Die Sehnsucht des Lebens nach sich selbst. Der Lebensintegrationsprozess in der Praxis. Köln.

Nelles, W. (2016). Alles ist Bewusstsein - Bewusstsein ist alles. Köln.

Nelles, W. (2018). Das Leben geschieht. Wie sich Therapie und Spiritualität begegnen können. Köln.

Neumann, E. (2005). Das Kind. www.opus-magnum.de.

Nietzsche, F. (2012). Gesammelte Werke. Köln.

Osho (1978) (Bhagwan Shree Rajneesh). Mein Weg: Der Weg der weißen Wolke. Berlin.

Rilke, R. M. (2003). Gesammelte Werke in fünf Bänden (Bd. 5 „Von Kunst und Leben. Schriften.“). Frankfurt a. M. und Leipzig.

Rosa, H. (2016). Resonanz. Eine Soziologie der Weltbeziehung. Berlin.

Rosa, H. (2019). Unverfügbarkeit. Salzburg.

Seethaler, R. (2016). Ein ganzes Leben. München.

Sheldrake, R. (1993). Das Gedächtnis der Natur. Das Geheimnis der Entstehung der Formen in der Natur. München.

Über den Autor

Wilfried Nelles leitet zusammen mit seinem Sohn Malte das **Nelles-Institut für Phänomenologische Psychologie und Lebensintegration** in Nettersheim-Marmagen / Eifel. Inzwischen gibt es Nelles-Institute in Österreich, der Schweiz, den Niederlanden, Tschechien, Rumänien und China, die von ehemaligen Schülern und Schülerinnen in enger Abstimmung mit dem Mutterinstitut in Nettersheim selbständig geleitet werden.

Nelles studierte Politikwissenschaft, Soziologie und Psychologie an der Universität Bonn und arbeitete 12 Jahre in der sozialwissenschaftlichen Forschung und Lehre. 1986 verließ er die Universität und arbeitet seitdem als Psychologischer Berater und Buchautor. 1996 lernte er die Aufstellungsarbeit Bert Hellingers kennen und wurde recht schnell einer der bekanntesten Familienaufsteller. 2006 beendete er die Zusammenarbeit mit Hellinger und entwickelte in den folgenden Jahren mit dem Lebensintegrationsprozess ein neues Paradigma für eine spirituell ausgerichtete Psychologie und Therapie / Beratung und ein diesem entsprechendes praktisches Verfahren.

www.nellesinstitut.de
info@nellesinstitut.de

www.facebook.com/nellesinstitut
www.youtube.com (Nelles-Institut)

WILFRIED NELLES
UMARME DEIN LEBEN
Wie wir seelisch erwachsen werden
160 Seiten | Hardcover
ISBN 978-3-942502-16-0

So erwachsen wir uns auch in vielen Lebensbereichen, etwa im Beruf oder generell im öffentlichen Leben, fühlen und nach außen präsentieren mögen, so sehr prägen kindliche Gefühle und Verhaltensmuster unseren Alltag – vor allem da, wo Gefühle ins Spiel kommen. Wilfried Nelles stellt in diesem Buch ein neues Verfahren vor, das dabei hilft, zu sehen und zu fühlen, was der innere Sinn, die innere Vision unseres Lebens ist. Diese Vision, die wir über unseren täglichen Lebenskämpfen oft vergessen, tragen wir schon immer in uns. In dem hier vorgestellten Prozess (LIP) können wir damit wieder Kontakt aufnehmen und die Verletzungen unseres Lebens in den Hintergrund treten lassen

WILFRIED NELLES | THOMAS GESSNER
DIE SEHNSUCHT DES LEBENS NACH SICH SELBST
Der Lebens-Integrations-Prozess in der Praxis
352 Seiten | Broschur
ISBN 978-3-942502-30-6

Der Lebens-Integrations-Prozess ist ein von Wilfried Nelles entwickeltes Modell der Bewusstseinsentwicklung, wie er es bereits in seinem Buch „Umarme dein Leben" vorgestellt hat. In diesem Buch zeigt er konkrete Beispiele aus der LIP-Aufstellungsarbeit und die daraus entstehenden Erkenntnismöglichkeiten. Neben den dokumentierten LIP-Aufstellungen, die in Zusammenarbeit mit Thomas Geßner entstanden sind, zeigen sich hier deutlich Nelles spirituell-philosophische Einsichten zu den jeweiligen Lebensprozessen.

WILFRIED NELLES
ALLES IST BEWUSSTSEIN – BEWUSSTSEIN IST ALLES
Zur Psychologie der Gegenwart
Essays, Gespräche, Aphorismen
256 Seiten | Hardcover
ISBN 978-3-942502-52-8

Kraftvolle Texte, die in der Tiefe berühren
Inspiration für die Seele

In diesem Buch finden sich Essays, Gespräche und Aphorismen, bei denen es immer darum geht, aus verschiedenen Perspektiven den inneren Sinnzusammenhang des Lebens zu verstehen und ja zu sagen zu sich selbst. Statt um die Aufarbeitung der Vergangenheit oder die Arbeit an Lösungen, geht es bei Nelles immer um Bewusstsein im Sinne von „bewusstes Sein", um das Leben im Hier und Jetzt und das Sehen und Erkennen dessen, was ist.

WILFRIED NELLES
DAS LEBEN GESCHIEHT
Wie sich Therapie und Spiritualität begegnen können
Mit Porträts von Sabine Gnoth
176 Seiten | Klappenbroschur
ISBN 978-3-942502-90-0

Wie kann oder müsste eine Psychologie und Therapie aussehen, die die moderne Seele und die psychischen Leiden, die das moderne Leben mit sich bringt, nicht nur notdürftig flicken, sondern in der Tiefe verstehen und heilen kann?
Grundlage dieses Buches sind fünf Vorträge, die Wilfried Nelles in einem Ausbildungskurs und in der Sommerakademie des Nelles Instituts gehalten hat. Da es in diesem Buch unter anderem um die innere Verbindung von westlichem und östlichem Denken und Spiritualität geht, ergänzt ein Text dieses Buch, der Nelles Arbeit in China und damit die innere wie die äußere Begegnung von Ost und West im heutigen China beleuchtet.
Die Porträts von Sabine Gnoth reflektieren diese Arbeit.